江西省经济普查年鉴

Jiangxi Economic Census Yearbook

2018

第二产业卷 | 下

江西省第四次全国经济普查领导小组办公室　编著

图书在版编目（CIP）数据

江西省经济普查年鉴. 2018. 第二产业卷. 下 / 江西省第四次全国经济普查领导小组办公室编著. -- 北京 : 中国统计出版社, 2020.7
ISBN 978-7-5037-9172-7

Ⅰ. ①江… Ⅱ. ①江… Ⅲ. ①经济－普查－江西－2018－年鉴②第二产业－经济－普查－江西－2018－年鉴 Ⅳ. ①F127.56-54

中国版本图书馆 CIP 数据核字(2020)第 108833 号

江西省经济普查年鉴—2018/第二产业卷（下）

作　　者/江西省第四次全国经济普查领导小组办公室
责任编辑/许立舫
封面设计/黄俊杰　李雪燕
出版发行/中国统计出版社
通信地址/北京市丰台区西三环南路甲 6 号　邮政编码/100073
电　　话/邮购（010）63376909　书店（010）68783171
网　　址/http://www.zgtjcbs.com/
印　　刷/河北鑫兆源印刷有限公司
经　　销/新华书店
开　　本/880mm×1230mm　1/16
字　　数/868 千字
印　　张/27.25
版　　别/2020 年 7 月第 1 版
版　　次/2020 年 7 月第 1 次印刷
定　　价/680.00 元（全四册附光盘）

本书附同版本 CD-ROM 一张，光盘内容以书面文字为准。
如有印装差错，由本社发行部调换。

《江西省经济普查年鉴-2018》

《第二产业卷（下）》编辑委员会

第一篇　规模以上工业企业科技情况篇

主　　任：万　玲

副 主 任：王惠媗

编辑人员：许　谞

第二篇　建筑业企业生产经营及财务状况篇

主　　任：何小敏

副 主 任：洪英灏

编辑人员：焦　毅

编者说明

为便于社会各界共同分享第四次全国经济普查成果，更方便地开发利用普查资料，我们将经济普查资料编辑整理，汇编成《江西省经济普查年鉴—2018》一书。全书共三卷四册，即《综合卷》、《第二产业卷》和《第三产业卷》，并附同版本光盘一张。《综合卷》分三篇：第一篇为“综合篇”，第二篇为“企业篇”，第三篇为“文化及相关产业篇”。《第二产业卷》按内容分为上、下两册。上册两篇：第一篇为“工业企业生产经营及财务状况篇”，第二篇为“主要工业产品产量篇”。下册两篇：第一篇为“规模以上工业企业科技情况篇”，第二篇为“建筑业企业生产经营及账务状况篇”。《第三产业卷》分六篇：第一篇为“批发和零售业企业基本情况及财务状况篇”，第二篇为“住宿和餐饮业企业基本情况及财务状况篇”，第三篇为“房地产开发经营业生产经营及财务状况篇”，第四篇为“服务业企业财务状况篇”，第五篇为“服务业行政事业及非企业法人单位篇”，第六篇为“企业信息化和电子商务交易情况篇”。为使读者能够更好地使用本资料，现对有关问题做如下说明：

一、第四次全国经济普查的标准时点为 2018 年 12 月 31 日，时期资料为 2018 年度；

二、《综合卷》中“综合篇”和“企业篇”汇总表，均不包含少量无分组标识的单位数据，其中单位数包含兼营二、三产业的农、林、牧、渔业法人单位，从业人员数不包含兼营二、三产业的农、林、牧、渔业法人单位，不包含人民银行、银保监会、证监会监管的金融业以及铁路运输部门单位数据；

三、本资料建筑业按法人单位注册地，其他行业按法人单位经营地进行汇总；

四、本资料对部分数据由于计量单位取舍不同或四舍五入而产生的误差数均未作机械调整；

五、表中空格表示该项统计指标数值为零、不足最小单位、数据不详或无该项数据，“#”表示其中的主要项；

六、为了更准确地使用本年鉴，每卷后附有该卷详细的指标解释。

我们希望此书的面世，能使社会各界对第四次全国经济普查江西省数据有一个全面的了解，更愿本书的内容，能为社会经济研究工作者提供有价值的参考。

江西省第四次全国经济普查资料是全省普查工作者共同辛勤工作的成果，也是广大普查对象积极支持配合的结果。在此，我们向全省所有普查工作者、普查对象和所有参与和支持普查工作的人员致以崇高的敬意和衷心的感谢！

江西省第四次全国经济普查领导小组办公室

2020 年 7 月

第二产业卷（下）　目录

第一篇 规模以上工业企业科技情况篇

I. 企业政府相关政策落实情况

J. 企业技术获取和技术改造情况

第二篇　建筑业企业生产经营及财务状况篇

A. 全社会建筑业企业

B. 总承包和专业承包建筑业企业

1. 综合

附　录

第1篇

规模以上工业企业科技情况篇

A. 企业R&D及相关活动主要指标

1-A-1 企业R&D及相关活动主要指标

主要指标	单位	总计	大型	中型	小微型
基本情况					
有R&D活动的企业	个	3547	146	627	2774
有研发机构的企业	个	2549	115	477	1957
有新产品销售的企业	个	3280	146	597	2537
R&D人员情况					
R&D人员合计	人	90444	34338	19267	36839
#女性	人	20457	7409	4615	8433
#研究人员	人	32149	14085	5847	12217
#全时人员	人	67688	25650	14157	27881
R&D人员折合全时当量	人年	67394	23332	14757	29305
R&D经费情况					
R&D经费内部支出	万元	2677714.0	1138730.7	513910.0	1025073.3
按支出用途分					
1.日常性支出	万元	2392527.2	1027672.5	449657.3	915197.4
#人员劳务费	万元	563749.7	293594.0	99378.8	170776.9
2.资产性支出	万元	285186.8	111058.2	64252.7	109875.9
#仪器和设备	万元	275650.1	108414.1	62171.6	105064.4
按资金来源分					
政府资金	万元	86878.4	31283.7	14185.3	41409.4
企业资金	万元	2584672.8	1106939.1	497345.8	980387.9
国外资金	万元	1332.8	507.9	358.2	466.7
其他资金	万元	4830.0		2020.7	2809.3
R&D经费外部支出	万元	111150.7	64377.0	20673.7	26100.0
#对境内研究机构支出	万元	55952.1	41365.5	3519.2	11067.4
对境内高等学校支出	万元	11268.1	4500.2	2554.3	4213.6
对境外支出	万元	3900.8	2493.3	1229.7	177.8
R&D项目情况					
项目数	项	13658	2252	2783	8623
参加项目人员	人	82554	31250	17603	33701
项目人员折合全时当量	人年	61321	21168	13432	26721
项目经费内部支出	万元	2595606.9	1096007.2	503935.3	995664.4

1-A-1　续表

主要指标	单位	总计	大型	中型	小微型
企业办研发机构情况					
机构数	个	2781	207	546	2028
机构人员数	人	71746	23136	16797	31813
#博士	人	1078	220	229	629
硕士	人	6015	2465	1154	2396
机构经费支出	万元	2459828.7	1002351.2	526988.8	930488.7
仪器和设备原价	万元	1657260.9	520750.0	369169.0	767341.9
#进口	万元	164179.4	106317.6	26071.9	31789.9
新产品开发及生产情况					
新产品开发项目数	项	15614	2441	3168	10005
新产品开发经费支出	万元	3673302.9	1574401.4	693068.9	1405832.6
新产品销售收入	万元	45117849.9	24849955.3	7662309.3	12605585.3
#新产品出口	万元	5201809.9	3854659.8	865868.2	481281.9
自主知识产权及相关情况					
专利申请数	件	26303	5475	4585	16243
#发明专利	件	5216	1529	818	2869
有效发明专利数	件	11878	2348	2380	7150
#境外授权	件	142	50	68	24
拥有注册商标数	件	9379	3490	1952	3937
#境外注册	件	201	159	17	25
形成国家或行业标准数	项	373	81	91	201
政府相关政策落实情况					
来自政府部门的研究开发经费	万元	86120.3	31405.2	13419.7	41295.4
研究开发费用加计扣除减免税	万元	217122.8	103938.9	44249.8	68934.1
高新技术企业减免税	万元	287544.7	153912.5	66083.3	67548.9
技术获取和技术改造情况					
引进技术经费支出	万元	18563.2	16396.1	70.2	2096.9
消化吸收经费支出	万元	1308.0	918.3	82.7	307.0
购买国内技术经费支出	万元	92226.7	81020.0	1268.9	9937.8
技术改造经费支出	万元	690670.3	569232.8	42321.9	79115.6

1-A-2 分登记注册类型企业R&D

主要指标	单位	内资企业		
			国有企业	集体企业
基本情况				
有R&D活动的企业	个	3329	5	1
有研发机构的企业	个	2383	5	
有新产品销售的企业	个	3067	5	
R&D人员情况				
R&D人员合计	人	82982	1653	14
#女性	人	18678	475	6
#研究人员	人	29644	933	7
#全时人员	人	62134	1483	10
R&D人员折合全时当量	人年	61620	1630	11
R&D经费情况				
R&D经费内部支出	万元	2447458.4	53455.3	70.4
按支出用途分				
1.日常性支出	万元	2190789.0	50459.7	70.1
#人员劳务费	万元	510665.7	11654.6	12.5
2.资产性支出	万元	256669.4	2995.6	0.3
#仪器和设备	万元	248122.0	2940.9	
按资金来源分				
政府资金	万元	83560.2	7101.9	
企业资金	万元	2358247.9	46353.4	70.4
国外资金	万元	873.7		
其他资金	万元	4776.6		
R&D经费外部支出	万元	104592.9	1197.5	
#对境内研究机构支出	万元	55104.4	106.6	
对境内高等学校支出	万元	9453.0	9.0	
对境外支出	万元	3744.1		
R&D项目情况				
项目数	项	12639	70	2
参加项目人员	人	75798	1564	13
项目人员折合全时当量	人年	56097	1543	11
项目经费内部支出	万元	2367721.8	53266.2	71.1

及相关活动主要指标

股份合作企业	有限责任公司	股份有限公司	私营企业	其他企业	港澳台商投资企业	外商投资企业
9	1045	158	2111		132	86
5	713	116	1544		97	69
10	960	153	1939		127	86
99	39791	9244	32181		3897	3565
20	8207	2166	7804		973	806
37	15037	3861	9769		1279	1226
86	29541	7020	23994		2898	2656
87	27304	7029	25558		3057	2716
2588.7	1266144.8	278755.0	846444.2		99142.0	131113.6
2575.3	1145259.6	250055.2	742369.1		84546.5	117191.7
414.3	288951.4	71093.2	138539.7		20526.3	32557.7
13.4	120885.2	28699.8	104075.1		14595.5	13921.9
12.6	117947.7	27339.6	99881.2		14036.9	13491.2
20.5	46985.0	6704.9	22747.9		1092.0	2226.2
2568.2	1217955.2	271512.0	819788.7		97951.2	128473.7
	185.5	97.4	590.8		45.4	413.7
	1019.1	440.7	3316.8		53.4	
	80265.7	5741.2	17388.5		1469.6	5088.2
	43356.0	1870.5	9771.3		258.2	589.5
	5106.2	1239.0	3098.8		521.1	1294.0
	2832.6	84.0	827.5			156.7
23	4647	1219	6678		502	517
94	36442	8295	29390		3548	3208
83	24971	6232	23257		2789	2435
2586.3	1219705.6	272506.6	819586.0		98562.0	129323.1

1-A-2 续表

主要指标	单位	内资企业	国有企业	集体企业
企业办研发机构情况				
机构数	个	2605	6	
机构人员数	人	64273	1713	
#博士	人	1007	14	
硕士	人	5516	144	
机构经费支出	万元	2101941.0	53833.9	
仪器和设备原价	万元	1434922.3	232910.2	
#进口	万元	115963.6		
新产品开发及生产情况				
新产品开发项目数	项	14408	57	2
新产品开发经费支出	万元	3284996.0	51435.8	356.3
新产品销售收入	万元	38196667.5	741752.5	
#新产品出口	万元	3516652.5		
自主知识产权及相关情况				
专利申请数	件	24606	125	10
#发明专利	件	4895	74	
有效发明专利数	件	10871	65	
#境外授权	件	95		
拥有注册商标数	件	8679	25	
#境外注册	件	130		
形成国家或行业标准数	项	344	7	
政府相关政策落实情况				
来自政府部门的研究开发经费	万元	82817.3	7101.9	
研究开发费用加计扣除减免税	万元	198134.2	1041.7	
高新技术企业减免税	万元	242273.2	5202.2	
技术获取和技术改造情况				
引进技术经费支出	万元	16905.5		
消化吸收经费支出	万元	1241.7		
购买国内技术经费支出	万元	91566.8		
技术改造经费支出	万元	649819.7		

股份合作企业	有限责任公司	股份有限公司	私营企业	其他企业	港澳台商投资企业	外商投资企业
5	802	164	1628		99	77
87	27558	7291	27624		3919	3554
1	312	161	519		29	42
	2814	753	1805		176	323
1656.3	1001146.2	243074.4	802230.2		193788.0	164099.7
804.7	520491.8	197901.1	482814.5		127980.4	94358.2
168.2	76966.1	14868.6	23960.7		16908.2	31307.6
21	5272	1297	7759		586	620
3848.5	1701876.1	342182.1	1185297.2		217925.0	170381.9
17554.8	21631191.6	5850946.2	9955222.4		4275083.0	2646099.4
	2173798.5	628919.4	713934.6		1069676.3	615481.1
76	10334	2140	11921		837	860
5	2336	532	1948		124	197
11	5103	1323	4369		358	649
	23	60	12		2	45
2	3201	1356	4095		583	117
	49	52	29		69	2
	153	28	156		12	17
20.5	46606.1	7450.9	21637.9		990.3	2312.7
2.5	95979.2	37951.7	63159.1		9100.6	9888.0
4.3	96933.6	70271.6	69861.5		11025.5	34246.0
	16840.3		65.2			1657.7
	1134.7		107.0			66.3
	86428.4	4252.5	885.9		131.7	528.2
34.2	472763.7	127752.7	49269.1		16725.4	24125.2

1-A-3 制造业企业R&D

主要指标	单位	制造业合计	农副食品加工业	食品制造业	酒、饮料和精制茶制造业	烟草制品业	纺织业
基本情况							
有R&D活动的企业	个	3460	139	94	38	1	96
有研发机构的企业	个	2483	106	65	31	1	79
有新产品销售的企业	个	3240	134	89	41	1	88
R&D人员情况							
R&D人员合计	人	89100	1884	1422	650	337	1365
#女性	人	20242	443	462	198	75	472
#研究人员	人	31719	632	424	187	192	376
#全时人员	人	66811	1476	1039	485	178	999
R&D人员折合全时当量	人年	66351	1507	1028	568	238	1134
R&D经费情况							
R&D经费内部支出	万元	2631450.1	65247.3	25792.8	12782.9	10044.8	26264.1
按支出用途分							
1.日常性支出	万元	2350378.0	58029.9	23799.7	11902.9	9716.2	23560.0
#人员劳务费	万元	555147.2	11151.5	5106.1	2437.3	7471.2	5679.0
2.资产性支出	万元	281072.1	7217.4	1993.1	880.0	328.6	2704.1
#仪器和设备	万元	271824.4	6951.0	1847.4	779.1	328.6	2448.5
按资金来源分							
政府资金	万元	85157.6	1005.9	854.7	445.1	80.0	271.8
企业资金	万元	2540141.4	64035.9	24744.1	12337.8	9964.8	25971.0
国外资金	万元	1321.1	139.4	9.5			21.3
其他资金	万元	4830.0	66.1	184.5			
R&D经费外部支出	万元	109259.3	1213.1	216.1	623.7	377.9	5.8
#对境内研究机构支出	万元	54721.3	249.8	27.2	20.0	226.8	
对境内高等学校支出	万元	11058.2	441.9	126.2	21.7	62.8	5.8
对境外支出	万元	3900.8	150.4				
R&D项目情况							
项目数	项	13420	434	280	122	25	234
参加项目人员	人	81323	1670	1260	599	278	1274
项目人员折合全时当量	人年	60371	1327	916	525	196	1060
项目经费内部支出	万元	2551090.2	62485.3	25681.1	13191.7	9607.8	25799.9

及相关活动主要指标

纺织服装、服饰业	皮革、毛皮、羽毛及其制品和制鞋业	木材加工和木、竹、藤、棕、草制品业	家具制造业	造纸及纸制品业	印刷和记录媒介复制业	文教、工美、体育和娱乐用品制造业	石油、煤炭及其他燃料加工业	化学原料和化学制品制造业	医药制造业
51	52	60	58	33	33	60	11	411	224
46	39	39	55	21	25	41	8	295	176
51	44	43	89	32	32	53	11	377	206
902	577	582	550	499	426	1029	421	6581	5051
355	167	135	109	129	87	288	96	1395	1676
237	172	143	138	139	106	331	194	2065	1828
687	414	417	404	309	334	757	272	4764	3650
734	416	455	402	410	323	783	201	5165	4057
19923.3	19380.7	13834.7	28234.9	17898.3	13627.8	23871.9	7459.7	192581.1	136898.1
18326.0	16370.8	12842.7	20443.3	15420.9	12892.6	21971.4	6405.6	172183.4	117998.7
4443.1	2463.2	2404.2	2969.7	2297.8	1675.3	3033.6	1973.7	33715.6	29897.7
1597.3	3009.9	992.0	7791.6	2477.4	735.2	1900.5	1054.1	20397.7	18899.4
1435.8	2889.6	935.1	7744.7	2443.8	655.1	1837.0	985.7	19757.6	18170.9
748.5	1016.7	262.0	103.0	411.3	324.5	281.2	70.2	4247.4	2965.3
19174.8	18344.8	13545.7	27975.9	17487.0	13230.8	23493.7	7389.5	187847.1	133932.8
		27.0	58.3			97.0		449.3	
	19.2		97.7		72.5			37.3	
110.0	287.7	247.0	296.4	435.8	513.6	288.6	143.8	3981.5	13641.0
110.0	179.1	152.0	110.3	3.0			50.0	512.6	9147.0
	108.6	95.0	1.7	432.8	500.0	150.0	93.8	612.3	506.9
								121.3	281.7
107	104	134	167	91	98	151	60	1492	1137
846	527	525	513	461	390	955	392	6028	4617
687	383	405	377	378	292	721	189	4719	3694
20711.3	18762.2	12485.6	25758.2	17760.5	13012.5	23890.2	7838.1	190048.3	133483.4

1-A-3 续表 1

主要指标	单位	制造业合计	农副食品加工业	食品制造业	酒、饮料和精制茶制造业	烟草制品业	纺织业
企业办研发机构情况							
机构数	个	2711	106	70	31	1	79
机构人员数	人	70661	1892	1361	630	85	1637
#博士	人	1065	57	38	7	3	6
硕士	人	5936	169	92	30	35	30
机构经费支出	万元	2420573.2	79245.3	30445.6	13063.4	4923.0	35941.4
仪器和设备原价	万元	1636662.9	37824.2	14966.3	9110.7	13831.8	34883.7
#进口	万元	162318.8	4438.6	698.7		8978.7	5922.6
新产品开发及生产情况							
新产品开发项目数	项	15394	531	355	130	41	289
新产品开发经费支出	万元	3639392.8	118201.0	41223.6	16041.4	14351.1	38885.0
新产品销售收入	万元	44986152.5	1200164.3	341597.2	138927.6	1512.6	375026.1
#新产品出口	万元	5201809.9	39757.7	27822.7	3727.3	1512.6	47268.7
自主知识产权及相关情况							
专利申请数	件	25513	833	429	191	130	444
#发明专利	件	4920	182	94	15	46	39
有效发明专利数	件	11631	215	213	80	56	127
#境外授权	件	141					2
拥有注册商标数	件	9348	445	441	394	240	89
#境外注册	件	201		2		1	
形成国家或行业标准数	项	361	14	6	8		
政府相关政策落实情况							
来自政府部门的研究开发经费	万元	84820.2	944.7	968.0	443.4	80.0	319.8
研究开发费用加计扣除减免税	万元	216305.9	3808.3	3469.9	565.2		1575.0
高新技术企业减免税	万元	286309.7	5336.8	1813.6	139.8		1249.1
技术获取和技术改造情况							
引进技术经费支出	万元	18563.2	3.2				
消化吸收经费支出	万元	1308.0					
购买国内技术经费支出	万元	92006.7	33.9	27.0		43390.0	
技术改造经费支出	万元	677357.8	2845.5	2902.6	270.0	43390.0	1659.3

纺织服装、服饰业	皮革、毛皮、羽毛及其制品和制鞋业	木材加工和木、竹、藤、棕、草制品业	家具制造业	造纸及纸制品业	印刷和记录媒介复制业	文教、工美、体育和娱乐用品制造业	石油、煤炭及其他燃料加工业	化学原料和化学制品制造业	医药制造业
51	39	39	55	21	26	41	11	323	202
976	446	547	595	561	411	598	162	5580	4360
9	5	2	4	7	2	9	36	144	107
34	16	24	44	18	10	25	39	431	583
24882.6	17502.2	11888.8	17876.1	24974.2	15657.4	17248.0	3305.7	185017.0	145938.6
7484.8	8894.5	5408.1	13283.2	11665.5	11240.9	7928.4	3481.6	106345.1	69607.5
150.5	1507.0			732.2	53.1	964.0	1055.0	3343.0	3844.0
129	111	165	282	121	122	174	34	1476	1140
29954.1	25797.1	18697.2	45285.5	30311.8	15738.3	32537.4	10893.0	222871.1	179527.7
135526.2	132971.1	143853.6	423429.2	460620.6	116819.0	263591.3	953506.5	2287888.2	1529559.2
30590.2	5189.3	13459.2	293652.2	4157.9	15980.5	73430.6		239678.3	74051.9
123	133	409	313	148	169	396	70	1866	1284
16	17	26	77	27	14	36	25	418	323
9	35	63	91	42	71	79	38	1178	1200
								1	17
19	15	41	62	35	8	192	5	1181	2899
		1	1	2		5		3	42
	1	3	1			9	3	32	40
792.2	1156.4	297.1	906.0	385.3	117.4	419.5	73.2	4498.8	2608.7
735.9	228.1	746.2	1495.2	1757.3	166.3	791.4	185.5	20803.5	17049.4
97.7	125.0	392.1	30.8	209.1	61.1	310.8	2103.5	60663.0	42129.2
						1500.0		1458.8	196.3
						200.0		46.3	
	20.0	0.4	8.0		73.1	2629.8	1123.7	1019.8	873.3
298.3	50.8	146.2	171.9	668.5	14.1	5065.8	30381.8	22800.2	21613.2

1-A-3 续表 2

主要指标	单位	化学纤维制造业	橡胶和塑料制品业	非金属矿物制品业	黑色金属冶炼和压延加工业	有色金属冶炼和压延加工业	金属制品业
基本情况							
有R&D活动的企业	个	9	131	410	15	240	121
有研发机构的企业	个	7	93	292	14	163	88
有新产品销售的企业	个	8	128	375	14	195	120
R&D人员情况							
R&D人员合计	人	197	1483	7205	3077	8698	2427
#女性	人	49	326	1574	347	1276	464
#研究人员	人	64	435	2324	1336	2459	819
#全时人员	人	103	1152	5476	1017	6133	1747
R&D人员折合全时当量	人年	164	1209	5794	1907	5573	1843
R&D经费情况							
R&D经费内部支出	万元	13598.6	36120.0	178660.4	192492.5	328668.5	47008.5
按支出用途分							
1.日常性支出	万元	5480.1	28800.5	162547.1	178896.8	301214.2	42802.9
#人员劳务费	万元	1576.6	5530.7	30007.4	40127.6	59569.0	11124.2
2.资产性支出	万元	8118.5	7319.5	16113.3	13595.7	27454.3	4205.6
#仪器和设备	万元	8031.6	7174.5	15284.4	13384.6	26776.8	4003.7
按资金来源分							
政府资金	万元	10.7	575.4	3523.2	327.5	7004.4	454.4
企业资金	万元	13587.9	35450.2	174701.4	192165.0	320427.8	46488.5
国外资金	万元		15.7	50.9		204.6	
其他资金	万元		78.7	384.9		1031.7	65.6
R&D经费外部支出	万元		193.4	1538.2	13201.5	3925.6	1043.0
#对境内研究机构支出	万元		33.0	466.5	6160.2	1289.8	832.9
对境内高等学校支出	万元		120.8	370.3	3052.3	973.2	174.0
对境外支出	万元		9.6	156.7	2100.1	713.8	
R&D项目情况							
项目数	项	44	407	1364	195	973	435
参加项目人员	人	148	1350	6526	2716	8197	2209
项目人员折合全时当量	人年	121	1094	5229	1626	5170	1661
项目经费内部支出	万元	8957.2	35355.6	175106.8	170776.8	326400.7	46743.7

通用设备制造业	专用设备制造业	汽车制造业	铁路、船舶、航空航天和其他运输设备制造业	电气机械和器材制造业	计算机、通信和其他电子设备制造业	仪器仪表制造业	其他制造业	废弃资源综合利用业	金属制品、机械和设备修理业
148	138	117	25	346	306	43	21	28	1
88	92	71	15	244	223	35	11	19	1
131	132	114	20	343	307	33	14	14	1
2640	3035	8727	2762	9697	15166	1147	181	375	7
441	800	1663	765	2267	3804	259	39	80	1
782	1021	4077	1524	3361	5763	404	60	123	3
1981	2324	7086	2386	7669	12140	975	142	289	6
2070	2314	5601	2567	7637	10962	814	149	321	6
64948.3	51307.9	288419.3	124941.6	292507.3	359493.4	16480.6	4078.1	18730.3	152.4
58773.2	46095.1	262930.8	120569.3	259916.8	303881.5	15549.6	3753.1	17150.8	152.1
12514.4	12620.9	80140.1	31396.7	55140.8	89931.6	6592.9	899.0	1182.6	73.7
6175.1	5212.8	25488.5	4372.3	32590.5	55611.9	931.0	325.0	1579.5	0.3
5971.9	5015.9	24574.2	4138.3	31033.1	54671.9	845.8	265.3	1442.5	
3482.9	1211.0	23728.7	11843.9	8871.3	9413.0	387.7	141.2	1081.7	13.0
61315.8	49687.3	263776.2	112959.6	282787.1	349560.0	16069.5	3936.9	17613.1	139.4
19.1	95.3			24.0	100.7	9.0			
130.5	314.3	914.4	138.1	824.9	419.7	14.4		35.5	
1323.5	1950.1	20188.9	6703.8	2339.2	33382.0	535.5	1.7	275.8	275.1
4.5	279.4	11084.8	2308.7	793.5	20516.1	53.5		110.6	
85.0	269.2	288.1	325.3	776.5	1301.0	20.5		142.5	
4.5		352.7			10.0				
537	536	944	148	1513	1401	165	46	71	5
2462	2790	7876	2644	8911	13599	1081	154	319	6
1922	2135	5015	2454	6988	9916	764	123	276	5
61933.4	49196.1	272202.0	124571.9	284988.0	354742.5	16210.7	4130.6	19101.3	156.8

1-A-3 续表 3

主要指标	单位	化学纤维制造业	橡胶和塑料制品业	非金属矿物制品业	黑色金属冶炼和压延加工业	有色金属冶炼和压延加工业	金属制品业
企业办研发机构情况							
机构数	个	7	96	303	17	183	90
机构人员数	人	77	1367	6435	1696	4928	2214
#博士	人	1	28	93	17	126	23
硕士	人	3	74	266	178	353	75
机构经费支出	万元	39566.4	33970.0	167698.6	134101.7	214915.8	47376.3
仪器和设备原价	万元	30410.4	32298.9	107247.7	26410.4	98603.7	23022.5
#进口	万元		219.8	10322.1	4104.0	5591.3	4654.8
新产品开发及生产情况							
新产品开发项目数	项	31	554	1408	129	833	553
新产品开发经费支出	万元	16195.2	51029.7	210714.5	146025.9	457066.8	66472.4
新产品销售收入	万元	183863.6	427577.1	1712957.8	2189707.0	8368592.2	789338.4
#新产品出口	万元	5245.8	43650.6	88079.7	573461.7	515814.4	31685.4
自主知识产权及相关情况							
专利申请数	件	87	520	1838	134	2000	907
#发明专利	件	7	68	291	33	336	138
有效发明专利数	件	11	152	576	57	946	480
#境外授权	件		3	4		9	
拥有注册商标数	件		81	319	49	273	62
#境外注册	件		2	1	1	2	2
形成国家或行业标准数	项		13	33	6	41	12
政府相关政策落实情况							
来自政府部门的研究开发经费	万元	10.7	648.9	4045.0	327.5	5071.3	440.9
研究开发费用加计扣除减免税	万元	466.3	3289.2	10833.9	8451.9	17586.3	3663.3
高新技术企业减免税	万元	520.4	2314.6	16677.1	13.6	21188.3	5581.5
技术获取和技术改造情况							
引进技术经费支出	万元		42.4	66.0	2256.0	68.0	
消化吸收经费支出	万元		9.0	20.0	872.0		
购买国内技术经费支出	万元	113.2	13.0	116.9	1605.0	195.6	53.2
技术改造经费支出	万元		4692.9	53530.6	275060.4	40773.8	1314.7

通用设备制造业	专用设备制造业	汽车制造业	铁路、船舶、航空航天和其他运输设备制造业	电气机械和器材制造业	计算机、通信和其他电子设备制造业	仪器仪表制造业	其他制造业	废弃资源综合利用业	金属制品、机械和设备修理业
94	105	90	16	273	266	40	11	24	1
2101	2571	6834	2877	7078	11111	1040	82	401	8
24	57	46	12	91	74	26	1	10	
192	385	1198	364	473	664	89	5	37	
63461.8	44077.4	341470.2	99949.6	267098.8	298017.6	18669.0	3302.8	18552.3	435.6
71491.0	71096.1	198271.6	252956.5	165464.3	173930.3	7147.5	2012.7	20278.2	64.8
1528.6	5382.1	66172.0	1190.0	7333.3	20547.0	250.5		3335.9	
704	704	1137	102	1839	1913	269	63	50	5
105054.9	71400.4	491556.2	123515.5	491961.5	519602.7	24520.2	5431.2	18373.6	156.8
1415408.2	689750.6	4951594.6	1302204.1	7615751.9	6183249.2	238294.3	28760.2	383217.1	893.5
208069.5	81930.5	58674.3	14.9	1114782.4	1590678.7	14914.6	4528.3		
1142	1115	2884	603	3600	3154	385	108	83	15
171	190	483	315	546	809	110	40	26	2
511	572	615	1343	1275	1327	120	48	99	2
20	34		1	13	37				
129	201	867	96	628	510	28	28	11	
6	6	39		76	7		2		
3	25	38	7	37	20	3	4	2	
2843.5	1228.9	23787.3	12392.4	8214.4	10078.1	454.0	160.2	1093.6	13.0
5017.7	6499.3	31647.5	1007.1	24636.6	46450.3	2992.1	104.5	265.9	16.8
5796.6	7516.0	38883.1	5301.5	18248.8	45150.7	2825.7	80.5	1549.7	
	66.1	12637.3		198.9	70.2				
	98.0			62.7					
149.5	117.1	33215.6	3298.0	3622.4	45.4	262.8			
11975.1	1021.8	77019.5	12706.6	35777.7	21351.6	357.9		9497.0	

1-A-4 分地区企业R&D

主要指标	单位	总计	南昌市	景德镇市	萍乡市
基本情况					
有R&D活动的企业	个	3547	270	103	216
有研发机构的企业	个	2549	129	39	148
有新产品销售的企业	个	3280	257	80	213
R&D人员情况					
R&D人员合计	人	90444	21329	4684	4292
#女性	人	20457	4826	1157	720
#研究人员	人	32149	10190	2018	1352
#全时人员	人	67688	17143	3544	3125
R&D人员折合全时当量	人年	67394	15064	3779	3779
R&D经费情况					
R&D经费内部支出	万元	2677714.0	618091.1	149377.8	109214.0
按支出用途分					
1.日常性支出	万元	2392527.2	581479.1	140674.4	93610.0
#人员劳务费	万元	563749.7	194238.1	36652.1	15957.1
2.资产性支出	万元	285186.8	36612.0	8703.4	15604.0
#仪器和设备	万元	275650.1	34938.4	8392.4	15036.7
按资金来源分					
政府资金	万元	86878.4	36865.5	9393.4	4008.6
企业资金	万元	2584672.8	580331.6	139240.2	105163.9
国外资金	万元	1332.8	163.0	482.7	41.5
其他资金	万元	4830.0	731.0	261.5	
R&D经费外部支出	万元	111150.7	51784.4	14152.7	3098.8
#对境内研究机构支出	万元	55952.1	24637.6	11072.1	2774.7
对境内高等学校支出	万元	11268.1	2268.2	374.2	126.4
对境外支出	万元	3900.8	368.5	190.9	
R&D项目情况					
项目数	项	13658	1982	585	765
参加项目人员	人	82554	18997	4300	4012
项目人员折合全时当量	人年	61321	13466	3466	3532
项目经费内部支出	万元	2595606.9	595158.2	147964.1	107442.8

及相关活动主要指标

九江市	新余市	鹰潭市	赣州市	吉安市	宜春市	抚州市	上饶市
439	80	145	592	457	530	450	265
432	52	50	441	326	369	395	168
431	86	121	523	436	473	442	218
9380	4268	7269	7987	9508	10084	6860	4783
2221	811	1108	1806	2460	2578	1764	1006
3095	1734	2062	2463	2609	3128	1870	1628
6751	2288	5509	5864	7063	7342	5321	3738
7608	2679	4112	5946	7586	7708	5305	3829
251937.5	190462.8	317692.9	321037.3	154929.8	262564.1	125488.5	176918.2
218011.3	180963.7	298135.8	274862.8	126957.9	225429.1	106443.0	156632.2
50201.8	33505.3	69021.5	43066.6	33184.0	46537.8	21482.4	25456.2
33926.2	9499.1	19557.1	46174.5	27971.9	37135.0	19045.5	20286.0
32492.3	9320.1	19141.7	44729.1	27142.3	35899.0	18449.4	19803.9
3538.9	891.8	3322.3	16945.2	2877.5	3673.4	3305.3	2508.7
248176.4	187875.3	314270.1	302071.7	152007.8	258736.1	122074.4	174297.6
87.8	154.9		331.6	11.8	103.6		7.7
134.4	1540.8	100.5	1688.8	32.7	51.0	108.8	104.2
8280.4	10476.5	1177.3	7984.4	2877.2	4106.0	4567.2	2645.8
2940.6	2635.9	290.0	5457.8	511.5	2285.6	3272.7	73.6
403.9	3315.3	206.8	1100.6	713.1	792.2	700.7	1266.7
156.7	2100.1	36.0	864.2	113.5	27.4	43.5	
1741	540	687	1381	1693	1846	1576	862
8592	3910	7050	7115	8764	9102	6457	4255
6942	2435	3963	5267	6968	6925	4980	3378
243094.6	181446.9	305144.9	310630.4	152743.6	255809.4	121314.4	174857.6

1-A-4 续表

主要指标	单位	总计	南昌市	景德镇市	萍乡市
企业办研发机构情况					
机构数	个	2781	185	43	161
机构人员数	人	71746	13802	3140	3232
#博士	人	1078	162	22	99
硕士	人	6015	2216	275	222
机构经费支出	万元	2459828.7	559817.5	92906.1	83566.5
仪器和设备原价	万元	1657260.9	310747.5	259350.7	30860.9
#进口	万元	164179.4	79940.0	2303.2	1177.8
新产品开发及生产情况					
新产品开发项目数	项	15614	2636	426	738
新产品开发经费支出	万元	3673302.9	865006.0	133285.8	118237.1
新产品销售收入	万元	45117849.9	10042639.1	1807456.0	882774.0
#新产品出口	万元	5201809.9	871490.9	237837.5	12839.7
自主知识产权及相关情况					
专利申请数	件	26303	6100	622	985
#发明专利	件	5216	1681	204	241
有效发明专利数	件	11878	4171	358	371
#境外授权	件	142	84	16	
拥有注册商标数	件	9379	3381	171	125
#境外注册	件	201	88	4	1
形成国家或行业标准数	项	373	88	14	23
政府相关政策落实情况					
来自政府部门的研究开发经费	万元	86120.3	35651.5	8045.1	4133.3
研究开发费用加计扣除减免税	万元	217122.8	58817.1	5556.3	8094.8
高新技术企业减免税	万元	287544.7	75389.5	32241.4	1748.9
技术获取和技术改造情况					
引进技术经费支出	万元	18563.2	12836.2	66.0	
消化吸收经费支出	万元	1308.0			
购买国内技术经费支出	万元	92226.7	82821.4	120.8	75.1
技术改造经费支出	万元	690670.3	150074.8	30584.8	57902.1

九江市	新余市	鹰潭市	赣州市	吉安市	宜春市	抚州市	上饶市
472	62	61	458	360	383	424	172
10837	2591	2193	8139	7690	8103	7187	4832
157	44	45	125	119	132	102	71
577	220	79	720	443	427	502	334
383418.9	116217.3	66797.1	315868.8	222276.1	199156.3	231686.2	188117.9
217760.6	64829.6	24634.9	122430.8	148187.1	221848.6	127883.2	128727.0
7794.8	2301.8	3089.9	7192.8	14432.9	20918.5	10206.4	14821.3
1836	600	612	1754	1964	2193	1662	1193
320828.7	214150.7	382603.8	434577.1	279766.7	329923.8	246268.8	348654.4
3972307.1	2616535.2	7009815.6	3109198.1	4452796.5	3407405.0	2881704.6	4935218.7
282724.3	730999.7	468962.1	607475.7	890811.8	177098.7	71566.0	850003.5
2586	472	1475	3520	2815	2683	3189	1856
411	121	155	657	483	605	280	378
1025	347	342	1350	964	1481	805	664
2	5	1	17	6	5		6
724	158	54	699	669	2084	624	690
4	3	2	11	2	17		69
8	34	5	48	14	65	39	35
4355.0	907.2	2240.8	18627.0	3869.3	2973.0	3964.6	1353.5
13255.0	11420.2	11967.4	16245.9	35200.6	24520.3	24089.6	7955.6
31702.9	19329.9	14187.6	9841.9	34302.4	28110.2	31693.8	8996.2
1508.8	3756.0	68.0	196.3	70.2	61.7		
164.3	1072.0	62.7			9.0		
2038.3	4633.0	761.6	1085.3	169.9	301.9	174.4	45.0
136778.5	189091.0	18139.6	9838.5	10976.3	11064.0	23892.4	52328.3

B. 基本情况

1-B-1 分登记注册类型企业基本情况

单位：个

登记注册类型	有R&D活动的企业	有研发机构的企业	有新产品销售的企业
总　计	**3547**	**2549**	**3280**
内资企业	**3329**	**2383**	**3067**
国有企业	5	5	5
集体企业	1		
股份合作企业	9	5	10
有限责任公司	1045	713	960
国有独资公司	25	19	21
其他有限责任公司	1020	694	939
股份有限公司	158	116	153
私营企业	2111	1544	1939
私营独资企业	20	10	16
私营合伙企业	4	3	3
私营有限责任公司	1955	1438	1803
私营股份有限公司	132	93	117
其他企业			
港、澳、台商投资企业	**132**	**97**	**127**
合资经营企业	34	24	34
合作经营企业	1		1
港、澳、台商独资经营企业	93	69	89
港、澳、台商投资股份有限公司	2	3	2
其他港、澳、台投资企业	2	1	1
外商投资企业	**86**	**69**	**86**
中外合资经营企业	44	35	46
中外合作经营企业	1	1	1
外资企业	38	29	35
外商投资股份有限公司	2	2	2
其他外商投资企业	1	2	2

1-B-2　分登记注册类型大中型企业基本情况

单位：个

登记注册类型	有R&D活动的企业	有研发机构的企业	有新产品销售的企业
总　计	**773**	**592**	**743**
内资企业	**663**	**507**	**638**
国有企业	1	1	2
集体企业			
股份合作企业	2		2
有限责任公司	247	190	231
国有独资公司	13	9	12
其他有限责任公司	234	181	219
股份有限公司	65	50	64
私营企业	348	266	339
私营独资企业	2	3	3
私营合伙企业			
私营有限责任公司	314	243	307
私营股份有限公司	32	20	29
其他企业			
港、澳、台商投资企业	**67**	**49**	**61**
合资经营企业	15	10	13
合作经营企业			
港、澳、台商独资经营企业	51	39	47
港、澳、台商投资股份有限公司			
其他港、澳、台投资企业	1		1
外商投资企业	**43**	**36**	**44**
中外合资经营企业	18	16	20
中外合作经营企业			1
外资企业	22	16	19
外商投资股份有限公司	2	2	2
其他外商投资企业	1	2	2

1-B-3 分行业企业基本情况

单位：个

行业	有R&D活动的企业	有研发机构的企业	有新产品销售的企业
总 计	**3547**	**2549**	**3280**
采矿业	**53**	**42**	**29**
煤炭开采和洗选业	1	1	1
烟煤和无烟煤开采洗选	1	1	1
其他煤炭采选			
黑色金属矿采选业	2	1	1
铁矿采选	2	1	1
锰矿、铬矿采选			
其他黑色金属矿采选			
有色金属矿采选业	23	21	8
常用有色金属矿采选	5	4	3
贵金属矿采选	1		
稀有稀土金属矿采选	17	17	5
非金属矿采选业	27	19	19
土砂石开采	22	15	14
化学矿开采			
采盐	1	1	2
石棉及其他非金属矿采选	4	3	3
制造业	**3460**	**2483**	**3240**
农副食品加工业	139	106	134
谷物磨制	24	15	21
饲料加工	43	33	50
植物油加工	21	14	18
制糖业			
屠宰及肉类加工	12	10	10
水产品加工	5	5	6
蔬菜、菌类、水果和坚果加工	12	8	6
其他农副食品加工	22	21	23
食品制造业	94	65	89
焙烤食品制造	11	8	9
糖果、巧克力及蜜饯制造	8	3	7
方便食品制造	10	10	13
乳制品制造	6	3	5
罐头食品制造	8	4	7
调味品、发酵制品制造	1	1	1
其他食品制造	50	36	47
酒、饮料和精制茶制造业	38	31	41
酒的制造	12	10	16
饮料制造	11	8	10
精制茶加工	15	13	15
烟草制品业	1	1	1
烟叶复烤			
卷烟制造	1	1	1
纺织业	96	79	88

1-B-3 续表 1

单位：个

行 业	有R&D活动的企业	有研发机构的企业	有新产品销售的企业
棉纺织及印染精加工	59	53	54
毛纺织及染整精加工			
麻纺织及染整精加工	4	3	3
丝绢纺织及印染精加工	7	6	6
化纤织造及印染精加工	6	5	7
针织或钩针编织物及其制品制造	2	1	2
家用纺织制成品制造	9	4	6
产业用纺织制成品制造	9	7	10
纺织服装、服饰业	51	46	51
机织服装制造	40	35	38
针织或钩针编织服装制造	6	6	7
服饰制造	5	5	6
皮革、毛皮、羽毛及其制品和制鞋业	52	39	44
皮革鞣制加工	8	6	8
皮革制品制造	14	6	13
毛皮鞣制及制品加工	1	1	
羽毛(绒)加工及制品制造	4	3	3
制鞋业	25	23	20
木材加工和木、竹、藤、棕、草制品业	60	39	43
木材加工	10	8	9
人造板制造	23	15	15
木质制品制造	6	3	5
竹、藤、棕、草等制品制造	21	13	14
家具制造业	58	55	89
木质家具制造	47	48	78
竹、藤家具制造	1	1	1
金属家具制造	6	4	6
其他家具制造	4	2	4
造纸和纸制品业	33	21	32
纸浆制造			
造纸	18	10	16
纸制品制造	15	11	16
印刷和记录媒介复制业	33	25	32
印刷	32	25	31
装订及印刷相关服务	1		1
文教、工美、体育和娱乐用品制造业	60	41	53
文教办公用品制造	6	7	8
工艺美术及礼仪用品制造	30	18	24
体育用品制造	12	11	13
玩具制造	10	3	7
游艺器材及娱乐用品制造	2	2	1
石油、煤炭及其他燃料加工业	11	8	11
精炼石油产品制造	6	5	7
煤炭加工	2	3	3
生物质燃料加工	3		1
化学原料和化学制品制造业	411	295	377

1-B-3 续表 2

单位：个

行　业	有R&D活动的企业	有研发机构的企业	有新产品销售的企业
基础化学原料制造	91	80	82
肥料制造	13	8	13
农药制造	19	14	18
涂料、油墨、颜料及类似产品制造	32	26	34
合成材料制造	22	14	23
专用化学产品制造	141	110	125
炸药、火工及焰火产品制造	66	26	55
日用化学产品制造	27	17	27
医药制造业	224	176	206
化学药品原料药制造	62	47	55
化学药品制剂制造	21	18	21
中药饮片加工	26	22	25
中成药生产	61	48	52
兽用药品制造	19	15	21
生物药品制品制造	9	7	8
卫生材料及医药用品制造	19	13	17
药用辅料及包装材料	7	6	7
化学纤维制造业	9	7	8
纤维素纤维原料及纤维制造	3	2	2
合成纤维制造	6	5	5
生物基材料制造			1
橡胶和塑料制品业	131	93	128
橡胶制品业	19	11	17
塑料制品业	112	82	111
非金属矿物制品业	410	292	375
水泥、石灰和石膏制造	37	26	23
石膏、水泥制品及类似制品制造	45	33	46
砖瓦、石材等建筑材料制造	48	22	34
玻璃制造	10	8	10
玻璃制品制造	23	18	22
玻璃纤维和玻璃纤维增强塑料制品制造	17	17	19
陶瓷制品制造	204	145	195
耐火材料制品制造	5	3	5
石墨及其他非金属矿物制品制造	21	20	21
黑色金属冶炼和压延加工业	15	14	14
炼铁	1	1	1
炼钢	1	1	1
钢压延加工	12	12	11
铁合金冶炼	1		1
有色金属冶炼和压延加工业	240	163	195
常用有色金属冶炼	41	25	33
贵金属冶炼	5	3	5
稀有稀土金属冶炼	61	48	46
有色金属合金制造	18	13	17
有色金属压延加工	115	74	94
金属制品业	121	88	120

1-B-3 续表 3

单位：个

行 业	有R&D活动的企业	有研发机构的企业	有新产品销售的企业
结构性金属制品制造	36	23	35
金属工具制造	9	10	10
集装箱及金属包装容器制造	5	3	4
金属丝绳及其制品制造	5	4	7
建筑、安全用金属制品制造	25	21	27
金属表面处理及热处理加工	2	2	1
搪瓷制品制造			
金属制日用品制造	11	8	8
铸造及其他金属制品制造	28	17	28
通用设备制造业	148	88	131
锅炉及原动设备制造	3	3	5
金属加工机械制造	17	8	17
物料搬运设备制造	12	5	12
泵、阀门、压缩机及类似机械制造	38	27	28
轴承、齿轮和传动部件制造	18	10	14
烘炉、风机、包装等设备制造	19	11	16
文化、办公用机械制造	6	5	7
通用零部件制造	29	18	26
其他通用设备制造业	6	1	6
专用设备制造业	138	92	132
采矿、冶金、建筑专用设备制造	24	16	22
化工、木材、非金属加工专用设备制造	16	9	16
食品、饮料、烟草及饲料生产专用设备制造	4	2	3
印刷、制药、日化及日用品生产专用设备制造	8	7	10
纺织、服装和皮革加工专用设备制造	2	4	6
电子和电工机械专用设备制造	16	11	17
农、林、牧、渔专用机械制造	8	3	5
医疗仪器设备及器械制造	35	25	29
环保、邮政、社会公共服务及其他专用设备制造	25	15	24
汽车制造业	117	71	114
汽车整车制造	8	4	6
汽车用发动机制造	1	1	1
改装汽车制造	3	3	4
电车制造	1		
汽车车身、挂车制造	7	5	6
汽车零部件及配件制造	97	58	97
铁路、船舶、航空航天和其他运输设备制造业	25	15	20
铁路运输设备制造	1	1	1
城市轨道交通设备制造	1		1
船舶及相关装置制造	5	5	4
航空、航天器及设备制造	13	6	10
摩托车制造	2	2	2
自行车和残疾人座车制造	1	1	1
助动车制造			
非公路休闲车及零配件制造	2		1
潜水救捞及其他未列明运输设备制造			

1-B-3 续表 4

单位：个

行　业	有R&D活动的企业	有研发机构的企业	有新产品销售的企业
电气机械和器材制造业	346	244	343
电机制造	26	19	27
输配电及控制设备制造	119	86	108
电线、电缆、光缆及电工器材制造	80	52	86
电池制造	60	45	59
家用电力器具制造	8	4	9
非电力家用器具制造	1		1
照明器具制造	49	36	51
其他电气机械及器材制造	3	2	2
计算机、通信和其他电子设备制造业	306	223	307
计算机制造	20	17	20
通信设备制造	21	16	19
广播电视设备制造	7	8	9
非专业视听设备制造	31	19	32
智能消费设备制造	18	10	19
电子器件制造	67	38	59
电子元件及电子专用材料制造	122	95	128
其他电子设备制造	20	20	21
仪器仪表制造业	43	35	33
通用仪器仪表制造	18	14	14
专用仪器仪表制造	5	5	6
钟表与计时仪器制造	1		
光学仪器制造	14	12	11
衡器制造	2	2	1
其他仪器仪表制造业	3	2	1
其他制造业	21	11	14
日用杂品制造	11	6	8
其他未列明制造业	10	5	6
废弃资源综合利用业	28	19	14
金属废料和碎屑加工处理	19	14	9
非金属废料和碎屑加工处理	9	5	5
金属制品、机械和设备修理业	1	1	1
其他机械和设备修理业	1	1	1
电力、热力、燃气及水生产和供应业	**34**	**24**	**11**
电力、热力生产和供应业	23	14	7
电力生产	21	14	6
电力供应	1		1
热力生产和供应	1		
燃气生产和供应业	4	4	3
燃气生产和供应业	4	4	3
生物质燃气生产和供应业			
水的生产和供应业	7	6	1
自来水生产和供应	6	5	1
污水处理及其再生利用	1	1	

1-B-4　分行业大中型企业基本情况

单位：个

行　　业	有R&D活动的企业	有研发机构的企业	有新产品销售的企业
总　计	**773**	**592**	**743**
采矿业	**13**	**11**	**6**
煤炭开采和洗选业	1	1	1
烟煤和无烟煤开采洗选	1	1	1
其他煤炭采选			
黑色金属矿采选业			
铁矿采选			
其他黑色金属矿采选			
有色金属矿采选业	10	8	2
常用有色金属矿采选	3	2	
贵金属矿采选			
稀有稀土金属矿采选	7	6	2
非金属矿采选业	2	2	3
土砂石开采			
采盐	1	1	2
石棉及其他非金属矿采选	1	1	1
制造业	**751**	**576**	**736**
农副食品加工业	22	19	21
谷物磨制	3	2	4
饲料加工	6	5	5
植物油加工	4	3	4
屠宰及肉类加工	4	4	4
水产品加工		1	1
蔬菜、菌类、水果和坚果加工	1	1	
其他农副食品加工	4	3	3
食品制造业	22	19	21
焙烤食品制造	2	2	2
糖果、巧克力及蜜饯制造	4	1	4
方便食品制造	4	5	4
乳制品制造	4	2	4
罐头食品制造	1	1	1
调味品、发酵制品制造	1	1	1
其他食品制造	6	7	5
酒、饮料和精制茶制造业	10	6	10
酒的制造	4	2	4
饮料制造	4	3	4
精制茶加工	2	1	2
烟草制品业	1	1	1
烟叶复烤			
卷烟制造	1	1	1
纺织业	26	23	28
棉纺织及印染精加工	18	18	19
麻纺织及染整精加工	1		1
丝绢纺织及印染精加工	1	1	1
化纤织造及印染精加工	2	2	2
针织或钩针编织物及其制品制造	1		1
家用纺织制成品制造	2	1	2
产业用纺织制成品制造	1	1	2

1-B-4 续表 1

单位：个

行业	有R&D活动的企业	有研发机构的企业	有新产品销售的企业
纺织服装、服饰业	24	17	22
机织服装制造	17	13	15
针织或钩针编织服装制造	4	3	4
服饰制造	3	1	3
皮革、毛皮、羽毛及其制品和制鞋业	13	12	13
皮革制品制造	5	3	4
毛皮鞣制及制品加工			
羽毛(绒)加工及制品制造	1	1	1
制鞋业	7	8	8
木材加工和木、竹、藤、棕、草制品业	5	3	2
人造板制造	2	2	1
木质制品制造			
竹、藤、棕、草等制品制造	3	1	1
家具制造业	6	12	15
木质家具制造	5	10	13
其他家具制造	1	2	2
造纸和纸制品业	9	5	8
造纸	8	4	7
纸制品制造	1	1	1
印刷和记录媒介复制业	5	4	6
印刷	5	4	6
文教、工美、体育和娱乐用品制造业	15	9	15
文教办公用品制造	1	2	2
工艺美术及礼仪用品制造	6	3	6
体育用品制造	2	2	3
玩具制造	6	2	4
石油、煤炭及其他燃料加工业	2	2	2
精炼石油产品制造	1	1	1
煤炭加工	1	1	1
化学原料和化学制品制造业	49	35	48
基础化学原料制造	13	11	12
肥料制造	1	1	1
农药制造	1	1	1
涂料、油墨、颜料及类似产品制造	7	5	6
合成材料制造			1
专用化学产品制造	12	7	12
炸药、火工及焰火产品制造	12	8	12
日用化学产品制造	3	2	3
医药制造业	52	39	47
化学药品原料药制造	18	11	16
化学药品制剂制造	7	8	7
中药饮片加工	4	4	4
中成药生产	13	7	11
兽用药品制造	1	1	1
生物药品制品制造	2	2	2
卫生材料及医药用品制造	5	4	4
药用辅料及包装材料	2	2	2

1-B-4　续表 2

单位：个

行　业	有R&D活动的企业	有研发机构的企业	有新产品销售的企业
化学纤维制造业	2	2	2
纤维素纤维原料及纤维制造	2	2	2
橡胶和塑料制品业	11	8	12
橡胶制品业	4	3	3
塑料制品业	7	5	9
非金属矿物制品业	105	88	102
水泥、石灰和石膏制造	10	7	6
石膏、水泥制品及类似制品制造	4	2	3
砖瓦、石材等建筑材料制造	4	2	3
玻璃制造	2	2	2
玻璃制品制造	4	3	3
玻璃纤维和玻璃纤维增强塑料制品制造	7	8	9
陶瓷制品制造	71	62	73
耐火材料制品制造	1	1	1
石墨及其他非金属矿物制品制造	2	1	2
黑色金属冶炼和压延加工业	8	7	7
炼铁	1	1	1
钢压延加工	7	6	6
铁合金冶炼			
有色金属冶炼和压延加工业	44	34	39
常用有色金属冶炼	9	7	6
贵金属冶炼	1		1
稀有稀土金属冶炼	8	8	9
有色金属合金制造	3	1	3
有色金属压延加工	23	18	20
金属制品业	20	18	21
结构性金属制品制造	6	6	7
金属工具制造	1	1	1
金属丝绳及其制品制造	1	2	2
建筑、安全用金属制品制造	7	4	6
金属制日用品制造	3	3	2
铸造及其他金属制品制造	2	2	3
通用设备制造业	24	13	22
锅炉及原动设备制造			
金属加工机械制造	1		2
物料搬运设备制造	4	2	4
泵、阀门、压缩机及类似机械制造	7	3	4
轴承、齿轮和传动部件制造	3	2	2
烘炉、风机、包装等设备制造	1	1	2
文化、办公用机械制造	2	2	2
通用零部件制造	5	3	4
其他通用设备制造业	1		2
专用设备制造业	25	21	22
采矿、冶金、建筑专用设备制造	4	3	3
化工、木材、非金属加工专用设备制造	2	2	2
印刷、制药、日化及日用品生产专用设备制造	2	2	2
纺织、服装和皮革加工专用设备制造			
电子和电工机械专用设备制造	4	2	3

1-B-4 续表 3

单位：个

行　业	有R&D活动的企业	有研发机构的企业	有新产品销售的企业
农、林、牧、渔专用机械制造	1	1	1
医疗仪器设备及器械制造	11	10	10
环保、邮政、社会公共服务及其他专用设备制造	1	1	1
汽车制造业	31	19	31
汽车整车制造	5	4	5
汽车用发动机制造	1	1	1
改装汽车制造	2	1	2
汽车车身、挂车制造	1	1	1
汽车零部件及配件制造	22	12	22
铁路、船舶、航空航天和其他运输设备制造业			
船舶及相关装置制造			
摩托车制造			
电气机械和器材制造业	94	66	95
电机制造	10	8	9
输配电及控制设备制造	22	14	24
电线、电缆、光缆及电工器材制造	13	9	13
电池制造	28	20	27
家用电力器具制造	2	1	2
照明器具制造	19	14	19
其他电气机械及器材制造			1
计算机、通信和其他电子设备制造业	115	88	115
计算机制造	11	9	11
通信设备制造	10	9	11
广播电视设备制造	2	1	2
非专业视听设备制造	16	10	16
智能消费设备制造	5	3	4
电子器件制造	27	17	25
电子元件及电子专用材料制造	39	34	41
其他电子设备制造	5	5	5
仪器仪表制造业	7	3	7
通用仪器仪表制造	2	1	2
专用仪器仪表制造	1	1	1
光学仪器制造	4	1	4
其他制造业	1		
日用杂品制造	1		
其他未列明制造业			
废弃资源综合利用业	3	3	2
金属废料和碎屑加工处理	3	3	2
非金属废料和碎屑加工处理			
电力、热力、燃气及水生产和供应业	**9**	**5**	**1**
电力、热力生产和供应业	7	4	1
电力生产	6	4	
电力供应	1		1
燃气生产和供应业			
燃气生产和供应业			
水的生产和供应业	2	1	
自来水生产和供应	2	1	

1-B-5　分行业内资企业基本情况

单位：个

行　　业	有R&D活动的企业	有研发机构的企业	有新产品销售的企业
总　计	**3329**	**2383**	**3067**
采矿业	**52**	**42**	**29**
煤炭开采和洗选业	1	1	1
烟煤和无烟煤开采洗选	1	1	1
其他煤炭采选			
黑色金属矿采选业	2	1	1
铁矿采选	2	1	1
锰矿、铬矿采选			
其他黑色金属矿采选			
有色金属矿采选业	22	21	8
常用有色金属矿采选	4	4	3
贵金属矿采选	1		
稀有稀土金属矿采选	17	17	5
非金属矿采选业	27	19	19
土砂石开采	22	15	14
化学矿开采			
采盐	1	1	2
石棉及其他非金属矿采选	4	3	3
制造业	**3246**	**2318**	**3027**
农副食品加工业	133	100	125
谷物磨制	24	15	20
饲料加工	38	29	44
植物油加工	21	14	18
制糖业			
屠宰及肉类加工	11	9	9
水产品加工	5	4	5
蔬菜、菌类、水果和坚果加工	12	8	6
其他农副食品加工	22	21	23
食品制造业	89	59	84
焙烤食品制造	11	8	9
糖果、巧克力及蜜饯制造	7	3	6
方便食品制造	9	8	12
乳制品制造	6	3	5
罐头食品制造	8	3	6
调味品、发酵制品制造	1	1	1
其他食品制造	47	33	45
酒、饮料和精制茶制造业	36	30	40
酒的制造	11	10	15
饮料制造	10	7	10
精制茶加工	15	13	15
烟草制品业	1	1	1
烟叶复烤			
卷烟制造	1	1	1
纺织业	91	72	79

1-B-5 续表 1

单位：个

行业	有R&D活动的企业	有研发机构的企业	有新产品销售的企业
棉纺织及印染精加工	56	47	48
毛纺织及染整精加工			
麻纺织及染整精加工	4	3	3
丝绢纺织及印染精加工	7	6	6
化纤织造及印染精加工	6	5	7
针织或钩针编织物及其制品制造	1	1	1
家用纺织制成品制造	9	4	6
产业用纺织制成品制造	8	6	8
纺织服装、服饰业	40	40	42
机织服装制造	33	32	34
针织或钩针编织服装制造	4	5	5
服饰制造	3	3	3
皮革、毛皮、羽毛及其制品和制鞋业	41	31	34
皮革鞣制加工	7	6	8
皮革制品制造	9	4	9
毛皮鞣制及制品加工	1	1	
羽毛(绒)加工及制品制造	4	3	3
制鞋业	20	17	14
木材加工和木、竹、藤、棕、草制品业	59	39	43
木材加工	10	8	9
人造板制造	23	15	15
木质制品制造	6	3	5
竹、藤、棕、草等制品制造	20	13	14
家具制造业	57	54	88
木质家具制造	46	47	77
竹、藤家具制造	1	1	1
金属家具制造	6	4	6
其他家具制造	4	2	4
造纸和纸制品业	27	17	27
纸浆制造			
造纸	14	7	13
纸制品制造	13	10	14
印刷和记录媒介复制业	28	22	30
印刷	27	22	29
装订及印刷相关服务	1		1
文教、工美、体育和娱乐用品制造业	46	32	41
文教办公用品制造	6	6	7
工艺美术及礼仪用品制造	25	16	21
体育用品制造	9	7	9
玩具制造	4	1	3
游艺器材及娱乐用品制造	2	2	1
石油、煤炭及其他燃料加工业	11	8	11
精炼石油产品制造	6	5	7
煤炭加工	2	3	3
生物质燃料加工	3		1
化学原料和化学制品制造业	396	279	356

1-B-5　续表 2　　单位：个

行　　业	有R&D活动的企业	有研发机构的企业	有新产品销售的企业
基础化学原料制造	87	75	77
肥料制造	13	8	13
农药制造	18	14	17
涂料、油墨、颜料及类似产品制造	30	21	29
合成材料制造	22	12	20
专用化学产品制造	136	108	121
炸药、火工及焰火产品制造	66	26	55
日用化学产品制造	24	15	24
医药制造业	212	169	199
化学药品原料药制造	60	46	53
化学药品制剂制造	20	17	21
中药饮片加工	25	22	24
中成药生产	58	47	51
兽用药品制造	18	15	21
生物药品制品制造	7	5	7
卫生材料及医药用品制造	18	12	16
药用辅料及包装材料	6	5	6
化学纤维制造业	7	5	6
纤维素纤维原料及纤维制造	1		
合成纤维制造	6	5	5
生物基材料制造			1
橡胶和塑料制品业	127	89	123
橡胶制品业	19	11	17
塑料制品业	108	78	106
非金属矿物制品业	405	288	369
水泥、石灰和石膏制造	36	25	22
石膏、水泥制品及类似制品制造	45	33	46
砖瓦、石材等建筑材料制造	48	22	34
玻璃制造	10	8	10
玻璃制品制造	23	18	22
玻璃纤维和玻璃纤维增强塑料制品制造	17	17	19
陶瓷制品制造	200	142	191
耐火材料制品制造	5	3	5
石墨及其他非金属矿物制品制造	21	20	20
黑色金属冶炼和压延加工业	15	14	14
炼铁	1	1	1
炼钢	1	1	1
钢压延加工	12	12	11
铁合金冶炼	1		1
有色金属冶炼和压延加工业	233	157	186
常用有色金属冶炼	39	24	30
贵金属冶炼	5	3	5
稀有稀土金属冶炼	59	46	43
有色金属合金制造	17	12	16
有色金属压延加工	113	72	92
金属制品业	114	79	111

1-B-5 续表 3

单位：个

行业	有R&D活动的企业	有研发机构的企业	有新产品销售的企业
结构性金属制品制造	35	21	33
金属工具制造	8	9	9
集装箱及金属包装容器制造	5	3	4
金属丝绳及其制品制造	4	2	5
建筑、安全用金属制品制造	24	20	26
金属表面处理及热处理加工	2	2	1
搪瓷制品制造			
金属制日用品制造	10	7	7
铸造及其他金属制品制造	26	15	26
通用设备制造业	141	83	121
锅炉及原动设备制造	3	3	5
金属加工机械制造	16	8	15
物料搬运设备制造	11	4	11
泵、阀门、压缩机及类似机械制造	37	26	27
轴承、齿轮和传动部件制造	17	9	13
烘炉、风机、包装等设备制造	18	10	14
文化、办公用机械制造	6	5	6
通用零部件制造	27	17	24
其他通用设备制造业	6	1	6
专用设备制造业	129	88	125
采矿、冶金、建筑专用设备制造	24	16	22
化工、木材、非金属加工专用设备制造	14	8	14
食品、饮料、烟草及饲料生产专用设备制造	4	2	3
印刷、制药、日化及日用品生产专用设备制造	8	7	10
纺织、服装和皮革加工专用设备制造	2	4	6
电子和电工机械专用设备制造	15	11	17
农、林、牧、渔专用机械制造	6	2	4
医疗仪器设备及器械制造	32	23	26
环保、邮政、社会公共服务及其他专用设备制造	24	15	23
汽车制造业	113	68	110
汽车整车制造	8	4	6
汽车用发动机制造	1	1	1
改装汽车制造	3	3	4
电车制造	1		
汽车车身、挂车制造	7	5	6
汽车零部件及配件制造	93	55	93
铁路、船舶、航空航天和其他运输设备制造业	25	15	20
铁路运输设备制造	1	1	1
城市轨道交通设备制造	1		1
船舶及相关装置制造	5	5	4
航空、航天器及设备制造	13	6	10
摩托车制造	2	2	2
自行车和残疾人座车制造	1	1	1
助动车制造			
非公路休闲车及零配件制造	2		1
潜水救捞及其他未列明运输设备制造			

1-B-5　续表 4

单位：个

行　业	有R&D活动的企业	有研发机构的企业	有新产品销售的企业
电气机械和器材制造业	315	220	314
电机制造	21	15	22
输配电及控制设备制造	110	79	99
电线、电缆、光缆及电工器材制造	71	47	80
电池制造	57	41	55
家用电力器具制造	6	3	7
非电力家用器具制造	1		1
照明器具制造	46	33	48
其他电气机械及器材制造	3	2	2
计算机、通信和其他电子设备制造业	268	196	269
计算机制造	17	14	17
通信设备制造	20	15	19
广播电视设备制造	6	8	8
非专业视听设备制造	25	16	24
智能消费设备制造	17	9	17
电子器件制造	57	34	52
电子元件及电子专用材料制造	107	81	112
其他电子设备制造	19	19	20
仪器仪表制造业	41	33	31
通用仪器仪表制造	18	14	14
专用仪器仪表制造	4	4	5
钟表与计时仪器制造	1		
光学仪器制造	13	11	10
衡器制造	2	2	1
其他仪器仪表制造业	3	2	1
其他制造业	17	10	13
日用杂品制造	8	5	7
其他未列明制造业	9	5	6
废弃资源综合利用业	28	19	14
金属废料和碎屑加工处理	19	14	9
非金属废料和碎屑加工处理	9	5	5
金属制品、机械和设备修理业	1	1	1
其他机械和设备修理业	1	1	1
电力、热力、燃气及水生产和供应业	**31**	**23**	**11**
电力、热力生产和供应业	21	13	7
电力生产	19	13	6
电力供应	1		1
热力生产和供应	1		
燃气生产和供应业	4	4	3
燃气生产和供应业	4	4	3
生物质燃气生产和供应业			
水的生产和供应业	6	6	1
自来水生产和供应	5	5	1
污水处理及其再生利用	1	1	

1-B-6 分行业港澳台商投资企业基本情况

单位：个

行业	有R&D活动的企业	有研发机构的企业	有新产品销售的企业
总 计	**132**	**97**	**127**
采矿业	**1**		
有色金属矿采选业	1		
常用有色金属矿采选	1		
非金属矿采选业			
土砂石开采			
制造业	**130**	**97**	**127**
农副食品加工业	3	4	5
谷物磨制			
饲料加工	3	3	4
植物油加工			
屠宰及肉类加工			
水产品加工		1	1
蔬菜、菌类、水果和坚果加工			
食品制造业	3	3	3
糖果、巧克力及蜜饯制造	1		1
方便食品制造	1	1	1
罐头食品制造		1	1
其他食品制造	1	1	
酒、饮料和精制茶制造业	2	1	1
酒的制造	1		1
饮料制造	1	1	
纺织业	5	6	8
棉纺织及印染精加工	3	5	5
毛纺织及染整精加工			
化纤织造及印染精加工			
针织或钩针编织物及其制品制造	1		1
产业用纺织制成品制造	1	1	2
纺织服装、服饰业	8	5	7
机织服装制造	5	3	3
针织或钩针编织服装制造	1		1
服饰制造	2	2	3
皮革、毛皮、羽毛及其制品和制鞋业	10	7	9
皮革鞣制加工	1		
皮革制品制造	5	2	4
制鞋业	4	5	5
木材加工和木、竹、藤、棕、草制品业			
人造板制造			
木质制品制造			
竹、藤、棕、草等制品制造			
家具制造业	1	1	1
木质家具制造	1	1	1
造纸和纸制品业	3	1	3

1-B-6　续表 1

单位：个

行　　业	有R&D活动的企业	有研发机构的企业	有新产品销售的企业
造纸	2	1	2
纸制品制造	1		1
印刷和记录媒介复制业	4	3	1
印刷	4	3	1
文教、工美、体育和娱乐用品制造业	10	5	7
文教办公用品制造			
工艺美术及礼仪用品制造	3	1	2
体育用品制造	1	2	2
玩具制造	6	2	3
游艺器材及娱乐用品制造			
石油、煤炭及其他燃料加工业			
煤炭加工			
化学原料和化学制品制造业	11	10	15
基础化学原料制造	1	2	2
肥料制造			
农药制造	1		1
涂料、油墨、颜料及类似产品制造	2	3	3
合成材料制造		1	2
专用化学产品制造	4	2	4
日用化学产品制造	3	2	3
医药制造业	8	4	4
化学药品制剂制造	1	1	
中药饮片加工	1		1
中成药生产	3	1	1
兽用药品制造	1		
生物药品制品制造	1	1	1
药用辅料及包装材料	1	1	1
化学纤维制造业	1	1	1
纤维素纤维原料及纤维制造	1	1	1
橡胶和塑料制品业	3	3	4
橡胶制品业			
塑料制品业	3	3	4
非金属矿物制品业	3	2	3
石膏、水泥制品及类似制品制造			
砖瓦、石材等建筑材料制造			
陶瓷制品制造	3	2	2
石墨及其他非金属矿物制品制造			1
有色金属冶炼和压延加工业	2	1	3
常用有色金属冶炼	1		2
有色金属压延加工	1	1	1
金属制品业	3	3	3
结构性金属制品制造			
金属工具制造	1	1	1
金属丝绳及其制品制造	1	1	1

1-B-6 续表 2　　单位：个

行　业	有R&D活动的企业	有研发机构的企业	有新产品销售的企业
金属表面处理及热处理加工			
金属制日用品制造	1	1	1
铸造及其他金属制品制造			
通用设备制造业		1	3
金属加工机械制造			1
轴承、齿轮和传动部件制造			
烘炉、风机、包装等设备制造		1	2
文化、办公用机械制造			
专用设备制造业	4	1	3
化工、木材、非金属加工专用设备制造	1		1
纺织、服装和皮革加工专用设备制造			
电子和电工机械专用设备制造			
农、林、牧、渔专用机械制造			
医疗仪器设备及器械制造	2	1	1
环保、邮政、社会公共服务及其他专用设备制造	1		1
汽车制造业	2	1	2
汽车零部件及配件制造	2	1	2
电气机械和器材制造业	21	17	19
电机制造	3	2	2
输配电及控制设备制造	7	6	7
电线、电缆、光缆及电工器材制造	5	3	4
电池制造	2	3	2
家用电力器具制造	1		1
照明器具制造	3	3	3
计算机、通信和其他电子设备制造业	19	15	20
计算机制造	2	2	2
通信设备制造	1	1	
广播电视设备制造	1		1
非专业视听设备制造	6	3	8
电子器件制造	4	2	3
电子元件及电子专用材料制造	4	6	5
其他电子设备制造	1	1	1
仪器仪表制造业	1	1	1
专用仪器仪表制造	1	1	1
其他制造业	3	1	1
日用杂品制造	2	1	1
其他未列明制造业	1		
电力、热力、燃气及水生产和供应业	**1**		
电力、热力生产和供应业			
电力生产			
燃气生产和供应业			
燃气生产和供应业			
水的生产和供应业	1		
自来水生产和供应	1		

1-B-7　分行业外商投资企业基本情况

单位：个

行　　业	有R&D活动的企业	有研发机构的企业	有新产品销售的企业
总　计	**86**	**69**	**86**
制造业	**84**	**68**	**86**
农副食品加工业	3	2	4
谷物磨制			1
饲料加工	2	1	2
屠宰及肉类加工	1	1	1
食品制造业	2	3	2
焙烤食品制造			
方便食品制造		1	
乳制品制造			
罐头食品制造			
其他食品制造	2	2	2
酒、饮料和精制茶制造业			
酒的制造			
饮料制造			
精制茶加工			
纺织业		1	1
棉纺织及印染精加工		1	1
针织或钩针编织物及其制品制造			
纺织服装、服饰业	3	1	2
机织服装制造	2		1
针织或钩针编织服装制造	1	1	1
服饰制造			
皮革、毛皮、羽毛及其制品和制鞋业	1	1	1
皮革制品制造			
制鞋业	1	1	1
木材加工和木、竹、藤、棕、草制品业	1		
木材加工			
人造板制造			
木质制品制造			
竹、藤、棕、草等制品制造	1		
家具制造业			
木质家具制造			
金属家具制造			
造纸和纸制品业	3	3	2
造纸	2	2	1
纸制品制造	1	1	1
印刷和记录媒介复制业	1		1
印刷	1		1
文教、工美、体育和娱乐用品制造业	4	4	5
文教办公用品制造		1	1

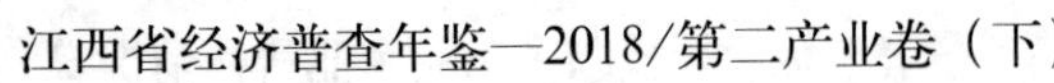

1-B-7 续表 1

单位：个

行业	有R&D活动的企业	有研发机构的企业	有新产品销售的企业
工艺美术及礼仪用品制造	2	1	1
体育用品制造	2	2	2
玩具制造			1
石油、煤炭及其他燃料加工业			
精炼石油产品制造			
化学原料和化学制品制造业	4	6	6
基础化学原料制造	3	3	3
涂料、油墨、颜料及类似产品制造		2	2
合成材料制造		1	1
专用化学产品制造	1		
日用化学产品制造			
医药制造业	4	3	3
化学药品原料药制造	2	1	2
化学药品制剂制造			
生物药品制品制造	1	1	
卫生材料及医药用品制造	1	1	1
化学纤维制造业	1	1	1
纤维素纤维原料及纤维制造	1	1	1
合成纤维制造			
橡胶和塑料制品业	1	1	1
橡胶制品业			
塑料制品业	1	1	1
非金属矿物制品业	2	2	3
水泥、石灰和石膏制造	1	1	1
石膏、水泥制品及类似制品制造			
砖瓦、石材等建筑材料制造			
玻璃制造			
陶瓷制品制造	1	1	2
黑色金属冶炼和压延加工业			
钢压延加工			
有色金属冶炼和压延加工业	5	5	6
常用有色金属冶炼	1	1	1
稀有稀土金属冶炼	2	2	3
有色金属合金制造	1	1	1
有色金属压延加工	1	1	1
金属制品业	4	6	6
结构性金属制品制造	1	2	2
金属丝绳及其制品制造		1	1
建筑、安全用金属制品制造	1	1	1
金属表面处理及热处理加工			
铸造及其他金属制品制造	2	2	2
通用设备制造业	7	4	7
金属加工机械制造	1		1

1-B-7　续表 2　　　　　　　　　　　　　　　　　　单位：个

行　　业	有R&D活动的企业	有研发机构的企业	有新产品销售的企业
物料搬运设备制造	1	1	1
泵、阀门、压缩机及类似机械制造	1	1	1
轴承、齿轮和传动部件制造	1	1	1
烘炉、风机、包装等设备制造	1		
文化、办公用机械制造			1
通用零部件制造	2	1	2
专用设备制造业	5	3	4
化工、木材、非金属加工专用设备制造	1	1	1
食品、饮料、烟草及饲料生产专用设备制造			
电子和电工机械专用设备制造	1		
农、林、牧、渔专用机械制造	2	1	1
医疗仪器设备及器械制造	1	1	2
汽车制造业	2	2	2
汽车零部件及配件制造	2	2	2
铁路、船舶、航空航天和其他运输设备制造业			
船舶及相关装置制造			
航空、航天器及设备制造			
电气机械和器材制造业	10	7	10
电机制造	2	2	3
输配电及控制设备制造	2	1	2
电线、电缆、光缆及电工器材制造	4	2	2
电池制造	1	1	2
家用电力器具制造	1	1	1
照明器具制造			
计算机、通信和其他电子设备制造业	19	12	18
计算机制造	1	1	1
非专业视听设备制造			
智能消费设备制造	1	1	2
电子器件制造	6	2	4
电子元件及电子专用材料制造	11	8	11
仪器仪表制造业	1	1	1
光学仪器制造	1	1	1
其他制造业	1		
日用杂品制造	1		
废弃资源综合利用业			
金属废料和碎屑加工处理			
电力、热力、燃气及水生产和供应业	**2**	**1**	
电力、热力生产和供应业	2	1	
电力生产	2	1	
燃气生产和供应业			
燃气生产和供应业			
水的生产和供应业			
自来水生产和供应			

1-B-8 各地区企业基本情况

单位：个

地区	有R&D活动的企业	有研发机构的企业	有新产品销售的企业
全省	**3547**	**2549**	**3280**
南昌市	270	129	257
景德镇市	103	39	80
萍乡市	216	148	213
九江市	439	432	431
新余市	80	52	86
鹰潭市	145	50	121
赣州市	592	441	523
吉安市	457	326	436
宜春市	530	369	473
抚州市	450	395	442
上饶市	265	168	218

C. 企业R&D人员情况

1-C-1　分登记注册类型企业R&D人员情况

登记注册类型	R&D人员合计(人)	#女性	#研究人员	#全时人员	R&D人员折合全时当量(人年)
总　计	**90444**	**20457**	**32149**	**67688**	**67394**
内资企业	**82982**	**18678**	**29644**	**62134**	**61620**
国有企业	1653	475	933	1483	1630
集体企业	14	6	7	10	11
股份合作企业	99	20	37	86	87
有限责任公司	39791	8207	15037	29541	27304
国有独资公司	13163	2173	5873	9202	7272
其他有限责任公司	26628	6034	9164	20339	20032
股份有限公司	9244	2166	3861	7020	7029
私营企业	32181	7804	9769	23994	25558
私营独资企业	160	44	61	117	144
私营合伙企业	39	7	4	33	32
私营有限责任公司	29183	7055	8826	21758	23254
私营股份有限公司	2799	698	878	2086	2129
其他企业					
港、澳、台商投资企业	**3897**	**973**	**1279**	**2898**	**3057**
合资经营企业	880	180	276	552	643
合作经营企业	27	4	15	24	27
港、澳、台商独资经营企业	2931	775	974	2281	2350
港、澳、台商投资股份有限公司	30	8	7	21	15
其他港、澳、台投资企业	29	6	7	20	23
外商投资企业	**3565**	**806**	**1226**	**2656**	**2716**
中外合资经营企业	1722	324	724	1348	1284
中外合作经营企业	14	3	6	13	14
外资企业	1480	437	427	1208	1115
外商投资股份有限公司	339	41	69	80	296
其他外商投资企业	10	1		7	8

1-C-2 分登记注册类型大中型企业R&D人员情况

登记注册类型	R&D人员合计(人)	#女性	#研究人员	#全时人员	R&D人员折合全时当量(人年)
总 计	**53605**	**12024**	**19932**	**39807**	**38089**
内资企业	**47730**	**10586**	**17883**	**35477**	**33565**
国有企业	8		2	7	8
集体企业					
股份合作企业	33	4	19	29	33
有限责任公司	28407	5688	11118	20858	18272
国有独资公司	12167	1886	5313	8330	6441
其他有限责任公司	16240	3802	5805	12528	11831
股份有限公司	7771	1803	3349	5874	5904
私营企业	11511	3091	3395	8709	9348
私营独资企业	18	4	8	16	18
私营合伙企业					
私营有限责任公司	9978	2679	2979	7565	8203
私营股份有限公司	1515	408	408	1128	1126
其他企业					
港、澳、台商投资企业	**2928**	**742**	**994**	**2174**	**2288**
合资经营企业	452	91	152	249	284
合作经营企业					
港、澳、台商独资经营企业	2465	650	841	1917	1993
港、澳、台商投资股份有限公司					
其他港、澳、台投资企业	11	1	1	8	11
外商投资企业	**2947**	**696**	**1055**	**2156**	**2235**
中外合资经营企业	1386	257	618	1068	1011
中外合作经营企业					
外资企业	1212	397	368	1001	921
外商投资股份有限公司	339	41	69	80	296
其他外商投资企业	10	1		7	8

1-C-3　分行业企业R&D人员情况

行　　业	R&D人员合计(人)	#女性	#研究人员	#全时人员	R&D人员折合全时当量(人年)
总　计	**90444**	**20457**	**32149**	**67688**	**67394**
采矿业	**744**	**108**	**171**	**434**	**535**
煤炭开采和洗选业	8		2	7	8
烟煤和无烟煤开采洗选	8		2	7	8
其他煤炭采选					
黑色金属矿采选业	18	6	3	13	17
铁矿采选	18	6	3	13	17
锰矿、铬矿采选					
其他黑色金属矿采选					
有色金属矿采选业	349	32	71	199	213
常用有色金属矿采选	92	10	18	66	52
贵金属矿采选	26	1	3	3	19
稀有稀土金属矿采选	231	21	50	130	142
非金属矿采选业	369	70	95	215	297
土砂石开采	239	47	63	161	189
化学矿开采					
采盐	84	17	20	18	70
石棉及其他非金属矿采选	46	6	12	36	38
制造业	**89100**	**20242**	**31719**	**66811**	**66351**
农副食品加工业	1884	443	632	1476	1507
谷物磨制	167	38	71	122	130
饲料加工	925	157	297	780	723
植物油加工	201	49	53	135	166
制糖业					
屠宰及肉类加工	163	51	48	122	136
水产品加工	61	10	17	46	49
蔬菜、菌类、水果和坚果加工	101	33	47	63	86
其他农副食品加工	266	105	99	208	218
食品制造业	1422	462	424	1039	1028
焙烤食品制造	184	48	64	155	153
糖果、巧克力及蜜饯制造	109	17	21	48	56
方便食品制造	193	57	46	152	144
乳制品制造	131	66	50	110	94
罐头食品制造	112	22	36	81	82
调味品、发酵制品制造	12	2	6	11	11
其他食品制造	681	250	201	482	489
酒、饮料和精制茶制造业	650	198	187	485	568
酒的制造	272	84	73	167	232
饮料制造	194	65	71	168	170
精制茶加工	184	49	43	150	166
烟草制品业	337	75	192	178	238
烟叶复烤					
卷烟制造	337	75	192	178	238
纺织业	1365	472	376	999	1134

1-C-3 续表 1

行　业	R&D人员合计(人)	#女性	#研究人员	#全时人员	R&D人员折合全时当量(人年)
棉纺织及印染精加工	871	280	262	656	741
毛纺织及染整精加工					
麻纺织及染整精加工	48	31	13	27	34
丝绢纺织及印染精加工	49	12	7	41	49
化纤织造及印染精加工	115	66	29	86	93
针织或钩针编织物及其制品制造	18	2	3	16	15
家用纺织制成品制造	158	62	27	95	106
产业用纺织制成品制造	106	19	35	78	97
纺织服装、服饰业	902	355	237	687	734
机织服装制造	727	282	192	563	578
针织或钩针编织服装制造	89	50	19	52	74
服饰制造	86	23	26	72	82
皮革、毛皮、羽毛及其制品和制鞋业	577	167	172	414	416
皮革鞣制加工	117	27	12	92	85
皮革制品制造	133	33	42	91	118
毛皮鞣制及制品加工	17	4	5	10	11
羽毛(绒)加工及制品制造	19	5	7	15	13
制鞋业	291	98	106	206	190
木材加工和木、竹、藤、棕、草制品业	582	135	143	417	455
木材加工	63	19	17	41	48
人造板制造	259	56	62	195	212
木质制品制造	61	14	15	56	58
竹、藤、棕、草等制品制造	199	46	49	125	138
家具制造业	550	109	138	404	402
木质家具制造	424	87	109	330	302
竹、藤家具制造	9	3	3	8	7
金属家具制造	84	9	17	53	72
其他家具制造	33	10	9	13	21
造纸和纸制品业	499	129	139	309	410
纸浆制造					
造纸	343	92	108	196	283
纸制品制造	156	37	31	113	127
印刷和记录媒介复制业	426	87	106	334	323
印刷	424	86	105	333	321
装订及印刷相关服务	2	1	1	1	2
文教、工美、体育和娱乐用品制造业	1029	288	331	757	783
文教办公用品制造	62	20	15	45	47
工艺美术及礼仪用品制造	647	188	219	468	492
体育用品制造	135	29	35	96	106
玩具制造	157	47	55	126	117
游艺器材及娱乐用品制造	28	4	7	22	20
石油、煤炭及其他燃料加工业	421	96	194	272	201
精炼石油产品制造	111	16	41	69	87
煤炭加工	297	76	145	191	103
生物质燃料加工	13	4	8	12	11
化学原料和化学制品制造业	6581	1395	2065	4764	5165

1-C-3 续表 2

行 业	R&D人员合计(人)	#女性	#研究人员	#全时人员	R&D人员折合全时当量(人年)
基础化学原料制造	2298	465	643	1607	1773
肥料制造	221	56	100	162	180
农药制造	301	59	113	238	238
涂料、油墨、颜料及类似产品制造	511	90	150	398	420
合成材料制造	232	50	76	190	195
专用化学产品制造	1762	386	587	1261	1387
炸药、火工及焰火产品制造	972	185	322	735	770
日用化学产品制造	284	104	74	173	202
医药制造业	5051	1676	1828	3650	4057
化学药品原料药制造	1405	339	553	1053	1115
化学药品制剂制造	688	263	237	453	514
中药饮片加工	410	134	128	298	345
中成药生产	1699	624	643	1193	1404
兽用药品制造	232	59	79	175	186
生物药品制品制造	186	74	64	167	113
卫生材料及医药用品制造	328	150	92	231	287
药用辅料及包装材料	103	33	32	80	92
化学纤维制造业	197	49	64	103	164
纤维素纤维原料及纤维制造	159	37	50	76	137
合成纤维制造	38	12	14	27	27
生物基材料制造					
橡胶和塑料制品业	1483	326	435	1152	1209
橡胶制品业	309	54	86	204	241
塑料制品业	1174	272	349	948	968
非金属矿物制品业	7205	1574	2324	5476	5794
水泥、石灰和石膏制造	443	86	118	298	349
石膏、水泥制品及类似制品制造	621	110	217	511	481
砖瓦、石材等建筑材料制造	450	84	132	294	331
玻璃制造	281	50	84	241	228
玻璃制品制造	375	63	126	267	326
玻璃纤维和玻璃纤维增强塑料制品制造	518	99	204	323	371
陶瓷制品制造	4075	982	1291	3260	3327
耐火材料制品制造	205	47	84	93	181
石墨及其他非金属矿物制品制造	237	53	68	189	201
黑色金属冶炼和压延加工业	3077	347	1336	1017	1907
炼铁	31	9	7	28	31
炼钢	28	10	16	21	14
钢压延加工	3013	327	1310	963	1859
铁合金冶炼	5	1	3	5	3
有色金属冶炼和压延加工业	8698	1276	2459	6133	5573
常用有色金属冶炼	5034	659	1329	3597	2671
贵金属冶炼	56	7	15	23	51
稀有稀土金属冶炼	1135	220	401	740	887
有色金属合金制造	183	32	47	110	129
有色金属压延加工	2290	358	667	1663	1834
金属制品业	2427	464	819	1747	1843

1-C-3 续表 3

行业	R&D人员合计(人)	#女性	#研究人员	#全时人员	R&D人员折合全时当量(人年)
结构性金属制品制造	629	109	208	419	475
金属工具制造	159	21	46	131	108
集装箱及金属包装容器制造	32	7	5	20	21
金属丝绳及其制品制造	109	15	28	89	78
建筑、安全用金属制品制造	879	185	298	606	683
金属表面处理及热处理加工	6	1	3	4	6
搪瓷制品制造					
金属制日用品制造	206	61	94	174	157
铸造及其他金属制品制造	407	65	137	304	315
通用设备制造业	2640	441	782	1981	2070
锅炉及原动设备制造	73	10	31	45	39
金属加工机械制造	239	40	57	196	222
物料搬运设备制造	274	61	92	236	206
泵、阀门、压缩机及类似机械制造	889	129	257	584	640
轴承、齿轮和传动部件制造	302	60	59	243	258
烘炉、风机、包装等设备制造	249	39	89	185	196
文化、办公用机械制造	166	25	51	147	149
通用零部件制造	386	62	127	302	310
其他通用设备制造业	62	15	19	43	49
专用设备制造业	3035	800	1021	2324	2314
采矿、冶金、建筑专用设备制造	472	75	181	310	334
化工、木材、非金属加工专用设备制造	160	25	48	124	103
食品、饮料、烟草及饲料生产专用设备制造	53	6	14	44	29
印刷、制药、日化及日用品生产专用设备制造	123	18	25	80	81
纺织、服装和皮革加工专用设备制造	47	12	13	36	33
电子和电工机械专用设备制造	334	67	134	246	239
农、林、牧、渔专用机械制造	182	25	52	132	134
医疗仪器设备及器械制造	1285	496	398	1071	1055
环保、邮政、社会公共服务及其他专用设备制造	379	76	156	281	306
汽车制造业	8727	1663	4077	7086	5601
汽车整车制造	6081	1153	3186	5004	3722
汽车用发动机制造	56	4	32	50	56
改装汽车制造	88	11	50	79	60
电车制造	4	2	2	1	1
汽车车身、挂车制造	131	32	50	115	78
汽车零部件及配件制造	2367	461	757	1837	1683
铁路、船舶、航空航天和其他运输设备制造业	2762	765	1524	2386	2567
铁路运输设备制造	1			1	1
城市轨道交通设备制造					
船舶及相关装置制造	104	21	52	90	89
航空、航天器及设备制造	2505	726	1414	2195	2345
摩托车制造	18	2	2	14	16
自行车和残疾人座车制造	36	9	19	30	33
助动车制造					
非公路休闲车及零配件制造	98	7	37	56	83
潜水救捞及其他未列明运输设备制造					

1-C-3　续表 4

行　业	R&D人员合计(人)	#女性	#研究人员	#全时人员	R&D人员折合全时当量(人年)
电气机械和器材制造业	9697	2267	3361	7669	7637
电机制造	1758	422	796	1519	1409
输配电及控制设备制造	2918	623	1065	2299	2418
电线、电缆、光缆及电工器材制造	1460	267	393	1133	1202
电池制造	2036	541	640	1438	1393
家用电力器具制造	190	36	51	168	137
非电力家用器具制造	9	7	2	8	8
照明器具制造	1287	364	397	1069	1042
其他电气机械及器材制造	39	7	17	35	29
计算机、通信和其他电子设备制造业	15166	3804	5763	12140	10962
计算机制造	692	248	106	460	562
通信设备制造	1821	634	842	1537	1026
广播电视设备制造	201	35	57	135	180
非专业视听设备制造	767	201	175	592	578
智能消费设备制造	581	81	128	437	418
电子器件制造	6020	1170	2888	4917	4520
电子元件及电子专用材料制造	4184	1050	1386	3336	2992
其他电子设备制造	900	385	181	726	685
仪器仪表制造业	1147	259	404	975	814
通用仪器仪表制造	500	125	180	430	288
专用仪器仪表制造	369	74	140	319	339
钟表与计时仪器制造	8	1	1	5	2
光学仪器制造	188	41	46	159	123
衡器制造	47	6	24	32	33
其他仪器仪表制造业	35	12	13	30	29
其他制造业	181	39	60	142	149
日用杂品制造	112	22	33	87	91
其他未列明制造业	69	17	27	55	58
废弃资源综合利用业	375	80	123	289	321
金属废料和碎屑加工处理	312	57	103	248	264
非金属废料和碎屑加工处理	63	23	20	41	57
金属制品、机械和设备修理业	7	1	3	6	6
其他机械和设备修理业	7	1	3	6	6
电力、热力、燃气及水生产和供应业	**600**	**107**	**259**	**443**	**508**
电力、热力生产和供应业	454	55	195	355	381
电力生产	189	26	71	144	138
电力供应	261	29	123	209	239
热力生产和供应	4		1	2	3
燃气生产和供应业	38	11	18	33	30
燃气生产和供应业	38	11	18	33	30
生物质燃气生产和供应业					
水的生产和供应业	108	41	46	55	97
自来水生产和供应	105	40	44	52	95
污水处理及其再生利用	3	1	2	3	2

1-C-4 分行业大中型企业R&D人员情况

行　业	R&D人员合计(人)	#女性	#研究人员	#全时人员	R&D人员折合全时当量(人年)
总　计	**53605**	**12024**	**19932**	**39807**	**38089**
采矿业	**298**	**28**	**59**	**131**	**200**
煤炭开采和洗选业	8		2	7	8
烟煤和无烟煤开采洗选	8		2	7	8
其他煤炭采选					
黑色金属矿采选业					
铁矿采选					
其他黑色金属矿采选					
有色金属矿采选业	187	10	35	94	105
常用有色金属矿采选	31	2	6	13	12
贵金属矿采选					
稀有稀土金属矿采选	156	8	29	81	94
非金属矿采选业	103	18	22	30	87
土砂石开采					
采盐	84	17	20	18	70
石棉及其他非金属矿采选	19	1	2	12	17
制造业	**52899**	**11933**	**19682**	**39377**	**37538**
农副食品加工业	718	143	247	565	604
谷物磨制	13	3	6	8	12
饲料加工	476	66	165	408	390
植物油加工	56	11	13	23	50
屠宰及肉类加工	80	29	27	55	69
水产品加工					
蔬菜、菌类、水果和坚果加工	21	8	12	17	21
其他农副食品加工	72	26	24	54	62
食品制造业	603	191	152	464	380
焙烤食品制造	60	9	16	54	42
糖果、巧克力及蜜饯制造	94	13	18	39	46
方便食品制造	92	16	28	73	53
乳制品制造	98	51	36	85	80
罐头食品制造	26	7	11	22	24
调味品、发酵制品制造	12	2	6	11	11
其他食品制造	221	93	37	180	126
酒、饮料和精制茶制造业	299	100	88	196	254
酒的制造	187	56	40	94	158
饮料制造	86	35	37	78	73
精制茶加工	26	9	11	24	24
烟草制品业	337	75	192	178	238
烟叶复烤					
卷烟制造	337	75	192	178	238
纺织业	673	273	185	472	513
棉纺织及印染精加工	453	163	145	311	365
麻纺织及染整精加工	3	1	1	1	1
丝绢纺织及印染精加工	3			3	3
化纤织造及印染精加工	77	54	18	63	56
针织或钩针编织物及其制品制造	14	1	1	12	14

1-C-4　续表 1

行　业	R&D人员合计(人)	#女性	#研究人员	#全时人员	R&D人员折合全时当量(人年)
家用纺织制成品制造	88	46	10	55	42
产业用纺织制成品制造	35	8	10	27	32
纺织服装、服饰业	624	273	138	457	540
机织服装制造	485	216	105	364	417
针织或钩针编织服装制造	70	46	11	36	56
服饰制造	69	11	22	57	67
皮革、毛皮、羽毛及其制品和制鞋业	197	57	57	143	136
皮革制品制造	78	16	19	54	69
毛皮鞣制及制品加工					
羽毛(绒)加工及制品制造					
制鞋业	119	41	38	89	67
木材加工和木、竹、藤、棕、草制品业	85	11	25	61	73
人造板制造	48	4	13	43	44
木质制品制造					
竹、藤、棕、草等制品制造	37	7	12	18	29
家具制造业	123	29	26	97	92
木质家具制造	107	25	24	95	81
其他家具制造	16	4	2	2	11
造纸和纸制品业	241	75	56	111	195
造纸	225	68	55	109	183
纸制品制造	16	7	1	2	12
印刷和记录媒介复制业	111	20	27	88	82
印刷	111	20	27	88	82
文教、工美、体育和娱乐用品制造业	471	160	180	349	334
文教办公用品制造	5	2	1	4	5
工艺美术及礼仪用品制造	349	128	132	248	235
体育用品制造	9	1	3	6	7
玩具制造	108	29	44	91	87
石油、煤炭及其他燃料加工业	337	79	156	198	132
精炼石油产品制造	52	6	15	17	41
煤炭加工	285	73	141	181	91
化学原料和化学制品制造业	2322	500	724	1555	1764
基础化学原料制造	1243	257	345	798	890
肥料制造	59	3	29	53	56
农药制造	42	11	14	38	39
涂料、油墨、颜料及类似产品制造	245	55	82	188	205
合成材料制造					
专用化学产品制造	420	98	138	286	335
炸药、火工及焰火产品制造	258	38	107	145	198
日用化学产品制造	55	38	9	47	41
医药制造业	2324	836	921	1695	1873
化学药品原料药制造	750	199	308	539	601
化学药品制剂制造	417	150	164	275	306
中药饮片加工	92	23	27	67	80
中成药生产	778	334	341	613	630
兽用药品制造	19	4	8	15	15
生物药品制品制造	43	12	21	38	32
卫生材料及医药用品制造	177	99	41	116	167
药用辅料及包装材料	48	15	11	32	43

1-C-4 续表 2

行业	R&D人员合计(人)	#女性	#研究人员	#全时人员	R&D人员折合全时当量(人年)
化学纤维制造业	147	30	44	71	125
纤维素纤维原料及纤维制造	147	30	44	71	125
橡胶和塑料制品业	267	50	77	187	215
橡胶制品业	126	16	34	100	112
塑料制品业	141	34	43	87	104
非金属矿物制品业	3399	756	1098	2668	2727
水泥、石灰和石膏制造	163	14	34	108	109
石膏、水泥制品及类似制品制造	262	38	86	216	163
砖瓦、石材等建筑材料制造	81	15	24	68	71
玻璃制造	206	28	50	186	171
玻璃制品制造	97	10	30	63	85
玻璃纤维和玻璃纤维增强塑料制品制造	357	59	146	199	240
陶瓷制品制造	2129	563	684	1751	1790
耐火材料制品制造	53	19	28	40	53
石墨及其他非金属矿物制品制造	51	10	16	37	45
黑色金属冶炼和压延加工业	2981	324	1297	942	1836
炼铁	31	9	7	28	31
钢压延加工	2950	315	1290	914	1805
铁合金冶炼					
有色金属冶炼和压延加工业	6078	798	1699	4243	3475
常用有色金属冶炼	4512	586	1186	3221	2230
贵金属冶炼	25	1	6	6	24
稀有稀土金属冶炼	385	57	171	244	284
有色金属合金制造	57	10	24	30	44
有色金属压延加工	1099	144	312	742	892
金属制品业	1109	216	394	834	836
结构性金属制品制造	375	48	132	234	296
金属工具制造	64	7	3	58	33
金属丝绳及其制品制造	60	10	22	54	42
建筑、安全用金属制品制造	443	95	150	345	339
金属制日用品制造	157	55	82	136	116
铸造及其他金属制品制造	10	1	5	7	10
通用设备制造业	1092	166	237	758	846
锅炉及原动设备制造					
金属加工机械制造	91	23	10	74	91
物料搬运设备制造	177	34	57	157	132
泵、阀门、压缩机及类似机械制造	433	44	88	225	300
轴承、齿轮和传动部件制造	135	24	14	116	122
烘炉、风机、包装等设备制造	38	2	11	11	28
文化、办公用机械制造	112	17	27	100	101
通用零部件制造	90	17	29	72	63
其他通用设备制造业	16	5	1	3	9
专用设备制造业	1500	505	535	1216	1264
采矿、冶金、建筑专用设备制造	154	22	67	109	137
化工、木材、非金属加工专用设备制造	31	5	17	27	24
印刷、制药、日化及日用品生产专用设备制造	46	6	6	21	38
纺织、服装和皮革加工专用设备制造					

1-C-4 续表 3

行 业	R&D人员合计(人)	#女性	#研究人员	#全时人员	R&D人员折合全时当量(人年)
电子和电工机械专用设备制造	190	43	89	139	136
农、林、牧、渔专用机械制造	61	7	17	55	54
医疗仪器设备及器械制造	941	413	295	827	822
环保、邮政、社会公共服务及其他专用设备制造	77	9	44	38	52
汽车制造业	7541	1422	3757	6167	4780
汽车整车制造	6040	1145	3165	4967	3706
汽车用发动机制造	56	4	32	50	56
改装汽车制造	79	9	45	71	55
汽车车身、挂车制造	35	14	20	31	28
汽车零部件及配件制造	1331	250	495	1048	935
铁路、船舶、航空航天和其他运输设备制造业					
船舶及相关装置制造					
摩托车制造					
电气机械和器材制造业	6105	1493	2291	4946	4822
电机制造	1537	376	750	1382	1293
输配电及控制设备制造	1575	333	641	1326	1331
电线、电缆、光缆及电工器材制造	370	64	80	270	297
电池制造	1515	409	497	1015	995
家用电力器具制造	122	24	36	110	95
照明器具制造	986	287	287	843	811
其他电气机械及器材制造					
计算机、通信和其他电子设备制造业	12427	3164	4852	10038	8808
计算机制造	551	218	79	370	471
通信设备制造	1417	521	635	1232	669
广播电视设备制造	103	19	26	70	99
非专业视听设备制造	599	158	127	482	448
智能消费设备制造	420	49	79	297	295
电子器件制造	5538	1067	2733	4550	4174
电子元件及电子专用材料制造	3089	804	1045	2433	2122
其他电子设备制造	710	328	128	604	529
仪器仪表制造业	664	166	203	581	475
通用仪器仪表制造	262	82	78	222	124
专用仪器仪表制造	296	63	105	266	282
光学仪器制造	106	21	20	93	69
其他制造业	4	1	2	4	4
日用杂品制造	4	1	2	4	4
其他未列明制造业					
废弃资源综合利用业	120	20	22	93	113
金属废料和碎屑加工处理	120	20	22	93	113
非金属废料和碎屑加工处理					
电力、热力、燃气及水生产和供应业	**408**	**63**	**191**	**299**	**351**
电力、热力生产和供应业	353	37	168	277	297
电力生产	92	8	45	68	58
电力供应	261	29	123	209	239
燃气生产和供应业					
燃气生产和供应业					
水的生产和供应业	55	26	23	22	54
自来水生产和供应	55	26	23	22	54

1-C-5 分行业内资企业R&D人员情况

行业	R&D人员合计(人)	#女性	#研究人员	#全时人员	R&D人员折合全时当量(人年)
总计	**82982**	**18678**	**29644**	**62134**	**61620**
采矿业	**744**	**108**	**171**	**434**	**535**
煤炭开采和洗选业	8		2	7	8
烟煤和无烟煤开采洗选	8		2	7	8
其他煤炭采选					
黑色金属矿采选业	18	6	3	13	17
铁矿采选	18	6	3	13	17
锰矿、铬矿采选					
其他黑色金属矿采选					
有色金属矿采选业	349	32	71	199	213
常用有色金属矿采选	92	10	18	66	52
贵金属矿采选	26	1	3	3	19
稀有稀土金属矿采选	231	21	50	130	142
非金属矿采选业	369	70	95	215	297
土砂石开采	239	47	63	161	189
化学矿开采					
采盐	84	17	20	18	70
石棉及其他非金属矿采选	46	6	12	36	38
制造业	**81663**	**18472**	**29221**	**61272**	**60595**
农副食品加工业	1808	427	615	1419	1447
谷物磨制	167	38	71	122	130
饲料加工	861	143	282	734	674
植物油加工	201	49	53	135	166
制糖业					
屠宰及肉类加工	151	49	46	111	124
水产品加工	61	10	17	46	49
蔬菜、菌类、水果和坚果加工	101	33	47	63	86
其他农副食品加工	266	105	99	208	218
食品制造业	1292	436	387	967	967
焙烤食品制造	184	48	64	155	153
糖果、巧克力及蜜饯制造	47	12	14	33	33
方便食品制造	163	55	29	127	132
乳制品制造	131	66	50	110	94
罐头食品制造	112	22	36	81	82
调味品、发酵制品制造	12	2	6	11	11
其他食品制造	643	231	188	450	462
酒、饮料和精制茶制造业	561	170	163	464	487
酒的制造	202	61	51	163	170
饮料制造	175	60	69	151	151
精制茶加工	184	49	43	150	166
烟草制品业	337	75	192	178	238
烟叶复烤					
卷烟制造	337	75	192	178	238
纺织业	1180	398	333	871	967

1-C-5　续表 1

行　　业	R&D人员合计(人)	#女性	#研究人员	#全时人员	R&D人员折合全时当量(人年)
棉纺织及印染精加工	729	209	235	563	617
毛纺织及染整精加工					
麻纺织及染整精加工	48	31	13	27	34
丝绢纺织及印染精加工	49	12	7	41	49
化纤织造及印染精加工	115	66	29	86	93
针织或钩针编织物及其制品制造	4	1	2	4	1
家用纺织制成品制造	158	62	27	95	106
产业用纺织制成品制造	77	17	20	55	68
纺织服装、服饰业	750	304	192	572	613
机织服装制造	645	268	163	495	519
针织或钩针编织服装制造	46	19	13	24	37
服饰制造	59	17	16	53	57
皮革、毛皮、羽毛及其制品和制鞋业	456	138	149	324	322
皮革鞣制加工	105	25	11	81	82
皮革制品制造	78	18	31	45	71
毛皮鞣制及制品加工	17	4	5	10	11
羽毛(绒)加工及制品制造	19	5	7	15	13
制鞋业	237	86	95	173	146
木材加工和木、竹、藤、棕、草制品业	576	134	141	412	450
木材加工	63	19	17	41	48
人造板制造	259	56	62	195	212
木质制品制造	61	14	15	56	58
竹、藤、棕、草等制品制造	193	45	47	120	132
家具制造业	542	107	137	398	395
木质家具制造	416	85	108	324	295
竹、藤家具制造	9	3	3	8	7
金属家具制造	84	9	17	53	72
其他家具制造	33	10	9	13	21
造纸和纸制品业	318	84	83	186	242
纸浆制造					
造纸	202	54	61	105	154
纸制品制造	116	30	22	81	88
印刷和记录媒介复制业	381	77	89	302	287
印刷	379	76	88	301	285
装订及印刷相关服务	2	1	1	1	2
文教、工美、体育和娱乐用品制造业	799	239	277	565	601
文教办公用品制造	62	20	15	45	47
工艺美术及礼仪用品制造	546	165	205	381	405
体育用品制造	93	24	23	68	75
玩具制造	70	26	27	49	54
游艺器材及娱乐用品制造	28	4	7	22	20
石油、煤炭及其他燃料加工业	421	96	194	272	201
精炼石油产品制造	111	16	41	69	87
煤炭加工	297	76	145	191	103
生物质燃料加工	13	4	8	12	11
化学原料和化学制品制造业	5675	1209	1801	4267	4513

1-C-5 续表 2

行业	R&D人员合计(人)	#女性	#研究人员	#全时人员	R&D人员折合全时当量(人年)
基础化学原料制造	1550	308	444	1212	1206
肥料制造	221	56	100	162	180
农药制造	297	58	111	234	234
涂料、油墨、颜料及类似产品制造	467	81	134	364	389
合成材料制造	232	50	76	190	195
专用化学产品制造	1676	374	543	1205	1356
炸药、火工及焰火产品制造	972	185	322	735	770
日用化学产品制造	260	97	71	165	183
医药制造业	4851	1624	1759	3499	3883
化学药品原料药制造	1373	328	534	1024	1085
化学药品制剂制造	681	258	233	447	509
中药饮片加工	352	119	115	260	293
中成药生产	1668	617	631	1165	1374
兽用药品制造	216	55	70	162	171
生物药品制品制造	163	70	55	147	93
卫生材料及医药用品制造	312	147	90	218	277
药用辅料及包装材料	86	30	31	76	80
化学纤维制造业	50	19	20	32	39
纤维素纤维原料及纤维制造	12	7	6	5	12
合成纤维制造	38	12	14	27	27
生物基材料制造					
橡胶和塑料制品业	1447	316	428	1127	1185
橡胶制品业	309	54	86	204	241
塑料制品业	1138	262	342	923	944
非金属矿物制品业	7056	1538	2283	5388	5688
水泥、石灰和石膏制造	408	85	107	285	332
石膏、水泥制品及类似制品制造	621	110	217	511	481
砖瓦、石材等建筑材料制造	450	84	132	294	331
玻璃制造	281	50	84	241	228
玻璃制品制造	375	63	126	267	326
玻璃纤维和玻璃纤维增强塑料制品制造	518	99	204	323	371
陶瓷制品制造	3961	947	1261	3185	3238
耐火材料制品制造	205	47	84	93	181
石墨及其他非金属矿物制品制造	237	53	68	189	201
黑色金属冶炼和压延加工业	3077	347	1336	1017	1907
炼铁	31	9	7	28	31
炼钢	28	10	16	21	14
钢压延加工	3013	327	1310	963	1859
铁合金冶炼	5	1	3	5	3
有色金属冶炼和压延加工业	8569	1256	2404	6027	5464
常用有色金属冶炼	5002	653	1311	3568	2641
贵金属冶炼	56	7	15	23	51
稀有稀土金属冶炼	1077	211	376	688	837
有色金属合金制造	159	28	38	95	113
有色金属压延加工	2275	357	664	1653	1822
金属制品业	2098	409	737	1461	1583

1-C-5　续表 3

行　业	R&D人员合计(人)	#女性	#研究人员	#全时人员	R&D人员折合全时当量(人年)
结构性金属制品制造	602	105	195	403	457
金属工具制造	95	14	43	73	75
集装箱及金属包装容器制造	32	7	5	20	21
金属丝绳及其制品制造	49	5	6	35	36
建筑、安全用金属制品制造	761	157	260	500	572
金属表面处理及热处理加工	6	1	3	4	6
搪瓷制品制造					
金属制日用品制造	195	60	93	164	147
铸造及其他金属制品制造	358	60	132	262	269
通用设备制造业	2436	404	741	1816	1898
锅炉及原动设备制造	73	10	31	45	39
金属加工机械制造	218	38	45	177	201
物料搬运设备制造	258	55	88	225	194
泵、阀门、压缩机及类似机械制造	865	127	255	576	629
轴承、齿轮和传动部件制造	197	39	50	148	162
烘炉、风机、包装等设备制造	244	37	86	180	193
文化、办公用机械制造	166	25	51	147	149
通用零部件制造	353	58	116	275	281
其他通用设备制造业	62	15	19	43	49
专用设备制造业	2882	744	999	2207	2262
采矿、冶金、建筑专用设备制造	472	75	181	310	334
化工、木材、非金属加工专用设备制造	141	21	45	109	94
食品、饮料、烟草及饲料生产专用设备制造	53	6	14	44	29
印刷、制药、日化及日用品生产专用设备制造	123	18	25	80	81
纺织、服装和皮革加工专用设备制造	47	12	13	36	33
电子和电工机械专用设备制造	325	67	133	238	235
农、林、牧、渔专用机械制造	158	22	47	124	115
医疗仪器设备及器械制造	1189	448	387	989	1041
环保、邮政、社会公共服务及其他专用设备制造	374	75	154	277	301
汽车制造业	8160	1515	3816	6576	5234
汽车整车制造	6081	1153	3186	5004	3722
汽车用发动机制造	56	4	32	50	56
改装汽车制造	88	11	50	79	60
电车制造	4	2	2	1	1
汽车车身、挂车制造	131	32	50	115	78
汽车零部件及配件制造	1800	313	496	1327	1317
铁路、船舶、航空航天和其他运输设备制造业	2762	765	1524	2386	2567
铁路运输设备制造	1			1	1
城市轨道交通设备制造					
船舶及相关装置制造	104	21	52	90	89
航空、航天器及设备制造	2505	726	1414	2195	2345
摩托车制造	18	2	2	14	16
自行车和残疾人座车制造	36	9	19	30	33
助动车制造					
非公路休闲车及零配件制造	98	7	37	56	83
潜水救捞及其他未列明运输设备制造					

1-C-5 续表 4

行　　业	R&D人员合计(人)	#女性	#研究人员	#全时人员	R&D人员折合全时当量(人年)
电气机械和器材制造业	7950	1846	2622	6148	6121
电机制造	1397	313	706	1194	1084
输配电及控制设备制造	2120	411	659	1604	1716
电线、电缆、光缆及电工器材制造	1323	237	357	1015	1100
电池制造	1712	493	469	1169	1104
家用电力器具制造	86	20	18	74	57
非电力家用器具制造	9	7	2	8	8
照明器具制造	1264	358	394	1049	1022
其他电气机械及器材制造	39	7	17	35	29
计算机、通信和其他电子设备制造业	13567	3425	5230	11007	9787
计算机制造	571	222	96	387	464
通信设备制造	1774	624	824	1495	979
广播电视设备制造	168	25	52	128	147
非专业视听设备制造	656	174	150	523	509
智能消费设备制造	571	77	122	428	408
电子器件制造	5726	1063	2762	4658	4312
电子元件及电子专用材料制造	3217	861	1046	2665	2296
其他电子设备制造	884	379	178	723	671
仪器仪表制造业	1126	257	398	969	799
通用仪器仪表制造	500	125	180	430	288
专用仪器仪表制造	351	72	135	316	325
钟表与计时仪器制造	8	1	1	5	2
光学仪器制造	185	41	45	156	123
衡器制造	47	6	24	32	33
其他仪器仪表制造业	35	12	13	30	29
其他制造业	154	32	45	120	122
日用杂品制造	89	16	20	68	68
其他未列明制造业	65	16	25	52	54
废弃资源综合利用业	375	80	123	289	321
金属废料和碎屑加工处理	312	57	103	248	264
非金属废料和碎屑加工处理	63	23	20	41	57
金属制品、机械和设备修理业	7	1	3	6	6
其他机械和设备修理业	7	1	3	6	6
电力、热力、燃气及水生产和供应业	**575**	**98**	**252**	**428**	**490**
电力、热力生产和供应业	438	53	190	348	371
电力生产	173	24	66	137	128
电力供应	261	29	123	209	239
热力生产和供应	4		1	2	3
燃气生产和供应业	38	11	18	33	30
燃气生产和供应业	38	11	18	33	30
生物质燃气生产和供应业					
水的生产和供应业	99	34	44	47	90
自来水生产和供应	96	33	42	44	87
污水处理及其再生利用	3	1	2	3	2

1-C-6　分行业港澳台商投资企业R&D人员情况

行　　业	R&D人员合计(人)	#女性	#研究人员	#全时人员	R&D人员折合全时当量(人年)
总　计	**3897**	**973**	**1279**	**2898**	**3057**
采矿业					
有色金属矿采选业					
常用有色金属矿采选					
非金属矿采选业					
土砂石开采					
制造业	**3888**	**966**	**1277**	**2890**	**3050**
农副食品加工业	57	10	12	39	41
谷物磨制					
饲料加工	57	10	12	39	41
植物油加工					
屠宰及肉类加工					
水产品加工					
蔬菜、菌类、水果和坚果加工					
食品制造业	105	13	28	50	42
糖果、巧克力及蜜饯制造	62	5	7	15	23
方便食品制造	30	2	17	25	12
罐头食品制造					
其他食品制造	13	6	4	10	8
酒、饮料和精制茶制造业	89	28	24	21	80
酒的制造	70	23	22	4	61
饮料制造	19	5	2	17	19
纺织业	185	74	43	128	167
棉纺织及印染精加工	142	71	27	93	124
毛纺织及染整精加工					
化纤织造及印染精加工					
针织或钩针编织物及其制品制造	14	1	1	12	14
产业用纺织制成品制造	29	2	15	23	29
纺织服装、服饰业	79	13	25	62	70
机织服装制造	46	6	14	38	40
针织或钩针编织服装制造	6	1	1	5	5
服饰制造	27	6	10	19	25
皮革、毛皮、羽毛及其制品和制鞋业	113	27	19	83	87
皮革鞣制加工	12	2	1	11	3
皮革制品制造	55	15	11	46	47
制鞋业	46	10	7	26	37
木材加工和木、竹、藤、棕、草制品业					
人造板制造					
木质制品制造					
竹、藤、棕、草等制品制造					
家具制造业	8	2	1	6	7
木质家具制造	8	2	1	6	7
造纸和纸制品业	85	23	30	40	75

1-C-6 续表 1

行业	R&D人员合计（人）	#女性	#研究人员	#全时人员	R&D人员折合全时当量（人年）
造纸	79	21	29	35	70
纸制品制造	6	2	1	5	5
印刷和记录媒介复制业	38	8	14	28	30
印刷	38	8	14	28	30
文教、工美、体育和娱乐用品制造业	155	38	38	137	118
文教办公用品制造					
工艺美术及礼仪用品制造	59	16	7	54	48
体育用品制造	9	1	3	6	7
玩具制造	87	21	28	77	63
游艺器材及娱乐用品制造					
石油、煤炭及其他燃料加工业					
煤炭加工					
化学原料和化学制品制造业	307	53	135	236	170
基础化学原料制造	158	26	74	140	93
肥料制造					
农药制造	4	1	2	4	4
涂料、油墨、颜料及类似产品制造	44	9	16	34	32
合成材料制造					
专用化学产品制造	77	10	40	50	21
日用化学产品制造	24	7	3	8	20
医药制造业	138	35	42	96	120
化学药品制剂制造	7	5	4	6	6
中药饮片加工	58	15	13	38	52
中成药生产	31	7	12	28	30
兽用药品制造	16	4	9	13	14
生物药品制品制造	9	1	3	7	6
药用辅料及包装材料	17	3	1	4	12
化学纤维制造业	88	12	14	18	66
纤维素纤维原料及纤维制造	88	12	14	18	66
橡胶和塑料制品业	21	4	4	15	10
橡胶制品业					
塑料制品业	21	4	4	15	10
非金属矿物制品业	72	24	22	49	57
石膏、水泥制品及类似制品制造					
砖瓦、石材等建筑材料制造					
陶瓷制品制造	72	24	22	49	57
石墨及其他非金属矿物制品制造					
有色金属冶炼和压延加工业	32	4	18	27	31
常用有色金属冶炼	27	4	15	24	27
有色金属压延加工	5		3	3	4
金属制品业	135	18	26	122	85
结构性金属制品制造					
金属工具制造	64	7	3	58	33
金属丝绳及其制品制造	60	10	22	54	42

1-C-6　续表 2

行　业	R&D 人员合计 (人)				R&D人员折合全时当量 (人年)
		#女性	#研究人员	#全时人员	
金属表面处理及热处理加工					
金属制日用品制造	11	1	1	10	10
铸造及其他金属制品制造					
通用设备制造业					
金属加工机械制造					
轴承、齿轮和传动部件制造					
烘炉、风机、包装等设备制造					
文化、办公用机械制造					
专用设备制造业	100	49	11	84	16
化工、木材、非金属加工专用设备制造	5	2	1	2	2
纺织、服装和皮革加工专用设备制造					
电子和电工机械专用设备制造					
农、林、牧、渔专用机械制造					
医疗仪器设备及器械制造	90	46	8	78	9
环保、邮政、社会公共服务及其他专用设备制造	5	1	2	4	5
汽车制造业	128	39	24	115	89
汽车零部件及配件制造	128	39	24	115	89
电气机械和器材制造业	1298	346	558	1115	1157
电机制造	299	102	80	269	263
输配电及控制设备制造	759	205	395	660	690
电线、电缆、光缆及电工器材制造	79	10	25	65	69
电池制造	59	11	25	30	52
家用电力器具制造	79	12	30	71	62
照明器具制造	23	6	3	20	20
计算机、通信和其他电子设备制造业	622	139	176	405	502
计算机制造	27	12	7	22	27
通信设备制造	47	10	18	42	47
广播电视设备制造	33	10	5	7	33
非专业视听设备制造	111	27	25	69	69
电子器件制造	21	7	6	14	20
电子元件及电子专用材料制造	367	67	112	248	294
其他电子设备制造	16	6	3	3	14
仪器仪表制造业	18	2	5	3	14
专用仪器仪表制造	18	2	5	3	14
其他制造业	15	5	8	11	15
日用杂品制造	11	4	6	8	11
其他未列明制造业	4	1	2	3	4
电力、热力、燃气及水生产和供应业	**9**	**7**	**2**	**8**	**8**
电力、热力生产和供应业					
电力生产					
燃气生产和供应业					
燃气生产和供应业					
水的生产和供应业	9	7	2	8	8
自来水生产和供应	9	7	2	8	8

1-C-7 分行业外商投资企业R&D人员情况

行业	R&D人员合计(人)	#女性	#研究人员	#全时人员	R&D人员折合全时当量(人年)
总计	**3565**	**806**	**1226**	**2656**	**2716**
制造业	**3549**	**804**	**1221**	**2649**	**2707**
农副食品加工业	19	6	5	18	19
谷物磨制					
饲料加工	7	4	3	7	7
屠宰及肉类加工	12	2	2	11	12
食品制造业	25	13	9	22	19
焙烤食品制造					
方便食品制造					
乳制品制造					
罐头食品制造					
其他食品制造	25	13	9	22	19
酒、饮料和精制茶制造业					
酒的制造					
饮料制造					
精制茶加工					
纺织业					
棉纺织及印染精加工					
针织或钩针编织物及其制品制造					
纺织服装、服饰业	73	38	20	53	51
机织服装制造	36	8	15	30	19
针织或钩针编织服装制造	37	30	5	23	32
服饰制造					
皮革、毛皮、羽毛及其制品和制鞋业	8	2	4	7	6
皮革制品制造					
制鞋业	8	2	4	7	6
木材加工和木、竹、藤、棕、草制品业	6	1	2	5	6
木材加工					
人造板制造					
木质制品制造					
竹、藤、棕、草等制品制造	6	1	2	5	6
家具制造业					
木质家具制造					
金属家具制造					
造纸和纸制品业	96	22	26	83	93
造纸	62	17	18	56	59
纸制品制造	34	5	8	27	34
印刷和记录媒介复制业	7	2	3	4	5
印刷	7	2	3	4	5
文教、工美、体育和娱乐用品制造业	75	11	16	55	63
文教办公用品制造					

1-C-7　续表 1

行　业	R&D人员合计(人)	#女性	#研究人员	#全时人员	R&D人员折合全时当量(人年)
工艺美术及礼仪用品制造	42	7	7	33	39
体育用品制造	33	4	9	22	24
玩具制造					
石油、煤炭及其他燃料加工业					
精炼石油产品制造					
化学原料和化学制品制造业	599	133	129	261	482
基础化学原料制造	590	131	125	255	473
涂料、油墨、颜料及类似产品制造					
合成材料制造					
专用化学产品制造	9	2	4	6	9
日用化学产品制造					
医药制造业	62	17	27	55	54
化学药品原料药制造	32	11	19	29	30
化学药品制剂制造					
生物药品制品制造	14	3	6	13	14
卫生材料及医药用品制造	16	3	2	13	10
化学纤维制造业	59	18	30	53	59
纤维素纤维原料及纤维制造	59	18	30	53	59
合成纤维制造					
橡胶和塑料制品业	15	6	3	10	14
橡胶制品业					
塑料制品业	15	6	3	10	14
非金属矿物制品业	77	12	19	39	50
水泥、石灰和石膏制造	35	1	11	13	17
石膏、水泥制品及类似制品制造					
砖瓦、石材等建筑材料制造					
玻璃制造					
陶瓷制品制造	42	11	8	26	33
黑色金属冶炼和压延加工业					
钢压延加工					
有色金属冶炼和压延加工业	97	16	37	79	78
常用有色金属冶炼	5	2	3	5	4
稀有稀土金属冶炼	58	9	25	52	51
有色金属合金制造	24	4	9	15	16
有色金属压延加工	10	1		7	8
金属制品业	194	37	56	164	175
结构性金属制品制造	27	4	13	16	19
金属丝绳及其制品制造					
建筑、安全用金属制品制造	118	28	38	106	110
金属表面处理及热处理加工					
铸造及其他金属制品制造	49	5	5	42	46
通用设备制造业	204	37	41	165	172
金属加工机械制造	21	2	12	19	21

1-C-7 续表 2

行业	R&D人员合计(人)	#女性	#研究人员	#全时人员	R&D人员折合全时当量(人年)
物料搬运设备制造	16	6	4	11	12
泵、阀门、压缩机及类似机械制造	24	2	2	8	12
轴承、齿轮和传动部件制造	105	21	9	95	96
烘炉、风机、包装等设备制造	5	2	3	5	3
文化、办公用机械制造					
通用零部件制造	33	4	11	27	29
专用设备制造业	53	7	11	33	36
化工、木材、非金属加工专用设备制造	14	2	2	13	7
食品、饮料、烟草及饲料生产专用设备制造					
电子和电工机械专用设备制造	9		1	8	4
农、林、牧、渔专用机械制造	24	3	5	8	19
医疗仪器设备及器械制造	6	2	3	4	5
汽车制造业	439	109	237	395	278
汽车零部件及配件制造	439	109	237	395	278
铁路、船舶、航空航天和其他运输设备制造业					
船舶及相关装置制造					
航空、航天器及设备制造					
电气机械和器材制造业	449	75	181	406	359
电机制造	62	7	10	56	61
输配电及控制设备制造	39	7	11	35	12
电线、电缆、光缆及电工器材制造	58	20	11	53	32
电池制造	265	37	146	239	236
家用电力器具制造	25	4	3	23	18
照明器具制造					
计算机、通信和其他电子设备制造业	977	240	357	728	673
计算机制造	94	14	3	51	72
非专业视听设备制造					
智能消费设备制造	10	4	6	9	10
电子器件制造	273	100	120	245	188
电子元件及电子专用材料制造	600	122	228	423	403
仪器仪表制造业	3		1	3	
光学仪器制造	3		1	3	
其他制造业	12	2	7	11	12
日用杂品制造	12	2	7	11	12
废弃资源综合利用业					
金属废料和碎屑加工处理					
电力、热力、燃气及水生产和供应业	**16**	**2**	**5**	**7**	**10**
电力、热力生产和供应业	16	2	5	7	10
电力生产	16	2	5	7	10
燃气生产和供应业					
燃气生产和供应业					
水的生产和供应业					
自来水生产和供应					

1-C-8　各地区企业R&D人员情况

地　区	R&D人员合计(人)	#女性	#研究人员	#全时人员	R&D人员折合全时当量(人年)
全　省	**90444**	**20457**	**32149**	**67688**	**67394**
南昌市	21329	4826	10190	17143	15064
景德镇市	4684	1157	2018	3544	3779
萍乡市	4292	720	1352	3125	3779
九江市	9380	2221	3095	6751	7608
新余市	4268	811	1734	2288	2679
鹰潭市	7269	1108	2062	5509	4112
赣州市	7987	1806	2463	5864	5946
吉安市	9508	2460	2609	7063	7586
宜春市	10084	2578	3128	7342	7708
抚州市	6860	1764	1870	5321	5305
上饶市	4783	1006	1628	3738	3829

D. 企业R&D经费支出情况

1-D-1.1 分登记注册类型企业R&D经费内部支出情况

单位：万元

登记注册类型	R&D经费内部支出	日常性支出	#人员劳务费	资产性支出	#仪器和设备	#政府资金	#企业资金
总　计	**2677714.0**	**2392527.2**	**563749.7**	**285186.8**	**275650.1**	**86878.4**	**2584672.8**
内资企业	**2447458.4**	**2190789.0**	**510665.7**	**256669.4**	**248122.0**	**83560.2**	**2358247.9**
国有企业	53455.3	50459.7	11654.6	2995.6	2940.9	7101.9	46353.4
集体企业	70.4	70.1	12.5	0.3			70.4
股份合作企业	2588.7	2575.3	414.3	13.4	12.6	20.5	2568.2
有限责任公司	1266144.8	1145259.6	288951.4	120885.2	117947.7	46985.0	1217955.2
国有独资公司	507533.4	482858.7	140356.0	24674.7	24057.4	28689.2	478822.2
其他有限责任公司	758611.4	662400.9	148595.4	96210.5	93890.3	18295.8	739133.0
股份有限公司	278755.0	250055.2	71093.2	28699.8	27339.6	6704.9	271512.0
私营企业	846444.2	742369.1	138539.7	104075.1	99881.2	22747.9	819788.7
私营独资企业	5085.3	4169.6	745.1	915.7	886.8	2.0	5010.8
私营合伙企业	523.0	516.0	48.0	7.0	4.3	2.0	521.0
私营有限责任公司	765606.0	671101.4	123398.8	94504.6	90632.7	20845.5	741558.4
私营股份有限公司	75229.9	66582.1	14347.8	8647.8	8357.4	1898.4	72698.5
其他企业							
港、澳、台商投资企业	**99142.0**	**84546.5**	**20526.3**	**14595.5**	**14036.9**	**1092.0**	**97951.2**
合资经营企业	20512.9	20214.6	4316.5	298.3	264.9	286.8	20172.7
合作经营企业	566.6	566.6	101.2				566.6
港、澳、台商独资经营企业	77025.3	62930.2	15936.1	14095.1	13575.8	805.2	76174.7
港、澳、台商投资股份有限公司	447.6	295.1	123.1	152.5	151.5		447.6
其他港、澳、台投资企业	589.6	540.0	49.4	49.6	44.7		589.6
外商投资企业	**131113.6**	**117191.7**	**32557.7**	**13921.9**	**13491.2**	**2226.2**	**128473.7**
中外合资经营企业	74759.5	66998.5	18496.9	7761.0	7387.9	1087.3	73672.2
中外合作经营企业	1683.1	1683.1	351.6				1683.1
外资企业	48602.5	42500.6	12685.1	6101.9	6050.5	1116.9	47485.6
外商投资股份有限公司	6023.4	5964.4	1010.1	59.0	52.8	22.0	5587.7
其他外商投资企业	45.1	45.1	14.0				45.1

1-D-1.2　分登记注册类型大中型企业R&D经费内部支出情况

单位：万元

登记注册类型	R&D经费内部支出	日常性支出		资产性支出		#政府资金	#企业资金
			#人员劳务费		#仪器和设备		
总　计	**1652640.7**	**1477329.8**	**392972.8**	**175310.9**	**170585.7**	**45469.0**	**1604284.9**
内资企业	**1461639.7**	**1310217.4**	**347504.8**	**151422.3**	**147454.3**	**42748.4**	**1416418.2**
国有企业	980.2	665.0	84.0	315.2	315.2		980.2
集体企业							
股份合作企业	1387.2	1387.2	144.3				1387.2
有限责任公司	922219.9	833855.1	221068.6	88364.8	86795.3	31195.3	890994.6
国有独资公司	434981.8	410972.5	120307.2	24009.3	23453.4	23455.2	411504.6
其他有限责任公司	487238.1	422882.6	100761.4	64355.5	63341.9	7740.1	479490.0
股份有限公司	247559.1	221650.9	64365.0	25908.2	24711.7	5242.2	241836.1
私营企业	289493.3	252659.2	61842.9	36834.1	35632.1	6310.9	281220.1
私营独资企业	1012.7	637.0	182.6	375.7	369.8		1012.7
私营合伙企业							
私营有限责任公司	250454.2	216162.5	52872.5	34291.7	33144.4	5952.5	242959.1
私营股份有限公司	38026.4	35859.7	8787.8	2166.7	2117.9	358.4	37248.3
其他企业							
港、澳、台商投资企业	**79231.0**	**65855.7**	**17139.5**	**13375.3**	**12973.8**	**866.5**	**78364.5**
合资经营企业	13655.2	13425.4	2925.3	229.8	206.1	247.5	13407.7
合作经营企业							
港、澳、台商独资经营企业	65555.0	52410.9	14214.2	13144.1	12767.7	619.0	64936.0
港、澳、台商投资股份有限公司							
其他港、澳、台投资企业	20.8	19.4		1.4			20.8
外商投资企业	**111770.0**	**101256.7**	**28328.5**	**10513.3**	**10157.6**	**1854.1**	**109502.2**
中外合资经营企业	62797.4	57905.5	15741.6	4891.9	4564.9	918.1	61879.3
中外合作经营企业							
外资企业	42904.1	37341.7	11562.8	5562.4	5539.9	914.0	41990.1
外商投资股份有限公司	6023.4	5964.4	1010.1	59.0	52.8	22.0	5587.7
其他外商投资企业	45.1	45.1	14.0				45.1

1-D-1.3 分行业企业R&D经费内部支出情况

单位：万元

行业	R&D经费内部支出	日常性支出	#人员劳务费	资产性支出	#仪器和设备	#政府资金	#企业资金
总计	**2677714.0**	**2392527.2**	**563749.7**	**285186.8**	**275650.1**	**86878.4**	**2584672.8**
采矿业	**27417.2**	**25843.2**	**4524.5**	**1574.0**	**1393.9**	**1332.1**	**26073.4**
煤炭开采和洗选业	980.2	665.0	84.0	315.2	315.2		980.2
烟煤和无烟煤开采洗选	980.2	665.0	84.0	315.2	315.2		980.2
其他煤炭采选							
黑色金属矿采选业	322.3	322.3	68.2				322.3
铁矿采选	322.3	322.3	68.2				322.3
锰矿、铬矿采选							
其他黑色金属矿采选							
有色金属矿采选业	14275.6	13617.2	2417.8	658.4	538.6	1154.1	13109.8
常用有色金属矿采选	5279.9	4962.6	795.2	317.3	245.0	995.0	4284.9
贵金属矿采选	327.5	327.5	113.1				327.5
稀有稀土金属矿采选	8668.2	8327.1	1509.5	341.1	293.6	159.1	8497.4
非金属矿采选业	11839.1	11238.7	1954.5	600.4	540.1	178.0	11661.1
土砂石开采	8699.5	8495.9	808.7	203.6	160.1	25.0	8674.5
化学矿开采							
采盐	1047.5	1047.5	862.2			3.0	1044.5
石棉及其他非金属矿采选	2092.1	1695.3	283.6	396.8	380.0	150.0	1942.1
制造业	**2631450.1**	**2350378.0**	**555147.2**	**281072.1**	**271824.4**	**85157.6**	**2540141.4**
农副食品加工业	65247.3	58029.9	11151.5	7217.4	6951.0	1005.9	64035.9
谷物磨制	6919.2	6466.0	603.1	453.2	422.6	185.0	6734.2
饲料加工	29910.2	29012.0	7114.2	898.2	847.7	231.0	29489.5
植物油加工	8600.9	7941.9	1053.7	659.0	581.2	236.3	8364.6
制糖业							
屠宰及肉类加工	4105.7	2937.3	761.7	1168.4	1118.0	81.3	4008.6
水产品加工	4946.3	2964.3	214.1	1982.0	1975.8	53.6	4892.7
蔬菜、菌类、水果和坚果加工	5126.3	4129.2	451.4	997.1	961.8	124.3	5002.0
其他农副食品加工	5638.7	4579.2	953.3	1059.5	1043.9	94.4	5544.3
食品制造业	25792.8	23799.7	5106.1	1993.1	1847.4	854.7	24744.1
焙烤食品制造	2828.4	2685.1	599.7	143.3	130.1	47.7	2727.5
糖果、巧克力及蜜饯制造	1866.9	1793.9	162.7	73.0	55.5	56.0	1809.7
方便食品制造	2819.1	2597.1	437.5	222.0	208.1	247.5	2571.6
乳制品制造	2917.8	2873.2	1011.0	44.6	23.7	50.0	2867.8
罐头食品制造	1721.6	1628.2	350.5	93.4	89.5	26.4	1695.2
调味品、发酵制品制造	77.8	67.8	20.4	10.0	10.0		77.8
其他食品制造	13561.2	12154.4	2524.3	1406.8	1330.5	427.1	12994.5
酒、饮料和精制茶制造业	12782.9	11902.9	2437.3	880.0	779.1	445.1	12337.8

1-D-1.3　续表 1　　单位：万元

行　业	R&D经费内部支出	日常性支出	#人员劳务费	资产性支出	#仪器和设备	#政府资金	#企业资金
酒的制造	4655.5	4536.9	1147.6	118.6	92.9	44.2	4611.3
饮料制造	4098.6	3759.9	703.7	338.7	289.9	321.0	3777.6
精制茶加工	4028.8	3606.1	586.0	422.7	396.3	79.9	3948.9
烟草制品业	10044.8	9716.2	7471.2	328.6	328.6	80.0	9964.8
烟叶复烤							
卷烟制造	10044.8	9716.2	7471.2	328.6	328.6	80.0	9964.8
纺织业	26264.1	23560.0	5679.0	2704.1	2448.5	271.8	25971.0
棉纺织及印染精加工	16787.4	15420.5	4071.5	1366.9	1166.3	88.5	16698.9
毛纺织及染整精加工							
麻纺织及染整精加工	612.7	598.8	59.4	13.9	4.2	6.5	606.2
丝绢纺织及印染精加工	1915.0	1903.2	168.1	11.8		51.0	1864.0
化纤织造及印染精加工	1938.7	1809.5	455.9	129.2	121.4	2.0	1919.7
针织或钩针编织物及其制品制造	390.3	374.4	157.3	15.9	15.9		390.3
家用纺织制成品制造	1630.3	1502.6	371.2	127.7	121.2	123.8	1502.2
产业用纺织制成品制造	2989.7	1951.0	395.6	1038.7	1019.5		2989.7
纺织服装、服饰业	19923.3	18326.0	4443.1	1597.3	1435.8	748.5	19174.8
机织服装制造	16198.8	15175.1	3579.1	1023.7	878.7	742.2	15456.6
针织或钩针编织服装制造	2235.5	1811.1	411.4	424.4	413.6	6.0	2229.5
服饰制造	1489.0	1339.8	452.6	149.2	143.5	0.3	1488.7
皮革、毛皮、羽毛及其制品和制鞋业	19380.7	16370.8	2463.2	3009.9	2889.6	1016.7	18344.8
皮革鞣制加工	2952.5	2447.5	447.1	505.0	503.9	411.7	2521.6
皮革制品制造	4238.2	3659.8	648.4	578.4	550.2	70.0	4168.2
毛皮鞣制及制品加工	203.3	203.3	49.4				203.3
羽毛(绒)加工及制品制造	824.7	722.5	107.2	102.2	92.4	26.0	798.7
制鞋业	11162.0	9337.7	1211.1	1824.3	1743.1	509.0	10653.0
木材加工和木、竹、藤、棕、草制品业	13834.7	12842.7	2404.2	992.0	935.1	262.0	13545.7
木材加工	1582.7	1513.7	190.9	69.0	54.8	24.6	1558.1
人造板制造	6599.9	5962.5	1264.0	637.4	622.8	85.0	6496.9
木质制品制造	1612.3	1605.7	167.1	6.6		95.4	1507.9
竹、藤、棕、草等制品制造	4039.8	3760.8	782.2	279.0	257.5	57.0	3982.8
家具制造业	28234.9	20443.3	2969.7	7791.6	7744.7	103.0	27975.9
木质家具制造	25570.4	18094.2	2580.5	7476.2	7445.5	94.0	25320.4
竹、藤家具制造	212.1	212.1	14.7				212.1
金属家具制造	1840.9	1557.7	264.8	283.2	267.6	1.0	1839.9
其他家具制造	611.5	579.3	109.7	32.2	31.6	8.0	603.5
造纸和纸制品业	17898.3	15420.9	2297.8	2477.4	2443.8	411.3	17487.0
纸浆制造							
造纸	11893.4	10910.1	1634.8	983.3	967.2	254.4	11639.0
纸制品制造	6004.9	4510.8	663.0	1494.1	1476.6	156.9	5848.0

1-D-1.3 续表 2 单位：万元

行业	R&D经费内部支出	日常性支出	#人员劳务费	资产性支出	#仪器和设备	#政府资金	#企业资金
印刷和记录媒介复制业	13627.8	12892.6	1675.3	735.2	655.1	324.5	13230.8
印刷	13621.5	12886.3	1675.3	735.2	655.1	324.5	13224.5
装订及印刷相关服务	6.3	6.3					6.3
文教、工美、体育和娱乐用品制造业	23871.9	21971.4	3033.6	1900.5	1837.0	281.2	23493.7
文教办公用品制造	915.8	827.6	216.7	88.2	86.4		915.8
工艺美术及礼仪用品制造	15180.9	13929.9	1943.8	1251.0	1207.8	182.2	14901.7
体育用品制造	4146.9	3926.6	321.4	220.3	205.4	52.0	4094.9
玩具制造	3376.4	3040.0	520.1	336.4	334.8	47.0	3329.4
游艺器材及娱乐用品制造	251.9	247.3	31.6	4.6	2.6		251.9
石油、煤炭及其他燃料加工业	7459.7	6405.6	1973.7	1054.1	985.7	70.2	7389.5
精炼石油产品制造	1935.5	1766.4	714.0	169.1	151.3	70.2	1865.3
煤炭加工	5355.9	4470.9	1189.4	885.0	834.4		5355.9
生物质燃料加工	168.3	168.3	70.3				168.3
化学原料和化学制品制造业	192581.1	172183.4	33715.6	20397.7	19757.6	4247.4	187847.1
基础化学原料制造	73237.2	64601.6	11501.1	8635.6	8470.5	1734.8	71088.7
肥料制造	4517.6	4113.2	1035.2	404.4	391.2	74.3	4443.3
农药制造	9183.2	8779.9	1540.7	403.3	356.8	265.8	8917.4
涂料、油墨、颜料及类似产品制造	15591.3	14365.4	2952.8	1225.9	1159.5	276.8	15314.5
合成材料制造	7606.2	6631.0	745.3	975.2	888.5	175.2	7431.0
专用化学产品制造	47742.6	41891.3	8438.8	5851.3	5680.3	1486.8	46255.8
炸药、火工及焰火产品制造	22339.2	19886.2	5327.0	2453.0	2399.8	75.3	22228.3
日用化学产品制造	12363.8	11914.8	2174.7	449.0	411.0	158.4	12168.1
医药制造业	136898.1	117998.7	29897.7	18899.4	18170.9	2965.3	133932.8
化学药品原料药制造	39487.4	33244.7	10690.6	6242.7	5911.8	802.4	38685.0
化学药品制剂制造	12292.5	10811.4	4118.3	1481.1	1458.3	358.3	11934.2
中药饮片加工	7488.1	6510.4	1773.2	977.7	934.3	278.0	7210.1
中成药生产	59951.1	51357.6	9547.2	8593.5	8370.5	1269.2	58681.9
兽用药品制造	6013.9	5551.2	1013.0	462.7	438.9	70.6	5943.3
生物药品制品制造	4954.9	4184.9	1056.2	770.0	762.5	130.0	4824.9
卫生材料及医药用品制造	4557.1	4305.4	1249.5	251.7	177.3	41.4	4515.7
药用辅料及包装材料	2153.1	2033.1	449.7	120.0	117.3	15.4	2137.7
化学纤维制造业	13598.6	5480.1	1576.6	8118.5	8031.6	10.7	13587.9
纤维素纤维原料及纤维制造	8060.5	4501.4	1431.6	3559.1	3473.1	10.7	8049.8
合成纤维制造	5538.1	978.7	145.0	4559.4	4558.5		5538.1
生物基材料制造							
橡胶和塑料制品业	36120.0	28800.5	5530.7	7319.5	7174.5	575.4	35450.2
橡胶制品业	7747.3	7515.0	1279.3	232.3	218.8	77.0	7659.1
塑料制品业	28372.7	21285.5	4251.4	7087.2	6955.7	498.4	27791.1
非金属矿物制品业	178660.4	162547.1	30007.4	16113.3	15284.4	3523.2	174701.4

1-D-1.3　续表 3　　　　单位：万元

行　业	R&D经费内部支出	日常性支出	#人员劳务费	资产性支出	#仪器和设备	#政府资金	#企业资金
水泥、石灰和石膏制造	18985.0	16404.0	2467.7	2581.0	2507.2	307.0	18678.0
石膏、水泥制品及类似制品制造	20140.2	18934.3	2514.4	1205.9	1103.3	284.0	19856.2
砖瓦、石材等建筑材料制造	9984.8	9347.1	2071.9	637.7	603.6	360.0	9624.8
玻璃制造	4997.1	4708.7	1056.3	288.4	281.0	47.7	4843.0
玻璃制品制造	10037.7	8915.6	1529.2	1122.1	1047.5	79.5	9958.2
玻璃纤维和玻璃纤维增强塑料制品制造	12379.5	11202.4	2436.4	1177.1	1136.3	238.0	12141.5
陶瓷制品制造	89350.1	80869.9	15616.3	8480.2	8006.7	2118.0	87181.2
耐火材料制品制造	4374.9	4294.9	542.5	80.0	77.9	69.0	4027.4
石墨及其他非金属矿物制品制造	8411.1	7870.2	1772.7	540.9	520.9	20.0	8391.1
黑色金属冶炼和压延加工业	192492.5	178896.8	40127.6	13595.7	13384.6	327.5	192165.0
炼铁	370.0	370.0	115.6				370.0
炼钢	1875.1	1867.0	232.9	8.1		9.0	1866.1
钢压延加工	190086.4	176498.8	39762.0	13587.6	13384.6	318.5	189767.9
铁合金冶炼	161.0	161.0	17.1				161.0
有色金属冶炼和压延加工业	328668.5	301214.2	59569.0	27454.3	26776.8	7004.4	320427.8
常用有色金属冶炼	174394.2	163451.7	45298.5	10942.5	10662.7	1418.2	172976.0
贵金属冶炼	2321.4	2070.2	174.1	251.2	245.6	234.0	2087.4
稀有稀土金属冶炼	38609.7	32416.7	4600.7	6193.0	5991.6	1744.7	35986.0
有色金属合金制造	6479.9	6051.0	1315.3	428.9	395.5	419.1	5834.7
有色金属压延加工	106863.3	97224.6	8180.4	9638.7	9481.4	3188.4	103543.7
金属制品业	47008.5	42802.9	11124.2	4205.6	4003.7	454.4	46488.5
结构性金属制品制造	15980.6	15286.7	2844.2	693.9	686.5	83.4	15874.3
金属工具制造	2382.6	2333.6	277.1	49.0	36.2	22.0	2360.6
集装箱及金属包装容器制造	635.4	585.7	158.1	49.7	43.0		605.0
金属丝绳及其制品制造	2459.2	2186.8	607.8	272.4	268.5	0.3	2446.6
建筑、安全用金属制品制造	14185.9	12950.5	4871.7	1235.4	1142.3	278.2	13907.7
金属表面处理及热处理加工	158.2	152.3	26.6	5.9			158.2
搪瓷制品制造							
金属制日用品制造	3977.7	3548.5	967.8	429.2	419.3	0.8	3976.9
铸造及其他金属制品制造	7228.9	5758.8	1370.9	1470.1	1407.9	69.7	7159.2
通用设备制造业	64948.3	58773.2	12514.4	6175.1	5971.9	3482.9	61315.8
锅炉及原动设备制造	1369.7	1321.3	409.6	48.4	45.1	1.0	1368.7
金属加工机械制造	7057.3	6994.2	1291.2	63.1	56.7	591.6	6465.7
物料搬运设备制造	12047.9	10162.4	1914.8	1885.5	1881.0	182.6	11860.3
泵、阀门、压缩机及类似机械制造	22715.1	20688.8	4183.3	2026.3	1969.8	1877.7	20692.8
轴承、齿轮和传动部件制造	5701.2	5148.0	842.2	553.2	502.6	29.0	5672.2
烘炉、风机、包装等设备制造	5019.8	4824.9	791.7	194.9	182.8	604.6	4415.2
文化、办公用机械制造	3355.4	2635.9	950.7	719.5	683.2	89.6	3265.8
通用零部件制造	6696.3	6031.3	1801.3	665.0	634.5	104.1	6592.2
其他通用设备制造业	985.6	966.4	329.6	19.2	16.2	2.7	982.9

1-D-1.3 续表 4

单位：万元

行业	R&D经费内部支出	日常性支出	#人员劳务费	资产性支出	#仪器和设备	#政府资金	#企业资金
专用设备制造业	51307.9	46095.1	12620.9	5212.8	5015.9	1211.0	49687.3
采矿、冶金、建筑专用设备制造	12346.3	10416.0	2163.2	1930.3	1857.8	248.7	12050.6
化工、木材、非金属加工专用设备制造	4415.4	3930.5	1249.3	484.9	466.0	102.0	4313.4
食品、饮料、烟草及饲料生产专用设备制造	1766.7	1213.4	153.2	553.3	550.0		1766.7
印刷、制药、日化及日用品生产专用设备制造	2563.2	2268.8	607.9	294.4	294.4	200.0	2269.0
纺织、服装和皮革加工专用设备制造	1420.8	1237.0	375.2	183.8	147.5		1420.8
电子和电工机械专用设备制造	6372.6	5470.8	1873.8	901.8	885.3	25.9	6346.7
农、林、牧、渔专用机械制造	1906.2	1842.5	596.2	63.7	46.7	11.0	1895.2
医疗仪器设备及器械制造	14223.4	13825.6	3839.5	397.8	376.7	166.3	13975.4
环保、邮政、社会公共服务及其他专用设备制造	6293.3	5890.5	1762.6	402.8	391.5	457.1	5649.5
汽车制造业	288419.3	262930.8	80140.1	25488.5	24574.2	23728.7	263776.2
汽车整车制造	202321.6	189159.9	57980.3	13161.7	12819.5	23438.8	178882.8
汽车用发动机制造	4261.1	3945.2	1264.8	315.9	314.5		4261.1
改装汽车制造	2162.6	2162.6	566.3				2162.6
电车制造	26.0	26.0	10.5				26.0
汽车车身、挂车制造	2502.4	2076.4	260.9	426.0	386.4	2.0	2500.4
汽车零部件及配件制造	77145.6	65560.7	20057.3	11584.9	11053.8	287.9	75943.3
铁路、船舶、航空航天和其他运输设备制造业	124941.6	120569.3	31396.7	4372.3	4138.3	11843.9	112959.6
铁路运输设备制造	11.0	8.1	2.6	2.9	2.9		11.0
城市轨道交通设备制造	262.7	262.7	133.0			5.0	257.7
船舶及相关装置制造	3023.0	3010.6	893.8	12.4	3.8	496.0	2388.9
航空、航天器及设备制造	117604.3	114694.8	30169.6	2909.5	2880.9	11289.8	106314.5
摩托车制造	429.4	390.1		39.3	39.3		429.4
自行车和残疾人座车制造	499.3	475.4		23.9			499.3
助动车制造							
非公路休闲车及零配件制造	3111.9	1727.6	197.7	1384.3	1211.4	53.1	3058.8
潜水救捞及其他未列明运输设备制造							
电气机械和器材制造业	292507.3	259916.8	55140.8	32590.5	31033.1	8871.3	282787.1
电机制造	44943.4	40078.3	13916.2	4865.1	4320.1	1229.4	43714.0
输配电及控制设备制造	103590.5	88244.5	15000.1	15346.0	14871.8	2171.0	101419.5
电线、电缆、光缆及电工器材制造	50994.3	45212.0	4246.7	5782.3	5567.1	2875.1	48119.2
电池制造	52370.0	48837.7	10960.0	3532.3	3392.1	1679.4	49968.9
家用电力器具制造	5347.0	5207.6	1133.4	139.4	119.3	203.6	5033.6

1-D-1.3 续表 5

单位：万元

行业	R&D经费内部支出	日常性支出	#人员劳务费	资产性支出	#仪器和设备	#政府资金	#企业资金
非电力家用器具制造	38.6	38.6	30.0				21.2
照明器具制造	34564.7	31694.5	9834.8	2870.2	2712.6	647.5	33917.2
其他电气机械及器材制造	658.8	603.6	19.6	55.2	50.1	65.3	593.5
计算机、通信和其他电子设备制造业	359493.4	303881.5	89931.6	55611.9	54671.9	9413.0	349560.0
计算机制造	9994.9	9346.0	3310.1	648.9	618.7	486.5	9508.4
通信设备制造	35050.1	32805.9	15619.3	2244.2	2130.3	1688.3	33361.8
广播电视设备制造	5108.7	4857.1	947.7	251.6	236.5	153.0	4955.7
非专业视听设备制造	20324.5	16044.7	3646.5	4279.8	4210.2	195.7	19709.1
智能消费设备制造	13232.8	12201.3	4409.2	1031.5	908.4	20.3	13212.5
电子器件制造	141285.7	109183.2	28844.1	32102.5	31945.1	3358.4	137927.3
电子元件及电子专用材料制造	114605.4	101930.7	27251.0	12674.7	12297.5	3065.0	111439.7
其他电子设备制造	19891.3	17512.6	5903.7	2378.7	2325.2	445.8	19445.5
仪器仪表制造业	16480.6	15549.6	6592.9	931.0	845.8	387.7	16069.5
通用仪器仪表制造	5996.4	5528.6	2401.9	467.8	416.8	97.0	5876.0
专用仪器仪表制造	7229.8	7069.1	3384.2	160.7	150.7	275.0	6954.8
钟表与计时仪器制造	34.0	34.0	11.4				34.0
光学仪器制造	1325.5	1192.4	412.6	133.1	125.2	15.0	1310.5
衡器制造	1101.3	1005.0	284.3	96.3	96.0		1101.3
其他仪器仪表制造业	793.6	720.5	98.5	73.1	57.1	0.7	792.9
其他制造业	4078.1	3753.1	899.0	325.0	265.3	141.2	3936.9
日用杂品制造	2974.7	2770.1	659.4	204.6	153.8	97.3	2877.4
其他未列明制造业	1103.4	983.0	239.6	120.4	111.5	43.9	1059.5
废弃资源综合利用业	18730.3	17150.8	1182.6	1579.5	1442.5	1081.7	17613.1
金属废料和碎屑加工处理	16880.2	15425.6	999.6	1454.6	1357.4	811.7	16068.5
非金属废料和碎屑加工处理	1850.1	1725.2	183.0	124.9	85.1	270.0	1544.6
金属制品、机械和设备修理业	152.4	152.1	73.7	0.3		13.0	139.4
其他机械和设备修理业	152.4	152.1	73.7	0.3		13.0	139.4
电力、热力、燃气及水生产和供应业	**18846.7**	**16306.0**	**4078.0**	**2540.7**	**2431.8**	**388.7**	**18458.0**
电力、热力生产和供应业	13616.7	11719.8	3099.4	1896.9	1835.4	42.7	13574.0
电力生产	11950.0	10053.1	2578.8	1896.9	1835.4	42.7	11907.3
电力供应	1630.6	1630.6	509.2				1630.6
热力生产和供应	36.1	36.1	11.4				36.1
燃气生产和供应业	1222.2	1032.4	319.1	189.8	188.5	5.0	1217.2
燃气生产和供应业	1222.2	1032.4	319.1	189.8	188.5	5.0	1217.2
生物质燃气生产和供应业							
水的生产和供应业	4007.8	3553.8	659.5	454.0	407.9	341.0	3666.8
自来水生产和供应	3875.5	3433.3	627.2	442.2	396.1	326.0	3549.5
污水处理及其再生利用	132.3	120.5	32.3	11.8	11.8	15.0	117.3

1-D-1.4 分行业大中型企业R&D经费内部支出情况

单位：万元

行业	R&D经费内部支出	日常性支出	#人员劳务费	资产性支出	#仪器和设备	#政府资金	#企业资金
总 计	**1652640.7**	**1477329.8**	**392972.8**	**175310.9**	**170585.7**	**45469.0**	**1604284.9**
采矿业	**10222.9**	**9384.0**	**2620.0**	**838.9**	**751.8**	**658.1**	**9564.8**
煤炭开采和洗选业	980.2	665.0	84.0	315.2	315.2		980.2
烟煤和无烟煤开采洗选	980.2	665.0	84.0	315.2	315.2		980.2
其他煤炭采选							
黑色金属矿采选业							
铁矿采选							
其他黑色金属矿采选							
有色金属矿采选业	6796.9	6653.2	1561.4	143.7	56.6	505.1	6291.8
常用有色金属矿采选	3341.0	3278.8	496.3	62.2		394.0	2947.0
贵金属矿采选							
稀有稀土金属矿采选	3455.9	3374.4	1065.1	81.5	56.6	111.1	3344.8
非金属矿采选业	2445.8	2065.8	974.6	380.0	380.0	153.0	2292.8
土砂石开采							
采盐	1047.5	1047.5	862.2			3.0	1044.5
石棉及其他非金属矿采选	1398.3	1018.3	112.4	380.0	380.0	150.0	1248.3
制造业	**1632692.6**	**1459455.2**	**387588.2**	**173237.4**	**168631.8**	**44770.9**	**1585034.9**
农副食品加工业	24788.9	22871.1	6538.9	1917.8	1800.8	256.8	24342.4
谷物磨制	600.1	534.8	171.4	65.3	47.1	15.0	585.1
饲料加工	15451.1	15177.2	5135.6	273.9	264.6		15261.4
植物油加工	4888.9	4342.0	520.0	546.9	485.8	105.0	4783.9
屠宰及肉类加工	1390.7	1254.8	260.5	135.9	121.0	71.5	1319.2
水产品加工							
蔬菜、菌类、水果和坚果加工	696.1	482.4	135.6	213.7	204.7	63.3	632.8
其他农副食品加工	1762.0	1079.9	315.8	682.1	677.6	2.0	1760.0
食品制造业	10957.2	10411.5	2492.4	545.7	497.4	302.0	10655.2
焙烤食品制造	755.6	717.0	143.3	38.6	29.1	11.0	744.6
糖果、巧克力及蜜饯制造	1505.5	1471.4	128.6	34.1	21.5	16.0	1489.5
方便食品制造	1761.2	1638.4	346.4	122.8	117.0	220.0	1541.2
乳制品制造	2238.1	2231.2	916.8	6.9		50.0	2188.1
罐头食品制造	628.3	628.3	194.2				628.3
调味品、发酵制品制造	77.8	67.8	20.4	10.0	10.0		77.8
其他食品制造	3990.7	3657.4	742.7	333.3	319.8	5.0	3985.7
酒、饮料和精制茶制造业	5100.0	4668.5	1134.9	431.5	362.5	243.5	4856.5
酒的制造	2047.5	1962.0	724.4	85.5	72.6	2.5	2045.0
饮料制造	1923.5	1600.8	288.9	322.7	289.9	221.0	1702.5
精制茶加工	1129.0	1105.7	121.6	23.3		20.0	1109.0

1-D-1.4　续表 1　　　　　　　　单位：万元

行　业	R&D经费内部支出	日常性支出	#人员劳务费	资产性支出	#仪器和设备	#政府资金	#企业资金
烟草制品业	10044.8	9716.2	7471.2	328.6	328.6	80.0	9964.8
烟叶复烤							
卷烟制造	10044.8	9716.2	7471.2	328.6	328.6	80.0	9964.8
纺织业	12338.3	11135.0	3325.1	1203.3	1038.7	82.8	12251.2
棉纺织及印染精加工	9987.9	8862.8	2499.8	1125.1	968.8	4.5	9983.4
麻纺织及染整精加工	5.3	5.3	4.0			1.5	3.8
丝绢纺织及印染精加工	95.8	95.8	19.5				95.8
化纤织造及印染精加工	1098.1	1041.7	411.4	56.4	54.0	2.0	1096.1
针织或钩针编织物及其制品制造	155.1	139.2	83.2	15.9	15.9		155.1
家用纺织制成品制造	521.1	521.1	119.0			74.8	442.0
产业用纺织制成品制造	475.0	469.1	188.2	5.9			475.0
纺织服装、服饰业	13409.5	12397.5	3644.8	1012.0	936.3	681.8	12727.7
机织服装制造	10465.7	9869.4	2851.3	596.3	528.7	675.8	9789.9
针织或钩针编织服装制造	1620.3	1353.8	379.1	266.5	264.1	6.0	1614.3
服饰制造	1323.5	1174.3	414.4	149.2	143.5		1323.5
皮革、毛皮、羽毛及其制品和制鞋业	5789.6	4786.4	920.5	1003.2	972.5	36.0	5753.6
皮革制品制造	2591.7	2081.5	380.0	510.2	497.8	20.0	2571.7
毛皮鞣制及制品加工							
羽毛(绒)加工及制品制造	235.2	234.7	43.3	0.5			235.2
制鞋业	2962.7	2470.2	497.2	492.5	474.7	16.0	2946.7
木材加工和木、竹、藤、棕、草制品业	1619.3	1553.2	354.2	66.1	61.3		1619.3
人造板制造	536.7	473.1	116.8	63.6	61.3		536.7
木质制品制造							
竹、藤、棕、草等制品制造	1082.6	1080.1	237.4	2.5			1082.6
家具制造业	13651.7	8063.6	994.2	5588.1	5584.2	20.0	13631.7
木质家具制造	13298.2	7729.8	920.4	5568.4	5564.6	20.0	13278.2
其他家具制造	353.5	333.8	73.8	19.7	19.6		353.5
造纸和纸制品业	8874.5	8471.2	1501.0	403.3	398.6	218.4	8656.1
造纸	8100.9	7989.3	1352.4	111.6	111.6	218.4	7882.5
纸制品制造	773.6	481.9	148.6	291.7	287.0		773.6
印刷和记录媒介复制业	2579.1	2384.3	242.4	194.8	178.1	170.1	2409.0
印刷	2579.1	2384.3	242.4	194.8	178.1	170.1	2409.0
文教、工美、体育和娱乐用品制造业	13559.1	12712.5	1637.9	846.6	821.3	57.0	13502.1
文教办公用品制造	271.0	270.5	17.2	0.5			271.0
工艺美术及礼仪用品制造	9912.7	9360.0	1166.5	552.7	531.3	10.0	9902.7
体育用品制造	679.5	656.3	62.2	23.2	21.4		679.5
玩具制造	2695.9	2425.7	392.0	270.2	268.6	47.0	2648.9
石油、煤炭及其他燃料加工业	5955.6	5070.6	1701.3	885.0	834.4	15.0	5940.6
精炼石油产品制造	880.3	880.3	511.9			15.0	865.3
煤炭加工	5075.3	4190.3	1189.4	885.0	834.4		5075.3

1-D-1.4 续表 2

单位：万元

行业	R&D经费内部支出	日常性支出	#人员劳务费	资产性支出	#仪器和设备	#政府资金	#企业资金
化学原料和化学制品制造业	78138.1	68837.7	15784.9	9300.4	9204.8	1248.5	76475.9
基础化学原料制造	48956.6	42392.8	8396.4	6563.8	6523.0	1022.3	47520.6
肥料制造	1573.5	1562.0	487.9	11.5			1573.5
农药制造	1427.4	1263.8	329.5	163.6	163.6		1427.4
涂料、油墨、颜料及类似产品制造	8488.2	7578.2	1812.0	910.0	894.6	60.0	8428.2
合成材料制造							
专用化学产品制造	10670.8	10177.0	2748.8	493.8	488.7	125.8	10545.0
炸药、火工及焰火产品制造	6430.2	5322.3	1814.5	1107.9	1091.3	40.4	6389.8
日用化学产品制造	591.4	541.6	195.8	49.8	43.6		591.4
医药制造业	75528.2	65164.2	18233.7	10364.0	9871.1	1503.4	74024.8
化学药品原料药制造	25034.3	20152.9	7663.8	4881.4	4636.7	310.0	24724.3
化学药品制剂制造	7919.3	6816.5	3009.0	1102.8	1086.3	316.5	7602.8
中药饮片加工	2766.8	2355.8	789.2	411.0	381.9	101.0	2665.8
中成药生产	35791.5	31970.5	5498.5	3821.0	3640.8	735.9	35055.6
兽用药品制造	330.6	240.3	103.5	90.3	90.3		330.6
生物药品制品制造	978.6	974.1	169.0	4.5		30.0	948.6
卫生材料及医药用品制造	1829.9	1779.1	701.5	50.8	35.1	10.0	1819.9
药用辅料及包装材料	877.2	875.0	299.2	2.2			877.2
化学纤维制造业	7818.0	4259.1	1339.7	3558.9	3473.1	10.7	7807.3
纤维素纤维原料及纤维制造	7818.0	4259.1	1339.7	3558.9	3473.1	10.7	7807.3
橡胶和塑料制品业	11157.1	6457.0	1328.2	4700.1	4686.5	62.0	11027.6
橡胶制品业	3763.2	3721.4	966.4	41.8	41.8	12.0	3751.2
塑料制品业	7393.9	2735.6	361.8	4658.3	4644.7	50.0	7276.4
非金属矿物制品业	94520.1	85486.1	16650.3	9034.0	8674.8	1930.5	92581.6
水泥、石灰和石膏制造	8845.4	7026.7	963.9	1818.7	1801.7	120.0	8725.4
石膏、水泥制品及类似制品制造	8945.1	8475.8	903.9	469.3	460.2	50.0	8895.1
砖瓦、石材等建筑材料制造	2419.6	2132.0	501.0	287.6	274.0	122.0	2297.6
玻璃制造	2651.5	2520.6	723.9	130.9	130.6		2651.5
玻璃制品制造	4401.6	4342.1	360.3	59.5	34.5	4.5	4397.1
玻璃纤维和玻璃纤维增强塑料制品制造	7400.5	7137.3	1832.3	263.2	242.3	222.0	7178.5
陶瓷制品制造	54948.6	49144.6	10236.2	5804.0	5530.7	1352.0	53588.6
耐火材料制品制造	546.4	533.0	267.9	13.4	13.4	60.0	486.4
石墨及其他非金属矿物制品制造	4361.4	4174.0	860.9	187.4	187.4		4361.4
黑色金属冶炼和压延加工业	183382.3	172162.6	39360.6	11219.7	11021.4	304.5	183077.8
炼铁	370.0	370.0	115.6				370.0
钢压延加工	183012.3	171792.6	39245.0	11219.7	11021.4	304.5	182707.8
铁合金冶炼							
有色金属冶炼和压延加工业	220102.9	204970.7	49438.1	15132.2	14928.0	2281.4	217723.9

1-D-1.4　续表 3　　单位：万元

行　业	R&D经费内部支出	日常性支出	#人员劳务费	资产性支出	#仪器和设备	#政府资金	#企业资金
常用有色金属冶炼	160110.9	149992.0	43749.5	10118.9	9945.9	1129.1	158981.8
贵金属冶炼	740.9	740.9	19.5			224.0	516.9
稀有稀土金属冶炼	9176.9	8955.6	1294.5	221.3	221.3	202.2	8899.1
有色金属合金制造	2075.2	2075.2	810.7			206.0	1847.2
有色金属压延加工	47999.0	43207.0	3563.9	4792.0	4760.8	520.1	47478.9
金属制品业	22427.9	20984.8	7163.4	1443.1	1381.7	245.5	22182.4
结构性金属制品制造	9486.5	9016.4	2049.5	470.1	468.7	17.0	9469.5
金属工具制造	273.3	273.3					273.3
金属丝绳及其制品制造	1450.2	1398.7	523.1	51.5	50.0		1450.2
建筑、安全用金属制品制造	8285.4	7784.2	3814.9	501.2	443.7	228.5	8056.9
金属制日用品制造	2800.0	2379.7	717.3	420.3	419.3		2800.0
铸造及其他金属制品制造	132.5	132.5	58.6				132.5
通用设备制造业	35308.2	31878.1	5751.6	3430.1	3366.1	2392.5	32798.6
锅炉及原动设备制造							
金属加工机械制造	3896.7	3896.7	75.3			516.6	3380.1
物料搬运设备制造	9336.4	7565.7	1346.9	1770.7	1769.2	60.0	9276.4
泵、阀门、压缩机及类似机械制造	13366.4	12784.7	2606.2	581.7	579.5	1196.3	12053.0
轴承、齿轮和传动部件制造	3236.6	2899.4	312.6	337.2	304.2		3236.6
烘炉、风机、包装等设备制造	2020.1	1990.1	165.1	30.0	30.0	550.0	1470.1
文化、办公用机械制造	1957.6	1247.1	693.0	710.5	683.2	69.6	1888.0
通用零部件制造	1262.3	1262.3	500.6				1262.3
其他通用设备制造业	232.1	232.1	51.9				232.1
专用设备制造业	18812.4	17680.1	5816.4	1132.3	1106.6	297.5	18420.7
采矿、冶金、建筑专用设备制造	4493.2	4061.7	816.1	431.5	426.2	45.0	4448.2
化工、木材、非金属加工专用设备制造	902.8	719.0	340.0	183.8	177.8	46.1	856.7
印刷、制药、日化及日用品生产专用设备制造	1048.9	1048.9	295.9				954.7
纺织、服装和皮革加工专用设备制造							
电子和电工机械专用设备制造	2222.0	1744.3	799.9	477.7	472.3		2222.0
农、林、牧、渔专用机械制造	751.0	725.8	331.3	25.2	24.9		751.0
医疗仪器设备及器械制造	7721.3	7709.5	2713.5	11.8	5.4	5.0	7716.3
环保、邮政、社会公共服务及其他专用设备制造	1673.2	1670.9	519.7	2.3		201.4	1471.8
汽车制造业	262203.1	241694.8	74733.3	20508.3	19759.0	23493.9	237880.8
汽车整车制造	200895.9	187734.2	57537.5	13161.7	12819.5	23388.8	177507.1
汽车用发动机制造	4261.1	3945.2	1264.8	315.9	314.5		4261.1
改装汽车制造	2101.3	2101.3	549.4				2101.3
汽车车身、挂车制造	810.6	793.4	67.6	17.2	17.2		810.6
汽车零部件及配件制造	54134.2	47120.7	15314.0	7013.5	6607.8	105.1	53200.7

1-D-1.4 续表 4

单位：万元

行业	R&D经费内部支出	日常性支出	#人员劳务费	资产性支出	#仪器和设备	#政府资金	#企业资金
铁路、船舶、航空航天和其他运输设备制造业							
船舶及相关装置制造							
摩托车制造							
电气机械和器材制造业	188244.7	165870.6	40495.7	22374.1	21252.4	4218.9	183479.9
电机制造	40855.8	36805.4	13257.7	4050.4	3524.3	584.8	40271.0
输配电及控制设备制造	70201.6	57070.9	8605.2	13130.7	12797.7	857.7	69343.9
电线、电缆、光缆及电工器材制造	10199.7	8489.2	1236.6	1710.5	1678.6	1145.3	9054.4
电池制造	37616.2	35675.1	8422.1	1941.1	1866.8	1140.6	35929.7
家用电力器具制造	3850.1	3830.0	802.8	20.1		3.6	3846.5
照明器具制造	25521.3	24000.0	8171.3	1521.3	1385.0	486.9	25034.4
其他电气机械及器材制造							
计算机、通信和其他电子设备制造业	293871.2	247633.5	74942.2	46237.7	45778.8	4618.2	288732.6
计算机制造	8287.5	7791.8	3025.7	495.7	491.2	404.6	7882.9
通信设备制造	24770.7	23362.2	11946.5	1408.5	1389.5	88.9	24681.8
广播电视设备制造	1779.1	1779.1	380.8			90.0	1689.1
非专业视听设备制造	16543.5	12527.0	3007.1	4016.5	3978.9	170.7	15953.1
智能消费设备制造	9254.9	8366.4	3748.5	888.5	780.7	8.3	9246.6
电子器件制造	126517.0	98013.3	25689.1	28503.7	28464.2	2489.9	124027.1
电子元件及电子专用材料制造	92372.7	82754.8	22477.2	9617.9	9388.1	1282.0	90990.0
其他电子设备制造	14345.8	13038.9	4667.3	1306.9	1286.2	83.8	14262.0
仪器仪表制造业	8140.8	7849.5	4082.7	291.3	286.6		8140.8
通用仪器仪表制造	2520.0	2238.4	1224.0	281.6	281.6		2520.0
专用仪器仪表制造	5093.9	5089.2	2651.0	4.7			5093.9
光学仪器制造	526.9	521.9	207.7	5.0	5.0		526.9
其他制造业	284.2	262.8	11.4	21.4			284.2
日用杂品制造	284.2	262.8	11.4	21.4			284.2
其他未列明制造业							
废弃资源综合利用业	4085.8	4022.0	497.2	63.8	26.2		4085.8
金属废料和碎屑加工处理	4085.8	4022.0	497.2	63.8	26.2		4085.8
非金属废料和碎屑加工处理							
电力、热力、燃气及水生产和供应业	9725.2	8490.6	2764.6	1234.6	1202.1	40.0	9685.2
电力、热力生产和供应业	8630.3	7514.0	2438.6	1116.3	1084.0		8630.3
电力生产	6999.7	5883.4	1929.4	1116.3	1084.0		6999.7
电力供应	1630.6	1630.6	509.2				1630.6
燃气生产和供应业							
燃气生产和供应业							
水的生产和供应业	1094.9	976.6	326.0	118.3	118.1	40.0	1054.9
自来水生产和供应	1094.9	976.6	326.0	118.3	118.1	40.0	1054.9

1-D-1.5　分行业内资企业R&D经费内部支出情况

单位：万元

行业	R&D经费内部支出	日常性支出	#人员劳务费	资产性支出	#仪器和设备	#政府资金	#企业资金
总　计	**2447458.4**	**2190789.0**	**510665.7**	**256669.4**	**248122.0**	**83560.2**	**2358247.9**
采矿业	**26864.3**	**25290.3**	**4246.6**	**1574.0**	**1393.9**	**1332.1**	**25520.5**
煤炭开采和洗选业	980.2	665.0	84.0	315.2	315.2		980.2
烟煤和无烟煤开采洗选	980.2	665.0	84.0	315.2	315.2		980.2
其他煤炭采选							
黑色金属矿采选业	322.3	322.3	68.2				322.3
铁矿采选	322.3	322.3	68.2				322.3
锰矿、铬矿采选							
其他黑色金属矿采选							
有色金属矿采选业	13722.7	13064.3	2139.9	658.4	538.6	1154.1	12556.9
常用有色金属矿采选	4727.0	4409.7	517.3	317.3	245.0	995.0	3732.0
贵金属矿采选	327.5	327.5	113.1				327.5
稀有稀土金属矿采选	8668.2	8327.1	1509.5	341.1	293.6	159.1	8497.4
非金属矿采选业	11839.1	11238.7	1954.5	600.4	540.1	178.0	11661.1
土砂石开采	8699.5	8495.9	808.7	203.6	160.1	25.0	8674.5
化学矿开采							
采盐	1047.5	1047.5	862.2			3.0	1044.5
石棉及其他非金属矿采选	2092.1	1695.3	283.6	396.8	380.0	150.0	1942.1
制造业	**2402867.3**	**2150281.1**	**502612.1**	**252586.2**	**244327.8**	**81839.4**	**2315389.3**
农副食品加工业	63607.8	56471.4	10818.4	7136.4	6879.2	995.1	62407.2
谷物磨制	6919.2	6466.0	603.1	453.2	422.6	185.0	6734.2
饲料加工	28668.1	27850.9	6906.3	817.2	775.9	230.0	28248.4
植物油加工	8600.9	7941.9	1053.7	659.0	581.2	236.3	8364.6
制糖业							
屠宰及肉类加工	3708.3	2539.9	636.5	1168.4	1118.0	71.5	3621.0
水产品加工	4946.3	2964.3	214.1	1982.0	1975.8	53.6	4892.7
蔬菜、菌类、水果和坚果加工	5126.3	4129.2	451.4	997.1	961.8	124.3	5002.0
其他农副食品加工	5638.7	4579.2	953.3	1059.5	1043.9	94.4	5544.3
食品制造业	23971.1	22108.1	4841.5	1863.0	1718.3	626.8	23150.3
焙烤食品制造	2828.4	2685.1	599.7	143.3	130.1	47.7	2727.5
糖果、巧克力及蜜饯制造	1419.5	1346.5	104.1	73.0	55.5	56.0	1362.3
方便食品制造	2082.6	1977.6	347.5	105.0	91.1	27.5	2055.1
乳制品制造	2917.8	2873.2	1011.0	44.6	23.7	50.0	2867.8
罐头食品制造	1721.6	1628.2	350.5	93.4	89.5	26.4	1695.2
调味品、发酵制品制造	77.8	67.8	20.4	10.0	10.0		77.8
其他食品制造	12923.4	11529.7	2408.3	1393.7	1318.4	419.2	12364.6
酒、饮料和精制茶制造业	11767.7	10900.4	2067.4	867.3	779.1	442.6	11325.1

1-D-1.5 续表 1

单位：万元

行业	R&D经费内部支出	日常性支出		资产性支出		#政府资金	#企业资金
			#人员劳务费		#仪器和设备		
酒的制造	3656.3	3550.4	777.7	105.9	92.9	41.7	3614.6
饮料制造	4082.6	3743.9	703.7	338.7	289.9	321.0	3761.6
精制茶加工	4028.8	3606.1	586.0	422.7	396.3	79.9	3948.9
烟草制品业	10044.8	9716.2	7471.2	328.6	328.6	80.0	9964.8
烟叶复烤							
卷烟制造	10044.8	9716.2	7471.2	328.6	328.6	80.0	9964.8
纺织业	24035.0	21360.1	4864.7	2674.9	2432.6	271.8	23741.9
棉纺织及印染精加工	15201.0	13836.6	3402.8	1364.4	1166.3	88.5	15112.5
毛纺织及染整精加工							
麻纺织及染整精加工	612.7	598.8	59.4	13.9	4.2	6.5	606.2
丝绢纺织及印染精加工	1915.0	1903.2	168.1	11.8		51.0	1864.0
化纤织造及印染精加工	1938.7	1809.5	455.9	129.2	121.4	2.0	1919.7
针织或钩针编织物及其制品制造	235.2	235.2	74.1				235.2
家用纺织制成品制造	1630.3	1502.6	371.2	127.7	121.2	123.8	1502.2
产业用纺织制成品制造	2502.1	1474.2	333.2	1027.9	1019.5		2502.1
纺织服装、服饰业	16051.9	15121.0	3562.5	930.9	805.4	685.1	15366.8
机织服装制造	13916.3	13082.6	3134.5	833.7	718.4	678.8	13237.5
针织或钩针编织服装制造	1453.4	1356.2	227.2	97.2	87.0	6.0	1447.4
服饰制造	682.2	682.2	200.8			0.3	681.9
皮革、毛皮、羽毛及其制品和制鞋业	13860.1	12150.5	2011.7	1709.6	1610.6	947.7	12893.2
皮革鞣制加工	2874.7	2369.7	403.3	505.0	503.9	411.7	2443.8
皮革制品制造	2092.9	1967.4	477.9	125.5	106.0	20.0	2072.9
毛皮鞣制及制品加工	203.3	203.3	49.4				203.3
羽毛(绒)加工及制品制造	824.7	722.5	107.2	102.2	92.4	26.0	798.7
制鞋业	7864.5	6887.6	973.9	976.9	908.3	490.0	7374.5
木材加工和木、竹、藤、棕、草制品业	13750.5	12758.5	2397.0	992.0	935.1	262.0	13461.5
木材加工	1582.7	1513.7	190.9	69.0	54.8	24.6	1558.1
人造板制造	6599.9	5962.5	1264.0	637.4	622.8	85.0	6496.9
木质制品制造	1612.3	1605.7	167.1	6.6		95.4	1507.9
竹、藤、棕、草等制品制造	3955.6	3676.6	775.0	279.0	257.5	57.0	3898.6
家具制造业	27981.2	20224.6	2942.1	7756.6	7709.7	93.2	27732.0
木质家具制造	25316.7	17875.5	2552.9	7441.2	7410.5	84.2	25076.5
竹、藤家具制造	212.1	212.1	14.7				212.1
金属家具制造	1840.9	1557.7	264.8	283.2	267.6	1.0	1839.9
其他家具制造	611.5	579.3	109.7	32.2	31.6	8.0	603.5
造纸和纸制品业	9530.9	7950.0	1378.0	1580.9	1556.8	128.0	9402.9
纸浆制造							
造纸	4738.7	4602.8	735.3	135.9	125.8	86.5	4652.2
纸制品制造	4792.2	3347.2	642.7	1445.0	1431.0	41.5	4750.7

1-D-1.5　续表 2　　　　单位：万元

行　业	R&D经费内部支出	日常性支出	#人员劳务费	资产性支出	#仪器和设备	#政府资金	#企业资金
印刷和记录媒介复制业	12066.0	11384.1	1433.7	681.9	610.4	149.4	11844.1
印刷	12059.7	11377.8	1433.7	681.9	610.4	149.4	11837.8
装订及印刷相关服务	6.3	6.3					6.3
文教、工美、体育和娱乐用品制造业	18579.6	17471.2	2658.6	1108.4	1056.2	244.2	18268.1
文教办公用品制造	915.8	827.6	216.7	88.2	86.4		915.8
工艺美术及礼仪用品制造	13838.3	12961.5	1893.6	876.8	834.3	181.2	13589.8
体育用品制造	2335.4	2264.1	239.9	71.3	65.4	51.0	2284.4
玩具制造	1238.2	1170.7	276.8	67.5	67.5	12.0	1226.2
游艺器材及娱乐用品制造	251.9	247.3	31.6	4.6	2.6		251.9
石油、煤炭及其他燃料加工业	7459.7	6405.6	1973.7	1054.1	985.7	70.2	7389.5
精炼石油产品制造	1935.5	1766.4	714.0	169.1	151.3	70.2	1865.3
煤炭加工	5355.9	4470.9	1189.4	885.0	834.4		5355.9
生物质燃料加工	168.3	168.3	70.3				168.3
化学原料和化学制品制造业	157630.8	141894.0	27864.7	15736.8	15143.4	3974.1	153583.8
基础化学原料制造	44256.6	40044.5	6543.8	4212.1	4066.2	1475.0	42781.6
肥料制造	4517.6	4113.2	1035.2	404.4	391.2	74.3	4443.3
农药制造	9117.4	8714.1	1516.7	403.3	356.8	265.8	8851.6
涂料、油墨、颜料及类似产品制造	13230.1	12040.4	2849.3	1189.7	1123.3	263.3	12966.8
合成材料制造	7606.2	6631.0	745.3	975.2	888.5	175.2	7431.0
专用化学产品制造	44645.4	38945.1	7681.1	5700.3	5555.0	1486.8	43158.6
炸药、火工及焰火产品制造	22339.2	19886.2	5327.0	2453.0	2399.8	75.3	22228.3
日用化学产品制造	11918.3	11519.5	2166.3	398.8	362.6	158.4	11722.6
医药制造业	131767.1	113325.5	28511.3	18441.6	17721.9	2955.3	128811.8
化学药品原料药制造	37973.2	32027.1	10186.6	5946.1	5615.4	802.4	37170.8
化学药品制剂制造	12230.0	10748.9	4103.7	1481.1	1458.3	358.3	11871.7
中药饮片加工	7394.3	6416.6	1705.7	977.7	934.3	278.0	7116.3
中成药生产	58992.8	50551.9	9388.6	8440.9	8217.9	1269.2	57723.6
兽用药品制造	5827.5	5364.8	919.0	462.7	438.9	70.6	5756.9
生物药品制品制造	3167.2	2397.5	630.1	769.7	762.5	120.0	3047.2
卫生材料及医药用品制造	4404.6	4159.0	1249.5	245.6	177.3	41.4	4363.2
药用辅料及包装材料	1777.5	1659.7	328.1	117.8	117.3	15.4	1762.1
化学纤维制造业	5780.6	1221.0	236.9	4559.6	4558.5		5780.6
纤维素纤维原料及纤维制造	242.5	242.3	91.9	0.2			242.5
合成纤维制造	5538.1	978.7	145.0	4559.4	4558.5		5538.1
生物基材料制造							
橡胶和塑料制品业	35268.2	27988.4	5318.1	7279.8	7143.2	525.1	34664.4
橡胶制品业	7747.3	7515.0	1279.3	232.3	218.8	77.0	7659.1
塑料制品业	27520.9	20473.4	4038.8	7047.5	6924.4	448.1	27005.3
非金属矿物制品业	171440.3	155727.5	29481.3	15712.8	14924.4	3315.3	167689.2

1-D-1.5 续表 3

单位：万元

行 业	R&D经费内部支出	日常性支出	#人员劳务费	资产性支出	#仪器和设备	#政府资金	#企业资金
水泥、石灰和石膏制造	17120.2	14539.2	2467.7	2581.0	2507.2	187.0	16933.2
石膏、水泥制品及类似制品制造	20140.2	18934.3	2514.4	1205.9	1103.3	284.0	19856.2
砖瓦、石材等建筑材料制造	9984.8	9347.1	2071.9	637.7	603.6	360.0	9624.8
玻璃制造	4997.1	4708.7	1056.3	288.4	281.0	47.7	4843.0
玻璃制品制造	10037.7	8915.6	1529.2	1122.1	1047.5	79.5	9958.2
玻璃纤维和玻璃纤维增强塑料制品制造	12379.5	11202.4	2436.4	1177.1	1136.3	238.0	12141.5
陶瓷制品制造	83994.8	75915.1	15090.2	8079.7	7646.7	2030.1	81913.8
耐火材料制品制造	4374.9	4294.9	542.5	80.0	77.9	69.0	4027.4
石墨及其他非金属矿物制品制造	8411.1	7870.2	1772.7	540.9	520.9	20.0	8391.1
黑色金属冶炼和压延加工业	192492.5	178896.8	40127.6	13595.7	13384.6	327.5	192165.0
炼铁	370.0	370.0	115.6				370.0
炼钢	1875.1	1867.0	232.9	8.1		9.0	1866.1
钢压延加工	190086.4	176498.8	39762.0	13587.6	13384.6	318.5	189767.9
铁合金冶炼	161.0	161.0	17.1				161.0
有色金属冶炼和压延加工业	324818.8	297640.3	59117.3	27178.5	26501.0	6918.2	316664.3
常用有色金属冶炼	173410.2	162573.7	45105.9	10836.5	10556.7	1332.0	172078.2
贵金属冶炼	2321.4	2070.2	174.1	251.2	245.6	234.0	2087.4
稀有稀土金属冶炼	36752.7	30729.5	4573.9	6023.2	5821.8	1744.7	34129.0
有色金属合金制造	5610.3	5181.4	1142.6	428.9	395.5	419.1	4965.1
有色金属压延加工	106724.2	97085.5	8120.8	9638.7	9481.4	3188.4	103404.6
金属制品业	40785.5	36866.7	8130.7	3918.8	3723.4	454.4	40265.5
结构性金属制品制造	15269.1	14575.2	2642.2	693.9	686.5	83.4	15162.8
金属工具制造	2109.3	2060.3	277.1	49.0	36.2	22.0	2087.3
集装箱及金属包装容器制造	635.4	585.7	158.1	49.7	43.0		605.0
金属丝绳及其制品制造	1009.0	788.1	84.7	220.9	218.5	0.3	996.4
建筑、安全用金属制品制造	11085.0	10080.8	2878.5	1004.2	912.9	278.2	10806.8
金属表面处理及热处理加工	158.2	152.3	26.6	5.9			158.2
搪瓷制品制造							
金属制日用品制造	3829.3	3403.1	906.8	426.2	419.3	0.8	3828.5
铸造及其他金属制品制造	6690.2	5221.2	1156.7	1469.0	1407.0	69.7	6620.5
通用设备制造业	60083.0	54261.6	11293.7	5821.4	5639.7	3474.9	56458.5
锅炉及原动设备制造	1369.7	1321.3	409.6	48.4	45.1	1.0	1368.7
金属加工机械制造	6345.7	6282.6	954.4	63.1	56.7	591.6	5754.1
物料搬运设备制造	11740.1	9939.8	1771.8	1800.3	1796.0	174.6	11560.5
泵、阀门、压缩机及类似机械制造	22511.0	20484.7	4127.2	2026.3	1969.8	1877.7	20488.7
轴承、齿轮和传动部件制造	3090.4	2537.8	588.7	552.6	502.6	29.0	3061.4
烘炉、风机、包装等设备制造	4859.1	4664.2	694.5	194.9	182.8	604.6	4254.5
文化、办公用机械制造	3355.4	2635.9	950.7	719.5	683.2	89.6	3265.8

1-D-1.5　续表 4　　　　单位：万元

行　业	R&D经费内部支出	日常性支出	#人员劳务费	资产性支出	#仪器和设备	#政府资金	#企业资金
通用零部件制造	5826.0	5428.9	1467.2	397.1	387.3	104.1	5721.9
其他通用设备制造业	985.6	966.4	329.6	19.2	16.2	2.7	982.9
专用设备制造业	48905.4	43985.3	12087.4	4920.1	4735.2	1188.0	47361.2
采矿、冶金、建筑专用设备制造	12346.3	10416.0	2163.2	1930.3	1857.8	248.7	12050.6
化工、木材、非金属加工专用设备制造	3131.3	2758.4	869.0	372.9	354.0	82.0	3049.3
食品、饮料、烟草及饲料生产专用设备制造	1766.7	1213.4	153.2	553.3	550.0		1766.7
印刷、制药、日化及日用品生产专用设备制造	2563.2	2268.8	607.9	294.4	294.4	200.0	2269.0
纺织、服装和皮革加工专用设备制造	1420.8	1237.0	375.2	183.8	147.5		1420.8
电子和电工机械专用设备制造	6336.2	5434.4	1842.4	901.8	885.3	25.9	6310.3
农、林、牧、渔专用机械制造	1557.2	1523.3	587.5	33.9	24.9	10.0	1547.2
医疗仪器设备及器械制造	13609.0	13362.1	3763.3	246.9	229.8	164.3	13363.0
环保、邮政、社会公共服务及其他专用设备制造	6174.7	5771.9	1725.7	402.8	391.5	457.1	5584.3
汽车制造业	255222.3	233029.2	69622.3	22193.1	21607.4	23728.7	230579.2
汽车整车制造	202321.6	189159.9	57980.3	13161.7	12819.5	23438.8	178882.8
汽车用发动机制造	4261.1	3945.2	1264.8	315.9	314.5		4261.1
改装汽车制造	2162.6	2162.6	566.3				2162.6
电车制造	26.0	26.0	10.5				26.0
汽车车身、挂车制造	2502.4	2076.4	260.9	426.0	386.4	2.0	2500.4
汽车零部件及配件制造	43948.6	35659.1	9539.5	8289.5	8087.0	287.9	42746.3
铁路、船舶、航空航天和其他运输设备制造业	124941.6	120569.3	31396.7	4372.3	4138.3	11843.9	112959.6
铁路运输设备制造	11.0	8.1	2.6	2.9	2.9		11.0
城市轨道交通设备制造	262.7	262.7	133.0			5.0	257.7
船舶及相关装置制造	3023.0	3010.6	893.8	12.4	3.8	496.0	2388.9
航空、航天器及设备制造	117604.3	114694.8	30169.6	2909.5	2880.9	11289.8	106314.5
摩托车制造	429.4	390.1		39.3	39.3		429.4
自行车和残疾人座车制造	499.3	475.4		23.9			499.3
助动车制造							
非公路休闲车及零配件制造	3111.9	1727.6	197.7	1384.3	1211.4	53.1	3058.8
潜水救捞及其他未列明运输设备制造							
电气机械和器材制造业	242436.7	217503.5	42426.8	24933.2	23581.7	8217.3	233370.5
电机制造	36899.4	35013.4	11710.2	1886.0	1348.1	1229.4	35670.0
输配电及控制设备制造	75885.7	64760.3	9190.8	11125.4	10838.2	2106.0	73779.7
电线、电缆、光缆及电工器材制造	48494.0	42991.6	3591.4	5502.4	5295.4	2875.1	45618.9
电池制造	44991.0	41484.7	7748.9	3506.3	3369.7	1100.4	43168.9
家用电力器具制造	2030.6	1961.4	513.9	69.2	49.1	203.6	1717.2
非电力家用器具制造	38.6	38.6	30.0				21.2

1-D-1.5 续表 5

单位：万元

行业	R&D经费内部支出	日常性支出	#人员劳务费	资产性支出	#仪器和设备	#政府资金	#企业资金
照明器具制造	33438.6	30649.9	9622.0	2788.7	2631.1	637.5	32801.1
其他电气机械及器材制造	658.8	603.6	19.6	55.2	50.1	65.3	593.5
计算机、通信和其他电子设备制造业	321026.5	268537.4	80077.4	52489.1	51614.8	8327.0	312179.1
计算机制造	8150.3	7501.4	3037.8	648.9	618.7	481.5	7668.8
通信设备制造	34629.6	32408.3	15372.3	2221.3	2130.3	1682.9	32946.7
广播电视设备制造	4634.3	4382.7	860.7	251.6	236.5	153.0	4481.3
非专业视听设备制造	16224.8	12774.9	3042.5	3449.9	3404.3	180.7	15624.4
智能消费设备制造	13032.6	12001.7	4357.8	1030.9	908.4	20.3	13012.3
电子器件制造	134622.4	104416.7	27111.3	30205.7	30048.3	2403.8	132218.6
电子元件及电子专用材料制造	90417.3	78029.2	20528.6	12388.1	12029.1	2959.0	87357.6
其他电子设备制造	19315.2	17022.5	5766.4	2292.7	2239.2	445.8	18869.4
仪器仪表制造业	15603.1	14726.7	6481.4	876.4	794.8	387.7	15192.0
通用仪器仪表制造	5996.4	5528.6	2401.9	467.8	416.8	97.0	5876.0
专用仪器仪表制造	6507.0	6346.3	3295.1	160.7	150.7	275.0	6232.0
钟表与计时仪器制造	34.0	34.0	11.4				34.0
光学仪器制造	1170.8	1092.3	390.2	78.5	74.2	15.0	1155.8
衡器制造	1101.3	1005.0	284.3	96.3	96.0		1101.3
其他仪器仪表制造业	793.6	720.5	98.5	73.1	57.1	0.7	792.9
其他制造业	3075.9	2783.3	761.7	292.6	265.3	111.2	2964.7
日用杂品制造	2000.0	1827.8	522.1	172.2	153.8	67.3	1932.7
其他未列明制造业	1075.9	955.5	239.6	120.4	111.5	43.9	1032.0
废弃资源综合利用业	18730.3	17150.8	1182.6	1579.5	1442.5	1081.7	17613.1
金属废料和碎屑加工处理	16880.2	15425.6	999.6	1454.6	1357.4	811.7	16068.5
非金属废料和碎屑加工处理	1850.1	1725.2	183.0	124.9	85.1	270.0	1544.6
金属制品、机械和设备修理业	152.4	152.1	73.7	0.3		13.0	139.4
其他机械和设备修理业	152.4	152.1	73.7	0.3		13.0	139.4
电力、热力、燃气及水生产和供应业	**17726.8**	**15217.6**	**3807.0**	**2509.2**	**2400.3**	**388.7**	**17338.1**
电力、热力生产和供应业	12548.1	10682.7	2871.2	1865.4	1803.9	42.7	12505.4
电力生产	10881.4	9016.0	2350.6	1865.4	1803.9	42.7	10838.7
电力供应	1630.6	1630.6	509.2				1630.6
热力生产和供应	36.1	36.1	11.4				36.1
燃气生产和供应业	1222.2	1032.4	319.1	189.8	188.5	5.0	1217.2
燃气生产和供应业	1222.2	1032.4	319.1	189.8	188.5	5.0	1217.2
生物质燃气生产和供应业							
水的生产和供应业	3956.5	3502.5	616.7	454.0	407.9	341.0	3615.5
自来水生产和供应	3824.2	3382.0	584.4	442.2	396.1	326.0	3498.2
污水处理及其再生利用	132.3	120.5	32.3	11.8	11.8	15.0	117.3

1-D-1.6　分行业港澳台商投资企业R&D经费内部支出情况

单位：万元

行　　业	R&D经费内部支出	日常性支出	#人员劳务费	资产性支出	#仪器和设备	#政府资金	#企业资金
总　计	**99142.0**	**84546.5**	**20526.3**	**14595.5**	**14036.9**	**1092.0**	**97951.2**
采矿业	**552.9**	**552.9**	**277.9**				**552.9**
有色金属矿采选业	552.9	552.9	277.9				552.9
常用有色金属矿采选	552.9	552.9	277.9				552.9
非金属矿采选业							
土砂石开采							
制造业	**98537.8**	**83942.3**	**20205.6**	**14595.5**	**14036.9**	**1092.0**	**97347.0**
农副食品加工业	584.0	576.3	144.2	7.7	1.2	1.0	583.0
谷物磨制							
饲料加工	584.0	576.3	144.2	7.7	1.2	1.0	583.0
植物油加工							
屠宰及肉类加工							
水产品加工							
蔬菜、菌类、水果和坚果加工							
食品制造业	1403.2	1273.1	212.4	130.1	129.1	220.0	1183.2
糖果、巧克力及蜜饯制造	447.4	447.4	58.6				447.4
方便食品制造	736.5	619.5	90.0	117.0	117.0	220.0	516.5
罐头食品制造							
其他食品制造	219.3	206.2	63.8	13.1	12.1		219.3
酒、饮料和精制茶制造业	1015.2	1002.5	369.9	12.7		2.5	1012.7
酒的制造	999.2	986.5	369.9	12.7		2.5	996.7
饮料制造	16.0	16.0					16.0
纺织业	2229.1	2199.9	814.3	29.2	15.9		2229.1
棉纺织及印染精加工	1586.4	1583.9	668.7	2.5			1586.4
毛纺织及染整精加工							
化纤织造及印染精加工							
针织或钩针编织物及其制品制造	155.1	139.2	83.2	15.9	15.9		155.1
产业用纺织制成品制造	487.6	476.8	62.4	10.8			487.6
纺织服装、服饰业	2437.3	1983.4	526.7	453.9	418.8	58.6	2378.7
机织服装制造	1346.6	1191.4	242.6	155.2	125.8	58.6	1288.0
针织或钩针编织服装制造	283.9	134.4	32.3	149.5	149.5		283.9
服饰制造	806.8	657.6	251.8	149.2	143.5		806.8
皮革、毛皮、羽毛及其制品和制鞋业	4248.8	3636.8	451.5	612.0	590.7	54.0	4194.8
皮革鞣制加工	77.8	77.8	43.8				77.8
皮革制品制造	2145.3	1692.4	170.5	452.9	444.2	50.0	2095.3
制鞋业	2025.7	1866.6	237.2	159.1	146.5	4.0	2021.7
木材加工和木、竹、藤、棕、草制品业							
人造板制造							
木质制品制造							
竹、藤、棕、草等制品制造							
家具制造业	253.7	218.7	27.6	35.0	35.0	9.8	243.9
木质家具制造	253.7	218.7	27.6	35.0	35.0	9.8	243.9
造纸和纸制品业	4237.8	4179.1	274.0	58.7	49.2	16.0	4221.8

1-D-1.6 续表 1 单位：万元

行业	R&D经费内部支出	日常性支出	#人员劳务费	资产性支出	#仪器和设备	#政府资金	#企业资金
造纸	3875.1	3865.5	266.1	9.6	3.6	16.0	3859.1
纸制品制造	362.7	313.6	7.9	49.1	45.6		362.7
印刷和记录媒介复制业	1464.8	1411.5	192.9	53.3	44.7	170.1	1294.7
印刷	1464.8	1411.5	192.9	53.3	44.7	170.1	1294.7
文教、工美、体育和娱乐用品制造业	3219.0	2892.0	309.1	327.0	323.1	36.0	3153.3
文教办公用品制造							
工艺美术及礼仪用品制造	488.5	432.0	39.4	56.5	55.8	1.0	457.8
体育用品制造	592.3	590.7	26.4	1.6			592.3
玩具制造	2138.2	1869.3	243.3	268.9	267.3	35.0	2103.2
游艺器材及娱乐用品制造							
石油、煤炭及其他燃料加工业							
煤炭加工							
化学原料和化学制品制造业	13736.6	10419.4	2115.0	3317.2	3298.7	168.9	13567.7
基础化学原料制造	8223.3	5000.8	1238.5	3222.5	3209.5	155.4	8067.9
肥料制造							
农药制造	65.8	65.8	24.0				65.8
涂料、油墨、颜料及类似产品制造	2361.2	2325.0	103.5	36.2	36.2	13.5	2347.7
合成材料制造							
专用化学产品制造	2640.8	2632.5	740.6	8.3	4.6		2640.8
日用化学产品制造	445.5	395.3	8.4	50.2	48.4		445.5
医药制造业	1781.2	1626.1	530.8	155.1	152.6	10.0	1771.2
化学药品制剂制造	62.5	62.5	14.6				62.5
中药饮片加工	93.8	93.8	67.5				93.8
中成药生产	958.3	805.7	158.6	152.6	152.6		958.3
兽用药品制造	186.4	186.4	94.0				186.4
生物药品制品制造	104.6	104.3	74.5	0.3		10.0	94.6
药用辅料及包装材料	375.6	373.4	121.6	2.2			375.6
化学纤维制造业	5732.2	2202.2	693.7	3530.0	3444.2	10.7	5721.5
纤维素纤维原料及纤维制造	5732.2	2202.2	693.7	3530.0	3444.2	10.7	5721.5
橡胶和塑料制品业	431.5	391.8	83.4	39.7	31.3	0.3	415.5
橡胶制品业							
塑料制品业	431.5	391.8	83.4	39.7	31.3	0.3	415.5
非金属矿物制品业	2771.0	2734.1	274.5	36.9		87.9	2683.1
石膏、水泥制品及类似制品制造							
砖瓦、石材等建筑材料制造							
陶瓷制品制造	2771.0	2734.1	274.5	36.9		87.9	2683.1
石墨及其他非金属矿物制品制造							
有色金属冶炼和压延加工业	660.6	660.6	146.8				660.6
常用有色金属冶炼	566.6	566.6	101.2				566.6
有色金属压延加工	94.0	94.0	45.6				94.0
金属制品业	1871.9	1817.4	584.1	54.5	50.0		1871.9
结构性金属制品制造							
金属工具制造	273.3	273.3					273.3
金属丝绳及其制品制造	1450.2	1398.7	523.1	51.5	50.0		1450.2
金属表面处理及热处理加工							

1-D-1.6　续表 2　　　　单位：万元

行　　业	R&D经费内部支出	日常性支出	#人员劳务费	资产性支出	#仪器和设备	#政府资金	#企业资金
金属制日用品制造	148.4	145.4	61.0	3.0			148.4
铸造及其他金属制品制造							
通用设备制造业							
金属加工机械制造							
轴承、齿轮和传动部件制造							
烘炉、风机、包装等设备制造							
文化、办公用机械制造							
专用设备制造业	536.2	385.3	126.7	150.9	146.9		482.8
化工、木材、非金属加工专用设备制造	46.7	46.7	13.6				46.7
纺织、服装和皮革加工专用设备制造							
电子和电工机械专用设备制造							
农、林、牧、渔专用机械制造							
医疗仪器设备及器械制造	370.9	220.0	76.2	150.9	146.9		370.9
环保、邮政、社会公共服务及其他专用设备制造	118.6	118.6	36.9				65.2
汽车制造业	1156.0	1149.1	522.7	6.9			1156.0
汽车零部件及配件制造	1156.0	1149.1	522.7	6.9			1156.0
电气机械和器材制造业	36406.2	31859.6	8790.3	4546.6	4351.3	100.0	36306.2
电机制造	2488.4	2426.2	1503.4	62.2	60.0		2488.4
输配电及控制设备制造	27342.7	23122.9	5746.4	4219.8	4033.6	65.0	27277.7
电线、电缆、光缆及电工器材制造	1640.8	1483.7	323.2	157.1	153.8		1640.8
电池制造	1101.4	1075.4	502.0	26.0	22.4	25.0	1076.4
家用电力器具制造	2706.8	2706.8	502.5				2706.8
照明器具制造	1126.1	1044.6	212.8	81.5	81.5	10.0	1116.1
计算机、通信和其他电子设备制造业	10822.7	9813.1	2870.8	1009.6	954.2	116.2	10706.5
计算机制造	211.1	211.1	64.8			5.0	206.1
通信设备制造	420.5	397.6	247.0	22.9		5.4	415.1
广播电视设备制造	474.4	474.4	87.0				474.4
非专业视听设备制造	4099.7	3269.8	604.0	829.9	805.9	15.0	4084.7
电子器件制造	429.0	428.2	122.9	0.8	0.8	0.8	428.2
电子元件及电子专用材料制造	4611.9	4541.9	1607.8	70.0	61.5	90.0	4521.9
其他电子设备制造	576.1	490.1	137.3	86.0	86.0		576.1
仪器仪表制造业	722.8	722.8	89.1				722.8
专用仪器仪表制造	722.8	722.8	89.1				722.8
其他制造业	816.0	787.5	55.1	28.5		30.0	786.0
日用杂品制造	788.5	760.0	55.1	28.5		30.0	758.5
其他未列明制造业	27.5	27.5					27.5
电力、热力、燃气及水生产和供应业	**51.3**	**51.3**	**42.8**				**51.3**
电力、热力生产和供应业							
电力生产							
燃气生产和供应业							
燃气生产和供应业							
水的生产和供应业	51.3	51.3	42.8				51.3
自来水生产和供应	51.3	51.3	42.8				51.3

1-D-1.7 分行业外商投资企业R&D经费内部支出情况

单位：万元

行业	R&D经费内部支出	日常性支出	#人员劳务费	资产性支出	#仪器和设备	#政府资金	#企业资金
总计	**131113.6**	**117191.7**	**32557.7**	**13921.9**	**13491.2**	**2226.2**	**128473.7**
制造业	**130045.0**	**116154.6**	**32329.5**	**13890.4**	**13459.7**	**2226.2**	**127405.1**
农副食品加工业	1055.5	982.2	188.9	73.3	70.6	9.8	1045.7
谷物磨制							
饲料加工	658.1	584.8	63.7	73.3	70.6		658.1
屠宰及肉类加工	397.4	397.4	125.2			9.8	387.6
食品制造业	418.5	418.5	52.2			7.9	410.6
焙烤食品制造							
方便食品制造							
乳制品制造							
罐头食品制造							
其他食品制造	418.5	418.5	52.2			7.9	410.6
酒、饮料和精制茶制造业							
酒的制造							
饮料制造							
精制茶加工							
纺织业							
棉纺织及印染精加工							
针织或钩针编织物及其制品制造							
纺织服装、服饰业	1434.1	1221.6	353.9	212.5	211.6	4.8	1429.3
机织服装制造	935.9	901.1	202.0	34.8	34.5	4.8	931.1
针织或钩针编织服装制造	498.2	320.5	151.9	177.7	177.1		498.2
服饰制造							
皮革、毛皮、羽毛及其制品和制鞋业	1271.8	583.5		688.3	688.3	15.0	1256.8
皮革制品制造							
制鞋业	1271.8	583.5		688.3	688.3	15.0	1256.8
木材加工和木、竹、藤、棕、草制品业	84.2	84.2	7.2				84.2
木材加工							
人造板制造							
木质制品制造							
竹、藤、棕、草等制品制造	84.2	84.2	7.2				84.2
家具制造业							
木质家具制造							
金属家具制造							
造纸和纸制品业	4129.6	3291.8	645.8	837.8	837.8	267.3	3862.3
造纸	3279.6	2441.8	633.4	837.8	837.8	151.9	3127.7
纸制品制造	850.0	850.0	12.4			115.4	734.6
印刷和记录媒介复制业	97.0	97.0	48.7			5.0	92.0
印刷	97.0	97.0	48.7			5.0	92.0
文教、工美、体育和娱乐用品制造业	2073.3	1608.2	65.9	465.1	457.7	1.0	2072.3
文教办公用品制造							
工艺美术及礼仪用品制造	854.1	536.4	10.8	317.7	317.7		854.1

1-D-1.7　续表 1　　　　单位：万元

行　业	R&D经费内部支出	日常性支出	#人员劳务费	资产性支出	#仪器和设备	#政府资金	#企业资金
体育用品制造	1219.2	1071.8	55.1	147.4	140.0	1.0	1218.2
玩具制造							
石油、煤炭及其他燃料加工业							
精炼石油产品制造							
化学原料和化学制品制造业	21213.7	19870.0	3735.9	1343.7	1315.5	104.4	20695.6
基础化学原料制造	20757.3	19556.3	3718.8	1201.0	1194.8	104.4	20239.2
涂料、油墨、颜料及类似产品制造							
合成材料制造							
专用化学产品制造	456.4	313.7	17.1	142.7	120.7		456.4
日用化学产品制造							
医药制造业	3349.8	3047.1	855.6	302.7	296.4		3349.8
化学药品原料药制造	1514.2	1217.6	504.0	296.6	296.4		1514.2
化学药品制剂制造							
生物药品制品制造	1683.1	1683.1	351.6				1683.1
卫生材料及医药用品制造	152.5	146.4		6.1			152.5
化学纤维制造业	2085.8	2056.9	646.0	28.9	28.9		2085.8
纤维素纤维原料及纤维制造	2085.8	2056.9	646.0	28.9	28.9		2085.8
合成纤维制造							
橡胶和塑料制品业	420.3	420.3	129.2			50.0	370.3
橡胶制品业							
塑料制品业	420.3	420.3	129.2			50.0	370.3
非金属矿物制品业	4449.1	4085.5	251.6	363.6	360.0	120.0	4329.1
水泥、石灰和石膏制造	1864.8	1864.8				120.0	1744.8
石膏、水泥制品及类似制品制造							
砖瓦、石材等建筑材料制造							
玻璃制造							
陶瓷制品制造	2584.3	2220.7	251.6	363.6	360.0		2584.3
黑色金属冶炼和压延加工业							
钢压延加工							
有色金属冶炼和压延加工业	3189.1	2913.3	304.9	275.8	275.8	86.2	3102.9
常用有色金属冶炼	417.4	311.4	91.4	106.0	106.0	86.2	331.2
稀有稀土金属冶炼	1857.0	1687.2	26.8	169.8	169.8		1857.0
有色金属合金制造	869.6	869.6	172.7				869.6
有色金属压延加工	45.1	45.1	14.0				45.1
金属制品业	4351.1	4118.8	2409.4	232.3	230.3		4351.1
结构性金属制品制造	711.5	711.5	202.0				711.5
金属丝绳及其制品制造							
建筑、安全用金属制品制造	3100.9	2869.7	1993.2	231.2	229.4		3100.9
金属表面处理及热处理加工							
铸造及其他金属制品制造	538.7	537.6	214.2	1.1	0.9		538.7
通用设备制造业	4865.3	4511.6	1220.7	353.7	332.2	8.0	4857.3
金属加工机械制造	711.6	711.6	336.8				711.6
物料搬运设备制造	307.8	222.6	143.0	85.2	85.0	8.0	299.8

1-D-1.7 续表 2　　单位：万元

行　　业	R&D经费内部支出	日常性支出	#人员劳务费	资产性支出	#仪器和设备	#政府资金	#企业资金
泵、阀门、压缩机及类似机械制造	204.1	204.1	56.1				204.1
轴承、齿轮和传动部件制造	2610.8	2610.2	253.5	0.6			2610.8
烘炉、风机、包装等设备制造	160.7	160.7	97.2				160.7
文化、办公用机械制造							
通用零部件制造	870.3	602.4	334.1	267.9	247.2		870.3
专用设备制造业	1866.3	1724.5	406.8	141.8	133.8	23.0	1843.3
化工、木材、非金属加工专用设备制造	1237.4	1125.4	366.7	112.0	112.0	20.0	1217.4
食品、饮料、烟草及饲料生产专用设备制造							
电子和电工机械专用设备制造	36.4	36.4	31.4				36.4
农、林、牧、渔专用机械制造	349.0	319.2	8.7	29.8	21.8	1.0	348.0
医疗仪器设备及器械制造	243.5	243.5				2.0	241.5
汽车制造业	32041.0	28752.5	9995.1	3288.5	2966.8		32041.0
汽车零部件及配件制造	32041.0	28752.5	9995.1	3288.5	2966.8		32041.0
铁路、船舶、航空航天和其他运输设备制造业							
船舶及相关装置制造							
航空、航天器及设备制造							
电气机械和器材制造业	13664.4	10553.7	3923.7	3110.7	3100.1	554.0	13110.4
电机制造	5555.6	2638.7	702.6	2916.9	2912.0		5555.6
输配电及控制设备制造	362.1	361.3	62.9	0.8			362.1
电线、电缆、光缆及电工器材制造	859.5	736.7	332.1	122.8	117.9		859.5
电池制造	6277.6	6277.6	2709.1			554.0	5723.6
家用电力器具制造	609.6	539.4	117.0	70.2	70.2		609.6
照明器具制造							
计算机、通信和其他电子设备制造业	27644.2	25531.0	6983.4	2113.2	2102.9	969.8	26674.4
计算机制造	1633.5	1633.5	207.5				1633.5
非专业视听设备制造							
智能消费设备制造	200.2	199.6	51.4	0.6			200.2
电子器件制造	6234.3	4338.3	1609.9	1896.0	1896.0	953.8	5280.5
电子元件及电子专用材料制造	19576.2	19359.6	5114.6	216.6	206.9	16.0	19560.2
仪器仪表制造业	154.7	100.1	22.4	54.6	51.0		154.7
光学仪器制造	154.7	100.1	22.4	54.6	51.0		154.7
其他制造业	186.2	182.3	82.2	3.9			186.2
日用杂品制造	186.2	182.3	82.2	3.9			186.2
废弃资源综合利用业							
金属废料和碎屑加工处理							
电力、热力、燃气及水生产和供应业	**1068.6**	**1037.1**	**228.2**	**31.5**	**31.5**		**1068.6**
电力、热力生产和供应业	1068.6	1037.1	228.2	31.5	31.5		1068.6
电力生产	1068.6	1037.1	228.2	31.5	31.5		1068.6
燃气生产和供应业							
燃气生产和供应业							
水的生产和供应业							
自来水生产和供应							

1-D-1.8　各地区企业R&D经费内部支出情况

单位：万元

地　区	R&D经费内部支出	日常性支出	#人员劳务费	资产性支出	#仪器和设备	#政府资金	#企业资金
全　省	**2677714.0**	**2392527.2**	**563749.7**	**285186.8**	**275650.1**	**86878.4**	**2584672.8**
南昌市	618091.1	581479.1	194238.1	36612.0	34938.4	36865.5	580331.6
景德镇市	149377.8	140674.4	36652.1	8703.4	8392.4	9393.4	139240.2
萍乡市	109214.0	93610.0	15957.1	15604.0	15036.7	4008.6	105163.9
九江市	251937.5	218011.3	50201.8	33926.2	32492.3	3538.9	248176.4
新余市	190462.8	180963.7	33505.3	9499.1	9320.1	891.8	187875.3
鹰潭市	317692.9	298135.8	69021.5	19557.1	19141.7	3322.3	314270.1
赣州市	321037.3	274862.8	43066.6	46174.5	44729.1	16945.2	302071.7
吉安市	154929.8	126957.9	33184.0	27971.9	27142.3	2877.5	152007.8
宜春市	262564.1	225429.1	46537.8	37135.0	35899.0	3673.4	258736.1
抚州市	125488.5	106443.0	21482.4	19045.5	18449.4	3305.3	122074.4
上饶市	176918.2	156632.2	25456.2	20286.0	19803.9	2508.7	174297.6

1-D-2.1 分登记注册类型企业R&D经费外部支出情况

单位：万元

登记注册类型	R&D经费外部支出	#对境内研究机构支出	#对境内高等学校支出
总 计	**111150.7**	**55952.1**	**11268.1**
内资企业	**104592.9**	**55104.4**	**9453.0**
国有企业	1197.5	106.6	9.0
集体企业			
股份合作企业			
有限责任公司	80265.7	43356.0	5106.2
国有独资公司	25205.2	5322.7	3598.4
其他有限责任公司	55060.5	38033.3	1507.8
股份有限公司	5741.2	1870.5	1239.0
私营企业	17388.5	9771.3	3098.8
私营独资企业			
私营合伙企业			
私营有限责任公司	13278.5	6465.3	2784.7
私营股份有限公司	4110.0	3306.0	314.1
其他企业			
港、澳、台商投资企业	**1469.6**	**258.2**	**521.1**
合资经营企业	659.2	147.6	500.0
合作经营企业			
港、澳、台商独资经营企业	810.4	110.6	21.1
港、澳、台商投资股份有限公司			
其他港、澳、台投资企业			
外商投资企业	**5088.2**	**589.5**	**1294.0**
中外合资经营企业	556.7		400.0
中外合作经营企业			
外资企业	4531.5	589.5	894.0
外商投资股份有限公司			
其他外商投资企业			

1-D-2.2　分登记注册类型大中型企业R&D经费外部支出情况

单位：万元

登记注册类型	R&D经费外部支出	#对境内研究机构支出	#对境内高等学校支出
总　计	**85050.7**	**44884.7**	**7054.5**
内资企业	**79420.5**	**44547.4**	**5644.4**
国有企业			
集体企业			
股份合作企业			
有限责任公司	67771.9	39442.8	3593.8
国有独资公司	19876.8	3090.6	3268.0
其他有限责任公司	47895.1	36352.2	325.8
股份有限公司	4688.2	1631.8	1171.5
私营企业	6960.4	3472.8	879.1
私营独资企业			
私营合伙企业			
私营有限责任公司	5219.1	2212.6	779.8
私营股份有限公司	1741.3	1260.2	99.3
其他企业			
港、澳、台商投资企业	**1194.2**		**516.1**
合资经营企业	500.0		500.0
合作经营企业			
港、澳、台商独资经营企业	694.2		16.1
港、澳、台商投资股份有限公司			
其他港、澳、台投资企业			
外商投资企业	**4436.0**	**337.3**	**894.0**
中外合资经营企业	156.7		
中外合作经营企业			
外资企业	4279.3	337.3	894.0
外商投资股份有限公司			
其他外商投资企业			

1-D-2.3 分行业企业R&D经费外部支出情况

单位：万元

行业	R&D经费外部支出	#对境内研究机构支出	#对境内高等学校支出
总 计	**111150.7**	**55952.1**	**11268.1**
采矿业	**711.9**	**672.3**	**31.1**
煤炭开采和洗选业			
烟煤和无烟煤开采洗选			
其他煤炭采选			
黑色金属矿采选业			
铁矿采选			
锰矿、铬矿采选			
其他黑色金属矿采选			
有色金属矿采选业	696.9	672.3	16.1
常用有色金属矿采选	16.1		16.1
贵金属矿采选			
稀有稀土金属矿采选	680.8	672.3	
非金属矿采选业	15.0		15.0
土砂石开采	15.0		15.0
化学矿开采			
采盐			
石棉及其他非金属矿采选			
制造业	**109259.3**	**54721.3**	**11058.2**
农副食品加工业	1213.1	249.8	441.9
谷物磨制	230.6	228.3	2.3
饲料加工	40.0		40.0
植物油加工	463.3		218.5
制糖业			
屠宰及肉类加工	100.0		100.0
水产品加工			
蔬菜、菌类、水果和坚果加工	7.0	0.5	6.0
其他农副食品加工	372.2	21.0	75.1
食品制造业	216.1	27.2	126.2
焙烤食品制造			
糖果、巧克力及蜜饯制造	10.0		10.0
方便食品制造	65.1	10.0	
乳制品制造	1.6		
罐头食品制造	49.2	15.2	31.8
调味品、发酵制品制造			
其他食品制造	90.2	2.0	84.4

1-D-2.3　续表 1

单位：万元

行　　业	R&D经费外部支出	#对境内研究机构支出	#对境内高等学校支出
酒、饮料和精制茶制造业	623.7	20.0	21.7
酒的制造	582.0		
饮料制造	21.7		21.7
精制茶加工	20.0	20.0	
烟草制品业	377.9	226.8	62.8
烟叶复烤			
卷烟制造	377.9	226.8	62.8
纺织业	5.8		5.8
棉纺织及印染精加工			
毛纺织及染整精加工			
麻纺织及染整精加工			
丝绢纺织及印染精加工	5.8		5.8
化纤织造及印染精加工			
针织或钩针编织物及其制品制造			
家用纺织制成品制造			
产业用纺织制成品制造			
纺织服装、服饰业	110.0	110.0	
机织服装制造	110.0	110.0	
针织或钩针编织服装制造			
服饰制造			
皮革、毛皮、羽毛及其制品和制鞋业	287.7	179.1	108.6
皮革鞣制加工			
皮革制品制造	20.0	20.0	
毛皮鞣制及制品加工			
羽毛(绒)加工及制品制造	25.7	24.1	1.6
制鞋业	242.0	135.0	107.0
木材加工和木、竹、藤、棕、草制品业	247.0	152.0	95.0
木材加工			
人造板制造	50.0		50.0
木质制品制造	40.0	20.0	20.0
竹、藤、棕、草等制品制造	157.0	132.0	25.0
家具制造业	296.4	110.3	1.7
木质家具制造	294.1	109.5	0.9
竹、藤家具制造			
金属家具制造	2.3	0.8	0.8
其他家具制造			
造纸和纸制品业	435.8	3.0	432.8
纸浆制造			

1-D-2.3 续表 2

单位：万元

行业	R&D经费外部支出	#对境内研究机构支出	#对境内高等学校支出
造纸	400.0		400.0
纸制品制造	35.8	3.0	32.8
印刷和记录媒介复制业	513.6		500.0
印刷	513.6		500.0
装订及印刷相关服务			
文教、工美、体育和娱乐用品制造业	288.6		150.0
文教办公用品制造			
工艺美术及礼仪用品制造			
体育用品制造	150.0		150.0
玩具制造	138.6		
游艺器材及娱乐用品制造			
石油、煤炭及其他燃料加工业	143.8	50.0	93.8
精炼石油产品制造	7.8		7.8
煤炭加工	136.0	50.0	86.0
生物质燃料加工			
化学原料和化学制品制造业	3981.5	512.6	612.3
基础化学原料制造	2545.6	37.6	262.7
肥料制造	5.9	5.9	
农药制造	100.0	100.0	
涂料、油墨、颜料及类似产品制造			
合成材料制造			
专用化学产品制造	1144.1	324.9	266.0
炸药、火工及焰火产品制造	168.3	44.2	83.6
日用化学产品制造	17.6		
医药制造业	13641.0	9147.0	506.9
化学药品原料药制造	3237.2	498.0	75.0
化学药品制剂制造	4537.9	4283.1	118.7
中药饮片加工	68.9	52.0	
中成药生产	5100.2	4186.1	96.7
兽用药品制造	499.6	127.8	200.0
生物药品制品制造	185.2		4.5
卫生材料及医药用品制造	12.0		12.0
药用辅料及包装材料			
化学纤维制造业			
纤维素纤维原料及纤维制造			
合成纤维制造			
生物基材料制造			
橡胶和塑料制品业	193.4	33.0	120.8

1-D-2.3 续表 3

单位：万元

行 业	R&D经费外部支出	#对境内研究机构支出	#对境内高等学校支出
橡胶制品业	63.3		63.3
塑料制品业	130.1	33.0	57.5
非金属矿物制品业	1538.2	466.5	370.3
水泥、石灰和石膏制造	156.7		
石膏、水泥制品及类似制品制造	108.9	30.0	20.0
砖瓦、石材等建筑材料制造	215.6		78.1
玻璃制造			
玻璃制品制造	77.5		
玻璃纤维和玻璃纤维增强塑料制品制造	13.7	13.7	
陶瓷制品制造	745.4	422.8	103.9
耐火材料制品制造	52.1		
石墨及其他非金属矿物制品制造	168.3		168.3
黑色金属冶炼和压延加工业	13201.5	6160.2	3052.3
炼铁			
炼钢	1000.0	1000.0	
钢压延加工	12201.5	5160.2	3052.3
铁合金冶炼			
有色金属冶炼和压延加工业	3925.6	1289.8	973.2
常用有色金属冶炼	960.5	61.1	185.3
贵金属冶炼	7.9	0.6	
稀有稀土金属冶炼	493.7	347.2	103.8
有色金属合金制造	735.5		21.7
有色金属压延加工	1728.0	880.9	662.4
金属制品业	1043.0	832.9	174.0
结构性金属制品制造	749.0	712.9	30.4
金属工具制造			
集装箱及金属包装容器制造			
金属丝绳及其制品制造			
建筑、安全用金属制品制造	242.8	120.0	99.6
金属表面处理及热处理加工	8.0		8.0
搪瓷制品制造			
金属制日用品制造			
铸造及其他金属制品制造	43.2		36.0
通用设备制造业	1323.5	4.5	85.0
锅炉及原动设备制造	24.6	4.5	4.1
金属加工机械制造	56.2		56.2
物料搬运设备制造	588.1		
泵、阀门、压缩机及类似机械制造	210.0		20.7

1-D-2.3 续表 4

单位：万元

行 业	R&D经费外部支出	#对境内研究机构支出	#对境内高等学校支出
轴承、齿轮和传动部件制造	7.6		
烘炉、风机、包装等设备制造			
文化、办公用机械制造			
通用零部件制造	435.6		4.0
其他通用设备制造业	1.4		
专用设备制造业	1950.1	279.4	269.2
采矿、冶金、建筑专用设备制造	359.0	135.9	211.1
化工、木材、非金属加工专用设备制造	1.6		1.6
食品、饮料、烟草及饲料生产专用设备制造			
印刷、制药、日化及日用品生产专用设备制造			
纺织、服装和皮革加工专用设备制造			
电子和电工机械专用设备制造	1147.9	50.0	46.5
农、林、牧、渔专用机械制造	116.8	77.8	
医疗仪器设备及器械制造	85.5		
环保、邮政、社会公共服务及其他专用设备制造	239.3	15.7	10.0
汽车制造业	20188.9	11084.8	288.1
汽车整车制造	19886.3	10934.6	267.2
汽车用发动机制造			
改装汽车制造			
电车制造			
汽车车身、挂车制造			
汽车零部件及配件制造	302.6	150.2	20.9
铁路、船舶、航空航天和其他运输设备制造业	6703.8	2308.7	325.3
铁路运输设备制造			
城市轨道交通设备制造	7.5		
船舶及相关装置制造	124.3		
航空、航天器及设备制造	6571.7	2308.7	325.0
摩托车制造			
自行车和残疾人座车制造			
助动车制造			
非公路休闲车及零配件制造	0.3		0.3
潜水救捞及其他未列明运输设备制造			
电气机械和器材制造业	2339.2	793.5	776.5
电机制造	228.7		228.7
输配电及控制设备制造	1251.3	440.3	105.8
电线、电缆、光缆及电工器材制造	682.9	342.5	276.4
电池制造	176.3	10.7	165.6
家用电力器具制造			

1-D-2.3　续表 5　　　　单位：万元

行　业	R&D经费外部支出	#对境内研究机构支出	#对境内高等学校支出
非电力家用器具制造			
照明器具制造			
其他电气机械及器材制造			
计算机、通信和其他电子设备制造业	33382.0	20516.1	1301.0
计算机制造	40.0	10.0	10.0
通信设备制造	29039.4	19369.9	43.0
广播电视设备制造			
非专业视听设备制造	602.8	82.1	261.0
智能消费设备制造	873.0		6.0
电子器件制造	1876.5	982.4	893.8
电子元件及电子专用材料制造	606.3	71.7	87.2
其他电子设备制造	344.0		
仪器仪表制造业	535.5	53.5	20.5
通用仪器仪表制造	310.5	53.5	
专用仪器仪表制造	225.0		20.5
钟表与计时仪器制造			
光学仪器制造			
衡器制造			
其他仪器仪表制造业			
其他制造业	1.7		
日用杂品制造			
其他未列明制造业	1.7		
废弃资源综合利用业	275.8	110.6	142.5
金属废料和碎屑加工处理	275.8	110.6	142.5
非金属废料和碎屑加工处理			
金属制品、机械和设备修理业	275.1		
其他机械和设备修理业	275.1		
电力、热力、燃气及水生产和供应业	**1179.5**	**558.5**	**178.8**
电力、热力生产和供应业	1164.9	558.5	178.8
电力生产	278.5	258.5	
电力供应	886.4	300.0	178.8
热力生产和供应			
燃气生产和供应业			
燃气生产和供应业			
生物质燃气生产和供应业			
水的生产和供应业	14.6		
自来水生产和供应			
污水处理及其再生利用	14.6		

1-D-2.4 分行业大中型企业R&D经费外部支出情况

单位：万元

行业	R&D经费外部支出	#对境内研究机构支出	#对境内高等学校支出
总计	**85050.7**	**44884.7**	**7054.5**
采矿业	**102.1**	**77.5**	**16.1**
煤炭开采和洗选业			
烟煤和无烟煤开采洗选			
其他煤炭采选			
黑色金属矿采选业			
铁矿采选			
其他黑色金属矿采选			
有色金属矿采选业	102.1	77.5	16.1
常用有色金属矿采选	16.1		16.1
贵金属矿采选			
稀有稀土金属矿采选	86.0	77.5	
非金属矿采选业			
土砂石开采			
采盐			
石棉及其他非金属矿采选			
制造业	**84034.5**	**44479.5**	**6859.6**
农副食品加工业	458.4		213.6
谷物磨制			
饲料加工	40.0		40.0
植物油加工	398.3		153.5
屠宰及肉类加工			
水产品加工			
蔬菜、菌类、水果和坚果加工			
其他农副食品加工	20.1		20.1
食品制造业	10.0	10.0	
焙烤食品制造			
糖果、巧克力及蜜饯制造			
方便食品制造	10.0	10.0	
乳制品制造			
罐头食品制造			
调味品、发酵制品制造			
其他食品制造			
酒、饮料和精制茶制造业	1.7		1.7
酒的制造			
饮料制造	1.7		1.7
精制茶加工			

1-D-2.4　续表 1　　　　单位：万元

行　　业	R&D经费外部支出	#对境内研究机构支出	#对境内高等学校支出
烟草制品业	377.9	226.8	62.8
烟叶复烤			
卷烟制造	377.9	226.8	62.8
纺织业			
棉纺织及印染精加工			
麻纺织及染整精加工			
丝绢纺织及印染精加工			
化纤织造及印染精加工			
针织或钩针编织物及其制品制造			
家用纺织制成品制造			
产业用纺织制成品制造			
纺织服装、服饰业			
机织服装制造			
针织或钩针编织服装制造			
服饰制造			
皮革、毛皮、羽毛及其制品和制鞋业	45.7	44.1	1.6
皮革制品制造	20.0	20.0	
毛皮鞣制及制品加工			
羽毛(绒)加工及制品制造	25.7	24.1	1.6
制鞋业			
木材加工和木、竹、藤、棕、草制品业	65.0	40.0	25.0
人造板制造			
木质制品制造			
竹、藤、棕、草等制品制造	65.0	40.0	25.0
家具制造业	118.1	26.5	0.9
木质家具制造	118.1	26.5	0.9
其他家具制造			
造纸和纸制品业			
造纸			
纸制品制造			
印刷和记录媒介复制业	513.6		500.0
印刷	513.6		500.0
文教、工美、体育和娱乐用品制造业			
文教办公用品制造			
工艺美术及礼仪用品制造			
体育用品制造			
玩具制造			
石油、煤炭及其他燃料加工业	143.8	50.0	93.8
精炼石油产品制造	7.8		7.8
煤炭加工	136.0	50.0	86.0

1-D-2.4 续表 2　　单位：万元

行　业	R&D经费外部支出	#对境内研究机构支出	#对境内高等学校支出
化学原料和化学制品制造业	2848.4	67.0	186.0
基础化学原料制造	2295.7		136.0
肥料制造			
农药制造	29.8	29.8	
涂料、油墨、颜料及类似产品制造			
合成材料制造			
专用化学产品制造	443.5		7.8
炸药、火工及焰火产品制造	79.4	37.2	42.2
日用化学产品制造			
医药制造业	9336.7	6662.5	123.7
化学药品原料药制造	2381.5	73.1	30.0
化学药品制剂制造	2879.2	2800.5	78.7
中药饮片加工			
中成药生产	3896.3	3788.9	15.0
兽用药品制造			
生物药品制品制造	179.7		
卫生材料及医药用品制造			
药用辅料及包装材料			
化学纤维制造业			
纤维素纤维原料及纤维制造			
橡胶和塑料制品业	89.3		89.3
橡胶制品业	63.3		63.3
塑料制品业	26.0		26.0
非金属矿物制品业	796.7	429.5	88.5
水泥、石灰和石膏制造	156.7		
石膏、水泥制品及类似制品制造	58.9		
砖瓦、石材等建筑材料制造			
玻璃制造			
玻璃制品制造			
玻璃纤维和玻璃纤维增强塑料制品制造	13.7	13.7	
陶瓷制品制造	433.7	415.8	6.9
耐火材料制品制造	52.1		
石墨及其他非金属矿物制品制造	81.6		81.6
黑色金属冶炼和压延加工业	12201.5	5160.2	3052.3
炼铁			
钢压延加工	12201.5	5160.2	3052.3
铁合金冶炼			

1-D-2.4　续表 3　　单位：万元

行　业	R&D经费外部支出	#对境内研究机构支出	#对境内高等学校支出
有色金属冶炼和压延加工业	2374.4	515.2	603.5
常用有色金属冶炼	658.8	48.0	70.9
贵金属冶炼	2.6	0.6	
稀有稀土金属冶炼	4.8		4.8
有色金属合金制造	735.5		21.7
有色金属压延加工	972.7	466.6	506.1
金属制品业	10.9	0.9	10.0
结构性金属制品制造	0.9	0.9	
金属工具制造			
金属丝绳及其制品制造			
建筑、安全用金属制品制造	10.0		10.0
金属制日用品制造			
铸造及其他金属制品制造			
通用设备制造业	954.5		24.7
锅炉及原动设备制造			
金属加工机械制造			
物料搬运设备制造	588.1		
泵、阀门、压缩机及类似机械制造	200.3		20.7
轴承、齿轮和传动部件制造			
烘炉、风机、包装等设备制造			
文化、办公用机械制造			
通用零部件制造	166.1		4.0
其他通用设备制造业			
专用设备制造业	630.6		118.4
采矿、冶金、建筑专用设备制造	106.8		106.8
化工、木材、非金属加工专用设备制造	1.6		1.6
印刷、制药、日化及日用品生产专用设备制造			
纺织、服装和皮革加工专用设备制造			
电子和电工机械专用设备制造	427.4		
农、林、牧、渔专用机械制造			
医疗仪器设备及器械制造	84.8		
环保、邮政、社会公共服务及其他专用设备制造	10.0		10.0
汽车制造业	19815.5	11044.7	48.8
汽车整车制造	19647.0	10934.6	27.9
汽车用发动机制造			
改装汽车制造			
汽车车身、挂车制造			
汽车零部件及配件制造	168.5	110.1	20.9

1-D-2.4 续表 4

单位：万元

行业	R&D经费外部支出	#对境内研究机构支出	#对境内高等学校支出
铁路、船舶、航空航天和其他运输设备制造业			
船舶及相关装置制造			
摩托车制造			
电气机械和器材制造业	1584.2	464.9	392.5
电机制造	226.7		226.7
输配电及控制设备制造	1113.7	435.6	
电线、电缆、光缆及电工器材制造	108.5	24.0	35.8
电池制造	135.3	5.3	130.0
家用电力器具制造			
照明器具制造			
其他电气机械及器材制造			
计算机、通信和其他电子设备制造业	31603.7	19683.7	1222.1
计算机制造	40.0	10.0	10.0
通信设备制造	28565.4	18900.9	38.0
广播电视设备制造			
非专业视听设备制造	493.7		234.0
智能消费设备制造			
电子器件制造	1616.4	726.1	890.0
电子元件及电子专用材料制造	544.2	46.7	50.1
其他电子设备制造	344.0		
仪器仪表制造业	53.5	53.5	
通用仪器仪表制造	53.5	53.5	
专用仪器仪表制造			
光学仪器制造			
其他制造业			
日用杂品制造			
其他未列明制造业			
废弃资源综合利用业	0.4		0.4
金属废料和碎屑加工处理	0.4		0.4
非金属废料和碎屑加工处理			
电力、热力、燃气及水生产和供应业	**914.1**	**327.7**	**178.8**
电力、热力生产和供应业	914.1	327.7	178.8
电力生产	27.7	27.7	
电力供应	886.4	300.0	178.8
燃气生产和供应业			
燃气生产和供应业			
水的生产和供应业			
自来水生产和供应			

1-D-2.5　分行业内资企业R&D经费外部支出情况

单位：万元

行　业	R&D经费外部支出	#对境内研究机构支出	#对境内高等学校支出
总　计	**104592.9**	**55104.4**	**9453.0**
采矿业	**695.8**	**672.3**	**15.0**
煤炭开采和洗选业			
烟煤和无烟煤开采洗选			
其他煤炭采选			
黑色金属矿采选业			
铁矿采选			
锰矿、铬矿采选			
其他黑色金属矿采选			
有色金属矿采选业	680.8	672.3	
常用有色金属矿采选			
贵金属矿采选			
稀有稀土金属矿采选	680.8	672.3	
非金属矿采选业	15.0		15.0
土砂石开采	15.0		15.0
化学矿开采			
采盐			
石棉及其他非金属矿采选			
制造业	**102717.6**	**53873.6**	**9259.2**
农副食品加工业	1213.1	249.8	441.9
谷物磨制	230.6	228.3	2.3
饲料加工	40.0		40.0
植物油加工	463.3		218.5
制糖业			
屠宰及肉类加工	100.0		100.0
水产品加工			
蔬菜、菌类、水果和坚果加工	7.0	0.5	6.0
其他农副食品加工	372.2	21.0	75.1
食品制造业	216.1	27.2	126.2
焙烤食品制造			
糖果、巧克力及蜜饯制造	10.0		10.0
方便食品制造	65.1	10.0	
乳制品制造	1.6		
罐头食品制造	49.2	15.2	31.8
调味品、发酵制品制造			
其他食品制造	90.2	2.0	84.4

1-D-2.5 续表 1

单位：万元

行　　业	R&D经费外部支出	#对境内研究机构支出	#对境内高等学校支出
酒、饮料和精制茶制造业	623.7	20.0	21.7
酒的制造	582.0		
饮料制造	21.7		21.7
精制茶加工	20.0	20.0	
烟草制品业	377.9	226.8	62.8
烟叶复烤			
卷烟制造	377.9	226.8	62.8
纺织业	5.8		5.8
棉纺织及印染精加工			
毛纺织及染整精加工			
麻纺织及染整精加工			
丝绢纺织及印染精加工	5.8		5.8
化纤织造及印染精加工			
针织或钩针编织物及其制品制造			
家用纺织制成品制造			
产业用纺织制成品制造			
纺织服装、服饰业			
机织服装制造			
针织或钩针编织服装制造			
服饰制造			
皮革、毛皮、羽毛及其制品和制鞋业	287.7	179.1	108.6
皮革鞣制加工			
皮革制品制造	20.0	20.0	
毛皮鞣制及制品加工			
羽毛(绒)加工及制品制造	25.7	24.1	1.6
制鞋业	242.0	135.0	107.0
木材加工和木、竹、藤、棕、草制品业	247.0	152.0	95.0
木材加工			
人造板制造	50.0		50.0
木质制品制造	40.0	20.0	20.0
竹、藤、棕、草等制品制造	157.0	132.0	25.0
家具制造业	296.4	110.3	1.7
木质家具制造	294.1	109.5	0.9
竹、藤家具制造			
金属家具制造	2.3	0.8	0.8
其他家具制造			
造纸和纸制品业	35.8	3.0	32.8
纸浆制造			

1-D-2.5　续表 2　　　　单位：万元

行　　业	R&D经费外部支出	#对境内研究机构支出	#对境内高等学校支出
造纸			
纸制品制造	35.8	3.0	32.8
印刷和记录媒介复制业	13.6		
印刷	13.6		
装订及印刷相关服务			
文教、工美、体育和娱乐用品制造业	288.6		150.0
文教办公用品制造			
工艺美术及礼仪用品制造			
体育用品制造	150.0		150.0
玩具制造	138.6		
游艺器材及娱乐用品制造			
石油、煤炭及其他燃料加工业	143.8	50.0	93.8
精炼石油产品制造	7.8		7.8
煤炭加工	136.0	50.0	86.0
生物质燃料加工			
化学原料和化学制品制造业	1859.6	512.6	612.3
基础化学原料制造	423.7	37.6	262.7
肥料制造	5.9	5.9	
农药制造	100.0	100.0	
涂料、油墨、颜料及类似产品制造			
合成材料制造			
专用化学产品制造	1144.1	324.9	266.0
炸药、火工及焰火产品制造	168.3	44.2	83.6
日用化学产品制造	17.6		
医药制造业	13478.3	8999.4	503.4
化学药品原料药制造	3237.2	498.0	75.0
化学药品制剂制造	4537.9	4283.1	118.7
中药饮片加工	68.9	52.0	
中成药生产	5068.8	4166.3	96.7
兽用药品制造	371.8		200.0
生物药品制品制造	181.7		1.0
卫生材料及医药用品制造	12.0		12.0
药用辅料及包装材料			
化学纤维制造业			
纤维素纤维原料及纤维制造			
合成纤维制造			
生物基材料制造			
橡胶和塑料制品业	190.7	32.4	119.3

1-D-2.5 续表 3 单位：万元

行业	R&D经费外部支出	#对境内研究机构支出	#对境内高等学校支出
橡胶制品业	63.3		63.3
塑料制品业	127.4	32.4	56.0
非金属矿物制品业	1381.5	466.5	370.3
水泥、石灰和石膏制造			
石膏、水泥制品及类似制品制造	108.9	30.0	20.0
砖瓦、石材等建筑材料制造	215.6		78.1
玻璃制造			
玻璃制品制造	77.5		
玻璃纤维和玻璃纤维增强塑料制品制造	13.7	13.7	
陶瓷制品制造	745.4	422.8	103.9
耐火材料制品制造	52.1		
石墨及其他非金属矿物制品制造	168.3		168.3
黑色金属冶炼和压延加工业	13201.5	6160.2	3052.3
炼铁			
炼钢	1000.0	1000.0	
钢压延加工	12201.5	5160.2	3052.3
铁合金冶炼			
有色金属冶炼和压延加工业	3925.6	1289.8	973.2
常用有色金属冶炼	960.5	61.1	185.3
贵金属冶炼	7.9	0.6	
稀有稀土金属冶炼	493.7	347.2	103.8
有色金属合金制造	735.5		21.7
有色金属压延加工	1728.0	880.9	662.4
金属制品业	1043.0	832.9	174.0
结构性金属制品制造	749.0	712.9	30.4
金属工具制造			
集装箱及金属包装容器制造			
金属丝绳及其制品制造			
建筑、安全用金属制品制造	242.8	120.0	99.6
金属表面处理及热处理加工	8.0		8.0
搪瓷制品制造			
金属制日用品制造			
铸造及其他金属制品制造	43.2		36.0
通用设备制造业	1157.4	4.5	81.0
锅炉及原动设备制造	24.6	4.5	4.1
金属加工机械制造	56.2		56.2
物料搬运设备制造	588.1		
泵、阀门、压缩机及类似机械制造	210.0		20.7

1-D-2.5　续表 4　　单位：万元

行　　业	R&D经费外部支出	#对境内研究机构支出	#对境内高等学校支出
轴承、齿轮和传动部件制造	7.6		
烘炉、风机、包装等设备制造			
文化、办公用机械制造			
通用零部件制造	269.5		
其他通用设备制造业	1.4		
专用设备制造业	1522.7	279.4	269.2
采矿、冶金、建筑专用设备制造	359.0	135.9	211.1
化工、木材、非金属加工专用设备制造	1.6		1.6
食品、饮料、烟草及饲料生产专用设备制造			
印刷、制药、日化及日用品生产专用设备制造			
纺织、服装和皮革加工专用设备制造			
电子和电工机械专用设备制造	720.5	50.0	46.5
农、林、牧、渔专用机械制造	116.8	77.8	
医疗仪器设备及器械制造	85.5		
环保、邮政、社会公共服务及其他专用设备制造	239.3	15.7	10.0
汽车制造业	20188.9	11084.8	288.1
汽车整车制造	19886.3	10934.6	267.2
汽车用发动机制造			
改装汽车制造			
电车制造			
汽车车身、挂车制造			
汽车零部件及配件制造	302.6	150.2	20.9
铁路、船舶、航空航天和其他运输设备制造业	6703.8	2308.7	325.3
铁路运输设备制造			
城市轨道交通设备制造	7.5		
船舶及相关装置制造	124.3		
航空、航天器及设备制造	6571.7	2308.7	325.0
摩托车制造			
自行车和残疾人座车制造			
助动车制造			
非公路休闲车及零配件制造	0.3		0.3
潜水救捞及其他未列明运输设备制造			
电气机械和器材制造业	1661.1	793.5	776.5
电机制造	228.7		228.7
输配电及控制设备制造	573.2	440.3	105.8
电线、电缆、光缆及电工器材制造	682.9	342.5	276.4
电池制造	176.3	10.7	165.6
家用电力器具制造			

1-D-2.5 续表 5 单位：万元

行业	R&D经费外部支出	#对境内研究机构支出	#对境内高等学校支出
非电力家用器具制造			
照明器具制造			
其他电气机械及器材制造			
计算机、通信和其他电子设备制造业	31565.9	19926.6	411.0
计算机制造	40.0	10.0	10.0
通信设备制造	29039.4	19369.9	43.0
广播电视设备制造			
非专业视听设备制造	602.8	82.1	261.0
智能消费设备制造	873.0		6.0
电子器件制造	397.0	392.9	3.8
电子元件及电子专用材料制造	269.7	71.7	87.2
其他电子设备制造	344.0		
仪器仪表制造业	535.5	53.5	20.5
通用仪器仪表制造	310.5	53.5	
专用仪器仪表制造	225.0		20.5
钟表与计时仪器制造			
光学仪器制造			
衡器制造			
其他仪器仪表制造业			
其他制造业	1.7		
日用杂品制造			
其他未列明制造业	1.7		
废弃资源综合利用业	275.8	110.6	142.5
金属废料和碎屑加工处理	275.8	110.6	142.5
非金属废料和碎屑加工处理			
金属制品、机械和设备修理业	275.1		
其他机械和设备修理业	275.1		
电力、热力、燃气及水生产和供应业	**1179.5**	**558.5**	**178.8**
电力、热力生产和供应业	1164.9	558.5	178.8
电力生产	278.5	258.5	
电力供应	886.4	300.0	178.8
热力生产和供应			
燃气生产和供应业			
燃气生产和供应业			
生物质燃气生产和供应业			
水的生产和供应业	14.6		
自来水生产和供应			
污水处理及其再生利用	14.6		

1-D-2.6　分行业港澳台商投资企业R&D经费外部支出情况

单位：万元

行　业	R&D经费外部支出	#对境内研究机构支出	#对境内高等学校支出
总　计	**1469.6**	**258.2**	**521.1**
采矿业	**16.1**		**16.1**
有色金属矿采选业	16.1		16.1
常用有色金属矿采选	16.1		16.1
非金属矿采选业			
土砂石开采			
制造业	**1453.5**	**258.2**	**505.0**
农副食品加工业			
谷物磨制			
饲料加工			
植物油加工			
屠宰及肉类加工			
水产品加工			
蔬菜、菌类、水果和坚果加工			
食品制造业			
糖果、巧克力及蜜饯制造			
方便食品制造			
罐头食品制造			
其他食品制造			
酒、饮料和精制茶制造业			
酒的制造			
饮料制造			
纺织业			
棉纺织及印染精加工			
毛纺织及染整精加工			
化纤织造及印染精加工			
针织或钩针编织物及其制品制造			
产业用纺织制成品制造			
纺织服装、服饰业	110.0	110.0	
机织服装制造	110.0	110.0	
针织或钩针编织服装制造			
服饰制造			
皮革、毛皮、羽毛及其制品和制鞋业			
皮革鞣制加工			
皮革制品制造			
制鞋业			
木材加工和木、竹、藤、棕、草制品业			
人造板制造			
木质制品制造			
竹、藤、棕、草等制品制造			
家具制造业			
木质家具制造			
造纸和纸制品业			

1-D-2.6 续表 1

单位：万元

行业	R&D经费外部支出	#对境内研究机构支出	#对境内高等学校支出
造纸			
纸制品制造			
印刷和记录媒介复制业	500.0		500.0
印刷	500.0		500.0
文教、工美、体育和娱乐用品制造业			
文教办公用品制造			
工艺美术及礼仪用品制造			
体育用品制造			
玩具制造			
游艺器材及娱乐用品制造			
石油、煤炭及其他燃料加工业			
煤炭加工			
化学原料和化学制品制造业			
基础化学原料制造			
肥料制造			
农药制造			
涂料、油墨、颜料及类似产品制造			
合成材料制造			
专用化学产品制造			
日用化学产品制造			
医药制造业	162.7	147.6	3.5
化学药品制剂制造			
中药饮片加工			
中成药生产	31.4	19.8	
兽用药品制造	127.8	127.8	
生物药品制品制造	3.5		3.5
药用辅料及包装材料			
化学纤维制造业			
纤维素纤维原料及纤维制造			
橡胶和塑料制品业	2.7	0.6	1.5
橡胶制品业			
塑料制品业	2.7	0.6	1.5
非金属矿物制品业			
石膏、水泥制品及类似制品制造			
砖瓦、石材等建筑材料制造			
陶瓷制品制造			
石墨及其他非金属矿物制品制造			
有色金属冶炼和压延加工业			
常用有色金属冶炼			
有色金属压延加工			
金属制品业			
结构性金属制品制造			
金属工具制造			
金属丝绳及其制品制造			

1-D-2.6　续表 2

单位：万元

行　业	R&D经费外部支出	#对境内研究机构支出	#对境内高等学校支出
金属表面处理及热处理加工			
金属制日用品制造			
铸造及其他金属制品制造			
通用设备制造业			
金属加工机械制造			
轴承、齿轮和传动部件制造			
烘炉、风机、包装等设备制造			
文化、办公用机械制造			
专用设备制造业			
化工、木材、非金属加工专用设备制造			
纺织、服装和皮革加工专用设备制造			
电子和电工机械专用设备制造			
农、林、牧、渔专用机械制造			
医疗仪器设备及器械制造			
环保、邮政、社会公共服务及其他专用设备制造			
汽车制造业			
汽车零部件及配件制造			
电气机械和器材制造业	678.1		
电机制造			
输配电及控制设备制造	678.1		
电线、电缆、光缆及电工器材制造			
电池制造			
家用电力器具制造			
照明器具制造			
计算机、通信和其他电子设备制造业			
计算机制造			
通信设备制造			
广播电视设备制造			
非专业视听设备制造			
电子器件制造			
电子元件及电子专用材料制造			
其他电了设备制造			
仪器仪表制造业			
专用仪器仪表制造			
其他制造业			
日用杂品制造			
其他未列明制造业			
电力、热力、燃气及水生产和供应业			
电力、热力生产和供应业			
电力生产			
燃气生产和供应业			
燃气生产和供应业			
水的生产和供应业			
自来水生产和供应			

1-D-2.7　分行业外商投资企业R&D经费外部支出情况

单位：万元

行　业	R&D经费外部支出	#对境内研究机构支出	#对境内高等学校支出
总　计	**5088.2**	**589.5**	**1294.0**
制造业	**5088.2**	**589.5**	**1294.0**
农副食品加工业			
谷物磨制			
饲料加工			
屠宰及肉类加工			
食品制造业			
焙烤食品制造			
方便食品制造			
乳制品制造			
罐头食品制造			
其他食品制造			
酒、饮料和精制茶制造业			
酒的制造			
饮料制造			
精制茶加工			
纺织业			
棉纺织及印染精加工			
针织或钩针编织物及其制品制造			
纺织服装、服饰业			
机织服装制造			
针织或钩针编织服装制造			
服饰制造			
皮革、毛皮、羽毛及其制品和制鞋业			
皮革制品制造			
制鞋业			
木材加工和木、竹、藤、棕、草制品业			
木材加工			
人造板制造			
木质制品制造			
竹、藤、棕、草等制品制造			
家具制造业			
木质家具制造			
金属家具制造			
造纸和纸制品业	400.0		400.0
造纸	400.0		400.0
纸制品制造			
印刷和记录媒介复制业			
印刷			
文教、工美、体育和娱乐用品制造业			
文教办公用品制造			

1-D-2.7　续表 1

单位：万元

行　　业	R&D经费外部支出	#对境内研究机构支出	#对境内高等学校支出
工艺美术及礼仪用品制造			
体育用品制造			
玩具制造			
石油、煤炭及其他燃料加工业			
精炼石油产品制造			
化学原料和化学制品制造业	2121.9		
基础化学原料制造	2121.9		
涂料、油墨、颜料及类似产品制造			
合成材料制造			
专用化学产品制造			
日用化学产品制造			
医药制造业			
化学药品原料药制造			
化学药品制剂制造			
生物药品制品制造			
卫生材料及医药用品制造			
化学纤维制造业			
纤维素纤维原料及纤维制造			
合成纤维制造			
橡胶和塑料制品业			
橡胶制品业			
塑料制品业			
非金属矿物制品业	156.7		
水泥、石灰和石膏制造	156.7		
石膏、水泥制品及类似制品制造			
砖瓦、石材等建筑材料制造			
玻璃制造			
陶瓷制品制造			
黑色金属冶炼和压延加工业			
钢压延加工			
有色金属冶炼和压延加工业			
常用有色金属冶炼			
稀有稀土金属冶炼			
有色金属合金制造			
有色金属压延加工			
金属制品业			
结构性金属制品制造			
金属丝绳及其制品制造			
建筑、安全用金属制品制造			
金属表面处理及热处理加工			
铸造及其他金属制品制造			
通用设备制造业	166.1		4.0
金属加工机械制造			

1-D-2.7　续表 2

单位：万元

行　　业	R&D经费外部支出	#对境内研究机构支出	#对境内高等学校支出
物料搬运设备制造			
泵、阀门、压缩机及类似机械制造			
轴承、齿轮和传动部件制造			
烘炉、风机、包装等设备制造			
文化、办公用机械制造			
通用零部件制造	166.1		4.0
专用设备制造业	427.4		
化工、木材、非金属加工专用设备制造			
食品、饮料、烟草及饲料生产专用设备制造			
电子和电工机械专用设备制造	427.4		
农、林、牧、渔专用机械制造			
医疗仪器设备及器械制造			
汽车制造业			
汽车零部件及配件制造			
铁路、船舶、航空航天和其他运输设备制造业			
船舶及相关装置制造			
航空、航天器及设备制造			
电气机械和器材制造业			
电机制造			
输配电及控制设备制造			
电线、电缆、光缆及电工器材制造			
电池制造			
家用电力器具制造			
照明器具制造			
计算机、通信和其他电子设备制造业	1816.1	589.5	890.0
计算机制造			
非专业视听设备制造			
智能消费设备制造			
电子器件制造	1479.5	589.5	890.0
电子元件及电子专用材料制造	336.6		
仪器仪表制造业			
光学仪器制造			
其他制造业			
日用杂品制造			
废弃资源综合利用业			
金属废料和碎屑加工处理			
电力、热力、燃气及水生产和供应业			
电力、热力生产和供应业			
电力生产			
燃气生产和供应业			
燃气生产和供应业			
水的生产和供应业			
自来水生产和供应			

1-D-2.8　各地区企业R&D经费外部支出情况

单位：万元

地　区	R&D经费外部支出	#对境内研究机构支出	#对境内高等学校支出
全　省	**111150.7**	**55952.1**	**11268.1**
南昌市	51784.4	24637.6	2268.2
景德镇市	14152.7	11072.1	374.2
萍乡市	3098.8	2774.7	126.4
九江市	8280.4	2940.6	403.9
新余市	10476.5	2635.9	3315.3
鹰潭市	1177.3	290.0	206.8
赣州市	7984.4	5457.8	1100.6
吉安市	2877.2	511.5	713.1
宜春市	4106.0	2285.6	792.2
抚州市	4567.2	3272.7	700.7
上饶市	2645.8	73.6	1266.7

E. 企业R&D项目情况

1-E-1 分登记注册类型企业全部R&D项目情况

登记注册类型	项目数（项）	参加项目人员（人）	项目人员折合全时当量（人年）	项目经费内部支出（万元）
总计	**13658**	**82554**	**61321**	**2595606.9**
内资企业	**12639**	**75798**	**56097**	**2367721.8**
国有企业	70	1564	1543	53266.2
集体企业	2	13	11	71.1
股份合作企业	23	94	83	2586.3
有限责任公司	4647	36442	24971	1219705.6
国有独资公司	678	12421	6840	473466.2
其他有限责任公司	3969	24021	18131	746239.4
股份有限公司	1219	8295	6232	272506.6
私营企业	6678	29390	23257	819586.0
私营独资企业	29	141	127	4919.3
私营合伙企业	4	35	28	535.4
私营有限责任公司	5981	26718	21226	739158.4
私营股份有限公司	664	2496	1876	74972.9
其他企业				
港、澳、台商投资企业	**502**	**3548**	**2789**	**98562.0**
合资经营企业	181	798	596	20869.7
合作经营企业	6	24	24	569.7
港、澳、台商独资经营企业	306	2670	2135	76151.0
港、澳、台商投资股份有限公司	4	29	14	382.5
其他港、澳、台投资企业	5	27	22	589.1
外商投资企业	**517**	**3208**	**2435**	**129323.1**
中外合资经营企业	233	1544	1153	73309.9
中外合作经营企业	4	13	13	1649.2
外资企业	252	1329	989	48302.7
外商投资股份有限公司	25	312	272	6013.8
其他外商投资企业	3	10	8	47.5

1-E-2　分登记注册类型大中型企业全部R&D项目情况

登记注册类型	项目数（项）	参加项目人员（人）	项目人员折合全时当量（人年）	项目经费内部支出（万元）
总　计	**5035**	**48853**	**34600**	**1599942.5**
内资企业	**4385**	**43554**	**30523**	**1410468.1**
国有企业	1	8	8	968.0
集体企业				
股份合作企业	7	31	31	1387.6
有限责任公司	1987	25983	16698	882744.5
国有独资公司	610	11453	6033	400304.9
其他有限责任公司	1377	14530	10665	482439.6
股份有限公司	837	6946	5208	241638.9
私营企业	1553	10586	8578	283729.1
私营独资企业	3	16	16	850.1
私营合伙企业				
私营有限责任公司	1321	9212	7565	244777.6
私营股份有限公司	229	1358	997	38101.4
其他企业				
港、澳、台商投资企业	**281**	**2651**	**2076**	**78308.3**
合资经营企业	73	394	257	14030.6
合作经营企业				
港、澳、台商独资经营企业	207	2246	1808	64256.8
港、澳、台商投资股份有限公司				
其他港、澳、台投资企业	1	11	11	20.9
外商投资企业	**369**	**2648**	**2001**	**111166.1**
中外合资经营企业	160	1244	910	62208.3
中外合作经营企业				
外资企业	181	1082	811	42896.5
外商投资股份有限公司	25	312	272	6013.8
其他外商投资企业	3	10	8	47.5

1-E-3 分行业企业全部R&D项目情况

行　业	项目数(项)	参加项目人员(人)	项目人员折合全时当量(人年)	项目经费内部支出(万元)
总　计	**13658**	**82554**	**61321**	**2595606.9**
采矿业	**118**	**683**	**488**	**27769.7**
煤炭开采和洗选业	1	8	8	968.0
烟煤和无烟煤开采洗选	1	8	8	968.0
其他煤炭采选				
黑色金属矿采选业	4	16	15	324.6
铁矿采选	4	16	15	324.6
锰矿、铬矿采选				
其他黑色金属矿采选				
有色金属矿采选业	55	328	200	14939.3
常用有色金属矿采选	18	86	48	5718.7
贵金属矿采选	4	24	17	327.5
稀有稀土金属矿采选	33	218	134	8893.1
非金属矿采选业	58	331	265	11537.8
土砂石开采	48	214	167	8337.6
化学矿开采				
采盐	6	76	64	1040.2
石棉及其他非金属矿采选	4	41	34	2160.0
制造业	**13420**	**81323**	**60371**	**2551090.2**
农副食品加工业	434	1670	1327	62485.3
谷物磨制	43	148	114	5700.7
饲料加工	190	833	646	30218.3
植物油加工	58	177	146	7755.5
制糖业				
屠宰及肉类加工	44	148	123	3850.0
水产品加工	13	55	44	4800.1
蔬菜、菌类、水果和坚果加工	19	78	64	4646.8
其他农副食品加工	67	231	188	5513.9
食品制造业	280	1260	916	25681.1
焙烤食品制造	27	166	137	2493.0
糖果、巧克力及蜜饯制造	29	67	39	1780.1
方便食品制造	34	176	130	3012.9
乳制品制造	28	114	80	3152.6
罐头食品制造	23	103	75	1673.5
调味品、发酵制品制造	1	10	9	77.8
其他食品制造	138	624	447	13491.2
酒、饮料和精制茶制造业	122	599	525	13191.7

1-E-3　续表 1

行　　业	项目数(项)	参加项目人　　员(人)	项目人员折合全时当量(人年)	项目经费内部支出(万元)
酒的制造	41	252	216	4900.7
饮料制造	45	181	158	4237.3
精制茶加工	36	166	152	4053.7
烟草制品业	25	278	196	9607.8
烟叶复烤				
卷烟制造	25	278	196	9607.8
纺织业	234	1274	1060	25799.9
棉纺织及印染精加工	139	809	691	16243.7
毛纺织及染整精加工				
麻纺织及染整精加工	10	45	31	625.6
丝绢纺织及印染精加工	12	44	44	2067.5
化纤织造及印染精加工	16	110	88	1970.1
针织或钩针编织物及其制品制造	3	17	15	391.3
家用纺织制成品制造	22	148	99	1632.6
产业用纺织制成品制造	32	101	93	2869.1
纺织服装、服饰业	107	846	687	20711.3
机织服装制造	80	679	539	16937.8
针织或钩针编织服装制造	12	86	71	2278.4
服饰制造	15	81	77	1495.1
皮革、毛皮、羽毛及其制品和制鞋业	104	527	383	18762.2
皮革鞣制加工	20	112	81	2861.8
皮革制品制造	27	125	111	4226.2
毛皮鞣制及制品加工	4	15	9	203.3
羽毛(绒)加工及制品制造	5	17	11	781.5
制鞋业	48	258	171	10689.4
木材加工和木、竹、藤、棕、草制品业	134	525	405	12485.6
木材加工	14	57	43	1685.5
人造板制造	58	239	194	5266.4
木质制品制造	18	57	54	1377.4
竹、藤、棕、草等制品制造	44	172	113	4156.3
家具制造业	167	513	377	25758.2
木质家具制造	136	398	287	23155.5
竹、藤家具制造	3	9	7	220.6
金属家具制造	23	77	66	1780.4
其他家具制造	5	29	18	601.7
造纸和纸制品业	91	461	378	17760.5
纸浆制造				
造纸	56	315	259	11865.8
纸制品制造	35	146	119	5894.7

1-E-3 续表 2

行　业	项目数（项）	参加项目人员（人）	项目人员折合全时当量（人年）	项目经费内部支出（万元）
印刷和记录媒介复制业	98	390	292	13012.5
印刷	97	389	291	13006.2
装订及印刷相关服务	1	1	1	6.3
文教、工美、体育和娱乐用品制造业	151	955	721	23890.2
文教办公用品制造	15	53	39	939.6
工艺美术及礼仪用品制造	83	605	456	15134.8
体育用品制造	28	125	99	4271.4
玩具制造	21	145	108	3298.5
游艺器材及娱乐用品制造	4	27	19	245.9
石油、煤炭及其他燃料加工业	60	392	189	7838.1
精炼石油产品制造	33	107	84	1896.2
煤炭加工	24	273	94	5779.8
生物质燃料加工	3	12	10	162.1
化学原料和化学制品制造业	1492	6028	4719	190048.3
基础化学原料制造	432	2131	1636	73045.9
肥料制造	48	201	164	4613.2
农药制造	89	275	216	9212.4
涂料、油墨、颜料及类似产品制造	115	471	388	14960.3
合成材料制造	64	209	174	7692.9
专用化学产品制造	447	1628	1278	46633.3
炸药、火工及焰火产品制造	213	853	680	21755.8
日用化学产品制造	84	260	183	12134.5
医药制造业	1137	4617	3694	133483.4
化学药品原料药制造	300	1266	998	39203.5
化学药品制剂制造	178	622	461	12166.4
中药饮片加工	92	374	314	6992.0
中成药生产	367	1567	1292	58010.9
兽用药品制造	67	221	177	5941.6
生物药品制品制造	49	170	103	4881.9
卫生材料及医药用品制造	61	305	267	4212.4
药用辅料及包装材料	23	92	82	2074.7
化学纤维制造业	44	148	121	8957.2
纤维素纤维原料及纤维制造	29	114	97	6880.7
合成纤维制造	15	34	25	2076.5
生物基材料制造				
橡胶和塑料制品业	407	1350	1094	35355.6
橡胶制品业	69	275	211	7761.4
塑料制品业	338	1075	883	27594.2

1-E-3　续表 3

行　　业	项目数 (项)	参加项目 人　　员 (人)	项目人员折合 全时当量 (人年)	项目经费 内部支出 (万元)
非金属矿物制品业	1364	6526	5229	175106.8
水泥、石灰和石膏制造	81	394	308	17334.8
石膏、水泥制品及类似制品制造	105	570	437	19813.2
砖瓦、石材等建筑材料制造	135	385	285	9751.9
玻璃制造	27	262	213	4785.6
玻璃制品制造	64	347	302	9927.8
玻璃纤维和玻璃纤维增强塑料制品制造	114	445	313	12441.2
陶瓷制品制造	734	3738	3040	88133.4
耐火材料制品制造	22	183	161	4238.0
石墨及其他非金属矿物制品制造	82	202	170	8680.9
黑色金属冶炼和压延加工业	195	2716	1626	170776.8
炼铁	5	30	30	380.8
炼钢	4	26	13	1951.0
钢压延加工	185	2655	1580	168284.0
铁合金冶炼	1	5	3	161.0
有色金属冶炼和压延加工业	973	8197	5170	326400.7
常用有色金属冶炼	210	4943	2613	175840.6
贵金属冶炼	18	51	46	2345.0
稀有稀土金属冶炼	261	1011	786	36831.7
有色金属合金制造	51	169	118	6415.2
有色金属压延加工	433	2023	1607	104968.2
金属制品业	435	2209	1661	46743.7
结构性金属制品制造	128	564	422	15732.1
金属工具制造	33	147	98	2611.7
集装箱及金属包装容器制造	11	27	18	604.8
金属丝绳及其制品制造	18	104	75	2429.2
建筑、安全用金属制品制造	138	787	602	14040.8
金属表面处理及热处理加工	2	6	6	248.3
搪瓷制品制造				
金属制日用品制造	27	197	150	3917.4
铸造及其他金属制品制造	78	377	291	7159.4
通用设备制造业	537	2462	1922	61933.4
锅炉及原动设备制造	9	69	37	1160.3
金属加工机械制造	54	229	213	7158.4
物料搬运设备制造	52	238	178	10790.3
泵、阀门、压缩机及类似机械制造	183	829	592	21182.5
轴承、齿轮和传动部件制造	46	281	240	5603.0

1-E-3 续表 4

行　业	项目数（项）	参加项目人员（人）	项目人员折合全时当量（人年）	项目经费内部支出（万元）
烘炉、风机、包装等设备制造	61	234	183	4806.4
文化、办公用机械制造	21	160	143	3711.2
通用零部件制造	103	364	291	6546.6
其他通用设备制造业	8	58	46	974.7
专用设备制造业	536	2790	2135	49196.1
采矿、冶金、建筑专用设备制造	94	422	297	11418.3
化工、木材、非金属加工专用设备制造	39	149	96	4440.7
食品、饮料、烟草及饲料生产专用设备制造	6	49	27	1656.1
印刷、制药、日化及日用品生产专用设备制造	33	118	77	2489.8
纺织、服装和皮革加工专用设备制造	6	44	31	1390.2
电子和电工机械专用设备制造	50	309	221	5483.4
农、林、牧、渔专用机械制造	30	170	125	1935.1
医疗仪器设备及器械制造	170	1197	992	14326.5
环保、邮政、社会公共服务及其他专用设备制造	108	332	268	6056.0
汽车制造业	944	7876	5015	272202.0
汽车整车制造	395	5516	3354	186545.4
汽车用发动机制造	8	4	4	4259.6
改装汽车制造	14	77	52	2000.1
电车制造	1	3	1	25.1
汽车车身、挂车制造	28	119	72	2852.0
汽车零部件及配件制造	498	2157	1532	76519.8
铁路、船舶、航空航天和其他运输设备制造业	148	2644	2454	124571.9
铁路运输设备制造	1	1	1	10.7
城市轨道交通设备制造	1			262.7
船舶及相关装置制造	11	96	82	2664.2
航空、航天器及设备制造	125	2400	2243	117901.5
摩托车制造	5	16	14	362.4
自行车和残疾人座车制造	2	35	32	581.1
助动车制造				
非公路休闲车及零配件制造	3	96	81	2789.3
潜水救捞及其他未列明运输设备制造				
电气机械和器材制造业	1513	8911	6988	284988.0
电机制造	180	1587	1262	41754.3
输配电及控制设备制造	475	2666	2201	101059.8
电线、电缆、光缆及电工器材制造	317	1345	1106	48873.9
电池制造	289	1877	1277	53060.2
家用电力器具制造	53	181	131	5436.0
非电力家用器具制造	5	8	7	38.0

1-E-3　续表 5

行　　业	项目数（项）	参加项目人员（人）	项目人员折合全时当量（人年）	项目经费内部支出（万元）
照明器具制造	189	1211	978	34050.8
其他电气机械及器材制造	5	36	26	715.0
计算机、通信和其他电子设备制造业	1401	13599	9916	354742.5
计算机制造	75	651	529	10129.3
通信设备制造	114	1683	973	35995.5
广播电视设备制造	24	183	162	5230.6
非专业视听设备制造	109	718	539	19583.8
智能消费设备制造	69	533	380	13151.4
电子器件制造	377	5419	4023	137470.6
电子元件及电子专用材料制造	551	3612	2699	113451.2
其他电子设备制造	82	800	611	19730.1
仪器仪表制造业	165	1081	764	16210.7
通用仪器仪表制造	67	468	265	6000.9
专用仪器仪表制造	33	353	325	6914.8
钟表与计时仪器制造	2	7	1	33.9
光学仪器制造	41	178	115	1285.1
衡器制造	12	41	29	1098.1
其他仪器仪表制造业	10	34	28	877.9
其他制造业	46	154	123	4130.6
日用杂品制造	22	92	71	3033.1
其他未列明制造业	24	62	52	1097.5
废弃资源综合利用业	71	319	276	19101.3
金属废料和碎屑加工处理	58	264	227	16928.5
非金属废料和碎屑加工处理	13	55	50	2172.8
金属制品、机械和设备修理业	5	6	5	156.8
其他机械和设备修理业	5	6	5	156.8
电力、热力、燃气及水生产和供应业	**120**	**548**	**462**	**16747.0**
电力、热力生产和供应业	97	421	353	11672.8
电力生产	51	171	124	10791.1
电力供应	44	247	226	840.4
热力生产和供应	2	3	3	41.3
燃气生产和供应业	12	36	28	1192.9
燃气生产和供应业	12	36	28	1192.9
生物质燃气生产和供应业				
水的生产和供应业	11	91	81	3881.3
自来水生产和供应	10	89	79	3748.7
污水处理及其再生利用	1	2	2	132.6

1-E-4 分行业大中型企业全部R&D项目情况

行　业	项目数(项)	参加项目人　员(人)	项目人员折合全时当量(人年)	项目经费内部支出(万元)
总　计	**5035**	**48853**	**34600**	**1599942.5**
采矿业	**34**	**279**	**188**	**10643.7**
煤炭开采和洗选业	1	8	8	968.0
烟煤和无烟煤开采洗选	1	8	8	968.0
其他煤炭采选				
黑色金属矿采选业				
铁矿采选				
其他黑色金属矿采选				
有色金属矿采选业	26	176	99	7251.1
常用有色金属矿采选	8	30	12	3678.9
贵金属矿采选				
稀有稀土金属矿采选	18	146	88	3572.2
非金属矿采选业	7	95	80	2424.6
土砂石开采				
采盐	6	76	64	1040.2
石棉及其他非金属矿采选	1	19	17	1384.4
制造业	**4927**	**48196**	**34087**	**1581163.6**
农副食品加工业	102	642	537	23750.7
谷物磨制	4	9	8	424.8
饲料加工	36	435	355	15530.9
植物油加工	9	51	45	3988.8
屠宰及肉类加工	27	76	66	1422.7
水产品加工				
蔬菜、菌类、水果和坚果加工	2	10	10	675.4
其他农副食品加工	24	61	52	1708.1
食品制造业	102	519	332	11157.8
焙烤食品制造	4	57	40	747.8
糖果、巧克力及蜜饯制造	19	53	29	1391.3
方便食品制造	13	80	44	1845.5
乳制品制造	23	83	68	2316.2
罐头食品制造	3	25	23	629.7
调味品、发酵制品制造	1	10	9	77.8
其他食品制造	39	211	120	4149.5
酒、饮料和精制茶制造业	44	281	240	5578.0
酒的制造	24	177	150	2204.0
饮料制造	15	80	68	1911.7
精制茶加工	5	24	22	1462.3

1-E-4　续表 1

行　　业	项目数(项)	参加项目人员(人)	项目人员折合全时当量(人年)	项目经费内部支出(万元)
烟草制品业	25	278	196	9607.8
烟叶复烤				
卷烟制造	25	278	196	9607.8
纺织业	81	628	481	11740.2
棉纺织及印染精加工	58	416	338	9251.8
麻纺织及染整精加工	1	3	1	4.7
丝绢纺织及印染精加工	1	3	3	120.9
化纤织造及印染精加工	7	76	55	1146.2
针织或钩针编织物及其制品制造	2	14	14	155.1
家用纺织制成品制造	5	83	40	525.4
产业用纺织制成品制造	7	33	30	536.1
纺织服装、服饰业	64	581	504	13600.0
机织服装制造	45	447	385	10750.0
针织或钩针编织服装制造	10	67	54	1527.4
服饰制造	9	67	65	1322.6
皮革、毛皮、羽毛及其制品和制鞋业	24	180	128	5481.2
皮革制品制造	12	74	66	2403.7
毛皮鞣制及制品加工				
羽毛(绒)加工及制品制造	1			238.2
制鞋业	11	106	62	2839.3
木材加工和木、竹、藤、棕、草制品业	14	78	67	1642.8
人造板制造	8	45	42	565.9
木质制品制造				
竹、藤、棕、草等制品制造	6	33	25	1076.9
家具制造业	29	115	87	12135.8
木质家具制造	27	100	76	11792.2
其他家具制造	2	15	11	343.6
造纸和纸制品业	35	219	177	8740.6
造纸	33	204	166	8037.6
纸制品制造	2	15	11	703.0
印刷和记录媒介复制业	24	96	70	2560.1
印刷	24	96	70	2560.1
文教、工美、体育和娱乐用品制造业	48	445	313	13508.8
文教办公用品制造	1	4	4	282.6
工艺美术及礼仪用品制造	35	334	224	9906.2
体育用品制造	2	8	6	703.2
玩具制造	10	99	79	2616.8
石油、煤炭及其他燃料加工业	39	313	124	6376.7
精炼石油产品制造	17	51	40	880.3
煤炭加工	22	262	83	5496.4

1-E-4 续表 2

行　业	项目数（项）	参加项目人员（人）	项目人员折合全时当量（人年）	项目经费内部支出（万元）
化学原料和化学制品制造业	307	2122	1611	78175.9
基础化学原料制造	165	1163	830	49047.4
肥料制造	6	51	49	1717.6
农药制造	9	35	32	1427.4
涂料、油墨、颜料及类似产品制造	28	222	186	8461.5
合成材料制造				
专用化学产品制造	50	394	314	10626.9
炸药、火工及焰火产品制造	41	205	161	6224.8
日用化学产品制造	8	52	40	670.3
医药制造业	401	2115	1701	72827.3
化学药品原料药制造	109	669	533	24140.6
化学药品制剂制造	99	366	265	7747.0
中药饮片加工	11	86	75	2561.7
中成药生产	136	731	593	34335.7
兽用药品制造	5	19	15	330.5
生物药品制品制造	18	39	29	1073.0
卫生材料及医药用品制造	17	164	155	1816.8
药用辅料及包装材料	6	41	37	822.0
化学纤维制造业	25	105	88	6684.6
纤维素纤维原料及纤维制造	25	105	88	6684.6
橡胶和塑料制品业	50	248	199	10509.0
橡胶制品业	25	116	102	3716.5
塑料制品业	25	132	97	6792.5
非金属矿物制品业	457	3079	2455	94600.7
水泥、石灰和石膏制造	23	150	100	8303.2
石膏、水泥制品及类似制品制造	26	249	155	8732.7
砖瓦、石材等建筑材料制造	22	64	55	2626.9
玻璃制造	13	197	164	2651.2
玻璃制品制造	8	87	76	4409.8
玻璃纤维和玻璃纤维增强塑料制品制造	74	299	195	7605.9
陶瓷制品制造	272	1943	1625	55267.3
耐火材料制品制造	9	47	47	553.6
石墨及其他非金属矿物制品制造	10	43	38	4450.1
黑色金属冶炼和压延加工业	177	2626	1559	161620.3
炼铁	5	30	30	380.8
钢压延加工	172	2596	1529	161239.5
铁合金冶炼				

1-E-4　续表 3

行　　业	项目数(项)	参加项目人　员(人)	项目人员折合全时当量(人年)	项目经费内部支出(万元)
有色金属冶炼和压延加工业	371	5829	3281	222515.2
常用有色金属冶炼	114	4453	2198	162320.6
贵金属冶炼	5	23	23	765.2
稀有稀土金属冶炼	82	364	269	9471.4
有色金属合金制造	18	51	39	2205.5
有色金属压延加工	152	938	752	47752.5
金属制品业	139	1008	747	22389.6
结构性金属制品制造	44	339	262	9390.4
金属工具制造	11	63	32	352.0
金属丝绳及其制品制造	7	58	41	1445.5
建筑、安全用金属制品制造	60	390	292	8235.9
金属制日用品制造	10	150	111	2832.3
铸造及其他金属制品制造	7	8	8	133.5
通用设备制造业	137	1024	791	33501.2
锅炉及原动设备制造				
金属加工机械制造	7	87	87	4022.9
物料搬运设备制造	29	154	114	8092.6
泵、阀门、压缩机及类似机械制造	56	416	285	12450.1
轴承、齿轮和传动部件制造	13	125	113	3158.8
烘炉、风机、包装等设备制造	3	38	28	2024.1
文化、办公用机械制造	7	107	97	2219.0
通用零部件制造	21	84	59	1294.5
其他通用设备制造业	1	13	7	239.2
专用设备制造业	149	1395	1189	18695.7
采矿、冶金、建筑专用设备制造	17	147	131	4453.6
化工、木材、非金属加工专用设备制造	5	29	23	898.0
印刷、制药、日化及日用品生产专用设备制造	9	43	36	1126.1
纺织、服装和皮革加工专用设备制造				
电子和电工机械专用设备制造	19	180	130	2104.9
农、林、牧、渔专用机械制造	8	58	51	750.0
医疗仪器设备及器械制造	84	881	780	7894.8
环保、邮政、社会公共服务及其他专用设备制造	7	57	39	1468.3
汽车制造业	627	6774	4250	246278.8
汽车整车制造	381	5482	3339	185166.8
汽车用发动机制造	8	4	4	4259.6
改装汽车制造	10	68	47	1941.4
汽车车身、挂车制造	4	30	24	806.8
汽车零部件及配件制造	224	1190	836	54104.2

1-E-4 续表 4

行业	项目数（项）	参加项目人员（人）	项目人员折合全时当量（人年）	项目经费内部支出（万元）
铁路、船舶、航空航天和其他运输设备制造业				
船舶及相关装置制造				
摩托车制造				
电气机械和器材制造业	607	5623	4419	184273.4
电机制造	134	1389	1164	38188.5
输配电及控制设备制造	137	1438	1208	68985.3
电线、电缆、光缆及电工器材制造	58	354	284	9856.8
电池制造	167	1388	903	37882.9
家用电力器具制造	17	118	92	4035.0
照明器具制造	94	936	768	25324.9
其他电气机械及器材制造				
计算机、通信和其他电子设备制造业	787	11111	7972	290622.1
计算机制造	37	517	442	8248.8
通信设备制造	78	1314	650	25771.1
广播电视设备制造	7	95	92	1797.0
非专业视听设备制造	76	570	426	15994.6
智能消费设备制造	36	390	274	9147.4
电子器件制造	221	4983	3713	123744.3
电子元件及电子专用材料制造	294	2614	1906	91679.3
其他电子设备制造	38	628	469	14239.6
仪器仪表制造业	49	649	464	8174.2
通用仪器仪表制造	19	253	119	2559.9
专用仪器仪表制造	14	292	278	5109.7
光学仪器制造	16	104	68	504.6
其他制造业	1	4	4	240.7
日用杂品制造	1	4	4	240.7
其他未列明制造业				
废弃资源综合利用业	12	109	103	4174.4
金属废料和碎屑加工处理	12	109	103	4174.4
非金属废料和碎屑加工处理				
电力、热力、燃气及水生产和供应业	**74**	**378**	**325**	**8135.2**
电力、热力生产和供应业	68	331	279	7040.8
电力生产	24	84	53	6200.4
电力供应	44	247	226	840.4
燃气生产和供应业				
燃气生产和供应业				
水的生产和供应业	6	47	46	1094.4
自来水生产和供应	6	47	46	1094.4

1-E-5　分行业内资企业全部R&D项目情况

行　业	项目数（项）	参加项目人员（人）	项目人员折合全时当量（人年）	项目经费内部支出（万元）
总　计	**12639**	**75798**	**56097**	**2367721.8**
采矿业	**112**	**683**	**488**	**27165.4**
煤炭开采和洗选业	1	8	8	968.0
烟煤和无烟煤开采洗选	1	8	8	968.0
其他煤炭采选				
黑色金属矿采选业	4	16	15	324.6
铁矿采选	4	16	15	324.6
锰矿、铬矿采选				
其他黑色金属矿采选				
有色金属矿采选业	49	328	200	14335.0
常用有色金属矿采选	12	86	48	5114.4
贵金属矿采选	4	24	17	327.5
稀有稀土金属矿采选	33	218	134	8893.1
非金属矿采选业	58	331	265	11537.8
土砂石开采	48	214	167	8337.6
化学矿开采				
采盐	6	76	64	1040.2
石棉及其他非金属矿采选	4	41	34	2160.0
制造业	**12415**	**74590**	**55162**	**2324926.4**
农副食品加工业	403	1601	1272	60805.6
谷物磨制	43	148	114	5700.7
饲料加工	165	773	601	28938.5
植物油加工	58	177	146	7755.5
制糖业				
屠宰及肉类加工	38	139	114	3450.1
水产品加工	13	55	44	4800.1
蔬菜、菌类、水果和坚果加工	19	78	64	4646.8
其他农副食品加工	67	231	188	5513.9
食品制造业	257	1175	873	23908.7
焙烤食品制造	27	166	137	2493.0
糖果、巧克力及蜜饯制造	17	42	30	1316.7
方便食品制造	32	150	120	2271.9
乳制品制造	28	114	80	3152.6
罐头食品制造	23	103	75	1673.5
调味品、发酵制品制造	1	10	9	77.8
其他食品制造	129	590	423	12923.2

1-E-5 续表 1

行　业	项目数（项）	参加项目人员（人）	项目人员折合全时当量（人年）	项目经费内部支出（万元）
酒、饮料和精制茶制造业	106	515	450	11947.4
酒的制造	27	186	158	3701.7
饮料制造	43	163	140	4192.0
精制茶加工	36	166	152	4053.7
烟草制品业	25	278	196	9607.8
烟叶复烤				
卷烟制造	25	278	196	9607.8
纺织业	218	1100	903	23548.3
棉纺织及印染精加工	130	677	575	14784.7
毛纺织及染整精加工				
麻纺织及染整精加工	10	45	31	625.6
丝绢纺织及印染精加工	12	44	44	2067.5
化纤织造及印染精加工	16	110	88	1970.1
针织或钩针编织物及其制品制造	1	3	1	236.2
家用纺织制成品制造	22	148	99	1632.6
产业用纺织制成品制造	27	73	65	2231.6
纺织服装、服饰业	86	704	573	16788.8
机织服装制造	69	605	485	14598.5
针织或钩针编织服装制造	6	44	35	1497.8
服饰制造	11	55	53	692.5
皮革、毛皮、羽毛及其制品和制鞋业	89	414	296	14068.1
皮革鞣制加工	19	100	78	2784.0
皮革制品制造	20	73	66	2221.2
毛皮鞣制及制品加工	4	15	9	203.3
羽毛(绒)加工及制品制造	5	17	11	781.5
制鞋业	41	209	131	8078.1
木材加工和木、竹、藤、棕、草制品业	132	519	399	12401.4
木材加工	14	57	43	1685.5
人造板制造	58	239	194	5266.4
木质制品制造	18	57	54	1377.4
竹、藤、棕、草等制品制造	42	166	107	4072.1
家具制造业	165	505	370	25518.1
木质家具制造	134	390	280	22915.4
竹、藤家具制造	3	9	7	220.6
金属家具制造	23	77	66	1780.4
其他家具制造	5	29	18	601.7
造纸和纸制品业	68	294	223	9412.8
纸浆制造				

1-E-5　续表 2

行　　业	项目数（项）	参加项目人　员（人）	项目人员折合全时当量（人年）	项目经费内部支出（万元）
造纸	40	185	141	4729.4
纸制品制造	28	109	83	4683.4
印刷和记录媒介复制业	83	351	262	11454.6
印刷	82	350	261	11448.3
装订及印刷相关服务	1	1	1	6.3
文教、工美、体育和娱乐用品制造业	119	743	555	18745.6
文教办公用品制造	15	53	39	939.6
工艺美术及礼仪用品制造	68	512	376	13915.6
体育用品制造	21	85	69	2420.4
玩具制造	11	66	51	1224.1
游艺器材及娱乐用品制造	4	27	19	245.9
石油、煤炭及其他燃料加工业	60	392	189	7838.1
精炼石油产品制造	33	107	84	1896.2
煤炭加工	24	273	94	5779.8
生物质燃料加工	3	12	10	162.1
化学原料和化学制品制造业	1353	5190	4118	155218.6
基础化学原料制造	329	1438	1113	44108.5
肥料制造	48	201	164	4613.2
农药制造	88	272	213	9147.4
涂料、油墨、颜料及类似产品制造	99	432	360	12814.5
合成材料制造	64	209	174	7692.9
专用化学产品制造	433	1548	1250	43375.7
炸药、火工及焰火产品制造	213	853	680	21755.8
日用化学产品制造	79	237	164	11710.6
医药制造业	1110	4439	3539	128466.3
化学药品原料药制造	296	1249	982	37773.2
化学药品制剂制造	177	615	455	12107.6
中药饮片加工	90	317	263	6886.6
中成药生产	362	1537	1263	57058.8
兽用药品制造	62	206	164	5755.2
生物药品制品制造	43	148	84	3138.3
卫生材料及医药用品制造	58	290	257	3992.3
药用辅料及包装材料	22	77	71	1754.3
化学纤维制造业	19	43	34	2272.6
纤维素纤维原料及纤维制造	4	9	9	196.1
合成纤维制造	15	34	25	2076.5
生物基材料制造				
橡胶和塑料制品业	394	1317	1073	34483.7

1-E-5 续表 3

行　　业	项目数（项）	参加项目人员（人）	项目人员折合全时当量（人年）	项目经费内部支出（万元）
橡胶制品业	69	275	211	7761.4
塑料制品业	325	1042	862	26722.3
非金属矿物制品业	1341	6404	5145	167640.5
水泥、石灰和石膏制造	75	364	294	15502.7
石膏、水泥制品及类似制品制造	105	570	437	19813.2
砖瓦、石材等建筑材料制造	135	385	285	9751.9
玻璃制造	27	262	213	4785.6
玻璃制品制造	64	347	302	9927.8
玻璃纤维和玻璃纤维增强塑料制品制造	114	445	313	12441.2
陶瓷制品制造	717	3646	2970	82499.2
耐火材料制品制造	22	183	161	4238.0
石墨及其他非金属矿物制品制造	82	202	170	8680.9
黑色金属冶炼和压延加工业	195	2716	1626	170776.8
炼铁	5	30	30	380.8
炼钢	4	26	13	1951.0
钢压延加工	185	2655	1580	168284.0
铁合金冶炼	1	5	3	161.0
有色金属冶炼和压延加工业	951	8078	5070	322848.3
常用有色金属冶炼	203	4915	2586	175088.4
贵金属冶炼	18	51	46	2345.0
稀有稀土金属冶炼	256	955	737	35018.2
有色金属合金制造	45	148	104	5570.0
有色金属压延加工	429	2009	1596	104826.7
金属制品业	390	1896	1415	40445.1
结构性金属制品制造	124	538	404	15017.1
金属工具制造	22	84	66	2259.7
集装箱及金属包装容器制造	11	27	18	604.8
金属丝绳及其制品制造	11	46	34	983.7
建筑、安全用金属制品制造	124	678	500	10942.6
金属表面处理及热处理加工	2	6	6	248.3
搪瓷制品制造				
金属制日用品制造	25	186	141	3772.0
铸造及其他金属制品制造	71	331	247	6616.9
通用设备制造业	490	2270	1760	57267.3
锅炉及原动设备制造	9	69	37	1160.3
金属加工机械制造	48	210	194	6446.7
物料搬运设备制造	50	223	166	10511.0
泵、阀门、压缩机及类似机械制造	169	807	581	21011.5

1-E-5　续表 4

行　　业	项目数（项）	参加项目人　　员（人）	项目人员折合全时当量（人年）	项目经费内部支出（万元）
轴承、齿轮和传动部件制造	36	180	147	2949.7
烘炉、风机、包装等设备制造	59	230	181	4796.8
文化、办公用机械制造	21	160	143	3711.2
通用零部件制造	90	333	264	5705.4
其他通用设备制造业	8	58	46	974.7
专用设备制造业	521	2652	2088	46918.1
采矿、冶金、建筑专用设备制造	94	422	297	11418.3
化工、木材、非金属加工专用设备制造	35	131	87	3263.4
食品、饮料、烟草及饲料生产专用设备制造	6	49	27	1656.1
印刷、制药、日化及日用品生产专用设备制造	33	118	77	2489.8
纺织、服装和皮革加工专用设备制造	6	44	31	1390.2
电子和电工机械专用设备制造	47	300	216	5476.0
农、林、牧、渔专用机械制造	27	149	108	1567.5
医疗仪器设备及器械制造	167	1111	979	13729.2
环保、邮政、社会公共服务及其他专用设备制造	106	328	264	5927.6
汽车制造业	845	7391	4700	239394.7
汽车整车制造	395	5516	3354	186545.4
汽车用发动机制造	8	4	4	4259.6
改装汽车制造	14	77	52	2000.1
电车制造	1	3	1	25.1
汽车车身、挂车制造	28	119	72	2852.0
汽车零部件及配件制造	399	1672	1217	43712.5
铁路、船舶、航空航天和其他运输设备制造业	148	2644	2454	124571.9
铁路运输设备制造	1	1	1	10.7
城市轨道交通设备制造	1			262.7
船舶及相关装置制造	11	96	82	2664.2
航空、航天器及设备制造	125	2400	2243	117901.5
摩托车制造	5	16	14	362.4
自行车和残疾人座车制造	2	35	32	581.1
助动车制造				
非公路休闲车及零配件制造	3	96	81	2789.3
潜水救捞及其他未列明运输设备制造				
电气机械和器材制造业	1357	7336	5619	235245.1
电机制造	140	1243	953	34659.6
输配电及控制设备制造	431	1975	1592	72737.7
电线、电缆、光缆及电工器材制造	298	1219	1010	46335.7
电池制造	268	1584	1015	45641.9
家用电力器具制造	39	82	55	2165.6

1-E-5 续表 5

行　　业	项目数 (项)	参加项目 人　　员 (人)	项目人员折合 全时当量 (人年)	项目经费 内部支出 (万元)
非电力家用器具制造	5	8	7	38.0
照明器具制造	171	1189	959	32951.6
其他电气机械及器材制造	5	36	26	715.0
计算机、通信和其他电子设备制造业	1211	12102	8826	315593.6
计算机制造	64	537	436	8283.3
通信设备制造	106	1638	928	35396.6
广播电视设备制造	23	154	133	4738.3
非专业视听设备制造	96	614	474	15599.3
智能消费设备制造	68	527	374	13005.8
电子器件制造	341	5166	3852	130763.2
电子元件及电子专用材料制造	433	2681	2030	88554.7
其他电子设备制造	80	785	598	19252.4
仪器仪表制造业	161	1062	751	15456.3
通用仪器仪表制造	67	468	265	6000.9
专用仪器仪表制造	30	337	313	6281.5
钟表与计时仪器制造	2	7	1	33.9
光学仪器制造	40	175	115	1164.0
衡器制造	12	41	29	1098.1
其他仪器仪表制造业	10	34	28	877.9
其他制造业	42	134	103	3024.1
日用杂品制造	19	76	55	1954.9
其他未列明制造业	23	58	48	1069.2
废弃资源综合利用业	71	319	276	19101.3
金属废料和碎屑加工处理	58	264	227	16928.5
非金属废料和碎屑加工处理	13	55	50	2172.8
金属制品、机械和设备修理业	5	6	5	156.8
其他机械和设备修理业	5	6	5	156.8
电力、热力、燃气及水生产和供应业	**112**	**525**	**447**	**15630.0**
电力、热力生产和供应业	90	406	344	10607.1
电力生产	44	156	115	9725.4
电力供应	44	247	226	840.4
热力生产和供应	2	3	3	41.3
燃气生产和供应业	12	36	28	1192.9
燃气生产和供应业	12	36	28	1192.9
生物质燃气生产和供应业				
水的生产和供应业	10	83	74	3830.0
自来水生产和供应	9	81	73	3697.4
污水处理及其再生利用	1	2	2	132.6

1-E-6　分行业港澳台商投资企业全部R&D项目情况

行　业	项目数（项）	参加项目人员（人）	项目人员折合全时当量（人年）	项目经费内部支出（万元）
总　计	**502**	**3548**	**2789**	**98562.0**
采矿业	**6**			**604.3**
有色金属矿采选业	6			604.3
常用有色金属矿采选	6			604.3
非金属矿采选业				
土砂石开采				
制造业	**495**	**3540**	**2783**	**97906.4**
农副食品加工业	23	53	39	625.5
谷物磨制				
饲料加工	23	53	39	625.5
植物油加工				
屠宰及肉类加工				
水产品加工				
蔬菜、菌类、水果和坚果加工				
食品制造业	18	63	26	1422.3
糖果、巧克力及蜜饯制造	12	25	9	463.4
方便食品制造	2	26	10	741.0
罐头食品制造				
其他食品制造	4	12	7	217.9
酒、饮料和精制茶制造业	16	84	76	1244.3
酒的制造	14	66	58	1199.0
饮料制造	2	18	18	45.3
纺织业	16	174	157	2251.6
棉纺织及印染精加工	9	132	115	1459.0
毛纺织及染整精加工				
化纤织造及印染精加工				
针织或钩针编织物及其制品制造	2	14	14	155.1
产业用纺织制成品制造	5	28	28	637.5
纺织服装、服饰业	10	76	67	2485.0
机织服装制造	5	44	38	1399.2
针织或钩针编织服装制造	1	6	5	283.2
服饰制造	4	26	24	802.6
皮革、毛皮、羽毛及其制品和制鞋业	14	106	81	4039.2
皮革鞣制加工	1	12	3	77.8
皮革制品制造	7	52	44	2005.0
制鞋业	6	42	34	1956.4
木材加工和木、竹、藤、棕、草制品业				
人造板制造				
木质制品制造				
竹、藤、棕、草等制品制造				
家具制造业	2	8	7	240.1
木质家具制造	2	8	7	240.1
造纸和纸制品业	16	81	72	4316.2

1-E-6 续表 1

行业	项目数（项）	参加项目人员（人）	项目人员折合全时当量（人年）	项目经费内部支出（万元）
造纸	13	75	66	3965.8
纸制品制造	3	6	5	350.4
印刷和记录媒介复制业	12	33	26	1461.1
印刷	12	33	26	1461.1
文教、工美、体育和娱乐用品制造业	20	139	105	3210.1
文教办公用品制造				
工艺美术及礼仪用品制造	9	52	42	518.4
体育用品制造	1	8	6	617.3
玩具制造	10	79	57	2074.4
游艺器材及娱乐用品制造				
石油、煤炭及其他燃料加工业				
煤炭加工				
化学原料和化学制品制造业	49	294	163	13492.2
基础化学原料制造	14	157	93	8210.3
肥料制造				
农药制造	1	3	3	65.0
涂料、油墨、颜料及类似产品制造	16	39	28	2145.8
合成材料制造				
专用化学产品制造	13	72	19	2647.2
日用化学产品制造	5	23	19	423.9
医药制造业	16	133	116	1717.5
化学药品制剂制造	1	7	6	58.8
中药饮片加工	2	57	51	105.4
中成药生产	5	30	29	952.1
兽用药品制造	5	15	13	186.4
生物药品制品制造	2	9	6	94.4
药用辅料及包装材料	1	15	11	320.4
化学纤维制造业	14	70	53	3904.2
纤维素纤维原料及纤维制造	14	70	53	3904.2
橡胶和塑料制品业	6	20	9	428.0
橡胶制品业				
塑料制品业	6	20	9	428.0
非金属矿物制品业	12	56	42	3038.0
石膏、水泥制品及类似制品制造				
砖瓦、石材等建筑材料制造				
陶瓷制品制造	12	56	42	3038.0
石墨及其他非金属矿物制品制造				
有色金属冶炼和压延加工业	7	28	27	663.7
常用有色金属冶炼	6	24	24	569.7
有色金属压延加工	1	4	3	94.0
金属制品业	20	132	83	1942.9
结构性金属制品制造				
金属工具制造	11	63	32	352.0
金属丝绳及其制品制造	7	58	41	1445.5

1-E-6　续表 2

行　业	项目数(项)	参加项目人员(人)	项目人员折合全时当量(人年)	项目经费内部支出(万元)
金属表面处理及热处理加工				
金属制日用品制造	2	11	10	145.4
铸造及其他金属制品制造				
通用设备制造业				
金属加工机械制造				
轴承、齿轮和传动部件制造				
烘炉、风机、包装等设备制造				
文化、办公用机械制造				
专用设备制造业	6	90	15	528.2
化工、木材、非金属加工专用设备制造	2	5	2	46.8
纺织、服装和皮革加工专用设备制造				
电子和电工机械专用设备制造				
农、林、牧、渔专用机械制造				
医疗仪器设备及器械制造	2	81	9	353.0
环保、邮政、社会公共服务及其他专用设备制造	2	4	4	128.4
汽车制造业	24	123	85	1132.6
汽车零部件及配件制造	24	123	85	1132.6
电气机械和器材制造业	119	1155	1031	36742.4
电机制造	28	285	251	2152.7
输配电及控制设备制造	38	655	598	27946.0
电线、电缆、光缆及电工器材制造	14	74	65	1688.6
电池制造	13	43	39	1137.0
家用电力器具制造	8	76	60	2718.9
照明器具制造	18	22	19	1099.2
计算机、通信和其他电子设备制造业	69	592	478	11528.3
计算机制造	6	25	25	211.6
通信设备制造	8	45	45	598.9
广播电视设备制造	1	29	29	492.3
非专业视听设备制造	13	104	65	3984.5
电子器件制造	5	17	16	510.5
电子元件及电子专用材料制造	34	357	286	5252.8
其他电子设备制造	2	15	13	477.7
仪器仪表制造业	3	16	12	633.3
专用仪器仪表制造	3	16	12	633.3
其他制造业	3	14	14	859.7
日用杂品制造	2	10	10	831.4
其他未列明制造业	1	4	4	28.3
电力、热力、燃气及水生产和供应业	**1**	**8**	**7**	**51.3**
电力、热力生产和供应业				
电力生产				
燃气生产和供应业				
燃气生产和供应业				
水的生产和供应业	1	8	7	51.3
自来水生产和供应	1	8	7	51.3

1-E-7 分行业外商投资企业全部R&D项目情况

行业	项目数(项)	参加项目人员(人)	项目人员折合全时当量(人年)	项目经费内部支出(万元)
总计	**517**	**3208**	**2435**	**129323.1**
制造业	**510**	**3193**	**2426**	**128257.4**
农副食品加工业	8	16	16	1054.2
谷物磨制				
饲料加工	2	7	7	654.3
屠宰及肉类加工	6	9	9	399.9
食品制造业	5	22	17	350.1
焙烤食品制造				
方便食品制造				
乳制品制造				
罐头食品制造				
其他食品制造	5	22	17	350.1
酒、饮料和精制茶制造业				
酒的制造				
饮料制造				
精制茶加工				
纺织业				
棉纺织及印染精加工				
针织或钩针编织物及其制品制造				
纺织服装、服饰业	11	66	47	1437.5
机织服装制造	6	30	16	940.1
针织或钩针编织服装制造	5	36	31	497.4
服饰制造				
皮革、毛皮、羽毛及其制品和制鞋业	1	7	6	654.9
皮革制品制造				
制鞋业	1	7	6	654.9
木材加工和木、竹、藤、棕、草制品业	2	6	6	84.2
木材加工				
人造板制造				
木质制品制造				
竹、藤、棕、草等制品制造	2	6	6	84.2
家具制造业				
木质家具制造				
金属家具制造				
造纸和纸制品业	7	86	83	4031.5
造纸	3	55	52	3170.6
纸制品制造	4	31	31	860.9
印刷和记录媒介复制业	3	6	4	96.8
印刷	3	6	4	96.8
文教、工美、体育和娱乐用品制造业	12	73	62	1934.5
文教办公用品制造				

1-E-7　续表 1

行　　业	项目数(项)	参加项目人　　员(人)	项目人员折合全时当量(人年)	项目经费内部支出(万元)
工艺美术及礼仪用品制造	6	41	38	700.8
体育用品制造	6	32	24	1233.7
玩具制造				
石油、煤炭及其他燃料加工业				
精炼石油产品制造				
化学原料和化学制品制造业	90	544	438	21337.5
基础化学原料制造	89	536	430	20727.1
涂料、油墨、颜料及类似产品制造				
合成材料制造				
专用化学产品制造	1	8	8	610.4
日用化学产品制造				
医药制造业	11	45	39	3299.6
化学药品原料药制造	4	17	16	1430.3
化学药品制剂制造				
生物药品制品制造	4	13	13	1649.2
卫生材料及医药用品制造	3	15	10	220.1
化学纤维制造业	11	35	35	2780.4
纤维素纤维原料及纤维制造	11	35	35	2780.4
合成纤维制造				
橡胶和塑料制品业	7	13	12	443.9
橡胶制品业				
塑料制品业	7	13	12	443.9
非金属矿物制品业	11	66	43	4428.3
水泥、石灰和石膏制造	6	30	15	1832.1
石膏、水泥制品及类似制品制造				
砖瓦、石材等建筑材料制造				
玻璃制造				
陶瓷制品制造	5	36	28	2596.2
黑色金属冶炼和压延加工业				
钢压延加工				
有色金属冶炼和压延加工业	15	91	74	2888.7
常用有色金属冶炼	1	4	3	182.5
稀有稀土金属冶炼	5	56	49	1813.5
有色金属合金制造	6	21	14	845.2
有色金属压延加工	3	10	8	47.5
金属制品业	25	181	164	4355.7
结构性金属制品制造	4	26	18	715.0
金属丝绳及其制品制造				
建筑、安全用金属制品制造	14	109	102	3098.2
金属表面处理及热处理加工				
铸造及其他金属制品制造	7	46	44	542.5
通用设备制造业	47	192	163	4666.1
金属加工机械制造	6	19	19	711.7

1-E-7 续表 2

行　业	项目数（项）	参加项目人员（人）	项目人员折合全时当量（人年）	项目经费内部支出（万元）
物料搬运设备制造	2	15	12	279.3
泵、阀门、压缩机及类似机械制造	14	22	11	171.0
轴承、齿轮和传动部件制造	10	101	92	2653.3
烘炉、风机、包装等设备制造	2	4	2	9.6
文化、办公用机械制造				
通用零部件制造	13	31	27	841.2
专用设备制造业	9	48	32	1749.8
化工、木材、非金属加工专用设备制造	2	13	7	1130.5
食品、饮料、烟草及饲料生产专用设备制造				
电子和电工机械专用设备制造	3	9	4	7.4
农、林、牧、渔专用机械制造	3	21	17	367.6
医疗仪器设备及器械制造	1	5	4	244.3
汽车制造业	75	362	229	31674.7
汽车零部件及配件制造	75	362	229	31674.7
铁路、船舶、航空航天和其他运输设备制造业				
船舶及相关装置制造				
航空、航天器及设备制造				
电气机械和器材制造业	37	420	339	13000.5
电机制造	12	59	58	4942.0
输配电及控制设备制造	6	36	11	376.1
电线、电缆、光缆及电工器材制造	5	52	30	849.6
电池制造	8	250	223	6281.3
家用电力器具制造	6	23	16	551.5
照明器具制造				
计算机、通信和其他电子设备制造业	121	905	612	27620.6
计算机制造	5	89	68	1634.4
非专业视听设备制造				
智能消费设备制造	1	6	6	145.6
电子器件制造	31	236	155	6196.9
电子元件及电子专用材料制造	84	574	383	19643.7
仪器仪表制造业	1	3		121.1
光学仪器制造	1	3		121.1
其他制造业	1	6	6	246.8
日用杂品制造	1	6	6	246.8
废弃资源综合利用业				
金属废料和碎屑加工处理				
电力、热力、燃气及水生产和供应业	**7**	**15**	**9**	**1065.7**
电力、热力生产和供应业	7	15	9	1065.7
电力生产	7	15	9	1065.7
燃气生产和供应业				
燃气生产和供应业				
水的生产和供应业				
自来水生产和供应				

1-E-8　各地区企业全部R&D项目情况

地　区	项目数（项）	参加项目人员（人）	项目人员折合全时当量（人年）	项目经费内部支出（万元）
全　省	**13658**	**82554**	**61321**	**2595606.9**
南昌市	1982	18997	13466	595158.2
景德镇市	585	4300	3466	147964.1
萍乡市	765	4012	3532	107442.8
九江市	1741	8592	6942	243094.6
新余市	540	3910	2435	181446.9
鹰潭市	687	7050	3963	305144.9
赣州市	1381	7115	5267	310630.4
吉安市	1693	8764	6968	152743.6
宜春市	1846	9102	6925	255809.4
抚州市	1576	6457	4980	121314.4
上饶市	862	4255	3378	174857.6

F. 企业办研发机构情况

1-F-1 分登记注册类型企业办研发机构情况

登记注册类型	机构数（个）	机构人员数（人）	#博士	#硕士	机构经费支出（万元）	仪器和设备原价（万元）
总　计	**2781**	**71746**	**1078**	**6015**	**2459828.7**	**1657260.9**
内资企业	**2605**	**64273**	**1007**	**5516**	**2101941.0**	**1434922.3**
国有企业	6	1713	14	144	53833.9	232910.2
集体企业						
股份合作企业	5	87	1		1656.3	804.7
有限责任公司	802	27558	312	2814	1001146.2	520491.8
国有独资公司	42	7368	62	1313	394817.9	151608.3
其他有限责任公司	760	20190	250	1501	606328.3	368883.5
股份有限公司	164	7291	161	753	243074.4	197901.1
私营企业	1628	27624	519	1805	802230.2	482814.5
私营独资企业	10	122	2	6	3399.5	1001.6
私营合伙企业	3	18			397.2	69.1
私营有限责任公司	1506	24949	438	1630	725010.0	437645.5
私营股份有限公司	109	2535	79	169	73423.5	44098.3
其他企业						
港、澳、台商投资企业	**99**	**3919**	**29**	**176**	**193788.0**	**127980.4**
合资经营企业	24	901	4	26	31175.4	16428.1
合作经营企业						
港、澳、台商独资经营企业	71	2976	25	148	161746.7	111168.7
港、澳、台商投资股份有限公司	3	32		2	565.9	250.5
其他港、澳、台投资企业	1	10			300.0	133.1
外商投资企业	**77**	**3554**	**42**	**323**	**164099.7**	**94358.2**
中外合资经营企业	37	1540	13	156	71053.1	59996.4
中外合作经营企业	1	9	3	6	1688.5	690.0
外资企业	34	1573	23	135	75245.8	31404.0
外商投资股份有限公司	3	177	2	17	5931.2	1815.5
其他外商投资企业	2	255	1	9	10181.1	452.3

1-F-2　分登记注册类型大中型企业办研发机构情况

登记注册类型	机构数（个）	机构人员数（人）	#博士	#硕士	机构经费支出（万元）	仪器和设备原价（万元）
总　计	**753**	**39933**	**449**	**3619**	**1529340.0**	**889919.0**
内资企业	**658**	**33709**	**399**	**3173**	**1214108.6**	**694025.2**
国有企业	1	9			739.1	315.2
集体企业						
股份合作企业						
有限责任公司	256	17563	136	1845	723053.4	348693.5
国有独资公司	30	6123	49	1047	344116.5	132649.9
其他有限责任公司	226	11440	87	798	378936.9	216043.6
股份有限公司	94	5988	130	671	211647.8	165476.5
私营企业	307	10149	133	657	278668.3	179540.0
私营独资企业	3	47	2	5	797.7	432.6
私营合伙企业						
私营有限责任公司	277	8800	110	591	239784.9	169022.5
私营股份有限公司	27	1302	21	61	38085.7	10084.9
其他企业						
港、澳、台商投资企业	**51**	**3172**	**26**	**146**	**169436.1**	**114965.7**
合资经营企业	10	615	4	14	21044.1	9794.5
合作经营企业						
港、澳、台商独资经营企业	41	2557	22	132	148392.0	105171.2
港、澳、台商投资股份有限公司						
其他港、澳、台投资企业						
外商投资企业	**44**	**3052**	**24**	**300**	**145795.3**	**80928.1**
中外合资经营企业	18	1241	2	145	59259.9	49603.4
中外合作经营企业						
外资企业	21	1379	19	129	70423.1	29056.9
外商投资股份有限公司	3	177	2	17	5931.2	1815.5
其他外商投资企业	2	255	1	9	10181.1	452.3

1-F-3 分行业企业办研发机构情况

行业	机构数（个）	机构人员数（人）			机构经费支出（万元）	仪器和设备原价（万元）
			#博士	#硕士		
总 计	**2781**	**71746**	**1078**	**6015**	**2459828.7**	**1657260.9**
采矿业	**43**	**593**	**10**	**40**	**25216.7**	**13191.9**
煤炭开采和洗选业	1	9			739.1	315.2
烟煤和无烟煤开采洗选	1	9			739.1	315.2
其他煤炭采选						
黑色金属矿采选业	1	18		2	338.2	165.6
铁矿采选	1	18		2	338.2	165.6
锰矿、铬矿采选						
其他黑色金属矿采选						
有色金属矿采选业	22	272	7	18	14378.3	5414.8
常用有色金属矿采选	5	104	3	8	3186.4	1566.7
贵金属矿采选						
稀有稀土金属矿采选	17	168	4	10	11191.9	3848.1
非金属矿采选业	19	294	3	20	9761.1	7296.3
土砂石开采	15	228		13	6982.7	5030.3
化学矿开采						
采盐	1	16			1256.0	496.0
石棉及其他非金属矿采选	3	50	3	7	1522.4	1770.0
制造业	**2711**	**70661**	**1065**	**5936**	**2420573.2**	**1636662.9**
农副食品加工业	106	1892	57	169	79245.3	37824.2
谷物磨制	15	133	5	26	5480.6	1910.0
饲料加工	33	918	28	77	43461.0	17623.8
植物油加工	14	148	3	12	6233.4	2093.0
制糖业						
屠宰及肉类加工	10	175	5	8	7569.7	4134.1
水产品加工	5	63		10	4526.2	3144.8
蔬菜、菌类、水果和坚果加工	8	113	7	14	3632.6	1639.7
其他农副食品加工	21	342	9	22	8341.8	7278.8
食品制造业	70	1361	38	92	30445.6	14966.3
焙烤食品制造	8	216	2	8	3774.3	438.5
糖果、巧克力及蜜饯制造	3	31	8		673.9	733.6
方便食品制造	10	261		18	7081.7	1912.2
乳制品制造	4	85		7	2011.3	1275.6
罐头食品制造	5	105	1	8	1904.7	634.2
调味品、发酵制品制造	1	15			67.8	10.0
其他食品制造	39	648	27	51	14931.9	9962.2
酒、饮料和精制茶制造业	31	630	7	30	13063.4	9110.7

1-F-3 续表 1

行 业	机构数（个）	机构人员数（人）	#博士	#硕士	机构经费支出（万元）	仪器和设备原价（万元）
酒的制造	10	235	3	6	4437.2	2875.1
饮料制造	8	178	3	10	4857.9	1650.4
精制茶加工	13	217	1	14	3768.3	4585.2
烟草制品业	1	85	3	35	4923.0	13831.8
烟叶复烤						
卷烟制造	1	85	3	35	4923.0	13831.8
纺织业	79	1637	6	30	35941.4	34883.7
棉纺织及印染精加工	53	1226	4	24	25042.8	25846.0
毛纺织及染整精加工						
麻纺织及染整精加工	3	49			969.9	536.8
丝绢纺织及印染精加工	6	65	1	2	3106.0	2963.1
化纤织造及印染精加工	5	159		1	2600.6	2405.6
针织或钩针编织物及其制品制造	1	5			354.4	16.0
家用纺织制成品制造	4	37	1		988.5	499.8
产业用纺织制成品制造	7	96		3	2879.2	2616.4
纺织服装、服饰业	51	976	9	34	24882.6	7484.8
机织服装制造	40	805	9	30	20748.9	6132.3
针织或钩针编织服装制造	6	122		2	3110.9	976.4
服饰制造	5	49		2	1022.8	376.1
皮革、毛皮、羽毛及其制品和制鞋业	39	446	5	16	17502.2	8894.5
皮革鞣制加工	6	88	1	1	3436.5	1431.4
皮革制品制造	6	63		2	1858.3	1027.3
毛皮鞣制及制品加工	1	5			155.0	87.3
羽毛(绒)加工及制品制造	3	31			1316.0	2109.2
制鞋业	23	259	4	13	10736.4	4239.3
木材加工和木、竹、藤、棕、草制品业	39	547	2	24	11888.8	5408.1
木材加工	8	69	1	4	1436.2	753.7
人造板制造	15	220		8	5855.8	2715.4
木质制品制造	3	66		1	1987.4	619.2
竹、藤、棕、草等制品制造	13	192	1	11	2609.4	1319.8
家具制造业	55	595	4	44	17876.1	13283.2
木质家具制造	48	451	4	35	15636.0	11028.9
竹、藤家具制造	1	6			391.6	172.3
金属家具制造	4	107		5	951.0	1694.5
其他家具制造	2	31		4	897.5	387.5
造纸和纸制品业	21	561	7	18	24974.2	11665.5
纸浆制造						
造纸	10	395	7	12	19455.5	8753.7
纸制品制造	11	166		6	5518.7	2911.8

1-F-3 续表 2

行业	机构数（个）	机构人员数（人）	#博士	#硕士	机构经费支出（万元）	仪器和设备原价（万元）
印刷和记录媒介复制业	26	411	2	10	15657.4	11240.9
印刷	26	411	2	10	15657.4	11240.9
装订及印刷相关服务						
文教、工美、体育和娱乐用品制造业	41	598	9	25	17248.0	7928.4
文教办公用品制造	7	76	1	5	1491.9	592.7
工艺美术及礼仪用品制造	18	319	5	14	8446.2	5052.1
体育用品制造	11	132	3	6	5073.5	1619.7
玩具制造	3	35			1842.7	532.7
游艺器材及娱乐用品制造	2	36			393.7	131.2
石油、煤炭及其他燃料加工业	11	162	36	39	3305.7	3481.6
精炼石油产品制造	7	107	33	6	2711.9	1362.0
煤炭加工	4	55	3	33	593.8	2119.6
生物质燃料加工						
化学原料和化学制品制造业	323	5580	144	431	185017.0	106345.1
基础化学原料制造	92	2293	47	164	78329.2	45100.9
肥料制造	9	108	2	10	3922.9	3695.9
农药制造	16	293	9	39	8793.2	3178.6
涂料、油墨、颜料及类似产品制造	26	510	11	21	16015.6	12363.2
合成材料制造	14	182	6	7	8291.4	8578.5
专用化学产品制造	116	1494	48	124	47005.2	24527.1
炸药、火工及焰火产品制造	33	460	17	49	14443.7	4327.7
日用化学产品制造	17	240	4	17	8215.8	4573.2
医药制造业	202	4360	107	583	145938.6	69607.5
化学药品原料药制造	53	1025	35	95	29477.4	14725.6
化学药品制剂制造	22	646	3	61	18428.4	9420.4
中药饮片加工	24	380	11	22	8781.1	8056.3
中成药生产	58	1441	33	323	68909.0	21816.2
兽用药品制造	16	223	3	17	4934.8	5280.5
生物药品制品制造	9	165	11	41	7015.7	3474.0
卫生材料及医药用品制造	14	375	6	20	6174.2	5729.9
药用辅料及包装材料	6	105	5	4	2218.0	1104.6
化学纤维制造业	7	77	1	3	39566.4	30410.4
纤维素纤维原料及纤维制造	2	39	1	3	38123.9	25387.7
合成纤维制造	5	38			1442.5	5022.7
生物基材料制造						
橡胶和塑料制品业	96	1367	28	74	33970.0	32298.9
橡胶制品业	11	244	2	15	7447.5	3646.3
塑料制品业	85	1123	26	59	26522.5	28652.6

1-F-3　续表 3

行　业	机构数(个)	机构人员数(人)	#博士	#硕士	机构经费支出(万元)	仪器和设备原价(万元)
非金属矿物制品业	303	6435	93	266	167698.6	107247.7
水泥、石灰和石膏制造	27	574		11	24795.2	18752.0
石膏、水泥制品及类似制品制造	33	380	5	27	13460.1	5833.9
砖瓦、石材等建筑材料制造	22	298	8	27	7823.8	4040.7
玻璃制造	8	275	5	11	4880.5	2433.1
玻璃制品制造	20	319	4	16	9309.5	3367.3
玻璃纤维和玻璃纤维增强塑料制品制造	17	532	16	34	13617.8	7043.3
陶瓷制品制造	153	3700	51	119	78213.9	56015.3
耐火材料制品制造	3	36	3	6	1997.8	1005.2
石墨及其他非金属矿物制品制造	20	321	1	15	13600.0	8756.9
黑色金属冶炼和压延加工业	17	1696	17	178	134101.7	26410.4
炼铁	1	49		2	782.6	407.4
炼钢	2	30	1	2	2883.2	135.0
钢压延加工	14	1617	16	174	130435.9	25868.0
铁合金冶炼						
有色金属冶炼和压延加工业	183	4928	126	353	214915.8	98603.7
常用有色金属冶炼	32	1536	43	58	45481.0	24061.2
贵金属冶炼	3	28		2	2335.2	556.4
稀有稀土金属冶炼	52	1000	37	135	55960.6	26708.1
有色金属合金制造	13	139	6	18	6801.1	9968.2
有色金属压延加工	83	2225	40	140	104337.9	37309.8
金属制品业	90	2214	23	75	47376.3	23022.5
结构性金属制品制造	23	520	1	12	15507.1	5016.4
金属工具制造	10	213	3	7	3977.4	5863.3
集装箱及金属包装容器制造	3	22			292.4	104.8
金属丝绳及其制品制造	4	74	3	2	2611.2	1016.3
建筑、安全用金属制品制造	23	756	14	26	12942.2	5289.4
金属表面处理及热处理加工	2	16	1	3	77.8	86.0
搪瓷制品制造						
金属制日用品制造	8	289		11	6256.8	2409.8
铸造及其他金属制品制造	17	324	1	14	5711.4	3236.5
通用设备制造业	94	2101	24	192	63461.8	71491.0
锅炉及原动设备制造	3	89	1	9	1491.6	994.3
金属加工机械制造	9	98	4	8	2041.8	1458.6
物料搬运设备制造	7	232		13	4779.2	39649.8
泵、阀门、压缩机及类似机械制造	28	881	14	129	37472.1	16017.6
轴承、齿轮和传动部件制造	10	124		2	3993.3	1004.6

1-F-3 续表 4

行业	机构数（个）	机构人员数（人）	#博士	#硕士	机构经费支出（万元）	仪器和设备原价（万元）
烘炉、风机、包装等设备制造	12	172		9	4449.9	3940.3
文化、办公用机械制造	6	113	3	9	3642.9	4700.0
通用零部件制造	18	364	2	12	5098.7	3623.7
其他通用设备制造业	1	28		1	492.3	102.1
专用设备制造业	105	2571	57	385	44077.4	71096.1
采矿、冶金、建筑专用设备制造	19	297	9	44	9740.0	4166.6
化工、木材、非金属加工专用设备制造	11	252	6	130	2913.0	12344.3
食品、饮料、烟草及饲料生产专用设备制造	3	41		6	446.8	1076.9
印刷、制药、日化及日用品生产专用设备制造	7	122			1312.1	34398.0
纺织、服装和皮革加工专用设备制造	4	53	2	4	1844.7	1014.6
电子和电工机械专用设备制造	11	291	7	96	5405.0	2397.0
农、林、牧、渔专用机械制造	3	143	1	7	2316.8	1014.8
医疗仪器设备及器械制造	26	997	12	49	13446.1	12237.5
环保、邮政、社会公共服务及其他专用设备制造	21	375	20	49	6652.9	2446.4
汽车制造业	90	6834	46	1198	341470.2	198271.6
汽车整车制造	19	4688	19	986	265260.8	109438.9
汽车用发动机制造	1	73	1	4	3972.5	314.5
改装汽车制造	4	59		5	2120.4	1887.5
电车制造						
汽车车身、挂车制造	5	136	1	14	3076.3	2095.9
汽车零部件及配件制造	61	1878	25	189	67040.2	84534.8
铁路、船舶、航空航天和其他运输设备制造业	16	2877	12	364	99949.6	252956.5
铁路运输设备制造	1	8			106.9	25.0
城市轨道交通设备制造						
船舶及相关装置制造	6	150		2	2633.2	2501.8
航空、航天器及设备制造	6	2663	12	362	96111.6	249950.6
摩托车制造	2	24			612.0	48.9
自行车和残疾人座车制造	1	32			485.9	430.2
助动车制造						
非公路休闲车及零配件制造						
潜水救捞及其他未列明运输设备制造						
电气机械和器材制造业	273	7078	91	473	267098.8	165464.3
电机制造	24	1006	11	131	23985.6	34681.2
输配电及控制设备制造	91	2733	32	199	148070.0	74629.0
电线、电缆、光缆及电工器材制造	57	1162	13	43	34104.7	21066.3
电池制造	50	1184	21	56	29001.8	24443.3
家用电力器具制造	4	99		1	2598.9	2006.2
非电力家用器具制造						

1-F-3　续表 5

行　业	机构数（个）	机构人员数（人）	#博士	#硕士	机构经费支出（万元）	仪器和设备原价（万元）
照明器具制造	45	867	13	41	28579.9	8477.4
其他电气机械及器材制造	2	27	1	2	757.9	160.9
计算机、通信和其他电子设备制造业	266	11111	74	664	298017.6	173930.3
计算机制造	22	853	6	24	15212.1	17072.0
通信设备制造	26	2089	8	175	53272.7	8782.1
广播电视设备制造	8	168		7	6335.5	2072.4
非专业视听设备制造	23	517	4	21	19458.2	7718.8
智能消费设备制造	11	468	1	11	12730.2	3466.0
电子器件制造	46	2616	23	126	87524.7	65651.2
电子元件及电子专用材料制造	102	3298	21	266	84956.7	63731.0
其他电子设备制造	28	1102	11	34	18527.5	5436.8
仪器仪表制造业	40	1040	26	89	18669.0	7147.5
通用仪器仪表制造	16	373	14	62	5800.7	3724.7
专用仪器仪表制造	8	444	3	12	9391.6	1096.0
钟表与计时仪器制造						
光学仪器制造	12	158	3	6	2272.5	1637.4
衡器制造	2	32	6	8	290.2	132.6
其他仪器仪表制造业	2	33		1	914.0	556.8
其他制造业	11	82	1	5	3302.8	2012.7
日用杂品制造	6	51	1	2	2929.7	1792.2
其他未列明制造业	5	31		3	373.1	220.5
废弃资源综合利用业	24	401	10	37	18552.3	20278.2
金属废料和碎屑加工处理	19	353	10	34	17267.3	19707.7
非金属废料和碎屑加工处理	5	48		3	1285.0	570.5
金属制品、机械和设备修理业	1	8			435.6	64.8
其他机械和设备修理业	1	8			435.6	64.8
电力、热力、燃气及水生产和供应业	**27**	**492**	**3**	**39**	**14038.8**	**7406.1**
电力、热力生产和供应业	15	293		14	9663.5	4050.4
电力生产	15	293		14	9663.5	4050.4
电力供应						
热力生产和供应						
燃气生产和供应业	4	36		8	983.7	391.6
燃气生产和供应业	4	36		8	983.7	391.6
生物质燃气生产和供应业						
水的生产和供应业	8	163	3	17	3391.6	2964.1
自来水生产和供应	7	159	3	16	3326.3	2952.3
污水处理及其再生利用	1	4		1	65.3	11.8

1-F-4 分行业大中型企业办研发机构情况

行业	机构数(个)	机构人员数(人)	#博士	#硕士	机构经费支出(万元)	仪器和设备原价(万元)
总计	**753**	**39933**	**449**	**3619**	**1529340.0**	**889919.0**
采矿业	**11**	**165**	**3**	**12**	**6831.6**	**3089.2**
煤炭开采和洗选业	1	9			739.1	315.2
烟煤和无烟煤开采洗选	1	9			739.1	315.2
其他煤炭采选						
黑色金属矿采选业						
铁矿采选						
其他黑色金属矿采选						
有色金属矿采选业	8	120	2	10	4156.5	1876.0
常用有色金属矿采选	2	34	2	6	750.0	440.0
贵金属矿采选						
稀有稀土金属矿采选	6	86		4	3406.5	1436.0
非金属矿采选业	2	36	1	2	1936.0	898.0
土砂石开采						
采盐	1	16			1256.0	496.0
石棉及其他非金属矿采选	1	20	1	2	680.0	402.0
制造业	**734**	**39495**	**443**	**3584**	**1515553.0**	**882462.5**
农副食品加工业	19	812	24	80	37086.1	17256.4
谷物磨制	2	19		2	730.5	107.6
饲料加工	5	486	17	58	22201.0	10450.1
植物油加工	3	46	1	3	3349.0	1360.2
屠宰及肉类加工	4	107	1	5	6080.9	2898.4
水产品加工	1	19		2	2264.7	835.7
蔬菜、菌类、水果和坚果加工	1	38	3	7	568.7	204.7
其他农副食品加工	3	97	2	3	1891.3	1399.7
食品制造业	23	769	16	28	14830.8	7601.9
焙烤食品制造	2	165		5	2258.2	103.8
糖果、巧克力及蜜饯制造	1	18	8		240.5	115.0
方便食品制造	5	176		8	3190.1	1273.4
乳制品制造	3	75		6	1726.3	1143.1
罐头食品制造	2	28	1		907.5	36.3
调味品、发酵制品制造	1	15			67.8	10.0
其他食品制造	9	292	7	9	6440.4	4920.3
酒、饮料和精制茶制造业	6	214	3	7	4222.7	4838.8
酒的制造	2	109			1109.9	1266.3
饮料制造	3	90	2	4	2999.6	707.3
精制茶加工	1	15	1	3	113.2	2865.2

1-F-4　续表 1

行　业	机构数（个）	机构人员数（人）	#博士	#硕士	机构经费支出（万元）	仪器和设备原价（万元）
烟草制品业	1	85	3	35	4923.0	13831.8
烟叶复烤						
卷烟制造	1	85	3	35	4923.0	13831.8
纺织业	23	983	2	19	18032.5	23683.4
棉纺织及印染精加工	18	809	2	16	15015.0	20793.0
麻纺织及染整精加工						
丝绢纺织及印染精加工	1	5			625.0	557.0
化纤织造及印染精加工	2	140		1	1829.5	2252.4
针织或钩针编织物及其制品制造						
家用纺织制成品制造	1	2			15.0	5.0
产业用纺织制成品制造	1	27		2	548.0	76.0
纺织服装、服饰业	21	575	5	13	13433.3	3698.3
机织服装制造	17	472	5	10	11180.7	2943.8
针织或钩针编织服装制造	3	89		1	1756.4	488.8
服饰制造	1	14		2	496.2	265.7
皮革、毛皮、羽毛及其制品和制鞋业	12	172	1	5	5269.0	1564.9
皮革制品制造	3	38			944.8	427.5
毛皮鞣制及制品加工						
羽毛(绒)加工及制品制造	1	4			310.0	11.5
制鞋业	8	130	1	5	4014.2	1125.9
木材加工和木、竹、藤、棕、草制品业	3	87			1875.8	1238.5
人造板制造	2	70			1707.3	1038.3
木质制品制造						
竹、藤、棕、草等制品制造	1	17			168.5	200.2
家具制造业	12	125	2	17	5330.0	2456.8
木质家具制造	10	94	2	13	4432.5	2069.3
其他家具制造	2	31		4	897.5	387.5
造纸和纸制品业	5	339	2	3	15434.8	5841.3
造纸	4	323	2	3	14936.3	5356.1
纸制品制造	1	16			498.5	485.2
印刷和记录媒介复制业	5	97	2	5	1751.0	749.8
印刷	5	97	2	5	1751.0	749.8
文教、工美、体育和娱乐用品制造业	9	111		6	4718.3	1656.3
文教办公用品制造	2	18		2	744.2	58.6
工艺美术及礼仪用品制造	3	57		2	2258.0	1186.2
体育用品制造	2	13		2	420.4	152.5
玩具制造	2	23			1295.7	259.0
石油、煤炭及其他燃料加工业	5	94	34	32	1641.1	2135.3
精炼石油产品制造	3	59	32	1	1433.0	566.0
煤炭加工	2	35	2	31	208.1	1569.3

1-F-4 续表 2

行业	机构数（个）	机构人员数（人）			机构经费支出（万元）	仪器和设备原价（万元）
			#博士	#硕士		
化学原料和化学制品制造业	55	1993	50	164	74591.6	35845.3
基础化学原料制造	22	1268	24	98	46777.5	23402.1
肥料制造	2	32		3	3005.5	2508.6
农药制造	1	60		1	1414.8	1015.0
涂料、油墨、颜料及类似产品制造	5	237	5	9	7918.6	1839.7
合成材料制造						
专用化学产品制造	10	213	9	21	8412.6	3824.4
炸药、火工及焰火产品制造	13	129	12	27	4260.7	1727.7
日用化学产品制造	2	54		5	2801.9	1527.8
医药制造业	51	2099	37	364	95738.5	36635.2
化学药品原料药制造	12	405	5	40	16071.0	6577.6
化学药品制剂制造	11	506	1	48	15526.7	7192.7
中药饮片加工	5	82	4	3	2452.6	4911.2
中成药生产	12	729	21	244	54572.2	13337.9
兽用药品制造	1	19	2	3	98.8	90.3
生物药品制品制造	4	81	4	23	3510.4	2096.5
卫生材料及医药用品制造	4	212		2	2659.2	2240.7
药用辅料及包装材料	2	65		1	847.6	188.3
化学纤维制造业	2	39	1	3	38123.9	25387.7
纤维素纤维原料及纤维制造	2	39	1	3	38123.9	25387.7
橡胶和塑料制品业	9	287	3	21	11039.6	8583.6
橡胶制品业	3	150		2	5501.8	2583.2
塑料制品业	6	137	3	19	5537.8	6000.4
非金属矿物制品业	96	3376	41	116	90868.5	58934.2
水泥、石灰和石膏制造	8	313		5	12885.7	8556.4
石膏、水泥制品及类似制品制造	2	49		3	1953.1	460.2
砖瓦、石材等建筑材料制造	2	66	3	10	1493.6	459.5
玻璃制造	2	212	5	7	3188.4	1680.0
玻璃制品制造	4	82		3	4721.0	775.9
玻璃纤维和玻璃纤维增强塑料制品制造	8	376	14	30	9284.3	3844.5
陶瓷制品制造	68	2185	16	47	49799.5	41293.4
耐火材料制品制造	1	20	3	6	568.6	319.9
石墨及其他非金属矿物制品制造	1	73		5	6974.3	1544.4
黑色金属冶炼和压延加工业	9	1588	16	174	128233.2	20574.2
炼铁	1	49		2	782.6	407.4
钢压延加工	8	1539	16	172	127450.6	20166.8
铁合金冶炼						

1-F-4　续表 3

行　　业	机构数(个)	机构人员数(人)	#博士	#硕士	机构经费支出(万元)	仪器和设备原价(万元)
有色金属冶炼和压延加工业	43	2880	35	186	122547.4	43870.8
常用有色金属冶炼	12	1248	17	35	34723.0	10653.3
贵金属冶炼						
稀有稀土金属冶炼	8	300	3	57	26615.2	9362.5
有色金属合金制造	1	61	1	8	3491.2	5265.7
有色金属压延加工	22	1271	14	86	57718.0	18589.3
金属制品业	20	1064	5	29	22656.0	10207.5
结构性金属制品制造	6	333		7	8148.8	3119.1
金属工具制造	1	73			1026.3	1743.9
金属丝绳及其制品制造	2	36	3	2	1776.7	768.8
建筑、安全用金属制品制造	6	372	2	9	6540.4	2606.5
金属制日用品制造	3	230		11	4620.3	1658.0
铸造及其他金属制品制造	2	20			543.5	311.2
通用设备制造业	17	831	15	82	35207.3	55413.2
锅炉及原动设备制造						
金属加工机械制造						
物料搬运设备制造	4	180		11	2091.7	39007.9
泵、阀门、压缩机及类似机械制造	4	431	12	60	27985.1	11046.8
轴承、齿轮和传动部件制造	2	29			2292.9	203.3
烘炉、风机、包装等设备制造	1	34		2	265.8	785.6
文化、办公用机械制造	3	62	3	8	1897.9	3811.0
通用零部件制造	3	95		1	673.9	558.6
其他通用设备制造业						
专用设备制造业	32	1465	20	267	19988.6	57540.4
采矿、冶金、建筑专用设备制造	6	96	3	9	3136.0	678.7
化工、木材、非金属加工专用设备制造	4	175	6	129	1254.9	10131.1
印刷、制药、日化及日用品生产专用设备制造	2	57			578.2	34104.6
纺织、服装和皮革加工专用设备制造						
电子和电工机械专用设备制造	2	140	2	77	1332.6	1308.7
农、林、牧、渔专用机械制造	1	101		1	1380.8	187.9
医疗仪器设备及器械制造	11	757	8	31	9364.5	10675.8
环保、邮政、社会公共服务及其他专用设备制造	6	139	1	20	2941.6	453.6
汽车制造业	37	5886	37	1149	318261.4	184625.4
汽车整车制造	19	4688	19	986	265260.8	109438.9
汽车用发动机制造	1	73	1	4	3972.5	314.5
改装汽车制造	2	41		2	1326.7	1177.5
汽车车身、挂车制造	1	56	1	12	1510.0	1224.4
汽车零部件及配件制造	14	1028	16	145	46191.4	72470.1

1-F-4 续表 4

行业	机构数（个）	机构人员数（人）	#博士	#硕士	机构经费支出（万元）	仪器和设备原价（万元）
铁路、船舶、航空航天和其他运输设备制造业						
船舶及相关装置制造						
摩托车制造						
电气机械和器材制造业	87	4065	44	299	176914.9	111939.7
电机制造	12	844	8	123	20031.2	30369.3
输配电及控制设备制造	18	1479	15	103	110851.0	58146.4
电线、电缆、光缆及电工器材制造	9	400		4	7003.8	4194.4
电池制造	24	717	11	39	16948.1	13890.0
家用电力器具制造	1	52			1328.5	356.7
照明器具制造	23	573	10	30	20752.3	4982.9
其他电气机械及器材制造						
计算机、通信和其他电子设备制造业	125	8789	40	459	239632.0	142310.8
计算机制造	14	783	4	19	13166.8	15077.2
通信设备制造	18	1708	6	94	42860.3	2724.5
广播电视设备制造	1	75		3	1424.0	350.0
非专业视听设备制造	14	358	4	14	15807.9	6463.6
智能消费设备制造	4	368		5	8757.6	1853.5
电子器件制造	25	2370	14	105	78476.8	61946.8
电子元件及电子专用材料制造	39	2333	8	201	65510.0	50536.5
其他电子设备制造	10	794	4	18	13628.6	3358.7
仪器仪表制造业	4	541	3	14	9731.8	1632.1
通用仪器仪表制造	1	163	3	7	2662.3	1038.3
专用仪器仪表制造	2	326		5	6640.7	449.1
光学仪器制造	1	52		2	428.8	144.7
其他制造业						
日用杂品制造						
其他未列明制造业						
废弃资源综合利用业	3	129	2	7	3469.9	2408.9
金属废料和碎屑加工处理	3	129	2	7	3469.9	2408.9
非金属废料和碎屑加工处理						
电力、热力、燃气及水生产和供应业	**8**	**273**	**3**	**23**	**6955.4**	**4367.3**
电力、热力生产和供应业	5	184		8	5964.8	2267.3
电力生产	5	184		8	5964.8	2267.3
电力供应						
燃气生产和供应业						
燃气生产和供应业						
水的生产和供应业	3	89	3	15	990.6	2100.0
自来水生产和供应	3	89	3	15	990.6	2100.0

1-F-5　分行业内资企业办研发机构情况

行　业	机构数(个)	机构人员数(人)			机构经费支出(万元)	仪器和设备原价(万元)
			#博士	#硕士		
总　计	**2605**	**64273**	**1007**	**5516**	**2101941.0**	**1434922.3**
采矿业	**43**	**593**	**10**	**40**	**25216.7**	**13191.9**
煤炭开采和洗选业	1	9			739.1	315.2
烟煤和无烟煤开采洗选	1	9			739.1	315.2
其他煤炭采选						
黑色金属矿采选业	1	18		2	338.2	165.6
铁矿采选	1	18		2	338.2	165.6
锰矿、铬矿采选						
其他黑色金属矿采选						
有色金属矿采选业	22	272	7	18	14378.3	5414.8
常用有色金属矿采选	5	104	3	8	3186.4	1566.7
贵金属矿采选						
稀有稀土金属矿采选	17	168	4	10	11191.9	3848.1
非金属矿采选业	19	294	3	20	9761.1	7296.3
土砂石开采	15	228		13	6982.7	5030.3
化学矿开采						
采盐	1	16			1256.0	496.0
石棉及其他非金属矿采选	3	50	3	7	1522.4	1770.0
制造业	**2537**	**63225**	**994**	**5439**	**2065051.3**	**1415967.0**
农副食品加工业	100	1793	57	165	71235.1	36093.8
谷物磨制	15	133	5	26	5480.6	1910.0
饲料加工	29	853	28	75	38228.1	16777.3
植物油加工	14	148	3	12	6233.4	2093.0
制糖业						
屠宰及肉类加工	9	160	5	8	7057.1	4085.9
水产品加工	4	44		8	2261.5	2309.1
蔬菜、菌类、水果和坚果加工	8	113	7	14	3632.6	1639.7
其他农副食品加工	21	342	9	22	8341.8	7278.8
食品制造业	62	1137	32	78	26161.5	13413.6
焙烤食品制造	8	216	2	8	3774.3	438.5
糖果、巧克力及蜜饯制造	3	31	8		673.9	733.6
方便食品制造	8	160		12	5083.0	1426.2
乳制品制造	4	85		7	2011.3	1275.6
罐头食品制造	4	89	1	6	1748.4	451.3
调味品、发酵制品制造	1	15			67.8	10.0
其他食品制造	34	541	21	45	12802.8	9078.4

1-F-5 续表 1

行业	机构数(个)	机构人员数(人)	#博士	#硕士	机构经费支出(万元)	仪器和设备原价(万元)
酒、饮料和精制茶制造业	30	610	7	30	12797.3	8838.8
酒的制造	10	235	3	6	4437.2	2875.1
饮料制造	7	158	3	10	4591.8	1378.5
精制茶加工	13	217	1	14	3768.3	4585.2
烟草制品业	1	85	3	35	4923.0	13831.8
烟叶复烤						
卷烟制造	1	85	3	35	4923.0	13831.8
纺织业	72	1232	6	24	28133.2	21211.6
棉纺织及印染精加工	47	847	4	19	17709.3	12656.1
毛纺织及染整精加工						
麻纺织及染整精加工	3	49			969.9	536.8
丝绢纺织及印染精加工	6	65	1	2	3106.0	2963.1
化纤织造及印染精加工	5	159		1	2600.6	2405.6
针织或钩针编织物及其制品制造	1	5			354.4	16.0
家用纺织制成品制造	4	37	1		988.5	499.8
产业用纺织制成品制造	6	70		2	2404.5	2134.2
纺织服装、服饰业	45	870	7	29	22549.7	6385.8
机织服装制造	37	771	7	27	19537.8	5403.4
针织或钩针编织服装制造	5	72		2	2625.3	909.6
服饰制造	3	27			386.6	72.8
皮革、毛皮、羽毛及其制品和制鞋业	31	322	5	13	13320.1	7724.2
皮革鞣制加工	6	88	1	1	3436.5	1431.4
皮革制品制造	4	37		2	1193.3	720.5
毛皮鞣制及制品加工	1	5			155.0	87.3
羽毛(绒)加工及制品制造	3	31			1316.0	2109.2
制鞋业	17	161	4	10	7219.3	3375.8
木材加工和木、竹、藤、棕、草制品业	39	547	2	24	11888.8	5408.1
木材加工	8	69	1	4	1436.2	753.7
人造板制造	15	220		8	5855.8	2715.4
木质制品制造	3	66		1	1987.4	619.2
竹、藤、棕、草等制品制造	13	192	1	11	2609.4	1319.8
家具制造业	54	588	4	42	17618.3	13248.2
木质家具制造	47	444	4	33	15378.2	10993.9
竹、藤家具制造	1	6			391.6	172.3
金属家具制造	4	107		5	951.0	1694.5
其他家具制造	2	31		4	897.5	387.5
造纸和纸制品业	17	285	3	17	9559.1	7728.3
纸浆制造						

1-F-5　续表 2

行　业	机构数（个）	机构人员数（人）	#博士	#硕士	机构经费支出（万元）	仪器和设备原价（万元）
造纸	7	156	3	11	5245.7	5161.5
纸制品制造	10	129		6	4313.4	2566.8
印刷和记录媒介复制业	23	382	1	9	14391.4	10402.9
印刷	23	382	1	9	14391.4	10402.9
装订及印刷相关服务						
文教、工美、体育和娱乐用品制造业	32	432	8	21	12480.2	5886.2
文教办公用品制造	6	66	1	5	1204.2	540.6
工艺美术及礼仪用品制造	16	227	4	13	6829.9	4429.7
体育用品制造	7	90	3	3	3189.9	650.7
玩具制造	1	13			862.5	134.0
游艺器材及娱乐用品制造	2	36			393.7	131.2
石油、煤炭及其他燃料加工业	11	162	36	39	3305.7	3481.6
精炼石油产品制造	7	107	33	6	2711.9	1362.0
煤炭加工	4	55	3	33	593.8	2119.6
生物质燃料加工						
化学原料和化学制品制造业	303	4577	130	365	139095.4	84932.4
基础化学原料制造	83	1500	35	106	43106.0	36598.6
肥料制造	9	108	2	10	3922.9	3695.9
农药制造	16	293	9	39	8793.2	3178.6
涂料、油墨、颜料及类似产品制造	21	401	9	15	11166.6	6898.0
合成材料制造	12	153	6	6	6383.5	2957.7
专用化学产品制造	114	1472	48	124	46518.9	24384.1
炸药、火工及焰火产品制造	33	460	17	49	14443.7	4327.7
日用化学产品制造	15	190	4	16	4760.6	2891.8
医药制造业	195	4231	103	566	141533.3	67478.1
化学药品原料药制造	52	1018	35	95	29332.8	14710.6
化学药品制剂制造	21	600	3	56	16966.8	8734.1
中药饮片加工	24	380	11	22	8781.1	8056.3
中成药生产	57	1421	33	318	68596.1	21786.2
兽用药品制造	16	223	3	17	4934.8	5280.5
生物药品制品制造	7	147	7	34	5221.5	2762.8
卫生材料及医药用品制造	13	357	6	20	5828.2	5079.0
药用辅料及包装材料	5	85	5	4	1872.0	1068.6
化学纤维制造业	5	38			1442.5	5022.7
纤维素纤维原料及纤维制造						
合成纤维制造	5	38			1442.5	5022.7
生物基材料制造						
橡胶和塑料制品业	92	1342	28	72	33503.4	31584.8

1-F-5 续表 3

行业	机构数（个）	机构人员数（人）	#博士	#硕士	机构经费支出（万元）	仪器和设备原价（万元）
橡胶制品业	11	244	2	15	7447.5	3646.3
塑料制品业	81	1098	26	57	26055.9	27938.5
非金属矿物制品业	298	6212	92	263	157958.0	103257.6
水泥、石灰和石膏制造	25	469		9	19445.2	15654.1
石膏、水泥制品及类似制品制造	33	380	5	27	13460.1	5833.9
砖瓦、石材等建筑材料制造	22	298	8	27	7823.8	4040.7
玻璃制造	8	275	5	11	4880.5	2433.1
玻璃制品制造	20	319	4	16	9309.5	3367.3
玻璃纤维和玻璃纤维增强塑料制品制造	17	532	16	34	13617.8	7043.3
陶瓷制品制造	150	3582	50	118	73823.3	55123.1
耐火材料制品制造	3	36	3	6	1997.8	1005.2
石墨及其他非金属矿物制品制造	20	321	1	15	13600.0	8756.9
黑色金属冶炼和压延加工业	17	1696	17	178	134101.7	26410.4
炼铁	1	49		2	782.6	407.4
炼钢	2	30	1	2	2883.2	135.0
钢压延加工	14	1617	16	174	130435.9	25868.0
铁合金冶炼						
有色金属冶炼和压延加工业	177	4602	124	336	198344.1	89708.6
常用有色金属冶炼	31	1524	43	56	44531.0	23561.2
贵金属冶炼	3	28		2	2335.2	556.4
稀有稀土金属冶炼	50	929	36	131	52474.1	26137.9
有色金属合金制造	12	78	5	10	3309.9	4702.5
有色金属压延加工	81	2043	40	137	95693.9	34750.6
金属制品业	81	1858	19	70	38341.5	18101.8
结构性金属制品制造	21	469	1	12	13715.5	4490.7
金属工具制造	9	140	3	7	2951.1	4119.4
集装箱及金属包装容器制造	3	22			292.4	104.8
金属丝绳及其制品制造	2	38			834.5	247.5
建筑、安全用金属制品制造	22	629	13	23	9736.7	3576.0
金属表面处理及热处理加工	2	16	1	3	77.8	86.0
搪瓷制品制造						
金属制日用品制造	7	277		11	6107.2	2354.0
铸造及其他金属制品制造	15	267	1	14	4626.3	3123.4
通用设备制造业	89	2032	24	190	60552.8	70704.3
锅炉及原动设备制造	3	89	1	9	1491.6	994.3
金属加工机械制造	9	98	4	8	2041.8	1458.6
物料搬运设备制造	6	217		11	4578.9	39468.9
泵、阀门、压缩机及类似机械制造	27	876	14	129	37366.7	15836.4

1-F-5　续表 4

行　业	机构数(个)	机构人员数(人)	#博士	#硕士	机构经费支出(万元)	仪器和设备原价(万元)
轴承、齿轮和传动部件制造	9	103		2	1956.5	944.5
烘炉、风机、包装等设备制造	11	167		9	4220.1	3745.4
文化、办公用机械制造	6	113	3	9	3642.9	4700.0
通用零部件制造	17	341	2	12	4762.0	3454.1
其他通用设备制造业	1	28		1	492.3	102.1
专用设备制造业	101	2512	57	382	41940.3	69652.3
采矿、冶金、建筑专用设备制造	19	297	9	44	9740.0	4166.6
化工、木材、非金属加工专用设备制造	10	237	6	129	1863.0	12118.3
食品、饮料、烟草及饲料生产专用设备制造	3	41		6	446.8	1076.9
印刷、制药、日化及日用品生产专用设备制造	7	122			1312.1	34398.0
纺织、服装和皮革加工专用设备制造	4	53	2	4	1844.7	1014.6
电子和电工机械专用设备制造	11	291	7	96	5405.0	2397.0
农、林、牧、渔专用机械制造	2	131	1	6	1890.8	356.8
医疗仪器设备及器械制造	24	965	12	48	12785.0	11677.7
环保、邮政、社会公共服务及其他专用设备制造	21	375	20	49	6652.9	2446.4
汽车制造业	87	6247	45	1078	307373.3	164476.7
汽车整车制造	19	4688	19	986	265260.8	109438.9
汽车用发动机制造	1	73	1	4	3972.5	314.5
改装汽车制造	4	59		5	2120.4	1887.5
电车制造						
汽车车身、挂车制造	5	136	1	14	3076.3	2095.9
汽车零部件及配件制造	58	1291	24	69	32943.3	50739.9
铁路、船舶、航空航天和其他运输设备制造业	16	2877	12	364	99949.6	252956.5
铁路运输设备制造	1	8			106.9	25.0
城市轨道交通设备制造						
船舶及相关装置制造	6	150		2	2633.2	2501.8
航空、航天器及设备制造	6	2663	12	362	96111.6	249950.6
摩托车制造	2	24			612.0	48.9
自行车和残疾人座车制造	1	32			485.9	430.2
助动车制造						
非公路休闲车及零配件制造						
潜水救捞及其他未列明运输设备制造						
电气机械和器材制造业	247	5236	77	373	156397.5	111812.4
电机制造	20	611	8	129	17721.6	30998.0
输配电及控制设备制造	84	1614	23	114	50489.6	27335.6
电线、电缆、光缆及电工器材制造	52	1061	13	43	32753.9	20434.8
电池制造	44	1041	19	45	25765.7	22966.4
家用电力器具制造	3	71		1	1986.9	1928.3

1-F-5 续表 5

行　　业	机构数（个）	机构人员数（人）	#博士	#硕士	机构经费支出（万元）	仪器和设备原价（万元）
非电力家用器具制造						
照明器具制造	42	811	13	39	26921.9	7988.4
其他电气机械及器材制造	2	27	1	2	757.9	160.9
计算机、通信和其他电子设备制造业	239	9824	59	548	266900.1	137231.7
计算机制造	19	680	5	17	12424.5	8575.2
通信设备制造	25	2056	8	175	52516.3	8407.9
广播电视设备制造	8	168		7	6335.5	2072.4
非专业视听设备制造	20	425	3	14	15792.0	6517.8
智能消费设备制造	10	436	1	11	12499.5	3120.7
电子器件制造	42	2561	14	115	86385.3	63667.7
电子元件及电子专用材料制造	88	2411	17	176	62839.5	39598.2
其他电子设备制造	27	1087	11	33	18107.5	5271.8
仪器仪表制造业	38	1013	26	88	17556.2	6767.1
通用仪器仪表制造	16	373	14	62	5800.7	3724.7
专用仪器仪表制造	7	423	3	11	8535.7	807.4
钟表与计时仪器制造						
光学仪器制造	11	152	3	6	2015.6	1545.6
衡器制造	2	32	6	8	290.2	132.6
其他仪器仪表制造业	2	33		1	914.0	556.8
其他制造业	10	74		3	2710.3	1871.7
日用杂品制造	5	43			2337.2	1651.2
其他未列明制造业	5	31		3	373.1	220.5
废弃资源综合利用业	24	401	10	37	18552.3	20278.2
金属废料和碎屑加工处理	19	353	10	34	17267.3	19707.7
非金属废料和碎屑加工处理	5	48		3	1285.0	570.5
金属制品、机械和设备修理业	1	8			435.6	64.8
其他机械和设备修理业	1	8			435.6	64.8
电力、热力、燃气及水生产和供应业	**25**	**455**	**3**	**37**	**11673.0**	**5763.4**
电力、热力生产和供应业	13	256		12	7297.7	2407.7
电力生产	13	256		12	7297.7	2407.7
电力供应						
热力生产和供应						
燃气生产和供应业	4	36		8	983.7	391.6
燃气生产和供应业	4	36		8	983.7	391.6
生物质燃气生产和供应业						
水的生产和供应业	8	163	3	17	3391.6	2964.1
自来水生产和供应	7	159	3	16	3326.3	2952.3
污水处理及其再生利用	1	4		1	65.3	11.8

1-F-6 分行业港澳台商投资企业办研发机构情况

行业	机构数（个）	机构人员数（人）	#博士	#硕士	机构经费支出（万元）	仪器和设备原价（万元）
总计	**99**	**3919**	**29**	**176**	**193788.0**	**127980.4**
采矿业						
有色金属矿采选业						
常用有色金属矿采选						
非金属矿采选业						
土砂石开采						
制造业	**99**	**3919**	**29**	**176**	**193788.0**	**127980.4**
农副食品加工业	4	69		4	5593.3	1422.2
谷物磨制						
饲料加工	3	50		2	3328.6	586.5
植物油加工						
屠宰及肉类加工						
水产品加工	1	19		2	2264.7	835.7
蔬菜、菌类、水果和坚果加工						
食品制造业	3	96		8	2136.3	743.8
糖果、巧克力及蜜饯制造						
方便食品制造	1	72		6	1900.0	456.0
罐头食品制造	1	16		2	156.3	182.9
其他食品制造	1	8			80.0	104.9
酒、饮料和精制茶制造业	1	20			266.1	271.9
酒的制造						
饮料制造	1	20			266.1	271.9
纺织业	6	387		4	7396.0	12997.7
棉纺织及印染精加工	5	361		3	6921.3	12515.5
毛纺织及染整精加工						
化纤织造及印染精加工						
针织或钩针编织物及其制品制造						
产业用纺织制成品制造	1	26		1	474.7	482.2
纺织服装、服饰业	5	56	2	5	1847.3	1032.2
机织服装制造	3	34	2	3	1211.1	728.9
针织或钩针编织服装制造						
服饰制造	2	22		2	636.2	303.3
皮革、毛皮、羽毛及其制品和制鞋业	7	105		3	3497.1	744.3
皮革鞣制加工						
皮革制品制造	2	26			665.0	306.8
制鞋业	5	79		3	2832.1	437.5
木材加工和木、竹、藤、棕、草制品业						
人造板制造						
木质制品制造						
竹、藤、棕、草等制品制造						
家具制造业	1	7		2	257.8	35.0
木质家具制造	1	7		2	257.8	35.0
造纸和纸制品业	1	130			9963.0	2649.0

1-F-6 续表 1

行业	机构数（个）	机构人员数（人）	#博士	#硕士	机构经费支出（万元）	仪器和设备原价（万元）
造纸	1	130			9963.0	2649.0
纸制品制造						
印刷和记录媒介复制业	3	29	1	1	1266.0	838.0
印刷	3	29	1	1	1266.0	838.0
文教、工美、体育和娱乐用品制造业	5	91		2	2504.5	1003.2
文教办公用品制造						
工艺美术及礼仪用品制造	1	56			1103.9	452.0
体育用品制造	2	13		2	420.4	152.5
玩具制造	2	22			980.2	398.7
游艺器材及娱乐用品制造						
石油、煤炭及其他燃料加工业						
煤炭加工						
化学原料和化学制品制造业	10	372	2	6	16807.1	12497.2
基础化学原料制造	2	193		2	7388.9	5320.8
肥料制造						
农药制造						
涂料、油墨、颜料及类似产品制造	3	93	2	3	4374.2	5187.0
合成材料制造	1	14			1102.5	165.0
专用化学产品制造	2	22			486.3	143.0
日用化学产品制造	2	50		1	3455.2	1681.4
医药制造业	4	95	1	11	2226.2	773.5
化学药品制剂制造	1	46		5	1461.6	686.3
中药饮片加工						
中成药生产	1	20		5	312.9	30.0
兽用药品制造						
生物药品制品制造	1	9	1	1	105.7	21.2
药用辅料及包装材料	1	20			346.0	36.0
化学纤维制造业	1	29		1	13601.6	6804.0
纤维素纤维原料及纤维制造	1	29		1	13601.6	6804.0
橡胶和塑料制品业	3	19		1	349.5	553.5
橡胶制品业						
塑料制品业	3	19		1	349.5	553.5
非金属矿物制品业	2	66		1	1900.4	706.7
石膏、水泥制品及类似制品制造						
砖瓦、石材等建筑材料制造						
陶瓷制品制造	2	66		1	1900.4	706.7
石墨及其他非金属矿物制品制造						
有色金属冶炼和压延加工业	1	145		2	1833.2	2543.7
常用有色金属冶炼						
有色金属压延加工	1	145		2	1833.2	2543.7
金属制品业	3	105	3		2059.5	2473.2
结构性金属制品制造						
金属工具制造	1	73			1026.3	1743.9
金属丝绳及其制品制造	1	20	3		883.6	673.5

1-F-6　续表 2

行　业	机构数（个）	机构人员数（人）	#博士	#硕士	机构经费支出（万元）	仪器和设备原价（万元）
金属表面处理及热处理加工						
金属制日用品制造	1	12			149.6	55.8
铸造及其他金属制品制造						
通用设备制造业	1	5			229.8	194.9
金属加工机械制造						
轴承、齿轮和传动部件制造						
烘炉、风机、包装等设备制造	1	5			229.8	194.9
文化、办公用机械制造						
专用设备制造业	1	17		1	253.6	169.8
化工、木材、非金属加工专用设备制造						
纺织、服装和皮革加工专用设备制造						
电子和电工机械专用设备制造						
农、林、牧、渔专用机械制造						
医疗仪器设备及器械制造	1	17		1	253.6	169.8
环保、邮政、社会公共服务及其他专用设备制造						
汽车制造业	1	38			851.0	177.4
汽车零部件及配件制造	1	38			851.0	177.4
电气机械和器材制造业	19	1630	14	100	104094.8	49643.8
电机制造	2	334	3	2	2020.8	663.2
输配电及控制设备制造	6	1102	9	85	97258.2	47195.8
电线、电缆、光缆及电工器材制造	3	27			496.8	194.7
电池制造	5	111	2	11	2661.0	1101.1
家用电力器具制造						
照明器具制造	3	56		2	1658.0	489.0
计算机、通信和其他电子设备制造业	15	379	5	21	13405.5	29275.8
计算机制造	2	11	1	5	336.9	6444.2
通信设备制造	1	33			756.4	374.2
广播电视设备制造						
非专业视听设备制造	3	92	1	7	3666.2	1201.0
电子器件制造	2	19		2	271.2	81.6
电子元件及电子专用材料制造	6	209	3	6	7954.8	21009.8
其他电子设备制造	1	15		1	420.0	165.0
仪器仪表制造业	1	21		1	855.9	288.6
专用仪器仪表制造	1	21		1	855.9	288.6
其他制造业	1	8	1	2	592.5	141.0
日用杂品制造	1	8	1	2	592.5	141.0
其他未列明制造业						
电力、热力、燃气及水生产和供应业						
电力、热力生产和供应业						
电力生产						
燃气生产和供应业						
燃气生产和供应业						
水的生产和供应业						
自来水生产和供应						

1-F-7　分行业外商投资企业办研发机构情况

行　　业	机构数（个）	机构人员数（人）	#博士	#硕士	机构经费支出（万元）	仪器和设备原价（万元）
总　计	**77**	**3554**	**42**	**323**	**164099.7**	**94358.2**
制造业	**75**	**3517**	**42**	**321**	**161733.9**	**92715.5**
农副食品加工业	2	30			2416.9	308.2
谷物磨制						
饲料加工	1	15			1904.3	260.0
屠宰及肉类加工	1	15			512.6	48.2
食品制造业	5	128	6	6	2147.8	808.9
焙烤食品制造						
方便食品制造	1	29			98.7	30.0
乳制品制造						
罐头食品制造						
其他食品制造	4	99	6	6	2049.1	778.9
酒、饮料和精制茶制造业						
酒的制造						
饮料制造						
精制茶加工						
纺织业	1	18		2	412.2	674.4
棉纺织及印染精加工	1	18		2	412.2	674.4
针织或钩针编织物及其制品制造						
纺织服装、服饰业	1	50			485.6	66.8
机织服装制造						
针织或钩针编织服装制造	1	50			485.6	66.8
服饰制造						
皮革、毛皮、羽毛及其制品和制鞋业	1	19			685.0	426.0
皮革制品制造						
制鞋业	1	19			685.0	426.0
木材加工和木、竹、藤、棕、草制品业						
木材加工						
人造板制造						
木质制品制造						
竹、藤、棕、草等制品制造						
家具制造业						
木质家具制造						
金属家具制造						
造纸和纸制品业	3	146	4	1	5452.1	1288.2
造纸	2	109	4	1	4246.8	943.2
纸制品制造	1	37			1205.3	345.0
印刷和记录媒介复制业						
印刷						
文教、工美、体育和娱乐用品制造业	4	75	1	2	2263.3	1039.0
文教办公用品制造	1	10			287.7	52.1

1-F-7　续表 1

行　　业	机构数（个）	机构人员数（人）	#博士	#硕士	机构经费支出（万元）	仪器和设备原价（万元）
工艺美术及礼仪用品制造	1	36	1	1	512.4	170.4
体育用品制造	2	29		1	1463.2	816.5
玩具制造						
石油、煤炭及其他燃料加工业						
精炼石油产品制造						
化学原料和化学制品制造业	10	631	12	60	29114.5	8915.5
基础化学原料制造	7	600	12	56	27834.3	3181.5
涂料、油墨、颜料及类似产品制造	2	16		3	474.8	278.2
合成材料制造	1	15		1	805.4	5455.8
专用化学产品制造						
日用化学产品制造						
医药制造业	3	34	3	6	2179.1	1355.9
化学药品原料药制造	1	7			144.6	15.0
化学药品制剂制造						
生物药品制品制造	1	9	3	6	1688.5	690.0
卫生材料及医药用品制造	1	18			346.0	650.9
化学纤维制造业	1	10	1	2	24522.3	18583.7
纤维素纤维原料及纤维制造	1	10	1	2	24522.3	18583.7
合成纤维制造						
橡胶和塑料制品业	1	6		1	117.1	160.6
橡胶制品业						
塑料制品业	1	6		1	117.1	160.6
非金属矿物制品业	3	157	1	2	7840.2	3283.4
水泥、石灰和石膏制造	2	105		2	5350.0	3097.9
石膏、水泥制品及类似制品制造						
砖瓦、石材等建筑材料制造						
玻璃制造						
陶瓷制品制造	1	52	1		2490.2	185.5
黑色金属冶炼和压延加工业						
钢压延加工						
有色金属冶炼和压延加工业	5	181	2	15	14738.5	6351.4
常用有色金属冶炼	1	12		2	950.0	500.0
稀有稀土金属冶炼	2	71	1	4	3486.5	570.2
有色金属合金制造	1	61	1	8	3491.2	5265.7
有色金属压延加工	1	37		1	6810.8	15.5
金属制品业	6	251	1	5	6975.3	2447.5
结构性金属制品制造	2	51			1791.6	525.7
金属丝绳及其制品制造	1	16		2	893.1	95.3
建筑、安全用金属制品制造	1	127	1	3	3205.5	1713.4
金属表面处理及热处理加工						
铸造及其他金属制品制造	2	57			1085.1	113.1
通用设备制造业	4	64		2	2679.2	591.8
金属加工机械制造						

1-F-7 续表 2

行业	机构数（个）	机构人员数（人）	#博士	#硕士	机构经费支出（万元）	仪器和设备原价（万元）
物料搬运设备制造	1	15		2	200.3	180.9
泵、阀门、压缩机及类似机械制造	1	5			105.4	181.2
轴承、齿轮和传动部件制造	1	21			2036.8	60.1
烘炉、风机、包装等设备制造						
文化、办公用机械制造						
通用零部件制造	1	23			336.7	169.6
专用设备制造业	3	42		2	1883.5	1274.0
化工、木材、非金属加工专用设备制造	1	15		1	1050.0	226.0
食品、饮料、烟草及饲料生产专用设备制造						
电子和电工机械专用设备制造						
农、林、牧、渔专用机械制造	1	12		1	426.0	658.0
医疗仪器设备及器械制造	1	15			407.5	390.0
汽车制造业	2	549	1	120	33245.9	33617.5
汽车零部件及配件制造	2	549	1	120	33245.9	33617.5
铁路、船舶、航空航天和其他运输设备制造业						
船舶及相关装置制造						
航空、航天器及设备制造						
电气机械和器材制造业	7	212			6606.5	4008.1
电机制造	2	61			4243.2	3020.0
输配电及控制设备制造	1	17			322.2	97.6
电线、电缆、光缆及电工器材制造	2	74			854.0	436.8
电池制造	1	32			575.1	375.8
家用电力器具制造	1	28			612.0	77.9
照明器具制造						
计算机、通信和其他电子设备制造业	12	908	10	95	17712.0	7422.8
计算机制造	1	162		2	2450.7	2052.6
非专业视听设备制造						
智能消费设备制造	1	32			230.7	345.3
电子器件制造	2	36	9	9	868.2	1901.9
电子元件及电子专用材料制造	8	678	1	84	14162.4	3123.0
仪器仪表制造业	1	6			256.9	91.8
光学仪器制造	1	6			256.9	91.8
其他制造业						
日用杂品制造						
废弃资源综合利用业						
金属废料和碎屑加工处理						
电力、热力、燃气及水生产和供应业	**2**	**37**		**2**	**2365.8**	**1642.7**
电力、热力生产和供应业	2	37		2	2365.8	1642.7
电力生产	2	37		2	2365.8	1642.7
燃气生产和供应业						
燃气生产和供应业						
水的生产和供应业						
自来水生产和供应						

1-F-8 各地区企业办研发机构情况

地 区	机构数（个）	机构人员数（人）			机构经费支出（万元）	仪器和设备原价（万元）
			#博士	#硕士		
全 省	**2781**	**71746**	**1078**	**6015**	**2459828.7**	**1657260.9**
南昌市	185	13802	162	2216	559817.5	310747.5
景德镇市	43	3140	22	275	92906.1	259350.7
萍乡市	161	3232	99	222	83566.5	30860.9
九江市	472	10837	157	577	383418.9	217760.6
新余市	62	2591	44	220	116217.3	64829.6
鹰潭市	61	2193	45	79	66797.1	24634.9
赣州市	458	8139	125	720	315868.8	122430.8
吉安市	360	7690	119	443	222276.1	148187.1
宜春市	383	8103	132	427	199156.3	221848.6
抚州市	424	7187	102	502	231686.2	127883.2
上饶市	172	4832	71	334	188117.9	128727.0

G. 企业新产品开发及销售情况

1-G-1 分登记注册类型企业新产品开发及销售情况

单位：万元

登记注册类型	新产品开发项目数(项)	新产品开发经费支出	新产品销售收入	#出口
总　计	**15614**	**3673302.9**	**45117849.9**	**5201809.9**
内资企业	**14408**	**3284996.0**	**38196667.5**	**3516652.5**
国有企业	57	51435.8	741752.5	
集体企业	2	356.3		
股份合作企业	21	3848.5	17554.8	
有限责任公司	5272	1701876.1	21631191.6	2173798.5
国有独资公司	718	705827.3	10225920.8	982012.5
其他有限责任公司	4554	996048.8	11405270.8	1191786.0
股份有限公司	1297	342182.1	5850946.2	628919.4
私营企业	7759	1185297.2	9955222.4	713934.6
私营独资企业	20	3162.9	4749.5	691.6
私营合伙企业	4	699.8	545.6	
私营有限责任公司	6988	1072359.1	9164721.8	664561.4
私营股份有限公司	747	109075.4	785205.5	48681.6
其他企业				
港、澳、台商投资企业	**586**	**217925.0**	**4275083.0**	**1069676.3**
合资经营企业	221	46045.0	799442.6	47309.9
合作经营企业			147.3	
港、澳、台商独资经营企业	352	170659.5	3460594.8	1022366.4
港、澳、台商投资股份有限公司	7	695.1	4175.6	
其他港、澳、台投资企业	6	525.4	10722.7	
外商投资企业	**620**	**170381.9**	**2646099.4**	**615481.1**
中外合资经营企业	288	86012.4	1303371.2	208288.9
中外合作经营企业	4	1683.1	962.1	962.1
外资企业	284	60704.7	717172.4	153461.3
外商投资股份有限公司	15	3906.6	140747.3	42345.2
其他外商投资企业	29	18075.1	483846.4	210423.6

1-G-2　分登记注册类型大中型企业新产品开发及销售情况

单位：万元

登记注册类型	新产品开发项目数(项)	新产品开发经费支出	新产品销售收入	#出口
总　计	**5609**	**2267470.3**	**32512264.6**	**4720528.0**
内资企业	**4853**	**1946092.6**	**26156141.0**	**3102564.1**
国有企业			915.7	
集体企业				
股份合作企业	7	1580.3	5788.6	
有限责任公司	2199	1257587.6	17309677.8	1971946.4
国有独资公司	668	636261.0	9756750.7	981802.5
其他有限责任公司	1531	621326.6	7552927.1	990143.9
股份有限公司	863	292980.9	5074103.8	612290.4
私营企业	1784	393943.8	3765655.1	518327.3
私营独资企业			344.8	344.8
私营合伙企业				
私营有限责任公司	1534	344952.2	3336948.2	483776.7
私营股份有限公司	250	48991.6	428362.1	34205.8
其他企业				
港、澳、台商投资企业	**329**	**180910.5**	**3912995.5**	**1038786.0**
合资经营企业	93	29951.3	567241.7	46947.2
合作经营企业				
港、澳、台商独资经营企业	230	150433.8	3335031.1	991838.8
港、澳、台商投资股份有限公司				
其他港、澳、台投资企业	6	525.4	10722.7	
外商投资企业	**427**	**140467.2**	**2443128.1**	**579177.9**
中外合资经营企业	173	64784.0	1155342.1	184356.7
中外合作经营企业			962.1	962.1
外资企业	210	53701.5	662230.2	141090.3
外商投资股份有限公司	15	3906.6	140747.3	42345.2
其他外商投资企业	29	18075.1	483846.4	210423.6

1-G-3 分行业企业新产品开发及销售情况

单位：万元

行业	新产品开发项目数(项)	新产品开发经费支出	新产品销售收入	#出口
总计	**15614**	**3673302.9**	**45117849.9**	**5201809.9**
采矿业	**58**	**15653.6**	**90006.1**	
煤炭开采和洗选业			55.2	
烟煤和无烟煤开采洗选			55.2	
其他煤炭采选				
黑色金属矿采选业	5	322.5	987.1	
铁矿采选	5	322.5	987.1	
锰矿、铬矿采选				
其他黑色金属矿采选				
有色金属矿采选业	26	10419.7	14373.3	
常用有色金属矿采选	8	6023.1	13293.8	
贵金属矿采选				
稀有稀土金属矿采选	18	4396.6	1079.5	
非金属矿采选业	27	4911.4	74590.5	
土砂石开采	23	4557.9	50182.1	
化学矿开采				
采盐			21161.9	
石棉及其他非金属矿采选	4	353.5	3246.5	
制造业	**15394**	**3639392.8**	**44986152.5**	**5201809.9**
农副食品加工业	531	118201.0	1200164.3	39757.7
谷物磨制	50	8922.0	60826.8	
饲料加工	258	67350.7	863370.8	7549.0
植物油加工	85	10432.3	51088.1	133.6
制糖业				
屠宰及肉类加工	39	7595.5	74813.6	
水产品加工	14	7749.2	31270.3	24508.1
蔬菜、菌类、水果和坚果加工	10	4192.7	8261.1	1570.3
其他农副食品加工	75	11958.6	110533.6	5996.7
食品制造业	355	41223.6	341597.2	27822.7
焙烤食品制造	31	4778.2	20430.0	
糖果、巧克力及蜜饯制造	27	2193.0	58262.5	1841.6
方便食品制造	49	6924.6	75608.7	5897.7
乳制品制造	31	4175.5	32225.2	
罐头食品制造	35	2299.2	36618.1	362.7
调味品、发酵制品制造	1	77.8	395.6	
其他食品制造	181	20775.3	118057.1	19720.7

1-G-3 续表 1

单位：万元

行业	新产品开发项目数(项)	新产品开发经费支出	新产品销售收入	#出口
酒、饮料和精制茶制造业	130	16041.4	138927.6	3727.3
酒的制造	42	4298.3	48860.8	
饮料制造	49	7575.4	56206.9	686.9
精制茶加工	39	4167.7	33859.9	3040.4
烟草制品业	41	14351.1	1512.6	1512.6
烟叶复烤				
卷烟制造	41	14351.1	1512.6	1512.6
纺织业	289	38885.0	375026.1	47268.7
棉纺织及印染精加工	172	25447.4	243215.4	9035.3
毛纺织及染整精加工				
麻纺织及染整精加工	12	810.4	6719.6	55.8
丝绢纺织及印染精加工	16	2894.3	18705.2	
化纤织造及印染精加工	10	1423.7	24701.1	963.0
针织或钩针编织物及其制品制造	11	1050.7	19327.7	15015.7
家用纺织制成品制造	29	2538.2	24179.6	8062.0
产业用纺织制成品制造	39	4720.3	38177.5	14136.9
纺织服装、服饰业	129	29954.1	135526.2	30590.2
机织服装制造	86	23623.1	58512.0	8945.1
针织或钩针编织服装制造	19	3957.1	24624.0	193.1
服饰制造	24	2373.9	52390.2	21452.0
皮革、毛皮、羽毛及其制品和制鞋业	111	25797.1	132971.1	5189.3
皮革鞣制加工	21	4731.8	27274.3	
皮革制品制造	31	5622.7	30164.0	2670.5
毛皮鞣制及制品加工	4	449.0		
羽毛(绒)加工及制品制造	2	370.8	1413.6	
制鞋业	53	14622.8	74119.2	2518.8
木材加工和木、竹、藤、棕、草制品业	165	18697.2	143853.6	13459.2
木材加工	19	2385.4	5811.3	182.1
人造板制造	75	9215.6	105805.1	4711.3
木质制品制造	18	2077.3	13008.9	
竹、藤、棕、草等制品制造	53	5018.9	19228.3	8565.8
家具制造业	282	45285.5	423429.2	293652.2
木质家具制造	234	40672.6	383273.4	293652.2
竹、藤家具制造	2	179.7	12007.7	
金属家具制造	35	2641.6	16590.0	
其他家具制造	11	1791.6	11558.1	
造纸和纸制品业	121	30311.8	460620.6	4157.9
纸浆制造				

1-G-3 续表 2

单位：万元

行业	新产品开发项目数(项)	新产品开发经费支出	新产品销售收入	#出口
造纸	72	21825.8	394859.1	4027.9
纸制品制造	49	8486.0	65761.5	130.0
印刷和记录媒介复制业	122	15738.3	116819.0	15980.5
印刷	121	15726.3	116758.3	15980.5
装订及印刷相关服务	1	12.0	60.7	
文教、工美、体育和娱乐用品制造业	174	32537.4	263591.3	73430.6
文教办公用品制造	16	1946.8	12344.5	570.9
工艺美术及礼仪用品制造	84	19109.5	183146.6	57793.5
体育用品制造	51	6566.3	24292.5	1899.0
玩具制造	18	4359.6	42007.7	13167.2
游艺器材及娱乐用品制造	5	555.2	1800.0	
石油、煤炭及其他燃料加工业	34	10893.0	953506.5	
精炼石油产品制造	25	2472.0	891903.7	
煤炭加工	7	8227.0	54906.8	
生物质燃料加工	2	194.0	6696.0	
化学原料和化学制品制造业	1476	222871.1	2287888.2	239678.3
基础化学原料制造	338	67792.4	966480.4	130115.1
肥料制造	59	7860.3	49478.6	
农药制造	81	12011.6	63207.9	679.1
涂料、油墨、颜料及类似产品制造	135	15161.9	186554.3	13486.2
合成材料制造	86	14673.5	65398.4	
专用化学产品制造	479	69237.1	627177.1	72325.6
炸药、火工及焰火产品制造	191	17508.9	68100.6	3975.1
日用化学产品制造	107	18625.4	261490.9	19097.2
医药制造业	1140	179527.7	1529559.2	74051.9
化学药品原料药制造	201	32936.8	277362.6	47653.5
化学药品制剂制造	210	22821.4	125909.5	
中药饮片加工	75	10392.1	92426.6	
中成药生产	408	84557.8	803011.2	
兽用药品制造	84	10575.9	78011.7	
生物药品制品制造	62	8287.2	73488.4	5812.8
卫生材料及医药用品制造	76	7414.1	50736.8	12932.2
药用辅料及包装材料	24	2542.4	28612.4	7653.4
化学纤维制造业	31	16195.2	183863.6	5245.8
纤维素纤维原料及纤维制造	16	9771.6	156630.6	5187.1
合成纤维制造	14	6277.0	26964.9	58.7
生物基材料制造	1	146.6	268.1	
橡胶和塑料制品业	554	51029.7	427577.1	43650.6

1-G-3　续表 3　　单位：万元

行　业	新产品开发项目数(项)	新产品开发经费支出	新产品销售收入	#出口
橡胶制品业	101	12542.1	95717.1	9219.8
塑料制品业	453	38487.6	331860.0	34430.8
非金属矿物制品业	1408	210714.5	1712957.8	88079.7
水泥、石灰和石膏制造	69	17099.3	63683.5	
石膏、水泥制品及类似制品制造	112	23170.7	124483.4	160.0
砖瓦、石材等建筑材料制造	139	13735.0	61770.6	9179.2
玻璃制造	37	4877.5	48817.8	4830.1
玻璃制品制造	76	8435.1	57933.8	5185.7
玻璃纤维和玻璃纤维增强塑料制品制造	117	14157.9	134154.4	30229.1
陶瓷制品制造	745	109546.2	1008301.7	5699.0
耐火材料制品制造	23	5394.4	103777.4	7059.3
石墨及其他非金属矿物制品制造	90	14298.4	110035.2	25737.3
黑色金属冶炼和压延加工业	129	146025.9	2189707.0	573461.7
炼铁	7	743.9	5672.1	
炼钢	4	1956.1	4239.9	
钢压延加工	117	143164.9	2167574.7	573461.7
铁合金冶炼	1	161.0	12220.3	
有色金属冶炼和压延加工业	833	457066.8	8368592.2	515814.4
常用有色金属冶炼	141	252726.5	5422240.1	448492.7
贵金属冶炼	9	2436.7	144516.9	
稀有稀土金属冶炼	166	38874.7	447911.6	10279.6
有色金属合金制造	87	11709.0	114304.4	36080.8
有色金属压延加工	430	151319.9	2239619.2	20961.3
金属制品业	553	66472.4	789338.4	31685.4
结构性金属制品制造	161	18466.5	360800.5	543.5
金属工具制造	51	4671.9	32564.4	3199.5
集装箱及金属包装容器制造	9	598.3	5974.9	
金属丝绳及其制品制造	28	5057.8	60217.9	
建筑、安全用金属制品制造	184	19541.0	172955.7	26775.1
金属表面处理及热处理加工	2	85.2	650.0	
搪瓷制品制造				
金属制日用品制造	31	5894.3	55817.8	927.9
铸造及其他金属制品制造	87	12157.4	100357.2	239.4
通用设备制造业	704	105054.9	1415408.2	208069.5
锅炉及原动设备制造	17	1944.4	29677.7	
金属加工机械制造	84	12949.8	73524.8	
物料搬运设备制造	62	13474.0	109482.2	2719.0
泵、阀门、压缩机及类似机械制造	228	42739.7	870596.5	148706.9

1-G-3 续表 4

单位：万元

行　　业	新产品开发项目数(项)	新产品开发经费支出	新产品销售收入	#出口
轴承、齿轮和传动部件制造	55	6696.0	36686.1	3.2
烘炉、风机、包装等设备制造	79	7617.6	84328.6	43.5
文化、办公用机械制造	28	5435.1	71385.0	43491.4
通用零部件制造	116	10434.6	101817.8	9655.5
其他通用设备制造业	35	3763.7	37909.5	3450.0
专用设备制造业	704	71400.4	689750.6	81930.5
采矿、冶金、建筑专用设备制造	101	16727.1	92272.6	12147.8
化工、木材、非金属加工专用设备制造	59	5879.9	39250.8	7638.5
食品、饮料、烟草及饲料生产专用设备制造	6	569.7	453.4	
印刷、制药、日化及日用品生产专用设备制造	42	3739.9	73138.0	54359.1
纺织、服装和皮革加工专用设备制造	24	2754.7	18210.3	167.1
电子和电工机械专用设备制造	64	8207.0	72030.8	275.6
农、林、牧、渔专用机械制造	42	4340.7	40055.1	1234.6
医疗仪器设备及器械制造	211	20649.4	224418.8	5342.8
环保、邮政、社会公共服务及其他专用设备制造	155	8532.0	129920.8	765.0
汽车制造业	1137	491556.2	4951594.6	58674.3
汽车整车制造	467	383030.2	3922581.2	34199.2
汽车用发动机制造	8	4262.0	25489.9	
改装汽车制造	16	3972.9	59113.8	4652.8
电车制造	1	26.0		
汽车车身、挂车制造	28	3960.4	45028.8	
汽车零部件及配件制造	617	96304.7	899380.9	19822.3
铁路、船舶、航空航天和其他运输设备制造业	102	123515.5	1302204.1	14.9
铁路运输设备制造	8	119.8	1542.0	
城市轨道交通设备制造			603.4	
船舶及相关装置制造	15	3530.8	17651.2	
航空、航天器及设备制造	67	114659.3	1264364.7	14.9
摩托车制造	6	714.6	17706.3	
自行车和残疾人座车制造	2	910.5	321.5	
助动车制造				
非公路休闲车及零配件制造	4	3580.5	15.0	
潜水救捞及其他未列明运输设备制造				
电气机械和器材制造业	1839	491961.5	7615751.9	1114782.4
电机制造	232	58464.0	814568.2	93810.8
输配电及控制设备制造	543	214331.9	3764233.3	805540.3
电线、电缆、光缆及电工器材制造	378	100532.0	1473637.9	43590.9
电池制造	351	64791.1	896911.9	55776.9
家用电力器具制造	79	8505.3	125532.3	11027.1

1-G-3 续表 5

单位：万元

行业	新产品开发项目数(项)	新产品开发经费支出	新产品销售收入	#出口
非电力家用器具制造	5	38.6	201.0	
照明器具制造	234	43404.6	539824.6	105036.4
其他电气机械及器材制造	17	1894.0	842.7	
计算机、通信和其他电子设备制造业	1913	519602.7	6183249.2	1590678.7
计算机制造	116	16250.3	312710.0	175978.0
通信设备制造	133	58015.7	793252.6	282969.4
广播电视设备制造	32	7369.1	53720.9	2506.1
非专业视听设备制造	151	30573.4	208897.5	36394.3
智能消费设备制造	108	22306.8	243730.2	175685.9
电子器件制造	502	195020.9	2174314.8	231412.3
电子元件及电子专用材料制造	765	164348.9	2078734.6	489884.3
其他电子设备制造	106	25717.6	317888.6	195848.4
仪器仪表制造业	269	24520.2	238294.3	14914.6
通用仪器仪表制造	91	8913.7	97975.8	600.0
专用仪器仪表制造	45	9243.8	70655.8	
钟表与计时仪器制造	5	66.9		
光学仪器制造	103	4684.9	68558.6	14314.6
衡器制造	15	1354.8	802.6	
其他仪器仪表制造业	10	256.1	301.5	
其他制造业	63	5431.2	28760.2	4528.3
日用杂品制造	24	3869.7	19001.9	4501.3
其他未列明制造业	39	1561.5	9758.3	27.0
废弃资源综合利用业	50	18373.6	383217.1	
金属废料和碎屑加工处理	40	16439.7	377946.6	
非金属废料和碎屑加工处理	10	1933.9	5270.5	
金属制品、机械和设备修理业	5	156.8	893.5	
其他机械和设备修理业	5	156.8	893.5	
电力、热力、燃气及水生产和供应业	**162**	**18256.5**	**41691.3**	
电力、热力生产和供应业	140	13763.0	8719.7	
电力生产	44	10683.8	8019.4	
电力供应	96	3079.2	700.3	
热力生产和供应				
燃气生产和供应业	7	471.8	32670.6	
燃气生产和供应业	7	471.8	32670.6	
生物质燃气生产和供应业				
水的生产和供应业	15	4021.7	301.0	
自来水生产和供应	9	4010.2	301.0	
污水处理及其再生利用	6	11.5		

1-G-4　分行业大中型企业新产品开发及销售情况

单位：万元

行　业	新产品开发项目数(项)	新产品开发经费支出	新产品销售收入	#出口
总　计	**5609**	**2267470.3**	**32512264.6**	**4720528.0**
采矿业	**15**	**5363.6**	**22515.3**	
煤炭开采和洗选业			55.2	
烟煤和无烟煤开采洗选			55.2	
其他煤炭采选				
黑色金属矿采选业				
铁矿采选				
其他黑色金属矿采选				
有色金属矿采选业	15	5363.6	315.2	
常用有色金属矿采选	2	3570.0		
贵金属矿采选				
稀有稀土金属矿采选	13	1793.6	315.2	
非金属矿采选业			22144.9	
土砂石开采				
采盐			21161.9	
石棉及其他非金属矿采选			983.0	
制造业	**5469**	**2252519.0**	**32489049.0**	**4720528.0**
农副食品加工业	105	38467.3	458910.5	31460.0
谷物磨制	6	911.7	12804.8	
饲料加工	41	24159.7	344240.7	7549.0
植物油加工	12	4693.7	11397.6	
屠宰及肉类加工	27	5317.9	37050.8	
水产品加工	1	918.6	21958.1	21958.1
蔬菜、菌类、水果和坚果加工	1	262.9		
其他农副食品加工	17	2202.8	31458.5	1952.9
食品制造业	115	14253.4	174942.8	17826.8
焙烤食品制造	11	2502.8	10163.0	
糖果、巧克力及蜜饯制造	16	1655.0	57533.5	1841.6
方便食品制造	14	2045.1	16458.1	
乳制品制造	26	3243.8	31167.2	
罐头食品制造	3	902.9	27806.8	
调味品、发酵制品制造	1	77.8	395.6	
其他食品制造	44	3826.0	31418.6	15985.2
酒、饮料和精制茶制造业	39	6439.7	67037.5	
酒的制造	15	1575.3	35376.5	
饮料制造	24	4864.4	29866.0	
精制茶加工			1795.0	

1-G-4　续表 1

单位：万元

行　　业	新产品开发项目数（项）	新产品开发经费支出	新产品销售收入	#出口
烟草制品业	41	14351.1	1512.6	1512.6
烟叶复烤				
卷烟制造	41	14351.1	1512.6	1512.6
纺织业	94	18825.8	242829.6	36412.9
棉纺织及印染精加工	62	15284.3	168797.4	8543.3
麻纺织及染整精加工	1	5.3	5.8	5.8
丝绢纺织及印染精加工	2	559.8	5625.0	
化纤织造及印染精加工	3	569.3	19717.1	963.0
针织或钩针编织物及其制品制造	10	699.3	15015.7	15015.7
家用纺织制成品制造	6	1016.4	9378.8	45.0
产业用纺织制成品制造	10	691.4	24289.8	11840.1
纺织服装、服饰业	72	17681.0	103496.9	24918.7
机织服装制造	46	13315.4	38095.8	3466.7
针织或钩针编织服装制造	14	2377.4	20698.0	
服饰制造	12	1988.2	44703.1	21452.0
皮革、毛皮、羽毛及其制品和制鞋业	27	7891.3	64405.6	3113.3
皮革制品制造	13	2998.1	13374.3	2310.5
毛皮鞣制及制品加工				
羽毛(绒)加工及制品制造			340.0	
制鞋业	14	4893.2	50691.3	802.8
木材加工和木、竹、藤、棕、草制品业	20	3035.5	38240.3	526.1
人造板制造	12	1729.0	35326.1	
木质制品制造				
竹、藤、棕、草等制品制造	8	1306.5	2914.2	526.1
家具制造业	49	21432.3	260287.1	229382.6
木质家具制造	44	20015.6	252401.9	229382.6
其他家具制造	5	1416.7	7885.2	
造纸和纸制品业	47	17423.7	334278.5	4027.9
造纸	45	16647.0	332780.0	4027.9
纸制品制造	2	776.7	1498.5	
印刷和记录媒介复制业	22	2804.4	39782.5	6354.8
印刷	22	2804.4	39782.5	6354.8
文教、工美、体育和娱乐用品制造业	44	14052.7	110366.3	32582.2
文教办公用品制造	2	825.9	1646.8	
工艺美术及礼仪用品制造	23	8636.1	65403.0	22558.1
体育用品制造	11	1486.6	8456.0	62.0
玩具制造	8	3104.1	34860.5	9962.1
石油、煤炭及其他燃料加工业	14	8563.7	931465.0	
精炼石油产品制造	9	690.7	882658.0	
煤炭加工	5	7873.0	48807.0	

1-G-4 续表 2 单位：万元

行业	新产品开发项目数(项)	新产品开发经费支出	新产品销售收入	#出口
化学原料和化学制品制造业	261	65598.0	1129054.7	204773.5
基础化学原料制造	119	39217.2	710312.5	121743.6
肥料制造	10	3098.8	16734.3	
农药制造	6	378.8	7100.8	
涂料、油墨、颜料及类似产品制造	17	4071.7	96838.5	8473.7
合成材料制造			1251.9	
专用化学产品制造	52	11943.8	191560.8	56167.8
炸药、火工及焰火产品制造	41	5143.7	23002.1	538.9
日用化学产品制造	16	1744.0	82253.8	17849.5
医药制造业	437	100055.5	850811.2	44087.3
化学药品原料药制造	75	19703.8	133438.0	39421.3
化学药品制剂制造	121	14867.4	82249.8	
中药饮片加工	12	2839.3	33958.5	
中成药生产	176	55571.4	543912.5	
兽用药品制造	5	330.6	1250.2	
生物药品制品制造	25	3197.0	34571.2	
卫生材料及医药用品制造	18	2761.0	16482.5	3323.1
药用辅料及包装材料	5	785.0	4948.5	1342.9
化学纤维制造业	12	9465.9	156630.6	5187.1
纤维素纤维原料及纤维制造	12	9465.9	156630.6	5187.1
橡胶和塑料制品业	56	10557.9	132626.5	29385.0
橡胶制品业	33	6402.3	49353.0	9219.8
塑料制品业	23	4155.6	83273.5	20165.2
非金属矿物制品业	457	101881.1	1030338.0	42815.2
水泥、石灰和石膏制造	20	6956.6	16372.0	
石膏、水泥制品及类似制品制造	16	5619.2	19568.6	
砖瓦、石材等建筑材料制造	20	2287.2	14283.8	5489.5
玻璃制造	17	2462.3	44175.0	4830.1
玻璃制品制造	5	1431.3	12853.2	
玻璃纤维和玻璃纤维增强塑料制品制造	78	9343.8	119073.5	30214.0
陶瓷制品制造	283	66105.7	781832.1	2281.6
耐火材料制品制造	9	585.0	2003.0	
石墨及其他非金属矿物制品制造	9	7090.0	20176.8	
黑色金属冶炼和压延加工业	107	137366.3	2117248.0	573461.7
炼铁	7	743.9	5672.1	
钢压延加工	100	136622.4	2111575.9	573461.7
铁合金冶炼				

1-G-4　续表 3

单位：万元

行　业	新产品开发项目数(项)	新产品开发经费支出	新产品销售收入	#出口
有色金属冶炼和压延加工业	360	342959.3	6548141.9	499235.8
常用有色金属冶炼	85	241368.9	4971917.5	448492.7
贵金属冶炼	1	397.7	99073.7	
稀有稀土金属冶炼	69	18304.5	124316.1	6290.1
有色金属合金制造	44	3844.3	103324.6	35970.8
有色金属压延加工	161	79043.9	1249510.0	8482.2
金属制品业	154	26154.6	386048.8	17279.4
结构性金属制品制造	43	7889.8	216505.2	386.8
金属工具制造	10	693.7	5017.0	2135.7
金属丝绳及其制品制造	9	2619.9	35077.4	
建筑、安全用金属制品制造	74	10200.9	70991.1	14756.9
金属制日用品制造	7	3777.1	28163.6	
铸造及其他金属制品制造	11	973.2	30294.5	
通用设备制造业	185	58361.4	959276.3	201860.8
锅炉及原动设备制造				
金属加工机械制造	13	7099.0	4320.6	
物料搬运设备制造	28	10151.0	82512.8	2719.0
泵、阀门、压缩机及类似机械制造	84	30238.7	705253.0	148584.4
轴承、齿轮和传动部件制造	10	3086.0	27540.5	
烘炉、风机、包装等设备制造	2	1284.9	19900.2	
文化、办公用机械制造	12	3091.6	61212.6	43491.4
通用零部件制造	23	1969.2	26323.7	3616.0
其他通用设备制造业	13	1441.0	32212.9	3450.0
专用设备制造业	167	24054.5	379094.0	65805.7
采矿、冶金、建筑专用设备制造	20	5399.8	3666.5	
化工、木材、非金属加工专用设备制造	6	1081.6	15989.2	7629.4
印刷、制药、日化及日用品生产专用设备制造	10	1994.6	56863.4	54184.9
纺织、服装和皮革加工专用设备制造				
电子和电工机械专用设备制造	25	2913.6	36976.9	165.6
农、林、牧、渔专用机械制造	13	1394.8	24231.5	20.7
医疗仪器设备及器械制造	89	10338.7	187937.3	3805.1
环保、邮政、社会公共服务及其他专用设备制造	4	931.4	53429.2	
汽车制造业	686	449194.6	4674922.4	51354.3
汽车整车制造	427	379703.4	3917063.0	34199.2
汽车用发动机制造	8	4262.0	25489.9	
改装汽车制造	11	2700.0	45458.7	4652.8
汽车车身、挂车制造	6	1531.5	27690.0	
汽车零部件及配件制造	234	60997.7	659220.8	12502.3

1-G-4 续表 4

单位：万元

行　业	新产品开发项目数(项)	新产品开发经费支出	新产品销售收入	#出口
铁路、船舶、航空航天和其他运输设备制造业				
船舶及相关装置制造				
摩托车制造				
电气机械和器材制造业	714	306949.4	5594644.9	1048386.0
电机制造	157	49873.4	753129.8	90852.9
输配电及控制设备制造	174	160121.6	3301902.3	790951.5
电线、电缆、光缆及电工器材制造	74	15887.0	257440.2	31864.5
电池制造	187	44898.4	730103.2	44988.6
家用电力器具制造	23	5929.3	102790.1	
照明器具制造	92	29302.3	449211.5	89728.5
其他电气机械及器材制造	7	937.4	67.8	
计算机、通信和其他电子设备制造业	1090	416724.9	5460452.5	1534463.7
计算机制造	53	12464.7	291772.2	175337.6
通信设备制造	90	42265.1	747230.9	281180.4
广播电视设备制造	7	2006.5	37226.6	1156.1
非专业视听设备制造	113	24822.2	173796.8	32961.2
智能消费设备制造	48	15535.5	204981.4	163901.6
电子器件制造	313	171991.3	2062220.4	210812.3
电子元件及电子专用材料制造	416	129732.9	1685768.2	473266.1
其他电子设备制造	50	17906.7	257456.0	195848.4
仪器仪表制造业	86	12688.7	146344.3	14314.6
通用仪器仪表制造	21	3428.2	43056.1	
专用仪器仪表制造	15	6520.7	41321.4	
光学仪器制造	50	2739.8	61966.8	14314.6
其他制造业				
日用杂品制造				
其他未列明制造业				
废弃资源综合利用业	8	5285.0	95859.7	
金属废料和碎屑加工处理	5	5234.8	95859.7	
非金属废料和碎屑加工处理	3	50.2		
电力、热力、燃气及水生产和供应业	**125**	**9587.7**	**700.3**	
电力、热力生产和供应业	118	8290.4	700.3	
电力生产	22	5211.2		
电力供应	96	3079.2	700.3	
燃气生产和供应业				
燃气生产和供应业				
水的生产和供应业	7	1297.3		
自来水生产和供应	7	1297.3		

1-G-5　分行业内资企业新产品开发及销售情况

单位：万元

行　业	新产品开发项目数(项)	新产品开发经费支出	新产品销售收入	#出口
总　计	**14408**	**3284996.0**	**38196667.5**	**3516652.5**
采矿业	**58**	**15653.6**	**90006.1**	
煤炭开采和洗选业			55.2	
烟煤和无烟煤开采洗选			55.2	
其他煤炭采选				
黑色金属矿采选业	5	322.5	987.1	
铁矿采选	5	322.5	987.1	
锰矿、铬矿采选				
其他黑色金属矿采选				
有色金属矿采选业	26	10419.7	14373.3	
常用有色金属矿采选	8	6023.1	13293.8	
贵金属矿采选				
稀有稀土金属矿采选	18	4396.6	1079.5	
非金属矿采选业	27	4911.4	74590.5	
土砂石开采	23	4557.9	50182.1	
化学矿开采				
采盐			21161.9	
石棉及其他非金属矿采选	4	353.5	3246.5	
制造业	**14198**	**3252356.2**	**38064970.1**	**3516652.5**
农副食品加工业	492	109708.9	1065784.7	17799.6
谷物磨制	50	8922.0	55674.8	
饲料加工	226	60277.1	788281.9	7549.0
植物油加工	85	10432.3	51088.1	133.6
制糖业				
屠宰及肉类加工	33	7095.6	42633.0	
水产品加工	13	6830.6	9312.2	2550.0
蔬菜、菌类、水果和坚果加工	10	4192.7	8261.1	1570.3
其他农副食品加工	75	11958.6	110533.6	5996.7
食品制造业	324	37929.7	316802.8	11474.8
焙烤食品制造	31	4778.2	20430.0	
糖果、巧克力及蜜饯制造	20	1953.8	57612.5	1841.6
方便食品制造	47	6128.3	75527.7	5897.7
乳制品制造	31	4175.5	32225.2	
罐头食品制造	25	2068.5	32770.7	
调味品、发酵制品制造	1	77.8	395.6	
其他食品制造	169	18747.6	97841.1	3735.5

1-G-5 续表 1

单位：万元

行业	新产品开发项目数(项)	新产品开发经费支出	新产品销售收入	#出口
酒、饮料和精制茶制造业	123	15456.0	118686.0	3727.3
酒的制造	37	3942.5	28619.2	
饮料制造	47	7345.8	56206.9	686.9
精制茶加工	39	4167.7	33859.9	3040.4
烟草制品业	41	14351.1	1512.6	1512.6
烟叶复烤				
卷烟制造	41	14351.1	1512.6	1512.6
纺织业	246	29514.1	295263.0	12113.3
棉纺织及印染精加工	149	17725.7	198092.2	898.4
毛纺织及染整精加工				
麻纺织及染整精加工	12	810.4	6719.6	55.8
丝绢纺织及印染精加工	16	2894.3	18705.2	
化纤织造及印染精加工	10	1423.7	24701.1	963.0
针织或钩针编织物及其制品制造	1	351.4	4312.0	
家用纺织制成品制造	29	2538.2	24179.6	8062.0
产业用纺织制成品制造	29	3770.4	18553.3	2134.1
纺织服装、服饰业	101	25393.9	108089.5	26930.4
机织服装制造	77	21528.4	53800.2	5478.4
针织或钩针编织服装制造	10	2871.7	19545.2	
服饰制造	14	993.8	34744.1	21452.0
皮革、毛皮、羽毛及其制品和制鞋业	95	19428.1	115376.0	1318.8
皮革鞣制加工	20	4629.7	27274.3	
皮革制品制造	25	3358.0	19803.7	
毛皮鞣制及制品加工	4	449.0		
羽毛(绒)加工及制品制造	2	370.8	1413.6	
制鞋业	44	10620.6	66884.4	1318.8
木材加工和木、竹、藤、棕、草制品业	162	18519.6	143853.6	13459.2
木材加工	19	2385.4	5811.3	182.1
人造板制造	74	9170.6	105805.1	4711.3
木质制品制造	18	2077.3	13008.9	
竹、藤、棕、草等制品制造	51	4886.3	19228.3	8565.8
家具制造业	279	44875.0	420442.5	293652.2
木质家具制造	231	40262.1	380286.7	293652.2
竹、藤家具制造	2	179.7	12007.7	
金属家具制造	35	2641.6	16590.0	
其他家具制造	11	1791.6	11558.1	
造纸和纸制品业	97	14933.5	143689.7	4157.9
纸浆制造				

1-G-5　续表 2

单位：万元

行　　业	新产品开发项目数(项)	新产品开发经费支出	新产品销售收入	#出口
造纸	55	8000.4	88411.4	4027.9
纸制品制造	42	6933.1	55278.3	130.0
印刷和记录媒介复制业	109	15195.2	115861.2	15980.5
印刷	108	15183.2	115800.5	15980.5
装订及印刷相关服务	1	12.0	60.7	
文教、工美、体育和娱乐用品制造业	141	24512.9	216211.0	50891.7
文教办公用品制造	11	1581.3	12019.1	570.9
工艺美术及礼仪用品制造	74	16652.7	159119.0	45278.7
体育用品制造	42	3997.5	20805.7	1837.0
玩具制造	9	1726.2	22467.2	3205.1
游艺器材及娱乐用品制造	5	555.2	1800.0	
石油、煤炭及其他燃料加工业	34	10893.0	953506.5	
精炼石油产品制造	25	2472.0	891903.7	
煤炭加工	7	8227.0	54906.8	
生物质燃料加工	2	194.0	6696.0	
化学原料和化学制品制造业	1337	187339.8	1628094.2	126029.4
基础化学原料制造	255	44605.1	498641.2	53765.4
肥料制造	59	7860.3	49478.6	
农药制造	80	11944.2	61442.4	679.1
涂料、油墨、颜料及类似产品制造	116	12460.4	152770.2	12218.2
合成材料制造	79	12772.0	63222.0	
专用化学产品制造	461	63620.1	545044.7	36294.4
炸药、火工及焰火产品制造	191	17508.9	68100.6	3975.1
日用化学产品制造	96	16568.8	189394.5	19097.2
医药制造业	1103	172039.6	1501269.1	69424.6
化学药品原料药制造	193	30259.0	272735.8	45229.1
化学药品制剂制造	205	21384.2	125909.5	
中药饮片加工	71	10156.7	80778.9	
中成药生产	403	84148.5	797762.5	
兽用药品制造	79	10389.5	78011.7	
生物药品制品制造	56	6497.7	69600.4	5812.8
卫生材料及医药用品制造	73	7071.0	49200.8	12072.2
药用辅料及包装材料	23	2133.0	27269.5	6310.5
化学纤维制造业	19	6729.3	27233.0	58.7
纤维素纤维原料及纤维制造	4	305.7		
合成纤维制造	14	6277.0	26964.9	58.7
生物基材料制造	1	146.6	268.1	
橡胶和塑料制品业	541	49861.3	408158.1	42537.4

1-G-5 续表 3 单位：万元

行业	新产品开发项目数(项)	新产品开发经费支出	新产品销售收入	#出口
橡胶制品业	101	12542.1	95717.1	9219.8
塑料制品业	440	37319.2	312441.0	33317.6
非金属矿物制品业	1395	204860.3	1654261.2	88079.7
水泥、石灰和石膏制造	67	16683.2	62483.5	
石膏、水泥制品及类似制品制造	112	23170.7	124483.4	160.0
砖瓦、石材等建筑材料制造	139	13735.0	61770.6	9179.2
玻璃制造	37	4877.5	48817.8	4830.1
玻璃制品制造	76	8435.1	57933.8	5185.7
玻璃纤维和玻璃纤维增强塑料制品制造	117	14157.9	134154.4	30229.1
陶瓷制品制造	734	104108.1	950838.2	5699.0
耐火材料制品制造	23	5394.4	103777.4	7059.3
石墨及其他非金属矿物制品制造	90	14298.4	110002.1	25737.3
黑色金属冶炼和压延加工业	129	146025.9	2189707.0	573461.7
炼铁	7	743.9	5672.1	
炼钢	4	1956.1	4239.9	
钢压延加工	117	143164.9	2167574.7	573461.7
铁合金冶炼	1	161.0	12220.3	
有色金属冶炼和压延加工业	805	444588.0	7994923.2	412735.7
常用有色金属冶炼	141	252726.5	5323414.2	382132.7
贵金属冶炼	9	2436.7	144516.9	
稀有稀土金属冶炼	160	35104.1	412077.9	7879.6
有色金属合金制造	75	9897.2	26920.5	1762.1
有色金属压延加工	420	144423.5	2087993.7	20961.3
金属制品业	501	56940.9	682057.8	18917.5
结构性金属制品制造	151	16663.5	320174.9	156.7
金属工具制造	41	3978.2	27547.4	1063.8
集装箱及金属包装容器制造	9	598.3	5974.9	
金属丝绳及其制品制造	19	2437.9	25140.5	
建筑、安全用金属制品制造	171	16473.2	154340.2	17125.8
金属表面处理及热处理加工	2	85.2	650.0	
搪瓷制品制造				
金属制日用品制造	29	5743.8	55221.7	331.8
铸造及其他金属制品制造	79	10960.8	93008.2	239.4
通用设备制造业	650	98519.6	1327267.5	205069.5
锅炉及原动设备制造	17	1944.4	29677.7	
金属加工机械制造	75	12200.0	42162.7	
物料搬运设备制造	60	13166.0	107261.2	2719.0
泵、阀门、压缩机及类似机械制造	214	42535.6	868944.0	148706.9

1-G-5　续表 4

单位：万元

行　　业	新产品开发项目数(项)	新产品开发经费支出	新产品销售收入	#出口
轴承、齿轮和传动部件制造	45	3610.0	10006.1	3.2
烘炉、风机、包装等设备制造	76	6955.0	79141.7	43.5
文化、办公用机械制造	27	5065.1	70785.0	43491.4
通用零部件制造	101	9279.8	81379.6	6655.5
其他通用设备制造业	35	3763.7	37909.5	3450.0
专用设备制造业	681	67478.4	669292.8	80210.4
采矿、冶金、建筑专用设备制造	101	16727.1	92272.6	12147.8
化工、木材、非金属加工专用设备制造	53	4557.8	32908.1	7629.4
食品、饮料、烟草及饲料生产专用设备制造	6	569.7	453.4	
印刷、制药、日化及日用品生产专用设备制造	42	3739.9	73138.0	54359.1
纺织、服装和皮革加工专用设备制造	24	2754.7	18210.3	167.1
电子和电工机械专用设备制造	61	8170.6	72030.8	275.6
农、林、牧、渔专用机械制造	37	3289.0	38615.3	20.7
医疗仪器设备及器械制造	206	19486.7	219598.2	4845.7
环保、邮政、社会公共服务及其他专用设备制造	151	8182.9	122066.1	765.0
汽车制造业	1037	457984.3	4560817.5	58613.7
汽车整车制造	467	383030.2	3922581.2	34199.2
汽车用发动机制造	8	4262.0	25489.9	
改装汽车制造	16	3972.9	59113.8	4652.8
电车制造	1	26.0		
汽车车身、挂车制造	28	3960.4	45028.8	
汽车零部件及配件制造	517	62732.8	508603.8	19761.7
铁路、船舶、航空航天和其他运输设备制造业	102	123515.5	1302204.1	14.9
铁路运输设备制造	8	119.8	1542.0	
城市轨道交通设备制造			603.4	
船舶及相关装置制造	15	3530.8	17651.2	
航空、航天器及设备制造	67	114659.3	1264364.7	14.9
摩托车制造	6	714.6	17706.3	
自行车和残疾人座车制造	2	910.5	321.5	
助动车制造				
非公路休闲车及零配件制造	4	3580.5	15.0	
潜水救捞及其他未列明运输设备制造				
电气机械和器材制造业	1614	356185.3	4259134.7	197725.9
电机制造	189	49276.2	633120.6	17219.7
输配电及控制设备制造	472	110538.9	1082534.9	7591.0
电线、电缆、光缆及电工器材制造	354	94035.4	1367327.7	39743.4
电池制造	311	56345.7	620425.4	28135.4
家用电力器具制造	62	3575.3	25086.6	

1-G-5 续表 5

单位：万元

行业	新产品开发项目数(项)	新产品开发经费支出	新产品销售收入	#出口
非电力家用器具制造	5	38.6	201.0	
照明器具制造	204	40481.2	529595.8	105036.4
其他电气机械及器材制造	17	1894.0	842.7	
计算机、通信和其他电子设备制造业	1662	453010.0	5206516.8	1171312.2
计算机制造	100	13494.4	242967.9	107075.2
通信设备制造	125	57039.4	793252.6	282969.4
广播电视设备制造	31	6667.3	30791.2	2506.1
非专业视听设备制造	132	21610.2	153266.8	9918.6
智能消费设备制造	107	22084.8	242909.1	174879.5
电子器件制造	452	183619.6	2124242.6	212112.2
电子元件及电子专用材料制造	611	123352.8	1302072.5	186002.8
其他电子设备制造	104	25141.5	317014.1	195848.4
仪器仪表制造业	263	23561.2	227978.8	14914.6
通用仪器仪表制造	91	8913.7	97975.8	600.0
专用仪器仪表制造	43	8665.9	60793.3	
钟表与计时仪器制造	5	66.9		
光学仪器制造	99	4303.8	68105.6	14314.6
衡器制造	15	1354.8	802.6	
其他仪器仪表制造业	10	256.1	301.5	
其他制造业	60	4475.4	26864.6	4528.3
日用杂品制造	22	2972.6	17106.3	4501.3
其他未列明制造业	38	1502.8	9758.3	27.0
废弃资源综合利用业	50	18373.6	383217.1	
金属废料和碎屑加工处理	40	16439.7	377946.6	
非金属废料和碎屑加工处理	10	1933.9	5270.5	
金属制品、机械和设备修理业	5	156.8	893.5	
其他机械和设备修理业	5	156.8	893.5	
电力、热力、燃气及水生产和供应业	**152**	**16986.2**	**41691.3**	
电力、热力生产和供应业	130	12492.7	8719.7	
电力生产	34	9413.5	8019.4	
电力供应	96	3079.2	700.3	
热力生产和供应				
燃气生产和供应业	7	471.8	32670.6	
燃气生产和供应业	7	471.8	32670.6	
生物质燃气生产和供应业				
水的生产和供应业	15	4021.7	301.0	
自来水生产和供应	9	4010.2	301.0	
污水处理及其再生利用	6	11.5		

1-G-6　分行业港澳台商投资企业新产品开发及销售情况

单位：万元

行　业	新产品开发项目数(项)	新产品开发经费支出	新产品销售收入	#出口
总　计	**586**	**217925.0**	**4275083.0**	**1069676.3**
采矿业				
有色金属矿采选业				
常用有色金属矿采选				
非金属矿采选业				
土砂石开采				
制造业	**586**	**217925.0**	**4275083.0**	**1069676.3**
农副食品加工业	27	5471.5	93880.0	21958.1
谷物磨制				
饲料加工	26	4552.9	71921.9	
植物油加工				
屠宰及肉类加工				
水产品加工	1	918.6	21958.1	21958.1
蔬菜、菌类、水果和坚果加工				
食品制造业	22	1222.4	4578.4	362.7
糖果、巧克力及蜜饯制造	7	239.2	650.0	
方便食品制造	1	532.6	81.0	
罐头食品制造	10	230.7	3847.4	362.7
其他食品制造	4	219.9		
酒、饮料和精制茶制造业	7	585.4	20241.6	
酒的制造	5	355.8	20241.6	
饮料制造	2	229.6		
纺织业	41	8294.8	76815.3	35155.4
棉纺织及印染精加工	21	6645.6	42175.4	8136.9
毛纺织及染整精加工				
化纤织造及印染精加工				
针织或钩针编织物及其制品制造	10	699.3	15015.7	15015.7
产业用纺织制成品制造	10	949.9	19624.2	12002.8
纺织服装、服饰业	15	3178.3	19084.3	193.1
机织服装制造	4	1513.6	1245.1	
针织或钩针编织服装制造	1	284.6	193.1	193.1
服饰制造	10	1380.1	17646.1	
皮革、毛皮、羽毛及其制品和制鞋业	12	4599.7	17007.6	3870.5
皮革鞣制加工	1	102.1		
皮革制品制造	6	2264.7	10360.3	2670.5
制鞋业	5	2232.9	6647.3	1200.0
木材加工和木、竹、藤、棕、草制品业				
人造板制造				
木质制品制造				
竹、藤、棕、草等制品制造				
家具制造业	2	281.5	2986.7	
木质家具制造	2	281.5	2986.7	
造纸和纸制品业	19	13008.6	237509.1	

1-G-6 续表 1

单位：万元

行　业	新产品开发项目数(项)	新产品开发经费支出	新产品销售收入	#出口
造纸	16	12600.3	235376.5	
纸制品制造	3	408.3	2132.6	
印刷和记录媒介复制业	9	429.1	935.8	
印刷	9	429.1	935.8	
文教、工美、体育和娱乐用品制造业	19	5594.6	40739.3	17896.8
文教办公用品制造				
工艺美术及礼仪用品制造	8	1983.2	20347.6	8834.8
体育用品制造	2	978.0	1813.3	62.0
玩具制造	9	2633.4	18578.4	9000.0
游艺器材及娱乐用品制造				
石油、煤炭及其他燃料加工业				
煤炭加工				
化学原料和化学制品制造业	52	14676.7	323068.4	39533.8
基础化学原料制造	7	4309.0	133026.3	3502.6
肥料制造				
农药制造	1	67.4	1765.5	
涂料、油墨、颜料及类似产品制造	15	2038.6	32142.9	
合成材料制造	1	1355.6	1904.9	
专用化学产品制造	17	4849.5	82132.4	36031.2
日用化学产品制造	11	2056.6	72096.4	
医药制造业	21	2751.3	22127.3	1342.9
化学药品制剂制造	4	1404.4		
中药饮片加工	4	235.4	11647.7	
中成药生产	5	409.3	5248.7	
兽用药品制造	5	186.4		
生物药品制品制造	2	106.4	3888.0	
药用辅料及包装材料	1	409.4	1342.9	1342.9
化学纤维制造业	9	5765.4	108024.5	5187.1
纤维素纤维原料及纤维制造	9	5765.4	108024.5	5187.1
橡胶和塑料制品业	7	475.3	3487.5	322.3
橡胶制品业				
塑料制品业	7	475.3	3487.5	322.3
非金属矿物制品业	5	2469.3	4368.9	
石膏、水泥制品及类似制品制造				
砖瓦、石材等建筑材料制造				
陶瓷制品制造	5	2469.3	4335.8	
石墨及其他非金属矿物制品制造			33.1	
有色金属冶炼和压延加工业	1	94.0	20540.1	
常用有色金属冶炼			8495.0	
有色金属压延加工	1	94.0	12045.1	
金属制品业	19	2575.2	39878.5	2731.8
结构性金属制品制造				
金属工具制造	10	693.7	5017.0	2135.7
金属丝绳及其制品制造	7	1731.0	34265.4	

1-G-6　续表 2

单位：万元

行　　业	新产品开发项目数(项)	新产品开发经费支出	新产品销售收入	#出口
金属表面处理及热处理加工				
金属制日用品制造	2	150.5	596.1	596.1
铸造及其他金属制品制造				
通用设备制造业	4	540.1	6291.3	
金属加工机械制造	3	38.2	1104.4	
轴承、齿轮和传动部件制造				
烘炉、风机、包装等设备制造	1	501.9	5186.9	
文化、办公用机械制造				
专用设备制造业	10	1039.2	10061.1	9.1
化工、木材、非金属加工专用设备制造	4	84.7	18.2	9.1
纺织、服装和皮革加工专用设备制造				
电子和电工机械专用设备制造				
农、林、牧、渔专用机械制造				
医疗仪器设备及器械制造	2	605.4	2188.2	
环保、邮政、社会公共服务及其他专用设备制造	4	349.1	7854.7	
汽车制造业	27	1426.6	9288.5	60.6
汽车零部件及配件制造	27	1426.6	9288.5	60.6
电气机械和器材制造业	168	119124.7	2982002.3	872901.0
电机制造	29	2452.4	60277.6	56789.1
输配电及控制设备制造	61	102643.9	2674593.7	797949.3
电线、电缆、光缆及电工器材制造	17	5371.7	93448.5	
电池制造	24	1963.1	54089.7	18162.6
家用电力器具制造	12	4438.4	89364.0	
照明器具制造	25	2255.2	10228.8	
计算机、通信和其他电子设备制造业	86	23034.4	220408.4	68151.1
计算机制造	7	290.3	1708.3	869.0
通信设备制造	8	976.3		
广播电视设备制造	1	701.8	22929.7	
非专业视听设备制造	19	8963.2	55630.7	26475.7
电子器件制造	13	3881.9	10888.4	10888.4
电子元件及电子专用材料制造	36	7641.8	128376.8	29918.0
其他电子设备制造	2	576.1	874.5	
仪器仪表制造业	2	577.9	9862.5	
专用仪器仪表制造	2	577.9	9862.5	
其他制造业	2	709.0	1895.6	
日用杂品制造	1	650.3	1895.6	
其他未列明制造业	1	58.7		
电力、热力、燃气及水生产和供应业				
电力、热力生产和供应业				
电力生产				
燃气生产和供应业				
燃气生产和供应业				
水的生产和供应业				
自来水生产和供应				

1-G-7 分行业外商投资企业新产品开发及销售情况

单位：万元

行业	新产品开发项目数(项)	新产品开发经费支出	新产品销售收入	#出口
总计	**620**	**170381.9**	**2646099.4**	**615481.1**
制造业	**610**	**169111.6**	**2646099.4**	**615481.1**
农副食品加工业	12	3020.6	40499.6	
谷物磨制			5152.0	
饲料加工	6	2520.7	3167.0	
屠宰及肉类加工	6	499.9	32180.6	
食品制造业	9	2071.5	20216.0	15985.2
焙烤食品制造				
方便食品制造	1	263.7		
乳制品制造				
罐头食品制造				
其他食品制造	8	1807.8	20216.0	15985.2
酒、饮料和精制茶制造业				
酒的制造				
饮料制造				
精制茶加工				
纺织业	2	1076.1	2947.8	
棉纺织及印染精加工	2	1076.1	2947.8	
针织或钩针编织物及其制品制造				
纺织服装、服饰业	13	1381.9	8352.4	3466.7
机织服装制造	5	581.1	3466.7	3466.7
针织或钩针编织服装制造	8	800.8	4885.7	
服饰制造				
皮革、毛皮、羽毛及其制品和制鞋业	4	1769.3	587.5	
皮革制品制造				
制鞋业	4	1769.3	587.5	
木材加工和木、竹、藤、棕、草制品业	3	177.6		
木材加工				
人造板制造	1	45.0		
木质制品制造				
竹、藤、棕、草等制品制造	2	132.6		
家具制造业	1	129.0		
木质家具制造	1	129.0		
金属家具制造				
造纸和纸制品业	5	2369.7	79421.8	
造纸	1	1225.1	71071.2	
纸制品制造	4	1144.6	8350.6	
印刷和记录媒介复制业	4	114.0	22.0	
印刷	4	114.0	22.0	
文教、工美、体育和娱乐用品制造业	14	2429.9	6641.0	4642.1
文教办公用品制造	5	365.5	325.4	

1-G-7　续表 1　　　　单位：万元

行　业	新产品开发项目数(项)	新产品开发经费支出	新产品销售收入	#出口
工艺美术及礼仪用品制造	2	473.6	3680.0	3680.0
体育用品制造	7	1590.8	1673.5	
玩具制造			962.1	962.1
石油、煤炭及其他燃料加工业				
精炼石油产品制造				
化学原料和化学制品制造业	87	20854.6	336725.6	74115.1
基础化学原料制造	76	18878.3	334812.9	72847.1
涂料、油墨、颜料及类似产品制造	4	662.9	1641.2	1268.0
合成材料制造	6	545.9	271.5	
专用化学产品制造	1	767.5		
日用化学产品制造				
医药制造业	16	4736.8	6162.8	3284.4
化学药品原料药制造	8	2677.8	4626.8	2424.4
化学药品制剂制造	1	32.8		
生物药品制品制造	4	1683.1		
卫生材料及医药用品制造	3	343.1	1536.0	860.0
化学纤维制造业	3	3700.5	48606.1	
纤维素纤维原料及纤维制造	3	3700.5	48606.1	
合成纤维制造				
橡胶和塑料制品业	6	693.1	15931.5	790.9
橡胶制品业				
塑料制品业	6	693.1	15931.5	790.9
非金属矿物制品业	8	3384.9	54327.7	
水泥、石灰和石膏制造	2	416.1	1200.0	
石膏、水泥制品及类似制品制造				
砖瓦、石材等建筑材料制造				
玻璃制造				
陶瓷制品制造	6	2968.8	53127.7	
黑色金属冶炼和压延加工业				
钢压延加工				
有色金属冶炼和压延加工业	27	12384.8	353128.9	103078.7
常用有色金属冶炼			90330.9	66360.0
稀有稀土金属冶炼	6	3770.6	35833.7	2400.0
有色金属合金制造	12	1811.8	87383.9	34318.7
有色金属压延加工	9	6802.4	139580.4	
金属制品业	33	6956.3	67402.1	10036.1
结构性金属制品制造	10	1803.0	40625.6	386.8
金属丝绳及其制品制造	2	888.9	812.0	
建筑、安全用金属制品制造	13	3067.8	18615.5	9649.3
金属表面处理及热处理加工				
铸造及其他金属制品制造	8	1196.6	7349.0	
通用设备制造业	50	5995.2	81849.4	3000.0
金属加工机械制造	6	711.6	30257.7	

1-G-7 续表 2 单位：万元

行业	新产品开发项目数(项)	新产品开发经费支出	新产品销售收入	#出口
物料搬运设备制造	2	308.0	2221.0	
泵、阀门、压缩机及类似机械制造	14	204.1	1652.5	
轴承、齿轮和传动部件制造	10	3086.0	26680.0	
烘炉、风机、包装等设备制造	2	160.7		
文化、办公用机械制造	1	370.0	600.0	
通用零部件制造	15	1154.8	20438.2	3000.0
专用设备制造业	13	2882.8	10396.7	1711.0
化工、木材、非金属加工专用设备制造	2	1237.4	6324.5	
食品、饮料、烟草及饲料生产专用设备制造				
电子和电工机械专用设备制造	3	36.4		
农、林、牧、渔专用机械制造	5	1051.7	1439.8	1213.9
医疗仪器设备及器械制造	3	557.3	2632.4	497.1
汽车制造业	73	32145.3	381488.6	
汽车零部件及配件制造	73	32145.3	381488.6	
铁路、船舶、航空航天和其他运输设备制造业				
船舶及相关装置制造				
航空、航天器及设备制造				
电气机械和器材制造业	57	16651.5	374614.9	44155.5
电机制造	14	6735.4	121170.0	19802.0
输配电及控制设备制造	10	1149.1	7104.7	
电线、电缆、光缆及电工器材制造	7	1124.9	12861.7	3847.5
电池制造	16	6482.3	222396.8	9478.9
家用电力器具制造	5	491.6	11081.7	11027.1
照明器具制造	5	668.2		
计算机、通信和其他电子设备制造业	165	43558.3	756324.0	351215.4
计算机制造	9	2465.6	68033.8	68033.8
非专业视听设备制造				
智能消费设备制造	1	222.0	821.1	806.4
电子器件制造	37	7519.4	39183.8	8411.7
电子元件及电子专用材料制造	118	33351.3	648285.3	273963.5
仪器仪表制造业	4	381.1	453.0	
光学仪器制造	4	381.1	453.0	
其他制造业	1	246.8		
日用杂品制造	1	246.8		
废弃资源综合利用业				
金属废料和碎屑加工处理				
电力、热力、燃气及水生产和供应业	**10**	**1270.3**		
电力、热力生产和供应业	10	1270.3		
电力生产	10	1270.3		
燃气生产和供应业				
燃气生产和供应业				
水的生产和供应业				
自来水生产和供应				

1-G-8　各地区企业新产品开发及销售情况

单位：万元

地　区	新产品开发项目数(项)	新产品开发经费支出	新产品销售收入	
				#出口
全　省	**15614**	**3673302.9**	**45117849.9**	**5201809.9**
南昌市	2636	865006.0	10042639.1	871490.9
景德镇市	426	133285.8	1807456.0	237837.5
萍乡市	738	118237.1	882774.0	12839.7
九江市	1836	320828.7	3972307.1	282724.3
新余市	600	214150.7	2616535.2	730999.7
鹰潭市	612	382603.8	7009815.6	468962.1
赣州市	1754	434577.1	3109198.1	607475.7
吉安市	1964	279766.7	4452796.5	890811.8
宜春市	2193	329923.8	3407405.0	177098.7
抚州市	1662	246268.8	2881704.6	71566.0
上饶市	1193	348654.4	4935218.7	850003.5

H. 企业自主知识产权及相关情况

1-H-1 分登记注册类型企业自主知识产权及相关情况

登记注册类型	专利申请数（件）	#发明专利	有效发明专利数（件）	拥有注册商标数（件）	形成国家或行业标准数（项）
总　计	**26303**	**5216**	**11878**	**9379**	**373**
内资企业	**24606**	**4895**	**10871**	**8679**	**344**
国有企业	125	74	65	25	7
集体企业	10				
股份合作企业	76	5	11	2	
有限责任公司	10334	2336	5103	3201	153
国有独资公司	2755	872	1806	1138	37
其他有限责任公司	7579	1464	3297	2063	116
股份有限公司	2140	532	1323	1356	28
私营企业	11921	1948	4369	4095	156
私营独资企业	7			8	
私营合伙企业			1	3	
私营有限责任公司	10979	1748	3820	3579	134
私营股份有限公司	935	200	548	505	22
其他企业					
港、澳、台商投资企业	**837**	**124**	**358**	**583**	**12**
合资经营企业	259	36	176	165	2
合作经营企业	18		3		
港、澳、台商独资经营企业	550	87	178	418	10
港、澳、台商投资股份有限公司	1	1	1		
其他港、澳、台投资企业	9				
外商投资企业	**860**	**197**	**649**	**117**	**17**
中外合资经营企业	508	82	195	36	6
中外合作经营企业					
外资企业	265	71	409	72	7
外商投资股份有限公司	18	11	24	8	4
其他外商投资企业	69	33	21	1	

1-H-2　分登记注册类型大中型企业自主知识产权及相关情况

登记注册类型	专　利 申请数 (件)	#发明专利	有效发明 专 利 数 (件)	拥有注册 商 标 数 (件)	形成国家或 行业标准数 (项)
总　计	**10060**	**2347**	**4728**	**5442**	**172**
内资企业	**8888**	**2090**	**3953**	**4953**	**144**
国有企业	3	3	8	1	
集体企业					
股份合作企业	28	2			
有限责任公司	4731	1238	1742	1689	80
国有独资公司	2276	591	554	1059	37
其他有限责任公司	2455	647	1188	630	43
股份有限公司	1428	403	929	1117	15
私营企业	2698	444	1274	2146	49
私营独资企业	1			2	
私营合伙企业					
私营有限责任公司	2400	368	1007	1870	43
私营股份有限公司	297	76	267	274	6
其他企业					
港、澳、台商投资企业	**614**	**100**	**225**	**413**	**11**
合资经营企业	137	21	89	80	2
合作经营企业					
港、澳、台商独资经营企业	471	79	136	333	9
港、澳、台商投资股份有限公司					
其他港、澳、台投资企业	6				
外商投资企业	**558**	**157**	**550**	**76**	**17**
中外合资经营企业	279	55	139	23	6
中外合作经营企业					
外资企业	192	58	366	44	7
外商投资股份有限公司	18	11	24	8	4
其他外商投资企业	69	33	21	1	

1-H-3 分行业企业自主知识产权及相关情况

行业	专利申请数(件)	#发明专利	有效发明专利数(件)	拥有注册商标数(件)	形成国家或行业标准数(项)
总计	**26303**	**5216**	**11878**	**9379**	**373**
采矿业	**163**	**37**	**38**	**10**	
煤炭开采和洗选业				1	
烟煤和无烟煤开采洗选				1	
其他煤炭采选					
黑色金属矿采选业	2	1			
铁矿采选	2	1			
锰矿、铬矿采选					
其他黑色金属矿采选					
有色金属矿采选业	100	13	17	1	
常用有色金属矿采选	26	5	5		
贵金属矿采选	8				
稀有稀土金属矿采选	66	8	12	1	
非金属矿采选业	61	23	21	8	
土砂石开采	49	20	10		
化学矿开采					
采盐	12	3	2	8	
石棉及其他非金属矿采选			9		
制造业	**25513**	**4920**	**11631**	**9348**	**361**
农副食品加工业	833	182	215	445	14
谷物磨制	160	20	22	58	3
饲料加工	208	87	102	219	
植物油加工	128	24	18	72	9
制糖业					
屠宰及肉类加工	83	12	7	39	
水产品加工	8	3			
蔬菜、菌类、水果和坚果加工	54	14	16	13	1
其他农副食品加工	192	22	50	44	1
食品制造业	429	94	213	441	6
焙烤食品制造	33	1	12	1	
糖果、巧克力及蜜饯制造	17	3	7	2	
方便食品制造	53	21	25	34	
乳制品制造	4	1	7	97	
罐头食品制造	48	2	5	21	1
调味品、发酵制品制造	1	1		2	
其他食品制造	273	65	157	284	5

1-H-3　续表 1

行　业	专利申请数(件)	#发明专利	有效发明专利数(件)	拥有注册商标数(件)	形成国家或行业标准数(项)
酒、饮料和精制茶制造业	191	15	80	394	8
酒的制造	87	2	38	82	2
饮料制造	83	10	35	167	3
精制茶加工	21	3	7	145	3
烟草制品业	130	46	56	240	
烟叶复烤					
卷烟制造	130	46	56	240	
纺织业	444	39	127	89	
棉纺织及印染精加工	321	25	35	17	
毛纺织及染整精加工					
麻纺织及染整精加工	12	1	1	1	
丝绢纺织及印染精加工	1	1			
化纤织造及印染精加工	8		1	1	
针织或钩针编织物及其制品制造	15				
家用纺织制成品制造	30	1	81	66	
产业用纺织制成品制造	57	11	9	4	
纺织服装、服饰业	123	16	9	19	
机织服装制造	82	16	8	7	
针织或钩针编织服装制造	30			12	
服饰制造	11		1		
皮革、毛皮、羽毛及其制品和制鞋业	133	17	35	15	1
皮革鞣制加工	6	3	4		
皮革制品制造	11	1	7	9	
毛皮鞣制及制品加工	4				
羽毛(绒)加工及制品制造	40	2	2	2	1
制鞋业	72	11	22	4	
木材加工和木、竹、藤、棕、草制品业	409	26	63	41	3
木材加工	20				
人造板制造	97	16	27	18	
木质制品制造	24	2	2	4	
竹、藤、棕、草等制品制造	268	8	34	19	3
家具制造业	313	77	91	62	1
木质家具制造	247	65	76	53	
竹、藤家具制造	4	1	1		
金属家具制造	53	10	13	2	1
其他家具制造	9	1	1	7	
造纸和纸制品业	148	27	42	35	
纸浆制造					

1-H-3 续表 2

行业	专利申请数(件)	#发明专利	有效发明专利数(件)	拥有注册商标数(件)	形成国家或行业标准数(项)
造纸	49	4	11	28	
纸制品制造	99	23	31	7	
印刷和记录媒介复制业	169	14	71	8	
印刷	169	14	71	8	
装订及印刷相关服务					
文教、工美、体育和娱乐用品制造业	396	36	79	192	9
文教办公用品制造	19	1		2	
工艺美术及礼仪用品制造	144	25	57	131	1
体育用品制造	119	8	20	16	8
玩具制造	114	2	2	41	
游艺器材及娱乐用品制造				2	
石油、煤炭及其他燃料加工业	70	25	38	5	3
精炼石油产品制造	22	11	28	4	
煤炭加工	48	14	10	1	3
生物质燃料加工					
化学原料和化学制品制造业	1866	418	1178	1181	32
基础化学原料制造	398	90	345	42	7
肥料制造	37	15	67	13	5
农药制造	138	51	145	600	
涂料、油墨、颜料及类似产品制造	168	21	69	57	
合成材料制造	91	20	50	4	1
专用化学产品制造	763	154	300	70	18
炸药、火工及焰火产品制造	177	47	93	23	1
日用化学产品制造	94	20	109	372	
医药制造业	1284	323	1200	2899	40
化学药品原料药制造	307	83	202	51	4
化学药品制剂制造	125	18	164	1307	12
中药饮片加工	161	83	16	94	4
中成药生产	392	79	664	1268	7
兽用药品制造	126	12	32	87	5
生物药品制品制造	83	14	28	16	1
卫生材料及医药用品制造	66	26	75	75	
药用辅料及包装材料	24	8	19	1	7
化学纤维制造业	87	7	11		
纤维素纤维原料及纤维制造	75	5	1		
合成纤维制造	10	1	10		
生物基材料制造	2	1			
橡胶和塑料制品业	520	68	152	81	13

1-H-3　续表 3

行　业	专利申请数(件)	#发明专利	有效发明专利数(件)	拥有注册商标数(件)	形成国家或行业标准数(项)
橡胶制品业	97	3	12	21	1
塑料制品业	423	65	140	60	12
非金属矿物制品业	1838	291	576	319	33
水泥、石灰和石膏制造	116	8	18	2	
石膏、水泥制品及类似制品制造	112	15	63	19	4
砖瓦、石材等建筑材料制造	205	33	103	31	7
玻璃制造	58	7	2	14	
玻璃制品制造	92	17	22	8	
玻璃纤维和玻璃纤维增强塑料制品制造	179	10	25	10	1
陶瓷制品制造	953	168	299	162	21
耐火材料制品制造	12	5	22	68	
石墨及其他非金属矿物制品制造	111	28	22	5	
黑色金属冶炼和压延加工业	134	33	57	49	6
炼铁	3				
炼钢	3	2	3		
钢压延加工	128	31	54	49	6
铁合金冶炼					
有色金属冶炼和压延加工业	2000	336	946	273	41
常用有色金属冶炼	347	91	250	17	4
贵金属冶炼	18	8	25	1	
稀有稀土金属冶炼	548	88	200	64	26
有色金属合金制造	142	19	71	20	4
有色金属压延加工	945	130	400	171	7
金属制品业	907	138	480	62	12
结构性金属制品制造	277	44	181	8	2
金属工具制造	39	15	47	9	
集装箱及金属包装容器制造	11	5	5		
金属丝绳及其制品制造	29		17	1	
建筑、安全用金属制品制造	322	50	175	28	9
金属表面处理及热处理加工					
搪瓷制品制造					
金属制日用品制造	90	4	3	7	1
铸造及其他金属制品制造	139	20	52	9	
通用设备制造业	1142	171	511	129	3
锅炉及原动设备制造	21	2	11	4	
金属加工机械制造	135	13	50	1	
物料搬运设备制造	162	24	44	18	
泵、阀门、压缩机及类似机械制造	376	69	155	51	3

1-H-3 续表 4

行业	专利申请数（件）	#发明专利	有效发明专利数（件）	拥有注册商标数（件）	形成国家或行业标准数（项）
轴承、齿轮和传动部件制造	76	14	14	8	
烘炉、风机、包装等设备制造	131	15	89	19	
文化、办公用机械制造	57	10	44	4	
通用零部件制造	133	17	78	12	
其他通用设备制造业	51	7	26	12	
专用设备制造业	1115	190	572	201	25
采矿、冶金、建筑专用设备制造	172	26	137	10	5
化工、木材、非金属加工专用设备制造	126	6	35	1	
食品、饮料、烟草及饲料生产专用设备制造	36	3	37	1	
印刷、制药、日化及日用品生产专用设备制造	95	13	34	2	
纺织、服装和皮革加工专用设备制造	31	6		3	
电子和电工机械专用设备制造	83	16	33	2	1
农、林、牧、渔专用机械制造	42	14	33	7	
医疗仪器设备及器械制造	309	49	121	127	7
环保、邮政、社会公共服务及其他专用设备制造	221	57	142	48	12
汽车制造业	2884	483	615	867	38
汽车整车制造	1730	314	163	760	17
汽车用发动机制造	132	5	2	6	
改装汽车制造	20	8	3	6	
电车制造					
汽车车身、挂车制造	28	9	23	1	5
汽车零部件及配件制造	974	147	424	94	16
铁路、船舶、航空航天和其他运输设备制造业	603	315	1343	96	7
铁路运输设备制造	8				
城市轨道交通设备制造	10		10	1	
船舶及相关装置制造	20	10	55	2	
航空、航天器及设备制造	527	302	1278	92	7
摩托车制造	14				
自行车和残疾人座车制造	12				
助动车制造					
非公路休闲车及零配件制造	12	3		1	
潜水救捞及其他未列明运输设备制造					
电气机械和器材制造业	3600	546	1275	628	37
电机制造	613	130	248	32	8
输配电及控制设备制造	1028	161	345	418	19
电线、电缆、光缆及电工器材制造	696	57	248	24	2
电池制造	585	127	248	92	6
家用电力器具制造	116	7	85	48	

1-H-3　续表 5

行　　业	专　利申请数(件)	#发明专利	有　效发　明专利数(件)	拥　有注　册商标数(件)	形成国家或行业标准数(项)
非电力家用器具制造					
照明器具制造	528	56	92	14	2
其他电气机械及器材制造	34	8	9		
计算机、通信和其他电子设备制造业	3154	809	1327	510	20
计算机制造	90	9	17	5	
通信设备制造	231	125	40	218	
广播电视设备制造	94	10	12	3	
非专业视听设备制造	248	18	30	7	
智能消费设备制造	141	28	90	146	
电子器件制造	852	243	625	32	2
电子元件及电子专用材料制造	1343	343	457	95	17
其他电子设备制造	155	33	56	4	1
仪器仪表制造业	385	110	120	28	3
通用仪器仪表制造	198	64	57	10	
专用仪器仪表制造	32	18	29	15	3
钟表与计时仪器制造					
光学仪器制造	129	24	29	3	
衡器制造	14	4	5		
其他仪器仪表制造业	12				
其他制造业	108	40	48	28	4
日用杂品制造	25	15	21	11	4
其他未列明制造业	83	25	27	17	
废弃资源综合利用业	83	26	99	11	2
金属废料和碎屑加工处理	71	26	88	10	2
非金属废料和碎屑加工处理	12		11	1	
金属制品、机械和设备修理业	15	2	2		
其他机械和设备修理业	15	2	2		
电力、热力、燃气及水生产和供应业	**627**	**259**	**209**	**21**	**12**
电力、热力生产和供应业	557	248	197	1	11
电力生产	47	7	9	1	1
电力供应	510	241	188		10
热力生产和供应					
燃气生产和供应业	41	6			
燃气生产和供应业	41	6			
生物质燃气生产和供应业					
水的生产和供应业	29	5	12	20	1
自来水生产和供应	26	2	7	20	
污水处理及其再生利用	3	3	5		1

1-H-4 分行业大中型企业自主知识产权及相关情况

行业	专利申请数(件)	#发明专利	有效发明专利数(件)	拥有注册商标数(件)	形成国家或行业标准数(项)
总计	**10060**	**2347**	**4728**	**5442**	**172**
采矿业	**34**	**6**	**8**	**10**	
煤炭开采和洗选业				1	
烟煤和无烟煤开采洗选				1	
其他煤炭采选					
黑色金属矿采选业					
铁矿采选					
其他黑色金属矿采选					
有色金属矿采选业	22	3	5	1	
常用有色金属矿采选	4	1			
贵金属矿采选	8				
稀有稀土金属矿采选	10	2	5	1	
非金属矿采选业	12	3	3	8	
土砂石开采					
采盐	12	3	2	8	
石棉及其他非金属矿采选			1		
制造业	**9473**	**2097**	**4523**	**5413**	**161**
农副食品加工业	145	38	27	186	
谷物磨制	10			1	
饲料加工	54	32	23	140	
植物油加工	8		1	3	
屠宰及肉类加工	38	6	2	38	
水产品加工					
蔬菜、菌类、水果和坚果加工	20				
其他农副食品加工	15		1	4	
食品制造业	42	5	66	234	5
焙烤食品制造	10		2		
糖果、巧克力及蜜饯制造	15	1		2	
方便食品制造	3	3	7	15	
乳制品制造	1		7	95	
罐头食品制造			1		
调味品、发酵制品制造	1	1		2	
其他食品制造	12		49	120	5
酒、饮料和精制茶制造业	73	10	42	218	6
酒的制造	35	1	11	76	2
饮料制造	37	8	30	117	1
精制茶加工	1	1	1	25	3

1-H-4　续表 1

行　　业	专　利申请数(件)	#发明专利	有　效发　明专利数(件)	拥　有注　册商标数(件)	形成国家或行业标准数(项)
烟草制品业	130	46	56	240	
烟叶复烤					
卷烟制造	130	46	56	240	
纺织业	186	15	87	79	
棉纺织及印染精加工	151	12	15	13	
麻纺织及染整精加工					
丝绢纺织及印染精加工					
化纤织造及印染精加工	6		1	1	
针织或钩针编织物及其制品制造	9				
家用纺织制成品制造	2		70	64	
产业用纺织制成品制造	18	3	1	1	
纺织服装、服饰业	66	5	6	14	
机织服装制造	33	5	5	2	
针织或钩针编织服装制造	22			12	
服饰制造	11		1		
皮革、毛皮、羽毛及其制品和制鞋业	55	7	11	9	
皮革制品制造	5	1	1	8	
毛皮鞣制及制品加工					
羽毛(绒)加工及制品制造	35			1	
制鞋业	15	6	10		
木材加工和木、竹、藤、棕、草制品业	33	3	5	10	
人造板制造	32	2	4	8	
木质制品制造					
竹、藤、棕、草等制品制造	1	1	1	2	
家具制造业	43	4	8	17	
木质家具制造	34	3	7	14	
其他家具制造	9	1	1	3	
造纸和纸制品业	16	3	11	28	
造纸	16	3	10	28	
纸制品制造			1		
印刷和记录媒介复制业	29	9	16	5	
印刷	29	9	16	5	
文教、工美、体育和娱乐用品制造业	49	5	8	66	
文教办公用品制造	3				
工艺美术及礼仪用品制造	30	3	7	65	
体育用品制造					
玩具制造	16	2	1	1	
石油、煤炭及其他燃料加工业	55	21	32	1	3
精炼石油产品制造	7	7	22		
煤炭加工	48	14	10	1	3

1-H-4 续表 2

行业	专利申请数(件)	#发明专利	有效发明专利数(件)	拥有注册商标数(件)	形成国家或行业标准数(项)
化学原料和化学制品制造业	302	116	306	50	8
基础化学原料制造	65	37	182	18	7
肥料制造					
农药制造	9	8	22		
涂料、油墨、颜料及类似产品制造	9	1	10	1	
合成材料制造					
专用化学产品制造	92	32	69	20	
炸药、火工及焰火产品制造	117	34	21	9	1
日用化学产品制造	10	4	2	2	
医药制造业	309	103	679	2159	16
化学药品原料药制造	82	41	84	19	4
化学药品制剂制造	58	8	95	1237	4
中药饮片加工	10	1	6	10	
中成药生产	103	35	465	882	1
兽用药品制造	2	1	1	1	
生物药品制品制造	30	2	9	6	
卫生材料及医药用品制造	17	11	15	4	
药用辅料及包装材料	7	4	4		7
化学纤维制造业	67	5	1		
纤维素纤维原料及纤维制造	67	5	1		
橡胶和塑料制品业	61	7	40	28	4
橡胶制品业	14		3	19	
塑料制品业	47	7	37	9	4
非金属矿物制品业	622	103	200	169	7
水泥、石灰和石膏制造	16	3	8	1	
石膏、水泥制品及类似制品制造	14	4	19		
砖瓦、石材等建筑材料制造	43		21		
玻璃制造	17	2		11	
玻璃制品制造	15	2	2		
玻璃纤维和玻璃纤维增强塑料制品制造	106	5	20	2	
陶瓷制品制造	408	85	110	87	7
耐火材料制品制造	3	2	18	67	
石墨及其他非金属矿物制品制造			2	1	
黑色金属冶炼和压延加工业	102	21	49	49	6
炼铁	3				
钢压延加工	99	21	49	49	6
铁合金冶炼					
有色金属冶炼和压延加工业	531	105	409	134	26

1-H-4　续表 3

行　　业	专　利申请数(件)	#发明专利	有　效发　明专利数(件)	拥　有注　册商标数(件)	形成国家或行业标准数(项)
常用有色金属冶炼	161	37	167	7	1
贵金属冶炼	11	1	18	1	
稀有稀土金属冶炼	64	16	52	49	17
有色金属合金制造	33	6	48	9	4
有色金属压延加工	262	45	124	68	4
金属制品业	196	48	107	13	9
结构性金属制品制造	71	19	55	3	2
金属工具制造					
金属丝绳及其制品制造	4		17	1	
建筑、安全用金属制品制造	94	24	30	8	7
金属制日用品制造	18	4	3		
铸造及其他金属制品制造	9	1	2	1	
通用设备制造业	240	58	216	68	
锅炉及原动设备制造					
金属加工机械制造	20	1	6		
物料搬运设备制造	7	2	16	15	
泵、阀门、压缩机及类似机械制造	145	47	91	37	
轴承、齿轮和传动部件制造	14	4	10	6	
烘炉、风机、包装等设备制造	6		20	1	
文化、办公用机械制造	21	3	43	2	
通用零部件制造	12		22		
其他通用设备制造业	15	1	8	7	
专用设备制造业	273	58	160	82	9
采矿、冶金、建筑专用设备制造	59	10	44	2	4
化工、木材、非金属加工专用设备制造	10			1	
印刷、制药、日化及日用品生产专用设备制造	60	8	5	1	
纺织、服装和皮革加工专用设备制造					
电子和电工机械专用设备制造	21	9	19	2	1
农、林、牧、渔专用机械制造	29	10			
医疗仪器设备及器械制造	81	18	39	40	4
环保、邮政、社会公共服务及其他专用设备制造	13	3	53	36	
汽车制造业	2208	385	330	825	28
汽车整车制造	1686	300	163	753	17
汽车用发动机制造	132	5	2	6	
改装汽车制造	20	8	3	2	
汽车车身、挂车制造	4	4	10	1	5
汽车零部件及配件制造	366	68	152	63	6
铁路、船舶、航空航天和其他运输设备制造业					

1-H-4 续表 4

行业	专利申请数(件)	#发明专利	有效发明专利数(件)	拥有注册商标数(件)	形成国家或行业标准数(项)
船舶及相关装置制造					
摩托车制造					
电气机械和器材制造业	1668	297	556	484	24
电机制造	441	103	141	29	6
输配电及控制设备制造	298	67	126	364	13
电线、电缆、光缆及电工器材制造	186	8	28	2	1
电池制造	356	88	151	77	2
家用电力器具制造	69		38		
照明器具制造	313	31	71	12	2
其他电气机械及器材制造	5		1		
计算机、通信和其他电子设备制造业	1825	578	1023	240	10
计算机制造	49	6	16	2	
通信设备制造	144	94	22	165	
广播电视设备制造	40	7	7	1	
非专业视听设备制造	207	10	26	3	
智能消费设备制造	51	14	72	3	
电子器件制造	575	173	501	17	2
电子元件及电子专用材料制造	720	262	353	49	8
其他电子设备制造	39	12	26		
仪器仪表制造业	126	36	41	4	
通用仪器仪表制造	59	14	5	1	
专用仪器仪表制造	6	3	12	3	
光学仪器制造	61	19	24		
其他制造业					
日用杂品制造					
其他未列明制造业					
废弃资源综合利用业	21	6	31	1	
金属废料和碎屑加工处理	21	6	30	1	
非金属废料和碎屑加工处理			1		
电力、热力、燃气及水生产和供应业	**553**	**244**	**197**	**19**	**11**
电力、热力生产和供应业	528	242	190		11
电力生产	18	1	2		1
电力供应	510	241	188		10
燃气生产和供应业					
燃气生产和供应业					
水的生产和供应业	25	2	7	19	
自来水生产和供应	25	2	7	19	

1-H-5　分行业内资企业自主知识产权及相关情况

行　业	专　利申请数(件)	#发明专利	有　效发　明专利数(件)	拥　有注　册商标数(件)	形成国家或行业标准数(项)
总　计	**24606**	**4895**	**10871**	**8679**	**344**
采矿业	**159**	**36**	**38**	**10**	
煤炭开采和洗选业				1	
烟煤和无烟煤开采洗选				1	
其他煤炭采选					
黑色金属矿采选业	2	1			
铁矿采选	2	1			
锰矿、铬矿采选					
其他黑色金属矿采选					
有色金属矿采选业	96	12	17	1	
常用有色金属矿采选	22	4	5		
贵金属矿采选	8				
稀有稀土金属矿采选	66	8	12	1	
非金属矿采选业	61	23	21	8	
土砂石开采	49	20	10		
化学矿开采					
采盐	12	3	2	8	
石棉及其他非金属矿采选			9		
制造业	**23832**	**4600**	**10624**	**8648**	**332**
农副食品加工业	797	182	211	445	14
谷物磨制	160	20	22	58	3
饲料加工	208	87	98	219	
植物油加工	128	24	18	72	9
制糖业					
屠宰及肉类加工	47	12	7	39	
水产品加工	8	3			
蔬菜、菌类、水果和坚果加工	54	14	16	13	1
其他农副食品加工	192	22	50	44	1
食品制造业	404	91	188	414	5
焙烤食品制造	33	1	12	1	
糖果、巧克力及蜜饯制造	17	3	7	2	
方便食品制造	50	18	20	34	
乳制品制造	4	1	7	97	
罐头食品制造	41	2	4	18	1
调味品、发酵制品制造	1	1		2	
其他食品制造	258	65	138	260	4

1-H-5 续表 1

行业	专利申请数(件)	#发明专利	有效发明专利数(件)	拥有注册商标数(件)	形成国家或行业标准数(项)
酒、饮料和精制茶制造业	166	14	71	320	6
酒的制造	62	1	29	8	
饮料制造	83	10	35	167	3
精制茶加工	21	3	7	145	3
烟草制品业	130	46	56	240	
烟叶复烤					
卷烟制造	130	46	56	240	
纺织业	370	38	113	85	
棉纺织及印染精加工	256	24	21	13	
毛纺织及染整精加工					
麻纺织及染整精加工	12	1	1	1	
丝绢纺织及印染精加工	1	1			
化纤织造及印染精加工	8		1	1	
针织或钩针编织物及其制品制造	6				
家用纺织制成品制造	30	1	81	66	
产业用纺织制成品制造	57	11	9	4	
纺织服装、服饰业	91	15	8	9	
机织服装制造	76	15	7	7	
针织或钩针编织服装制造	10			2	
服饰制造	5		1		
皮革、毛皮、羽毛及其制品和制鞋业	128	17	35	13	1
皮革鞣制加工	6	3	4		
皮革制品制造	11	1	7	9	
毛皮鞣制及制品加工	4				
羽毛(绒)加工及制品制造	40	2	2	2	1
制鞋业	67	11	22	2	
木材加工和木、竹、藤、棕、草制品业	409	26	63	41	3
木材加工	20				
人造板制造	97	16	27	18	
木质制品制造	24	2	2	4	
竹、藤、棕、草等制品制造	268	8	34	19	3
家具制造业	297	74	90	61	1
木质家具制造	231	62	75	52	
竹、藤家具制造	4	1	1		
金属家具制造	53	10	13	2	1
其他家具制造	9	1	1	7	
造纸和纸制品业	148	27	42	34	
纸浆制造					

1-H-5　续表 2

行　业	专　利申请数(件)	#发明专利	有　效发　明专利数(件)	拥　有注　册商标数(件)	形成国家或行业标准数(项)
造纸	49	4	11	27	
纸制品制造	99	23	31	7	
印刷和记录媒介复制业	147	8	64	8	
印刷	147	8	64	8	
装订及印刷相关服务					
文教、工美、体育和娱乐用品制造业	352	28	40	150	9
文教办公用品制造	17	1		2	
工艺美术及礼仪用品制造	124	20	21	91	1
体育用品制造	112	6	17	15	8
玩具制造	99	1	2	40	
游艺器材及娱乐用品制造				2	
石油、煤炭及其他燃料加工业	70	25	38	5	3
精炼石油产品制造	22	11	28	4	
煤炭加工	48	14	10	1	3
生物质燃料加工					
化学原料和化学制品制造业	1760	378	1047	1121	28
基础化学原料制造	361	71	260	27	3
肥料制造	37	15	67	13	5
农药制造	138	51	128	558	
涂料、油墨、颜料及类似产品制造	136	19	55	56	
合成材料制造	90	19	48	3	1
专用化学产品制造	735	138	287	69	18
炸药、火工及焰火产品制造	177	47	93	23	1
日用化学产品制造	86	18	109	372	
医药制造业	1257	310	1146	2826	39
化学药品原料药制造	305	81	176	51	4
化学药品制剂制造	125	18	164	1294	12
中药饮片加工	161	83	16	94	4
中成药生产	381	76	643	1215	7
兽用药品制造	123	9	32	84	5
生物药品制品制造	81	13	25	13	
卫生材料及医药用品制造	61	26	75	74	
药用辅料及包装材料	20	4	15	1	7
化学纤维制造业	20	2	10		
纤维素纤维原料及纤维制造	8				
合成纤维制造	10	1	10		
生物基材料制造	2	1			
橡胶和塑料制品业	500	68	139	57	13

1-H-5 续表 3

行业	专利申请数(件)	#发明专利	有效发明专利数(件)	拥有注册商标数(件)	形成国家或行业标准数(项)
橡胶制品业	97	3	12	21	1
塑料制品业	403	65	127	36	12
非金属矿物制品业	1826	288	561	318	32
水泥、石灰和石膏制造	105	5	10	2	
石膏、水泥制品及类似制品制造	112	15	63	19	4
砖瓦、石材等建筑材料制造	205	33	103	31	7
玻璃制造	58	7	2	14	
玻璃制品制造	92	17	22	8	
玻璃纤维和玻璃纤维增强塑料制品制造	179	10	25	10	1
陶瓷制品制造	952	168	292	161	20
耐火材料制品制造	12	5	22	68	
石墨及其他非金属矿物制品制造	111	28	22	5	
黑色金属冶炼和压延加工业	134	33	57	49	6
炼铁	3				
炼钢	3	2	3		
钢压延加工	128	31	54	49	6
铁合金冶炼					
有色金属冶炼和压延加工业	1932	327	869	258	37
常用有色金属冶炼	325	90	245	17	4
贵金属冶炼	18	8	25	1	
稀有稀土金属冶炼	530	83	184	60	26
有色金属合金制造	141	18	53	11	
有色金属压延加工	918	128	362	169	7
金属制品业	885	136	448	60	10
结构性金属制品制造	263	43	167	7	
金属工具制造	39	15	47	9	
集装箱及金属包装容器制造	11	5	5		
金属丝绳及其制品制造	25				
建筑、安全用金属制品制造	320	49	174	28	9
金属表面处理及热处理加工					
搪瓷制品制造					
金属制日用品制造	90	4	3	7	1
铸造及其他金属制品制造	137	20	52	9	
通用设备制造业	1063	160	442	129	3
锅炉及原动设备制造	21	2	11	4	
金属加工机械制造	116	11	49	1	
物料搬运设备制造	146	24	28	18	
泵、阀门、压缩机及类似机械制造	371	66	144	51	3

1-H-5　续表 4

行　业	专　利申请数（件）	#发明专利	有　效发　明专利数（件）	拥　有注　册商标数（件）	形成国家或行业标准数（项）
轴承、齿轮和传动部件制造	66	14	13	8	
烘炉、风机、包装等设备制造	130	15	70	19	
文化、办公用机械制造	37	5	44	4	
通用零部件制造	125	16	57	12	
其他通用设备制造业	51	7	26	12	
专用设备制造业	1044	183	571	200	25
采矿、冶金、建筑专用设备制造	172	26	137	10	5
化工、木材、非金属加工专用设备制造	109	6	35	1	
食品、饮料、烟草及饲料生产专用设备制造	36	3	37	1	
印刷、制药、日化及日用品生产专用设备制造	95	13	34	2	
纺织、服装和皮革加工专用设备制造	31	6		3	
电子和电工机械专用设备制造	81	14	33	2	1
农、林、牧、渔专用机械制造	38	14	33	6	
医疗仪器设备及器械制造	270	46	120	127	7
环保、邮政、社会公共服务及其他专用设备制造	212	55	142	48	12
汽车制造业	2675	454	599	867	38
汽车整车制造	1730	314	163	760	17
汽车用发动机制造	132	5	2	6	
改装汽车制造	20	8	3	6	
电车制造					
汽车车身、挂车制造	28	9	23	1	5
汽车零部件及配件制造	765	118	408	94	16
铁路、船舶、航空航天和其他运输设备制造业	603	315	1343	96	7
铁路运输设备制造	8				
城市轨道交通设备制造	10		10	1	
船舶及相关装置制造	20	10	55	2	
航空、航天器及设备制造	527	302	1278	92	7
摩托车制造	14				
自行车和残疾人座车制造	12				
助动车制造					
非公路休闲车及零配件制造	12	3		1	
潜水救捞及其他未列明运输设备制造					
电气机械和器材制造业	3207	488	1119	290	28
电机制造	580	129	228	32	8
输配电及控制设备制造	905	126	282	91	10
电线、电缆、光缆及电工器材制造	689	52	243	24	2
电池制造	444	114	223	84	6
家用电力器具制造	67	7	42	45	

1-H-5 续表 5

行　　业	专　利申请数(件)	#发明专利	有　效发　明专利数(件)	拥　有注　册商标数(件)	形成国家或行业标准数(项)
非电力家用器具制造					
照明器具制造	488	52	92	14	2
其他电气机械及器材制造	34	8	9		
计算机、通信和其他电子设备制造业	2828	691	986	486	15
计算机制造	78	9	17	5	
通信设备制造	226	125	39	218	
广播电视设备制造	94	10	12	3	
非专业视听设备制造	232	15	27	6	
智能消费设备制造	132	28	90	146	
电子器件制造	787	217	470	25	2
电子元件及电子专用材料制造	1124	254	275	79	12
其他电子设备制造	155	33	56	4	1
仪器仪表制造业	385	110	120	28	3
通用仪器仪表制造	198	64	57	10	
专用仪器仪表制造	32	18	29	15	3
钟表与计时仪器制造					
光学仪器制造	129	24	29	3	
衡器制造	14	4	5		
其他仪器仪表制造业	12				
其他制造业	106	38	47	27	4
日用杂品制造	24	14	21	11	4
其他未列明制造业	82	24	26	16	
废弃资源综合利用业	83	26	99	11	2
金属废料和碎屑加工处理	71	26	88	10	2
非金属废料和碎屑加工处理	12		11	1	
金属制品、机械和设备修理业	15	2	2		
其他机械和设备修理业	15	2	2		
电力、热力、燃气及水生产和供应业	**615**	**259**	**209**	**21**	**12**
电力、热力生产和供应业	545	248	197	1	11
电力生产	35	7	9	1	1
电力供应	510	241	188		10
热力生产和供应					
燃气生产和供应业	41	6			
燃气生产和供应业	41	6			
生物质燃气生产和供应业					
水的生产和供应业	29	5	12	20	1
自来水生产和供应	26	2	7	20	
污水处理及其再生利用	3	3	5		1

1-H-6　分行业港澳台商投资企业自主知识产权及相关情况

行　业	专利申请数（件）	#发明专利	有效发明专利数（件）	拥有注册商标数（件）	形成国家或行业标准数（项）
总　计	**837**	**124**	**358**	**583**	**12**
采矿业	**4**	**1**			
有色金属矿采选业	4	1			
常用有色金属矿采选	4	1			
非金属矿采选业					
土砂石开采					
制造业	**833**	**123**	**358**	**583**	**12**
农副食品加工业			4		
谷物磨制					
饲料加工			4		
植物油加工					
屠宰及肉类加工					
水产品加工					
蔬菜、菌类、水果和坚果加工					
食品制造业	15	3	4	4	
糖果、巧克力及蜜饯制造					
方便食品制造	3	3	3		
罐头食品制造	7		1	3	
其他食品制造	5			1	
酒、饮料和精制茶制造业	25	1	9	74	2
酒的制造	25	1	9	74	2
饮料制造					
纺织业	69		13	1	
棉纺织及印染精加工	60		13	1	
毛纺织及染整精加工					
化纤织造及印染精加工					
针织或钩针编织物及其制品制造	9				
产业用纺织制成品制造					
纺织服装、服饰业	12	1	1		
机织服装制造	6	1	1		
针织或钩针编织服装制造					
服饰制造	6				
皮革、毛皮、羽毛及其制品和制鞋业	3			2	
皮革鞣制加工					
皮革制品制造					
制鞋业	3			2	
木材加工和木、竹、藤、棕、草制品业					
人造板制造					
木质制品制造					
竹、藤、棕、草等制品制造					
家具制造业	16	3	1	1	
木质家具制造	16	3	1	1	
造纸和纸制品业				1	

1-H-6 续表 1

行业	专利申请数(件)	#发明专利	有效发明专利数(件)	拥有注册商标数(件)	形成国家或行业标准数(项)
造纸				1	
纸制品制造					
印刷和记录媒介复制业	22	6	3		
印刷	22	6	3		
文教、工美、体育和娱乐用品制造业	15	1	35	38	
文教办公用品制造					
工艺美术及礼仪用品制造			35	37	
体育用品制造					
玩具制造	15	1		1	
游艺器材及娱乐用品制造					
石油、煤炭及其他燃料加工业					
煤炭加工					
化学原料和化学制品制造业	57	21	46	44	
基础化学原料制造	6	1	2	1	
肥料制造					
农药制造			17	42	
涂料、油墨、颜料及类似产品制造	15	2	14		
合成材料制造					
专用化学产品制造	28	16	13	1	
日用化学产品制造	8	2			
医药制造业	20	11	28	59	1
化学药品制剂制造					
中药饮片加工					
中成药生产	11	3	21	53	
兽用药品制造	3	3		3	
生物药品制品制造	2	1	3	3	1
药用辅料及包装材料	4	4	4		
化学纤维制造业	33	5	1		
纤维素纤维原料及纤维制造	33	5	1		
橡胶和塑料制品业			13	24	
橡胶制品业					
塑料制品业			13	24	
非金属矿物制品业	1		2		
石膏、水泥制品及类似制品制造					
砖瓦、石材等建筑材料制造					
陶瓷制品制造	1		2		
石墨及其他非金属矿物制品制造					
有色金属冶炼和压延加工业	34	1	29	1	
常用有色金属冶炼	19	1	3		
有色金属压延加工	15		26	1	
金属制品业	2			1	
结构性金属制品制造					
金属工具制造					
金属丝绳及其制品制造	2			1	

1-H-6 续表 2

行业	专利申请数(件)	#发明专利	有效发明专利数(件)	拥有注册商标数(件)	形成国家或行业标准数(项)
金属表面处理及热处理加工					
金属制日用品制造					
铸造及其他金属制品制造					
通用设备制造业	17	1	19		
金属加工机械制造	16	1			
轴承、齿轮和传动部件制造					
烘炉、风机、包装等设备制造	1		19		
文化、办公用机械制造					
专用设备制造业	24	2			
化工、木材、非金属加工专用设备制造	15				
纺织、服装和皮革加工专用设备制造					
电子和电工机械专用设备制造					
农、林、牧、渔专用机械制造					
医疗仪器设备及器械制造					
环保、邮政、社会公共服务及其他专用设备制造	9	2			
汽车制造业	49	15	15		
汽车零部件及配件制造	49	15	15		
电气机械和器材制造业	304	43	123	326	9
电机制造	13	1	20		
输配电及控制设备制造	123	35	57	326	9
电线、电缆、光缆及电工器材制造	2	2	1		
电池制造	94	4	7		
家用电力器具制造	49		38		
照明器具制造	23	1			
计算机、通信和其他电子设备制造业	113	7	11	6	
计算机制造	12				
通信设备制造	5		1		
广播电视设备制造					
非专业视听设备制造	16	3	3	1	
电子器件制造	14				
电子元件及电子专用材料制造	66	4	7	5	
其他电子设备制造					
仪器仪表制造业					
专用仪器仪表制造					
其他制造业	2	2	1	1	
日用杂品制造	1	1			
其他未列明制造业	1	1	1	1	
电力、热力、燃气及水生产和供应业					
电力、热力生产和供应业					
电力生产					
燃气生产和供应业					
燃气生产和供应业					
水的生产和供应业					
自来水生产和供应					

1-H-7 分行业外商投资企业自主知识产权及相关情况

行业	专利申请数(件)	#发明专利	有效发明专利数(件)	拥有注册商标数(件)	形成国家或行业标准数(项)
总计	**860**	**197**	**649**	**117**	**17**
制造业	**848**	**197**	**649**	**117**	**17**
农副食品加工业	36				
谷物磨制					
饲料加工					
屠宰及肉类加工	36				
食品制造业	10		21	23	1
焙烤食品制造					
方便食品制造			2		
乳制品制造					
罐头食品制造					
其他食品制造	10		19	23	1
酒、饮料和精制茶制造业					
酒的制造					
饮料制造					
精制茶加工					
纺织业	5	1	1	3	
棉纺织及印染精加工	5	1	1	3	
针织或钩针编织物及其制品制造					
纺织服装、服饰业	20			10	
机织服装制造					
针织或钩针编织服装制造	20			10	
服饰制造					
皮革、毛皮、羽毛及其制品和制鞋业	2				
皮革制品制造					
制鞋业	2				
木材加工和木、竹、藤、棕、草制品业					
木材加工					
人造板制造					
木质制品制造					
竹、藤、棕、草等制品制造					
家具制造业					
木质家具制造					
金属家具制造					
造纸和纸制品业					
造纸					
纸制品制造					
印刷和记录媒介复制业			4		
印刷			4		
文教、工美、体育和娱乐用品制造业	29	7	4	4	
文教办公用品制造	2				

1-H-7　续表 1

行　业	专利申请数(件)	#发明专利	有效发明专利数(件)	拥有注册商标数(件)	形成国家或行业标准数(项)
工艺美术及礼仪用品制造	20	5	1	3	
体育用品制造	7	2	3	1	
玩具制造					
石油、煤炭及其他燃料加工业					
精炼石油产品制造					
化学原料和化学制品制造业	49	19	85	16	4
基础化学原料制造	31	18	83	14	4
涂料、油墨、颜料及类似产品制造	17			1	
合成材料制造	1	1	2	1	
专用化学产品制造					
日用化学产品制造					
医药制造业	7	2	26	14	
化学药品原料药制造	2	2	26		
化学药品制剂制造				13	
生物药品制品制造					
卫生材料及医药用品制造	5			1	
化学纤维制造业	34				
纤维素纤维原料及纤维制造	34				
合成纤维制造					
橡胶和塑料制品业	20				
橡胶制品业					
塑料制品业	20				
非金属矿物制品业	11	3	13	1	1
水泥、石灰和石膏制造	11	3	8		
石膏、水泥制品及类似制品制造					
砖瓦、石材等建筑材料制造					
玻璃制造					
陶瓷制品制造			5	1	1
黑色金属冶炼和压延加工业					
钢压延加工					
有色金属冶炼和压延加工业	34	8	48	14	4
常用有色金属冶炼	3		2		
稀有稀土金属冶炼	18	5	16	4	
有色金属合金制造	1	1	18	9	4
有色金属压延加工	12	2	12	1	
金属制品业	20	2	32	1	2
结构性金属制品制造	14	1	14	1	2
金属丝绳及其制品制造	2		17		
建筑、安全用金属制品制造	2	1	1		
金属表面处理及热处理加工					
铸造及其他金属制品制造	2				
通用设备制造业	62	10	50		
金属加工机械制造	3	1	1		

1-H-7 续表 2

行业	专利申请数(件)	#发明专利	有效发明专利数(件)	拥有注册商标数(件)	形成国家或行业标准数(项)
物料搬运设备制造	16		16		
泵、阀门、压缩机及类似机械制造	5	3	11		
轴承、齿轮和传动部件制造	10		1		
烘炉、风机、包装等设备制造					
文化、办公用机械制造	20	5			
通用零部件制造	8	1	21		
专用设备制造业	47	5	1	1	
化工、木材、非金属加工专用设备制造	2				
食品、饮料、烟草及饲料生产专用设备制造					
电子和电工机械专用设备制造	2	2			
农、林、牧、渔专用机械制造	4			1	
医疗仪器设备及器械制造	39	3	1		
汽车制造业	160	14	1		
汽车零部件及配件制造	160	14	1		
铁路、船舶、航空航天和其他运输设备制造业					
船舶及相关装置制造					
航空、航天器及设备制造					
电气机械和器材制造业	89	15	33	12	
电机制造	20				
输配电及控制设备制造			6	1	
电线、电缆、光缆及电工器材制造	5	3	4		
电池制造	47	9	18	8	
家用电力器具制造			5	3	
照明器具制造	17	3			
计算机、通信和其他电子设备制造业	213	111	330	18	5
计算机制造					
非专业视听设备制造					
智能消费设备制造	9				
电子器件制造	51	26	155	7	
电子元件及电子专用材料制造	153	85	175	11	5
仪器仪表制造业					
光学仪器制造					
其他制造业					
日用杂品制造					
废弃资源综合利用业					
金属废料和碎屑加工处理					
电力、热力、燃气及水生产和供应业	**12**				
电力、热力生产和供应业	12				
电力生产	12				
燃气生产和供应业					
燃气生产和供应业					
水的生产和供应业					
自来水生产和供应					

1-H-8　各地区企业自主知识产权及相关情况

地　区	专　利申请数(件)	#发明专利	有效发明专利数(件)	拥有注册商标数(件)	形成国家或行业标准数(项)
全　省	**26303**	**5216**	**11878**	**9379**	**373**
南昌市	6100	1681	4171	3381	88
景德镇市	622	204	358	171	14
萍乡市	985	241	371	125	23
九江市	2586	411	1025	724	8
新余市	472	121	347	158	34
鹰潭市	1475	155	342	54	5
赣州市	3520	657	1350	699	48
吉安市	2815	483	964	669	14
宜春市	2683	605	1481	2084	65
抚州市	3189	280	805	624	39
上饶市	1856	378	664	690	35

I. 企业政府相关政策落实情况

1-I-1 分登记注册类型企业政府相关政策落实情况

单位：万元

登记注册类型	来自政府部门的研究开发经费	研究开发费用加计扣除减免税	高新技术企业减免税
总　计	**86120.3**	**217122.8**	**287544.7**
内资企业	**82817.3**	**198134.2**	**242273.2**
国有企业	7101.9	1041.7	5202.2
集体企业			
股份合作企业	20.5	2.5	4.3
有限责任公司	46606.1	95979.2	96933.6
国有独资公司	28648.2	37343.7	20103.0
其他有限责任公司	17957.9	58635.5	76830.6
股份有限公司	7450.9	37951.7	70271.6
私营企业	21637.9	63159.1	69861.5
私营独资企业	2.0	663.3	
私营合伙企业	2.0		
私营有限责任公司	19701.9	54971.9	55335.3
私营股份有限公司	1932.0	7523.9	14526.2
其他企业			
港、澳、台商投资企业	**990.3**	**9100.6**	**11025.5**
合资经营企业	270.8	2245.4	2065.0
合作经营企业			
港、澳、台商独资经营企业	719.5	6702.2	8960.5
港、澳、台商投资股份有限公司		60.4	
其他港、澳、台投资企业		92.6	
外商投资企业	**2312.7**	**9888.0**	**34246.0**
中外合资经营企业	1097.3	4459.3	17080.7
中外合作经营企业	49.7		
外资企业	1143.7	3604.6	8803.4
外商投资股份有限公司	22.0	618.4	8160.8
其他外商投资企业		1205.7	201.1

1-I-2 分登记注册类型大中型企业政府相关政策落实情况

单位：万元

登记注册类型	来自政府部门的研究开发经费	研究开发费用加计扣除减免税	高新技术企业减免税
总 计	**44824.9**	**148188.7**	**219995.8**
内资企业	**42181.5**	**132146.4**	**177825.1**
国有企业		138.5	
集体企业			
股份合作企业			
有限责任公司	32017.4	71401.8	65684.3
国有独资公司	23414.2	37136.9	20014.5
其他有限责任公司	8603.2	34264.9	45669.8
股份有限公司	5128.7	32838.0	66069.9
私营企业	5035.4	27768.1	46070.9
私营独资企业		290.0	
私营合伙企业			
私营有限责任公司	4679.2	24171.2	36982.2
私营股份有限公司	356.2	3306.9	9088.7
其他企业			
港、澳、台商投资企业	**716.4**	**7589.5**	**9894.0**
合资经营企业	247.5	1365.7	1437.3
合作经营企业			
港、澳、台商独资经营企业	468.9	6131.2	8456.7
港、澳、台商投资股份有限公司			
其他港、澳、台投资企业		92.6	
外商投资企业	**1927.0**	**8452.8**	**32276.7**
中外合资经营企业	918.1	3536.2	15594.1
中外合作经营企业	49.7		
外资企业	937.2	3092.5	8320.7
外商投资股份有限公司	22.0	618.4	8160.8
其他外商投资企业		1205.7	201.1

1-I-3 分行业企业政府相关政策落实情况

单位：万元

行　业	来自政府部门的研究开发经费	研究开发费用加计扣除减免税	高新技术企业减免税
总　计	**86120.3**	**217122.8**	**287544.7**
采矿业	**988.1**	**423.6**	**206.0**
煤炭开采和洗选业		138.5	
烟煤和无烟煤开采洗选		138.5	
其他煤炭采选			
黑色金属矿采选业			
铁矿采选			
锰矿、铬矿采选			
其他黑色金属矿采选			
有色金属矿采选业	760.1	217.0	191.4
常用有色金属矿采选	601.0		191.4
贵金属矿采选		210.5	
稀有稀土金属矿采选	159.1	6.5	
非金属矿采选业	228.0	68.1	14.6
土砂石开采	25.0	68.1	14.6
化学矿开采			
采盐	53.0		
石棉及其他非金属矿采选	150.0		
制造业	**84820.2**	**216305.9**	**286309.7**
农副食品加工业	944.7	3808.3	5336.8
谷物磨制	81.0	177.1	
饲料加工	308.7	1757.8	2793.7
植物油加工	248.5	413.0	335.1
制糖业			
屠宰及肉类加工	81.3	514.5	1520.8
水产品加工	80.5		
蔬菜、菌类、水果和坚果加工	63.3	153.6	153.6
其他农副食品加工	81.4	792.3	533.6
食品制造业	968.0	3469.9	1813.6
焙烤食品制造	47.7	166.6	5.3
糖果、巧克力及蜜饯制造	16.0		
方便食品制造	280.5	476.3	
乳制品制造	50.0	364.9	1352.3
罐头食品制造	26.4	430.7	48.5
调味品、发酵制品制造			
其他食品制造	547.4	2031.4	407.5

1-I-3　续表 1

单位：万元

行　　业	来自政府部门的研究开发经费	研究开发费用加计扣除减免税	高新技术企业减免税
酒、饮料和精制茶制造业	443.4	565.2	139.8
酒的制造	42.5	171.3	4.5
饮料制造	321.0	301.8	135.3
精制茶加工	79.9	92.1	
烟草制品业	80.0		
烟叶复烤			
卷烟制造	80.0		
纺织业	319.8	1575.0	1249.1
棉纺织及印染精加工	102.0	807.8	790.6
毛纺织及染整精加工			
麻纺织及染整精加工	5.0	26.1	11.2
丝绢纺织及印染精加工	51.0	152.7	
化纤织造及印染精加工	2.0	219.0	
针织或钩针编织物及其制品制造		140.8	
家用纺织制成品制造	119.8	15.8	142.0
产业用纺织制成品制造	40.0	212.8	305.3
纺织服装、服饰业	792.2	735.9	97.7
机织服装制造	761.2	295.2	89.0
针织或钩针编织服装制造	31.0	342.5	
服饰制造		98.2	8.7
皮革、毛皮、羽毛及其制品和制鞋业	1156.4	228.1	125.0
皮革鞣制加工	571.3		
皮革制品制造	70.0	98.7	
毛皮鞣制及制品加工			
羽毛(绒)加工及制品制造	26.0		
制鞋业	489.1	129.4	125.0
木材加工和木、竹、藤、棕、草制品业	297.1	746.2	392.1
木材加工	24.6	137.3	
人造板制造	120.1	33.3	41.8
木质制品制造	95.4	506.0	116.9
竹、藤、棕、草等制品制造	57.0	69.6	233.4
家具制造业	906.0	1495.2	30.8
木质家具制造	905.0	1323.8	1.0
竹、藤家具制造		15.2	22.5
金属家具制造	1.0	156.2	7.3
其他家具制造			
造纸和纸制品业	385.3	1757.3	209.1
纸浆制造			

1-I-3 续表 2

单位：万元

行业	来自政府部门的研究开发经费	研究开发费用加计扣除减免税	高新技术企业减免税
造纸	228.4	680.3	188.3
纸制品制造	156.9	1077.0	20.8
印刷和记录媒介复制业	117.4	166.3	61.1
印刷	117.4	166.3	61.1
装订及印刷相关服务			
文教、工美、体育和娱乐用品制造业	419.5	791.4	310.8
文教办公用品制造	5.6	8.6	
工艺美术及礼仪用品制造	202.2	570.3	105.3
体育用品制造	110.0	212.5	205.5
玩具制造	101.7		
游艺器材及娱乐用品制造			
石油、煤炭及其他燃料加工业	73.2	185.5	2103.5
精炼石油产品制造	70.2	111.7	
煤炭加工	3.0	73.8	2103.5
生物质燃料加工			
化学原料和化学制品制造业	4498.8	20803.5	60663.0
基础化学原料制造	1867.7	6981.2	34543.0
肥料制造	74.3	202.4	258.3
农药制造	266.3	908.7	883.0
涂料、油墨、颜料及类似产品制造	294.1	603.5	4076.3
合成材料制造	207.2	1359.0	324.0
专用化学产品制造	1626.9	3679.0	6847.4
炸药、火工及焰火产品制造	72.3	3151.4	2326.5
日用化学产品制造	90.0	3918.3	11404.5
医药制造业	2608.7	17049.4	42129.2
化学药品原料药制造	526.6	2565.6	18257.9
化学药品制剂制造	372.6	2966.9	5539.8
中药饮片加工	278.0	647.9	407.9
中成药生产	1189.1	9134.5	11807.7
兽用药品制造	70.6	748.5	54.6
生物药品制品制造	130.0	628.7	5256.8
卫生材料及医药用品制造	41.4	339.8	776.2
药用辅料及包装材料	0.4	17.5	28.3
化学纤维制造业	10.7	466.3	520.4
纤维素纤维原料及纤维制造	10.7	414.1	520.4
合成纤维制造		52.2	
生物基材料制造			
橡胶和塑料制品业	648.9	3289.2	2314.6

1-I-3　续表 3　　　　单位：万元

行　　业	来自政府部门的研究开发经费	研究开发费用加计扣除减免税	高新技术企业减免税
橡胶制品业	67.0	858.8	1004.1
塑料制品业	581.9	2430.4	1310.5
非金属矿物制品业	4045.0	10833.9	16677.1
水泥、石灰和石膏制造	294.0	1262.3	241.3
石膏、水泥制品及类似制品制造	584.0	278.9	558.7
砖瓦、石材等建筑材料制造	360.0	172.5	555.1
玻璃制造	47.7	682.6	215.8
玻璃制品制造	52.5	212.6	
玻璃纤维和玻璃纤维增强塑料制品制造	290.0	1267.2	2619.8
陶瓷制品制造	2384.8	5142.8	7080.8
耐火材料制品制造	9.0		
石墨及其他非金属矿物制品制造	23.0	1815.0	5405.6
黑色金属冶炼和压延加工业	327.5	8451.9	13.6
炼铁			
炼钢	9.0		
钢压延加工	318.5	8451.9	13.6
铁合金冶炼			
有色金属冶炼和压延加工业	5071.3	17586.3	21188.3
常用有色金属冶炼	676.1	8876.4	9106.4
贵金属冶炼	234.0	341.3	91.4
稀有稀土金属冶炼	1904.2	2865.7	2524.5
有色金属合金制造	418.1	327.9	99.9
有色金属压延加工	1838.9	5175.0	9366.1
金属制品业	440.9	3663.3	5581.5
结构性金属制品制造	48.5	630.7	929.3
金属工具制造	22.0	314.9	845.1
集装箱及金属包装容器制造		8.6	
金属丝绳及其制品制造		119.6	462.0
建筑、安全用金属制品制造	278.2	1115.2	2147.4
金属表面处理及热处理加工			
搪瓷制品制造			
金属制日用品制造	0.8	445.1	747.9
铸造及其他金属制品制造	91.4	1029.2	449.8
通用设备制造业	2843.5	5017.7	5796.6
锅炉及原动设备制造	1.0	5.5	36.2
金属加工机械制造	571.6	485.3	740.9
物料搬运设备制造	97.6	425.8	547.1
泵、阀门、压缩机及类似机械制造	1876.7	2734.3	2842.8

1-I-3 续表 4 单位：万元

行业	来自政府部门的研究开发经费	研究开发费用加计扣除减免税	高新技术企业减免税
轴承、齿轮和传动部件制造	29.0	383.5	835.1
烘炉、风机、包装等设备制造	54.6	28.2	5.3
文化、办公用机械制造	79.6	23.7	33.3
通用零部件制造	130.7	662.3	592.8
其他通用设备制造业	2.7	269.1	163.1
专用设备制造业	1228.9	6499.3	7516.0
采矿、冶金、建筑专用设备制造	343.7	954.1	1026.4
化工、木材、非金属加工专用设备制造	105.9	624.3	87.9
食品、饮料、烟草及饲料生产专用设备制造		21.2	30.0
印刷、制药、日化及日用品生产专用设备制造		48.0	10.0
纺织、服装和皮革加工专用设备制造	22.3	867.8	456.2
电子和电工机械专用设备制造	25.9	976.6	839.0
农、林、牧、渔专用机械制造	39.7	983.3	511.7
医疗仪器设备及器械制造	214.3	794.0	1365.6
环保、邮政、社会公共服务及其他专用设备制造	477.1	1230.0	3189.2
汽车制造业	23787.3	31647.5	38883.1
汽车整车制造	23438.8	24531.3	18864.5
汽车用发动机制造			
改装汽车制造		92.3	200.9
电车制造			
汽车车身、挂车制造	2.0	159.6	414.1
汽车零部件及配件制造	346.5	6864.3	19403.6
铁路、船舶、航空航天和其他运输设备制造业	12392.4	1007.1	5301.5
铁路运输设备制造			
城市轨道交通设备制造	5.0	6.0	
船舶及相关装置制造	499.6	132.8	81.6
航空、航天器及设备制造	11857.8	838.1	5219.9
摩托车制造		30.2	
自行车和残疾人座车制造			
助动车制造			
非公路休闲车及零配件制造	30.0		
潜水救捞及其他未列明运输设备制造			
电气机械和器材制造业	8214.4	24636.6	18248.8
电机制造	1208.7	2185.1	2672.3
输配电及控制设备制造	1984.3	6789.7	5661.7
电线、电缆、光缆及电工器材制造	2643.0	2753.2	1898.7
电池制造	1662.0	9453.2	4537.2
家用电力器具制造	3.6	690.3	126.4

1-I-3　续表 5　　　　单位：万元

行　业	来自政府部门的研究开发经费	研究开发费用加计扣除减免税	高新技术企业减免税
非电力家用器具制造			
照明器具制造	647.5	2765.1	3194.2
其他电气机械及器材制造	65.3		158.3
计算机、通信和其他电子设备制造业	10078.1	46450.3	45150.7
计算机制造	481.5	558.3	3725.3
通信设备制造	1673.3	1765.7	1415.0
广播电视设备制造	153.0	120.0	23.4
非专业视听设备制造	207.7	2037.6	1720.0
智能消费设备制造	20.3	1545.9	2669.6
电子器件制造	3341.4	15807.2	15770.1
电子元件及电子专用材料制造	3616.3	23116.2	12911.1
其他电子设备制造	584.6	1499.4	6916.2
仪器仪表制造业	454.0	2992.1	2825.7
通用仪器仪表制造	142.3	751.6	2250.1
专用仪器仪表制造	275.0	2180.5	542.4
钟表与计时仪器制造			
光学仪器制造	36.0	17.2	11.1
衡器制造			22.1
其他仪器仪表制造业	0.7	42.8	
其他制造业	160.2	104.5	80.5
日用杂品制造	97.3	58.0	78.8
其他未列明制造业	62.9	46.5	1.7
废弃资源综合利用业	1093.6	265.9	1549.7
金属废料和碎屑加工处理	823.6	265.9	1549.7
非金属废料和碎屑加工处理	270.0		
金属制品、机械和设备修理业	13.0	16.8	
其他机械和设备修理业	13.0	16.8	
电力、热力、燃气及水生产和供应业	**312.0**	**393.3**	**1029.0**
电力、热力生产和供应业	11.0	87.2	
电力生产	11.0	87.2	
电力供应			
热力生产和供应			
燃气生产和供应业			
燃气生产和供应业			
生物质燃气生产和供应业			
水的生产和供应业	301.0	306.1	1029.0
自来水生产和供应	286.0	306.1	1029.0
污水处理及其再生利用	15.0		

1-I-4 分行业大中型企业政府相关政策落实情况

单位：万元

行业	来自政府部门的研究开发经费	研究开发费用加计扣除减免税	高新技术企业减免税
总计	**44824.9**	**148188.7**	**219995.8**
采矿业	**314.1**	**349.0**	
煤炭开采和洗选业		138.5	
烟煤和无烟煤开采洗选		138.5	
其他煤炭采选			
黑色金属矿采选业			
铁矿采选			
其他黑色金属矿采选			
有色金属矿采选业	111.1	210.5	
常用有色金属矿采选			
贵金属矿采选		210.5	
稀有稀土金属矿采选	111.1		
非金属矿采选业	203.0		
土砂石开采			
采盐	53.0		
石棉及其他非金属矿采选	150.0		
制造业	**44510.8**	**147651.4**	**218966.8**
农副食品加工业	256.8	1833.8	2843.1
谷物磨制	15.0		
饲料加工		1043.5	873.8
植物油加工	105.0	314.6	289.0
屠宰及肉类加工	71.5	384.9	1480.3
水产品加工	2.0		
蔬菜、菌类、水果和坚果加工	63.3		
其他农副食品加工		90.8	200.0
食品制造业	330.0	1182.8	1682.5
焙烤食品制造	11.0		
糖果、巧克力及蜜饯制造	16.0		
方便食品制造	253.0	110.0	
乳制品制造	50.0	364.9	1352.3
罐头食品制造		68.1	33.2
调味品、发酵制品制造			
其他食品制造		639.8	297.0
酒、饮料和精制茶制造业	243.5	211.3	
酒的制造	2.5	109.2	
饮料制造	221.0	45.5	
精制茶加工	20.0	56.6	

1-I-4　续表 1　　单位：万元

行　业	来自政府部门的研究开发经费	研究开发费用加计扣除减免税	高新技术企业减免税
烟草制品业	80.0		
烟叶复烤			
卷烟制造	80.0		
纺织业	79.8	850.9	1178.4
棉纺织及印染精加工	3.0	417.6	779.8
麻纺织及染整精加工			
丝绢纺织及印染精加工			
化纤织造及印染精加工	2.0	113.6	
针织或钩针编织物及其制品制造		140.8	
家用纺织制成品制造	74.8		142.0
产业用纺织制成品制造		178.9	256.6
纺织服装、服饰业	671.0	700.5	97.7
机织服装制造	665.0	271.7	89.0
针织或钩针编织服装制造	6.0	336.2	
服饰制造		92.6	8.7
皮革、毛皮、羽毛及其制品和制鞋业	36.1	21.1	125.0
皮革制品制造	20.0	17.5	
毛皮鞣制及制品加工			
羽毛(绒)加工及制品制造			
制鞋业	16.1	3.6	125.0
木材加工和木、竹、藤、棕、草制品业		27.9	
人造板制造			
木质制品制造			
竹、藤、棕、草等制品制造		27.9	
家具制造业	831.0	609.8	
木质家具制造	831.0	609.8	
其他家具制造			
造纸和纸制品业	158.4	450.1	149.4
造纸	158.4	450.1	149.4
纸制品制造			
印刷和记录媒介复制业			34.8
印刷			34.8
文教、工美、体育和娱乐用品制造业	184.7	15.0	13.0
文教办公用品制造			
工艺美术及礼仪用品制造	30.0		
体育用品制造	58.0	15.0	13.0
玩具制造	96.7		
石油、煤炭及其他燃料加工业	15.0	115.1	2103.5
精炼石油产品制造	15.0	111.7	
煤炭加工		3.4	2103.5

1-I-4 续表 2

单位：万元

行业	来自政府部门的研究开发经费	研究开发费用加计扣除减免税	高新技术企业减免税
化学原料和化学制品制造业	1250.5	6576.0	40045.8
基础化学原料制造	1022.3	4658.3	33242.1
肥料制造			
农药制造		48.3	
涂料、油墨、颜料及类似产品制造	60.0	173.6	3901.2
合成材料制造	5.0		
专用化学产品制造	125.8	637.3	2762.7
炸药、火工及焰火产品制造	37.4	987.3	98.1
日用化学产品制造		71.2	41.7
医药制造业	1140.7	10009.2	32453.2
化学药品原料药制造	9.5	1405.8	15190.3
化学药品制剂制造	326.5	2024.1	3552.9
中药饮片加工	101.0		20.9
中成药生产	663.7	6198.4	8276.4
兽用药品制造			
生物药品制品制造	30.0	235.3	4660.9
卫生材料及医药用品制造	10.0	145.6	751.8
药用辅料及包装材料			
化学纤维制造业	10.7	414.1	520.4
纤维素纤维原料及纤维制造	10.7	414.1	520.4
橡胶和塑料制品业	62.0	976.2	1207.4
橡胶制品业	12.0	363.5	871.3
塑料制品业	50.0	612.7	336.1
非金属矿物制品业	2295.5	5899.5	14797.9
水泥、石灰和石膏制造	120.0	125.7	
石膏、水泥制品及类似制品制造	50.0		450.8
砖瓦、石材等建筑材料制造	122.0		442.8
玻璃制造		622.6	215.8
玻璃制品制造	7.5		
玻璃纤维和玻璃纤维增强塑料制品制造	264.0	479.1	2370.7
陶瓷制品制造	1732.0	3287.1	6283.4
耐火材料制品制造			
石墨及其他非金属矿物制品制造		1385.0	5034.4
黑色金属冶炼和压延加工业	304.5	8450.6	
炼铁			
钢压延加工	304.5	8450.6	
铁合金冶炼			

1-I-4　续表 3　　　　　　　　　　　　　　　　　　　　　　　　单位：万元

行　业	来自政府部门的研究开发经费	研究开发费用加计扣除减免税	高新技术企业减免税
有色金属冶炼和压延加工业	1503.4	11457.2	16936.5
常用有色金属冶炼	347.1	8012.8	8244.9
贵金属冶炼	224.0	213.8	91.4
稀有稀土金属冶炼	252.2	968.1	1156.2
有色金属合金制造	205.0		
有色金属压延加工	475.1	2262.5	7444.0
金属制品业	265.5	2394.9	4733.5
结构性金属制品制造	17.0	583.5	856.4
金属工具制造		126.4	839.3
金属丝绳及其制品制造		100.5	410.1
建筑、安全用金属制品制造	228.5	816.4	1908.9
金属制日用品制造		416.1	718.8
铸造及其他金属制品制造	20.0	352.0	
通用设备制造业	1841.5	2313.1	3785.8
锅炉及原动设备制造			
金属加工机械制造	516.6		
物料搬运设备制造	60.0	189.6	193.2
泵、阀门、压缩机及类似机械制造	1195.3	1820.7	2260.0
轴承、齿轮和传动部件制造		254.6	829.5
烘炉、风机、包装等设备制造			
文化、办公用机械制造	69.6	23.7	33.3
通用零部件制造		24.5	306.7
其他通用设备制造业			163.1
专用设备制造业	349.4	2861.1	4502.7
采矿、冶金、建筑专用设备制造	45.0	395.8	513.1
化工、木材、非金属加工专用设备制造	50.0	554.4	53.4
印刷、制药、日化及日用品生产专用设备制造			
纺织、服装和皮革加工专用设备制造			
电子和电工机械专用设备制造		603.8	812.6
农、林、牧、渔专用机械制造		669.6	339.9
医疗仪器设备及器械制造	53.0	290.8	516.4
环保、邮政、社会公共服务及其他专用设备制造	201.4	346.7	2267.3
汽车制造业	23488.9	28853.7	35945.9
汽车整车制造	23388.8	24531.3	18864.5
汽车用发动机制造			
改装汽车制造			200.9
汽车车身、挂车制造			62.4
汽车零部件及配件制造	100.1	4322.4	16818.1

1-I-4 续表 4

单位：万元

行　　业	来自政府部门的研究开发经费	研究开发费用加计扣除减免税	高新技术企业减免税
铁路、船舶、航空航天和其他运输设备制造业			
船舶及相关装置制造			
摩托车制造			
电气机械和器材制造业	4163.0	17031.8	12070.3
电机制造	584.8	1711.5	2432.1
输配电及控制设备制造	836.2	3018.3	3074.1
电线、电缆、光缆及电工器材制造	1145.3	618.8	1268.1
电池制造	1106.2	8738.1	2135.2
家用电力器具制造	3.6	664.2	125.1
照明器具制造	486.9	2280.9	2877.4
其他电气机械及器材制造			158.3
计算机、通信和其他电子设备制造业	4948.9	42185.2	41066.5
计算机制造	399.6	548.1	3690.4
通信设备制造	73.9	860.6	340.5
广播电视设备制造	90.0		
非专业视听设备制造	182.7	1922.8	1682.8
智能消费设备制造	8.3	1140.5	2523.1
电子器件制造	2409.6	14966.8	15091.7
电子元件及电子专用材料制造	1701.0	21367.5	11259.5
其他电子设备制造	83.8	1378.9	6478.5
仪器仪表制造业		2210.5	1153.5
通用仪器仪表制造		199.7	1142.4
专用仪器仪表制造		2010.8	
光学仪器制造			11.1
其他制造业			
日用杂品制造			
其他未列明制造业			
废弃资源综合利用业			1520.0
金属废料和碎屑加工处理			1520.0
非金属废料和碎屑加工处理			
电力、热力、燃气及水生产和供应业		**188.3**	**1029.0**
电力、热力生产和供应业			
电力生产			
电力供应			
燃气生产和供应业			
燃气生产和供应业			
水的生产和供应业		188.3	1029.0
自来水生产和供应		188.3	1029.0

1-I-5　分行业内资企业政府相关政策落实情况

单位：万元

行　业	来自政府部门的研究开发经费	研究开发费用加计扣除减免税	高新技术企业减免税
总　计	**82817.3**	**198134.2**	**242273.2**
采矿业	**988.1**	**423.6**	**206.0**
煤炭开采和洗选业		138.5	
烟煤和无烟煤开采洗选		138.5	
其他煤炭采选			
黑色金属矿采选业			
铁矿采选			
锰矿、铬矿采选			
其他黑色金属矿采选			
有色金属矿采选业	760.1	217.0	191.4
常用有色金属矿采选	601.0		191.4
贵金属矿采选		210.5	
稀有稀土金属矿采选	159.1	6.5	
非金属矿采选业	228.0	68.1	14.6
土砂石开采	25.0	68.1	14.6
化学矿开采			
采盐	53.0		
石棉及其他非金属矿采选	150.0		
制造业	**81517.2**	**197317.3**	**241038.2**
农副食品加工业	931.9	3767.8	4975.7
谷物磨制	81.0	177.1	
饲料加工	307.7	1757.8	2473.1
植物油加工	248.5	413.0	335.1
制糖业			
屠宰及肉类加工	71.5	474.0	1480.3
水产品加工	78.5		
蔬菜、菌类、水果和坚果加工	63.3	153.6	153.6
其他农副食品加工	81.4	792.3	533.6
食品制造业	712.1	3359.9	1813.6
焙烤食品制造	47.7	166.6	5.3
糖果、巧克力及蜜饯制造	16.0		
方便食品制造	27.5	366.3	
乳制品制造	50.0	364.9	1352.3
罐头食品制造	26.4	430.7	48.5
调味品、发酵制品制造			
其他食品制造	544.5	2031.4	407.5

1-I-5 续表 1

单位：万元

行 业	来自政府部门的研究开发经费	研究开发费用加计扣除减免税	高新技术企业减免税
酒、饮料和精制茶制造业	440.9	565.2	139.8
酒的制造	40.0	171.3	4.5
饮料制造	321.0	301.8	135.3
精制茶加工	79.9	92.1	
烟草制品业	80.0		
烟叶复烤			
卷烟制造	80.0		
纺织业	319.8	1194.1	407.8
棉纺织及印染精加工	102.0	655.2	156.6
毛纺织及染整精加工			
麻纺织及染整精加工	5.0	26.1	11.2
丝绢纺织及印染精加工	51.0	152.7	
化纤织造及印染精加工	2.0	219.0	
针织或钩针编织物及其制品制造			
家用纺织制成品制造	119.8	15.8	142.0
产业用纺织制成品制造	40.0	125.3	98.0
纺织服装、服饰业	734.2	393.6	97.7
机织服装制造	703.2	292.4	89.0
针织或钩针编织服装制造	31.0	95.6	
服饰制造		5.6	8.7
皮革、毛皮、羽毛及其制品和制鞋业	1087.4	164.3	125.0
皮革鞣制加工	571.3		
皮革制品制造	20.0	98.7	
毛皮鞣制及制品加工			
羽毛(绒)加工及制品制造	26.0		
制鞋业	470.1	65.6	125.0
木材加工和木、竹、藤、棕、草制品业	297.1	746.2	392.1
木材加工	24.6	137.3	
人造板制造	120.1	33.3	41.8
木质制品制造	95.4	506.0	116.9
竹、藤、棕、草等制品制造	57.0	69.6	233.4
家具制造业	896.2	1488.5	30.8
木质家具制造	895.2	1317.1	1.0
竹、藤家具制造		15.2	22.5
金属家具制造	1.0	156.2	7.3
其他家具制造			
造纸和纸制品业	118.0	1141.7	174.5
纸浆制造			

1-I-5　续表 2

单位：万元

行　　业	来自政府部门的研究开发经费	研究开发费用加计扣除减免税	高新技术企业减免税
造纸	76.5	338.3	153.7
纸制品制造	41.5	803.4	20.8
印刷和记录媒介复制业	112.4	166.3	61.1
印刷	112.4	166.3	61.1
装订及印刷相关服务			
文教、工美、体育和娱乐用品制造业	249.2	681.9	205.5
文教办公用品制造			
工艺美术及礼仪用品制造	181.2	469.4	
体育用品制造	51.0	212.5	205.5
玩具制造	17.0		
游艺器材及娱乐用品制造			
石油、煤炭及其他燃料加工业	73.2	185.5	2103.5
精炼石油产品制造	70.2	111.7	
煤炭加工	3.0	73.8	2103.5
生物质燃料加工			
化学原料和化学制品制造业	4220.5	18982.2	41861.9
基础化学原料制造	1607.9	5604.4	16875.2
肥料制造	74.3	202.4	258.3
农药制造	266.3	894.9	883.0
涂料、油墨、颜料及类似产品制造	280.6	448.6	4021.5
合成材料制造	202.2	1359.0	283.0
专用化学产品制造	1626.9	3613.5	5809.9
炸药、火工及焰火产品制造	72.3	3151.4	2326.5
日用化学产品制造	90.0	3708.0	11404.5
医药制造业	2598.7	15612.0	41648.3
化学药品原料药制造	526.6	2301.3	18172.2
化学药品制剂制造	372.6	2317.4	5424.9
中药饮片加工	278.0	167.9	202.8
中成药生产	1189.1	9134.5	11807.7
兽用药品制造	70.6	715.5	21.6
生物药品制品制造	120.0	618.1	5214.6
卫生材料及医药用品制造	41.4	339.8	776.2
药用辅料及包装材料	0.4	17.5	28.3
化学纤维制造业		52.2	
纤维素纤维原料及纤维制造			
合成纤维制造		52.2	
生物基材料制造			
橡胶和塑料制品业	598.6	2822.1	1857.1

1-I-5 续表 3

单位：万元

行业	来自政府部门的研究开发经费	研究开发费用加计扣除减免税	高新技术企业减免税
橡胶制品业	67.0	858.8	1004.1
塑料制品业	531.6	1963.3	853.0
非金属矿物制品业	3837.1	10813.1	16442.1
水泥、石灰和石膏制造	174.0	1262.3	241.3
石膏、水泥制品及类似制品制造	584.0	278.9	558.7
砖瓦、石材等建筑材料制造	360.0	172.5	555.1
玻璃制造	47.7	682.6	215.8
玻璃制品制造	52.5	212.6	
玻璃纤维和玻璃纤维增强塑料制品制造	290.0	1267.2	2619.8
陶瓷制品制造	2296.9	5122.0	6845.8
耐火材料制品制造	9.0		
石墨及其他非金属矿物制品制造	23.0	1815.0	5405.6
黑色金属冶炼和压延加工业	327.5	8451.9	13.6
炼铁			
炼钢	9.0		
钢压延加工	318.5	8451.9	13.6
铁合金冶炼			
有色金属冶炼和压延加工业	4940.1	16950.6	20987.2
常用有色金属冶炼	554.9	8847.4	9106.4
贵金属冶炼	234.0	341.3	91.4
稀有稀土金属冶炼	1894.2	2865.7	2524.5
有色金属合金制造	418.1	327.9	99.9
有色金属压延加工	1838.9	4568.3	9165.0
金属制品业	440.9	3229.0	3900.0
结构性金属制品制造	48.5	599.9	915.3
金属工具制造	22.0	188.5	5.8
集装箱及金属包装容器制造		8.6	
金属丝绳及其制品制造		19.1	51.9
建筑、安全用金属制品制造	278.2	1036.5	1729.3
金属表面处理及热处理加工			
搪瓷制品制造			
金属制日用品制造	0.8	445.1	747.9
铸造及其他金属制品制造	91.4	931.3	449.8
通用设备制造业	2835.5	4701.3	3911.0
锅炉及原动设备制造	1.0	5.5	36.2
金属加工机械制造	571.6	485.3	57.0
物料搬运设备制造	89.6	397.8	500.1
泵、阀门、压缩机及类似机械制造	1876.7	2734.3	2842.8

1-I-5　续表 4　　单位：万元

行　　业	来自政府部门的研究开发经费	研究开发费用加计扣除减免税	高新技术企业减免税
轴承、齿轮和传动部件制造	29.0	128.9	5.6
烘炉、风机、包装等设备制造	54.6	28.2	5.3
文化、办公用机械制造	79.6	23.7	33.3
通用零部件制造	130.7	628.5	267.6
其他通用设备制造业	2.7	269.1	163.1
专用设备制造业	1205.9	6432.2	7502.8
采矿、冶金、建筑专用设备制造	343.7	954.1	1026.4
化工、木材、非金属加工专用设备制造	85.9	600.8	87.9
食品、饮料、烟草及饲料生产专用设备制造		21.2	30.0
印刷、制药、日化及日用品生产专用设备制造		48.0	10.0
纺织、服装和皮革加工专用设备制造	22.3	867.8	456.2
电子和电工机械专用设备制造	25.9	976.6	839.0
农、林、牧、渔专用机械制造	38.7	983.3	511.7
医疗仪器设备及器械制造	212.3	758.8	1364.6
环保、邮政、社会公共服务及其他专用设备制造	477.1	1221.6	3177.0
汽车制造业	23787.3	29605.2	23893.9
汽车整车制造	23438.8	24531.3	18864.5
汽车用发动机制造			
改装汽车制造		92.3	200.9
电车制造			
汽车车身、挂车制造	2.0	159.6	414.1
汽车零部件及配件制造	346.5	4822.0	4414.4
铁路、船舶、航空航天和其他运输设备制造业	12392.4	1007.1	5301.5
铁路运输设备制造			
城市轨道交通设备制造	5.0	6.0	
船舶及相关装置制造	499.6	132.8	81.6
航空、航天器及设备制造	11857.8	838.1	5219.9
摩托车制造		30.2	
自行车和残疾人座车制造			
助动车制造			
非公路休闲车及零配件制造	30.0		
潜水救捞及其他未列明运输设备制造			
电气机械和器材制造业	7625.4	23563.8	17570.7
电机制造	1208.7	2185.1	2672.3
输配电及控制设备制造	1984.3	6531.3	5547.9
电线、电缆、光缆及电工器材制造	2643.0	2736.0	1898.7
电池制造	1083.0	8733.9	4406.1
家用电力器具制造	3.6	690.3	34.7

1-I-5 续表 5 单位：万元

行 业	来自政府部门的研究开发经费	研究开发费用加计扣除减免税	高新技术企业减免税
非电力家用器具制造			
照明器具制造	637.5	2687.2	2852.7
其他电气机械及器材制造	65.3		158.3
计算机、通信和其他电子设备制造业	8964.1	37877.6	41165.1
计算机制造	476.5	558.3	3725.3
通信设备制造	1667.9	1765.7	1354.4
广播电视设备制造	153.0	120.0	23.4
非专业视听设备制造	192.7	2037.6	1561.8
智能消费设备制造	20.3	1545.3	2669.6
电子器件制造	2386.8	15437.6	15095.9
电子元件及电子专用材料制造	3482.3	14913.7	9818.5
其他电子设备制造	584.6	1499.4	6916.2
仪器仪表制造业	454.0	2992.1	2825.7
通用仪器仪表制造	142.3	751.6	2250.1
专用仪器仪表制造	275.0	2180.5	542.4
钟表与计时仪器制造			
光学仪器制造	36.0	17.2	11.1
衡器制造			22.1
其他仪器仪表制造业	0.7	42.8	
其他制造业	130.2	87.2	80.5
日用杂品制造	67.3	40.7	78.8
其他未列明制造业	62.9	46.5	1.7
废弃资源综合利用业	1093.6	265.9	1549.7
金属废料和碎屑加工处理	823.6	265.9	1549.7
非金属废料和碎屑加工处理	270.0		
金属制品、机械和设备修理业	13.0	16.8	
其他机械和设备修理业	13.0	16.8	
电力、热力、燃气及水生产和供应业	**312.0**	**393.3**	**1029.0**
电力、热力生产和供应业	11.0	87.2	
电力生产	11.0	87.2	
电力供应			
热力生产和供应			
燃气生产和供应业			
燃气生产和供应业			
生物质燃气生产和供应业			
水的生产和供应业	301.0	306.1	1029.0
自来水生产和供应	286.0	306.1	1029.0
污水处理及其再生利用	15.0		

1-I-6　分行业港澳台商投资企业政府相关政策落实情况

单位：万元

行　业	来自政府部门的研究开发经费	研究开发费用加计扣除减免税	高新技术企业减免税
总　计	**990.3**	**9100.6**	**11025.5**
采矿业			
有色金属矿采选业			
常用有色金属矿采选			
非金属矿采选业			
土砂石开采			
制造业	**990.3**	**9100.6**	**11025.5**
农副食品加工业	3.0		320.6
谷物磨制			
饲料加工	1.0		320.6
植物油加工			
屠宰及肉类加工			
水产品加工	2.0		
蔬菜、菌类、水果和坚果加工			
食品制造业	220.0	110.0	
糖果、巧克力及蜜饯制造			
方便食品制造	220.0	110.0	
罐头食品制造			
其他食品制造			
酒、饮料和精制茶制造业	2.5		
酒的制造	2.5		
饮料制造			
纺织业		329.4	841.3
棉纺织及印染精加工		101.1	634.0
毛纺织及染整精加工			
化纤织造及印染精加工			
针织或钩针编织物及其制品制造		140.8	
产业用纺织制成品制造		87.5	207.3
纺织服装、服饰业	58.0	95.4	
机织服装制造	58.0	2.8	
针织或钩针编织服装制造			
服饰制造		92.6	
皮革、毛皮、羽毛及其制品和制鞋业	54.0		
皮革鞣制加工			
皮革制品制造	50.0		
制鞋业	4.0		
木材加工和木、竹、藤、棕、草制品业			
人造板制造			
木质制品制造			
竹、藤、棕、草等制品制造			
家具制造业	9.8	6.7	
木质家具制造	9.8	6.7	
造纸和纸制品业		390.6	34.6

1-I-6 续表 1

单位：万元

行业	来自政府部门的研究开发经费	研究开发费用加计扣除减免税	高新技术企业减免税
造纸		342.0	34.6
纸制品制造		48.6	
印刷和记录媒介复制业			
印刷			
文教、工美、体育和娱乐用品制造业	114.0	43.3	105.3
文教办公用品制造			
工艺美术及礼仪用品制造	21.0	43.3	105.3
体育用品制造	58.0		
玩具制造	35.0		
游艺器材及娱乐用品制造			
石油、煤炭及其他燃料加工业			
煤炭加工			
化学原料和化学制品制造业	173.9	741.7	5416.7
基础化学原料制造	155.4	297.2	4324.4
肥料制造			
农药制造		13.8	
涂料、油墨、颜料及类似产品制造	13.5	154.9	54.8
合成材料制造	5.0		
专用化学产品制造		65.5	1037.5
日用化学产品制造		210.3	
医药制造业	10.0	1173.1	395.2
化学药品制剂制造		649.5	114.9
中药饮片加工		480.0	205.1
中成药生产			
兽用药品制造		33.0	33.0
生物药品制品制造	10.0	10.6	42.2
药用辅料及包装材料			
化学纤维制造业	10.7	144.6	520.4
纤维素纤维原料及纤维制造	10.7	144.6	520.4
橡胶和塑料制品业	0.3		
橡胶制品业			
塑料制品业	0.3		
非金属矿物制品业	87.9		
石膏、水泥制品及类似制品制造			
砖瓦、石材等建筑材料制造			
陶瓷制品制造	87.9		
石墨及其他非金属矿物制品制造			
有色金属冶炼和压延加工业	35.0	137.4	
常用有色金属冶炼	35.0		
有色金属压延加工		137.4	
金属制品业		126.4	839.3
结构性金属制品制造			
金属工具制造		126.4	839.3
金属丝绳及其制品制造			

1-I-6　续表 2

单位：万元

行　　业	来自政府部门的研究开发经费	研究开发费用加计扣除减免税	高新技术企业减免税
金属表面处理及热处理加工			
金属制日用品制造			
铸造及其他金属制品制造			
通用设备制造业			
金属加工机械制造			
轴承、齿轮和传动部件制造			
烘炉、风机、包装等设备制造			
文化、办公用机械制造			
专用设备制造业		42.6	12.2
化工、木材、非金属加工专用设备制造			
纺织、服装和皮革加工专用设备制造			
电子和电工机械专用设备制造			
农、林、牧、渔专用机械制造			
医疗仪器设备及器械制造		34.2	
环保、邮政、社会公共服务及其他专用设备制造		8.4	12.2
汽车制造业		182.9	63.2
汽车零部件及配件制造		182.9	63.2
电气机械和器材制造业	35.0	754.4	520.8
电机制造			
输配电及控制设备制造		258.4	113.8
电线、电缆、光缆及电工器材制造			
电池制造	25.0	418.1	131.1
家用电力器具制造			91.7
照明器具制造	10.0	77.9	184.2
计算机、通信和其他电子设备制造业	146.2	4804.8	1955.9
计算机制造	5.0		
通信设备制造	5.4		60.6
广播电视设备制造			
非专业视听设备制造	15.0		158.2
电子器件制造	0.8		
电子元件及电子专用材料制造	120.0	4804.8	1737.1
其他电子设备制造			
仪器仪表制造业			
专用仪器仪表制造			
其他制造业	30.0	17.3	
日用杂品制造	30.0	17.3	
其他未列明制造业			
电力、热力、燃气及水生产和供应业			
电力、热力生产和供应业			
电力生产			
燃气生产和供应业			
燃气生产和供应业			
水的生产和供应业			
自来水生产和供应			

1-I-7 分行业外商投资企业政府相关政策落实情况

单位：万元

行业	来自政府部门的研究开发经费	研究开发费用加计扣除减免税	高新技术企业减免税
总　计	**2312.7**	**9888.0**	**34246.0**
制造业	**2312.7**	**9888.0**	**34246.0**
农副食品加工业	9.8	40.5	40.5
谷物磨制			
饲料加工			
屠宰及肉类加工	9.8	40.5	40.5
食品制造业	35.9		
焙烤食品制造			
方便食品制造	33.0		
乳制品制造			
罐头食品制造			
其他食品制造	2.9		
酒、饮料和精制茶制造业			
酒的制造			
饮料制造			
精制茶加工			
纺织业		51.5	
棉纺织及印染精加工		51.5	
针织或钩针编织物及其制品制造			
纺织服装、服饰业		246.9	
机织服装制造			
针织或钩针编织服装制造		246.9	
服饰制造			
皮革、毛皮、羽毛及其制品和制鞋业	15.0	63.8	
皮革制品制造			
制鞋业	15.0	63.8	
木材加工和木、竹、藤、棕、草制品业			
木材加工			
人造板制造			
木质制品制造			
竹、藤、棕、草等制品制造			
家具制造业			
木质家具制造			
金属家具制造			
造纸和纸制品业	267.3	225.0	
造纸	151.9		
纸制品制造	115.4	225.0	
印刷和记录媒介复制业	5.0		
印刷	5.0		
文教、工美、体育和娱乐用品制造业	56.3	66.2	
文教办公用品制造	5.6	8.6	

1-I-7　续表 1　　单位：万元

行　　业	来自政府部门的研究开发经费	研究开发费用加计扣除减免税	高新技术企业减免税
工艺美术及礼仪用品制造		57.6	
体育用品制造	1.0		
玩具制造	49.7		
石油、煤炭及其他燃料加工业			
精炼石油产品制造			
化学原料和化学制品制造业	104.4	1079.6	13384.4
基础化学原料制造	104.4	1079.6	13343.4
涂料、油墨、颜料及类似产品制造			
合成材料制造			41.0
专用化学产品制造			
日用化学产品制造			
医药制造业		264.3	85.7
化学药品原料药制造		264.3	85.7
化学药品制剂制造			
生物药品制品制造			
卫生材料及医药用品制造			
化学纤维制造业		269.5	
纤维素纤维原料及纤维制造		269.5	
合成纤维制造			
橡胶和塑料制品业	50.0	467.1	457.5
橡胶制品业			
塑料制品业	50.0	467.1	457.5
非金属矿物制品业	120.0	20.8	235.0
水泥、石灰和石膏制造	120.0		
石膏、水泥制品及类似制品制造			
砖瓦、石材等建筑材料制造			
玻璃制造			
陶瓷制品制造		20.8	235.0
黑色金属冶炼和压延加工业			
钢压延加工			
有色金属冶炼和压延加工业	96.2	498.3	201.1
常用有色金属冶炼	86.2	29.0	
稀有稀土金属冶炼	10.0		
有色金属合金制造			
有色金属压延加工		469.3	201.1
金属制品业		307.9	842.2
结构性金属制品制造		30.8	14.0
金属丝绳及其制品制造		100.5	410.1
建筑、安全用金属制品制造		78.7	418.1
金属表面处理及热处理加工			
铸造及其他金属制品制造		97.9	
通用设备制造业	8.0	316.4	1885.6
金属加工机械制造			683.9

1-I-7 续表 2

单位：万元

行业	来自政府部门的研究开发经费	研究开发费用加计扣除减免税	高新技术企业减免税
物料搬运设备制造	8.0	28.0	47.0
泵、阀门、压缩机及类似机械制造			
轴承、齿轮和传动部件制造		254.6	829.5
烘炉、风机、包装等设备制造			
文化、办公用机械制造			
通用零部件制造		33.8	325.2
专用设备制造业	23.0	24.5	1.0
化工、木材、非金属加工专用设备制造	20.0	23.5	
食品、饮料、烟草及饲料生产专用设备制造			
电子和电工机械专用设备制造			
农、林、牧、渔专用机械制造	1.0		
医疗仪器设备及器械制造	2.0	1.0	1.0
汽车制造业		1859.4	14926.0
汽车零部件及配件制造		1859.4	14926.0
铁路、船舶、航空航天和其他运输设备制造业			
船舶及相关装置制造			
航空、航天器及设备制造			
电气机械和器材制造业	554.0	318.4	157.3
电机制造			
输配电及控制设备制造			
电线、电缆、光缆及电工器材制造		17.2	
电池制造	554.0	301.2	
家用电力器具制造			
照明器具制造			157.3
计算机、通信和其他电子设备制造业	967.8	3767.9	2029.7
计算机制造			
非专业视听设备制造			
智能消费设备制造		0.6	
电子器件制造	953.8	369.6	674.2
电子元件及电子专用材料制造	14.0	3397.7	1355.5
仪器仪表制造业			
光学仪器制造			
其他制造业			
日用杂品制造			
废弃资源综合利用业			
金属废料和碎屑加工处理			
电力、热力、燃气及水生产和供应业			
电力、热力生产和供应业			
电力生产			
燃气生产和供应业			
燃气生产和供应业			
水的生产和供应业			
自来水生产和供应			

1-I-8　各地区企业政府相关政策落实情况

单位：万元

地　区	来自政府部门的研究开发经费	研究开发费用加计扣除减免税	高新技术企业减免税
全　省	**86120.3**	**217122.8**	**287544.7**
南昌市	35651.5	58817.1	75389.5
景德镇市	8045.1	5556.3	32241.4
萍乡市	4133.3	8094.8	1748.9
九江市	4355.0	13255.0	31702.9
新余市	907.2	11420.2	19329.9
鹰潭市	2240.8	11967.4	14187.6
赣州市	18627.0	16245.9	9841.9
吉安市	3869.3	35200.6	34302.4
宜春市	2973.0	24520.3	28110.2
抚州市	3964.6	24089.6	31693.8
上饶市	1353.5	7955.6	8996.2

J. 企业技术获取和技术改造情况

1-J-1 分登记注册类型企业技术获取和技术改造情况

单位：万元

登记注册类型	引进技术经费支出	消化吸收经费支出	购买国内技术经费支出	技术改造经费支出
总　计	**18563.2**	**1308.0**	**92226.7**	**690670.3**
内资企业	**16905.5**	**1241.7**	**91566.8**	**649819.7**
国有企业				
集体企业				
股份合作企业				34.2
有限责任公司	16840.3	1134.7	86428.4	472763.7
国有独资公司	14937.3	872.0	79288.2	325382.7
其他有限责任公司	1903.0	262.7	7140.2	147381.0
股份有限公司			4252.5	127752.7
私营企业	65.2	107.0	885.9	49269.1
私营独资企业				
私营合伙企业			25.0	22.0
私营有限责任公司	53.2	98.0	820.9	41918.6
私营股份有限公司	12.0	9.0	40.0	7328.5
其他企业				
港、澳、台商投资企业			**131.7**	**16725.4**
合资经营企业			12.0	372.2
合作经营企业				12000.0
港、澳、台商独资经营企业			114.7	4210.1
港、澳、台商投资股份有限公司			5.0	
其他港、澳、台投资企业				143.1
外商投资企业	**1657.7**	**66.3**	**528.2**	**24125.2**
中外合资经营企业	198.9	20.0		9693.4
中外合作经营企业				
外资企业	1458.8	46.3	528.2	720.5
外商投资股份有限公司				13711.3
其他外商投资企业				

1-J-2　分登记注册类型大中型企业技术获取和技术改造情况

单位：万元

登记注册类型	引进技术经费支出	消化吸收经费支出	购买国内技术经费支出	技术改造经费支出
总　计	**16466.3**	**1001.0**	**82288.9**	**611554.7**
内资企业	**15007.5**	**934.7**	**81647.5**	**583851.7**
国有企业				
集体企业				
股份合作企业				
有限责任公司	15007.5	934.7	77675.4	436281.3
国有独资公司	14937.3	872.0	75990.2	312276.9
其他有限责任公司	70.2	62.7	1685.2	124004.4
股份有限公司			3929.7	126525.9
私营企业			42.4	21044.5
私营独资企业				
私营合伙企业				
私营有限责任公司			42.4	20103.2
私营股份有限公司				941.3
其他企业				
港、澳、台商投资企业			**113.2**	**4390.0**
合资经营企业				172.0
合作经营企业				
港、澳、台商独资经营企业			113.2	4074.9
港、澳、台商投资股份有限公司				
其他港、澳、台投资企业				143.1
外商投资企业	**1458.8**	**66.3**	**528.2**	**23313.0**
中外合资经营企业		20.0		8938.0
中外合作经营企业				
外资企业	1458.8	46.3	528.2	663.7
外商投资股份有限公司				13711.3
其他外商投资企业				

1-J-3 分行业企业技术获取和技术改造情况

单位：万元

行业	引进技术经费支出	消化吸收经费支出	购买国内技术经费支出	技术改造经费支出
总计	**18563.2**	**1308.0**	**92226.7**	**690670.3**
采矿业				**457.6**
煤炭开采和洗选业				
烟煤和无烟煤开采洗选				
其他煤炭采选				
黑色金属矿采选业				
铁矿采选				
锰矿、铬矿采选				
其他黑色金属矿采选				
有色金属矿采选业				457.6
常用有色金属矿采选				214.6
贵金属矿采选				
稀有稀土金属矿采选				243.0
非金属矿采选业				
土砂石开采				
化学矿开采				
采盐				
石棉及其他非金属矿采选				
制造业	**18563.2**	**1308.0**	**92006.7**	**677357.8**
农副食品加工业	3.2		33.9	2845.5
谷物磨制				1117.8
饲料加工				985.6
植物油加工			31.2	188.8
制糖业				
屠宰及肉类加工	3.2		2.7	160.1
水产品加工				342.6
蔬菜、菌类、水果和坚果加工				
其他农副食品加工				50.6
食品制造业			27.0	2902.6
焙烤食品制造				
糖果、巧克力及蜜饯制造				45.6
方便食品制造				19.4
乳制品制造				1762.4
罐头食品制造			12.0	162.3
调味品、发酵制品制造				
其他食品制造			15.0	912.9

1-J-3 续表 1

单位：万元

行 业	引进技术经费支出	消化吸收经费支出	购买国内技术经费支出	技术改造经费支出
酒、饮料和精制茶制造业				270.0
酒的制造				50.0
饮料制造				220.0
精制茶加工				
烟草制品业			43390.0	43390.0
烟叶复烤				
卷烟制造			43390.0	43390.0
纺织业				1659.3
棉纺织及印染精加工				1384.1
毛纺织及染整精加工				
麻纺织及染整精加工				
丝绢纺织及印染精加工				
化纤织造及印染精加工				77.9
针织或钩针编织物及其制品制造				197.3
家用纺织制成品制造				
产业用纺织制成品制造				
纺织服装、服饰业				298.3
机织服装制造				155.2
针织或钩针编织服装制造				
服饰制造				143.1
皮革、毛皮、羽毛及其制品和制鞋业			20.0	50.8
皮革鞣制加工				
皮革制品制造			20.0	
毛皮鞣制及制品加工				
羽毛(绒)加工及制品制造				16.8
制鞋业				34.0
木材加工和木、竹、藤、棕、草制品业			0.4	146.2
木材加工				36.2
人造板制造				110.0
木质制品制造				
竹、藤、棕、草等制品制造			0.4	
家具制造业			8.0	171.9
木质家具制造			8.0	135.9
竹、藤家具制造				
金属家具制造				36.0
其他家具制造				
造纸和纸制品业				668.5
纸浆制造				

1-J-3 续表 2

单位：万元

行　　业	引进技术经费支出	消化吸收经费支出	购买国内技术经费支出	技术改造经费支出
造纸				425.5
纸制品制造				243.0
印刷和记录媒介复制业			73.1	14.1
印刷			73.1	11.8
装订及印刷相关服务				2.3
文教、工美、体育和娱乐用品制造业	1500.0	200.0	2629.8	5065.8
文教办公用品制造				156.1
工艺美术及礼仪用品制造	1500.0	200.0	2629.8	4614.7
体育用品制造				202.8
玩具制造				
游艺器材及娱乐用品制造				92.2
石油、煤炭及其他燃料加工业			1123.7	30381.8
精炼石油产品制造			1123.7	28548.2
煤炭加工				1833.6
生物质燃料加工				
化学原料和化学制品制造业	1458.8	46.3	1019.8	22800.2
基础化学原料制造	1458.8	46.3	653.2	15849.8
肥料制造			10.0	686.7
农药制造			12.0	1476.8
涂料、油墨、颜料及类似产品制造				524.4
合成材料制造				736.1
专用化学产品制造			77.5	2307.1
炸药、火工及焰火产品制造			251.1	571.2
日用化学产品制造			16.0	648.1
医药制造业	196.3		873.3	21613.2
化学药品原料药制造			45.0	15238.4
化学药品制剂制造				1896.8
中药饮片加工				449.1
中成药生产			621.2	1005.2
兽用药品制造	196.3		205.6	599.0
生物药品制品制造			1.5	1380.5
卫生材料及医药用品制造				1044.2
药用辅料及包装材料				
化学纤维制造业			113.2	
纤维素纤维原料及纤维制造			113.2	
合成纤维制造				
生物基材料制造				
橡胶和塑料制品业	42.4	9.0	13.0	4692.9

1-J-3　续表 3　　　　单位：万元

行　　业	引进技术经费支出	消化吸收经费支出	购买国内技术经费支出	技术改造经费支出
橡胶制品业	12.0	9.0	13.0	747.6
塑料制品业	30.4			3945.3
非金属矿物制品业	66.0	20.0	116.9	53530.6
水泥、石灰和石膏制造		20.0		2744.3
石膏、水泥制品及类似制品制造			6.3	271.7
砖瓦、石材等建筑材料制造				1192.8
玻璃制造			22.0	22.0
玻璃制品制造				329.5
玻璃纤维和玻璃纤维增强塑料制品制造				43880.2
陶瓷制品制造	66.0		67.5	4867.9
耐火材料制品制造				190.0
石墨及其他非金属矿物制品制造			21.1	32.2
黑色金属冶炼和压延加工业	2256.0	872.0	1605.0	275060.4
炼铁				
炼钢				
钢压延加工	2256.0	872.0	1605.0	275060.4
铁合金冶炼				
有色金属冶炼和压延加工业	68.0		195.6	40773.8
常用有色金属冶炼	68.0			28010.6
贵金属冶炼				11.0
稀有稀土金属冶炼			170.0	4346.7
有色金属合金制造				1447.8
有色金属压延加工			25.6	6957.7
金属制品业			53.2	1314.7
结构性金属制品制造			24.5	782.9
金属工具制造				
集装箱及金属包装容器制造				
金属丝绳及其制品制造				
建筑、安全用金属制品制造			10.7	261.3
金属表面处理及热处理加工				
搪瓷制品制造				
金属制日用品制造				96.5
铸造及其他金属制品制造			18.0	174.0
通用设备制造业			149.5	11975.1
锅炉及原动设备制造				58.0
金属加工机械制造				78.5
物料搬运设备制造			149.5	149.5
泵、阀门、压缩机及类似机械制造				7899.4

1-J-3 续表 4

单位：万元

行业	引进技术经费支出	消化吸收经费支出	购买国内技术经费支出	技术改造经费支出
轴承、齿轮和传动部件制造				
烘炉、风机、包装等设备制造				1093.9
文化、办公用机械制造				2649.8
通用零部件制造				46.0
其他通用设备制造业				
专用设备制造业	66.1	98.0	117.1	1021.8
采矿、冶金、建筑专用设备制造				125.8
化工、木材、非金属加工专用设备制造				300.0
食品、饮料、烟草及饲料生产专用设备制造	50.0	98.0	52.0	102.2
印刷、制药、日化及日用品生产专用设备制造				
纺织、服装和皮革加工专用设备制造				
电子和电工机械专用设备制造			4.0	
农、林、牧、渔专用机械制造				340.9
医疗仪器设备及器械制造	16.1		49.1	152.9
环保、邮政、社会公共服务及其他专用设备制造			12.0	
汽车制造业	12637.3		33215.6	77019.5
汽车整车制造	12613.3		30990.2	66452.2
汽车用发动机制造				
改装汽车制造			56.4	228.2
电车制造				
汽车车身、挂车制造				343.0
汽车零部件及配件制造	24.0		2169.0	9996.1
铁路、船舶、航空航天和其他运输设备制造业			3298.0	12706.6
铁路运输设备制造				
城市轨道交通设备制造				
船舶及相关装置制造				
航空、航天器及设备制造			3298.0	12706.6
摩托车制造				
自行车和残疾人座车制造				
助动车制造				
非公路休闲车及零配件制造				
潜水救捞及其他未列明运输设备制造				
电气机械和器材制造业	198.9	62.7	3622.4	35777.7
电机制造	198.9		2749.2	143.7
输配电及控制设备制造			111.6	31322.1
电线、电缆、光缆及电工器材制造		62.7	761.6	2618.7
电池制造				1568.2
家用电力器具制造				125.0

1-J-3　续表 5

单位：万元

行　业	引进技术经费支出	消化吸收经费支出	购买国内技术经费支出	技术改造经费支出
非电力家用器具制造				
照明器具制造				
其他电气机械及器材制造				
计算机、通信和其他电子设备制造业	70.2		45.4	21351.6
计算机制造				87.8
通信设备制造				65.6
广播电视设备制造				178.2
非专业视听设备制造			3.5	275.3
智能消费设备制造				56.0
电子器件制造	70.2			1865.0
电子元件及电子专用材料制造			41.9	17042.6
其他电子设备制造				1781.1
仪器仪表制造业			262.8	357.9
通用仪器仪表制造				52.9
专用仪器仪表制造			262.8	196.4
钟表与计时仪器制造				
光学仪器制造				108.6
衡器制造				
其他仪器仪表制造业				
其他制造业				
日用杂品制造				
其他未列明制造业				
废弃资源综合利用业				9497.0
金属废料和碎屑加工处理				9434.8
非金属废料和碎屑加工处理				62.2
金属制品、机械和设备修理业				
其他机械和设备修理业				
电力、热力、燃气及水生产和供应业			**220.0**	**12854.9**
电力、热力生产和供应业			215.0	12824.0
电力生产			215.0	3850.0
电力供应				8974.0
热力生产和供应				
燃气生产和供应业				
燃气生产和供应业				
生物质燃气生产和供应业				
水的生产和供应业			5.0	30.9
自来水生产和供应			5.0	30.9
污水处理及其再生利用				

1-J-4 分行业大中型企业技术获取和技术改造情况

单位：万元

行业	引进技术经费支出	消化吸收经费支出	购买国内技术经费支出	技术改造经费支出
总计	**16466.3**	**1001.0**	**82288.9**	**611554.7**
采矿业				**243.0**
煤炭开采和洗选业				
烟煤和无烟煤开采洗选				
其他煤炭采选				
黑色金属矿采选业				
铁矿采选				
其他黑色金属矿采选				
有色金属矿采选业				243.0
常用有色金属矿采选				
贵金属矿采选				
稀有稀土金属矿采选				243.0
非金属矿采选业				
土砂石开采				
采盐				
石棉及其他非金属矿采选				
制造业	**16466.3**	**1001.0**	**82068.9**	**599987.8**
农副食品加工业				1146.3
谷物磨制				35.6
饲料加工				516.8
植物油加工				43.6
屠宰及肉类加工				157.1
水产品加工				342.6
蔬菜、菌类、水果和坚果加工				
其他农副食品加工				50.6
食品制造业				1712.7
焙烤食品制造				
糖果、巧克力及蜜饯制造				45.6
方便食品制造				
乳制品制造				1667.1
罐头食品制造				
调味品、发酵制品制造				
其他食品制造				
酒、饮料和精制茶制造业				50.0
酒的制造				50.0
饮料制造				
精制茶加工				

1-J-4　续表 1

单位：万元

行　业	引进技术经费支出	消化吸收经费支出	购买国内技术经费支出	技术改造经费支出
烟草制品业			43390.0	43390.0
烟叶复烤				
卷烟制造			43390.0	43390.0
纺织业				1084.6
棉纺织及印染精加工				831.3
麻纺织及染整精加工				
丝绢纺织及印染精加工				
化纤织造及印染精加工				56.0
针织或钩针编织物及其制品制造				197.3
家用纺织制成品制造				
产业用纺织制成品制造				
纺织服装、服饰业				143.1
机织服装制造				
针织或钩针编织服装制造				
服饰制造				143.1
皮革、毛皮、羽毛及其制品和制鞋业			20.0	
皮革制品制造			20.0	
毛皮鞣制及制品加工				
羽毛(绒)加工及制品制造				
制鞋业				
木材加工和木、竹、藤、棕、草制品业				
人造板制造				
木质制品制造				
竹、藤、棕、草等制品制造				
家具制造业				
木质家具制造				
其他家具制造				
造纸和纸制品业				
造纸				
纸制品制造				
印刷和记录媒介复制业				
印刷				
文教、工美、体育和娱乐用品制造业				285.6
文教办公用品制造				
工艺美术及礼仪用品制造				285.6
体育用品制造				
玩具制造				
石油、煤炭及其他燃料加工业			1123.7	30366.6
精炼石油产品制造			1123.7	28533.0
煤炭加工				1833.6

1-J-4 续表 2

单位：万元

行　　业	引进技术经费支出	消化吸收经费支出	购买国内技术经费支出	技术改造经费支出
化学原料和化学制品制造业	1458.8	46.3	580.7	17190.2
基础化学原料制造	1458.8	46.3	578.2	13838.8
肥料制造				
农药制造				1463.8
涂料、油墨、颜料及类似产品制造				412.6
合成材料制造				
专用化学产品制造			2.5	1354.0
炸药、火工及焰火产品制造				
日用化学产品制造				121.0
医药制造业			556.6	12858.4
化学药品原料药制造				9140.3
化学药品制剂制造				1634.8
中药饮片加工				54.1
中成药生产			556.6	
兽用药品制造				
生物药品制品制造				1378.2
卫生材料及医药用品制造				651.0
药用辅料及包装材料				
化学纤维制造业			113.2	
纤维素纤维原料及纤维制造			113.2	
橡胶和塑料制品业				2949.3
橡胶制品业				
塑料制品业				2949.3
非金属矿物制品业		20.0	10.4	47471.7
水泥、石灰和石膏制造		20.0		36.6
石膏、水泥制品及类似制品制造				
砖瓦、石材等建筑材料制造				
玻璃制造				
玻璃制品制造				11.2
玻璃纤维和玻璃纤维增强塑料制品制造				43720.0
陶瓷制品制造			10.4	3703.9
耐火材料制品制造				
石墨及其他非金属矿物制品制造				
黑色金属冶炼和压延加工业	2256.0	872.0	1605.0	275060.4
炼铁				
钢压延加工	2256.0	872.0	1605.0	275060.4
铁合金冶炼				

1-J-4　续表 3　　　单位：万元

行　　业	引进技术经费支出	消化吸收经费支出	购买国内技术经费支出	技术改造经费支出
有色金属冶炼和压延加工业	68.0			22410.0
常用有色金属冶炼	68.0			15922.0
贵金属冶炼				
稀有稀土金属冶炼				3040.9
有色金属合金制造				1417.4
有色金属压延加工				2029.7
金属制品业				652.7
结构性金属制品制造				575.7
金属工具制造				
金属丝绳及其制品制造				
建筑、安全用金属制品制造				77.0
金属制日用品制造				
铸造及其他金属制品制造				
通用设备制造业			149.5	10481.3
锅炉及原动设备制造				
金属加工机械制造				
物料搬运设备制造			149.5	149.5
泵、阀门、压缩机及类似机械制造				7111.0
轴承、齿轮和传动部件制造				
烘炉、风机、包装等设备制造				635.4
文化、办公用机械制造				2585.6
通用零部件制造				
其他通用设备制造业				
专用设备制造业				491.5
采矿、冶金、建筑专用设备制造				112.3
化工、木材、非金属加工专用设备制造				300.0
印刷、制药、日化及日用品生产专用设备制造				
纺织、服装和皮革加工专用设备制造				
电子和电工机械专用设备制造				
农、林、牧、渔专用机械制造				
医疗仪器设备及器械制造				79.2
环保、邮政、社会公共服务及其他专用设备制造				
汽车制造业	12613.3		31046.6	73697.3
汽车整车制造	12613.3		30990.2	66452.2
汽车用发动机制造				
改装汽车制造			56.4	228.2
汽车车身、挂车制造				343.0
汽车零部件及配件制造				6673.9

1-J-4 续表 4

单位：万元

行 业	引进技术经费支出	消化吸收经费支出	购买国内技术经费支出	技术改造经费支出
铁路、船舶、航空航天和其他运输设备制造业				
船舶及相关装置制造				
摩托车制造				
电气机械和器材制造业		62.7	3450.8	30935.7
电机制造			2689.2	37.8
输配电及控制设备制造				30661.2
电线、电缆、光缆及电工器材制造		62.7	761.6	
电池制造				236.7
家用电力器具制造				
照明器具制造				
其他电气机械及器材制造				
计算机、通信和其他电子设备制造业	70.2		22.4	19954.6
计算机制造				
通信设备制造				45.0
广播电视设备制造				95.0
非专业视听设备制造			3.5	275.3
智能消费设备制造				
电子器件制造	70.2			1814.3
电子元件及电子专用材料制造			18.9	16143.9
其他电子设备制造				1581.1
仪器仪表制造业				108.6
通用仪器仪表制造				
专用仪器仪表制造				
光学仪器制造				108.6
其他制造业				
日用杂品制造				
其他未列明制造业				
废弃资源综合利用业				7547.0
金属废料和碎屑加工处理				7500.0
非金属废料和碎屑加工处理				47.0
电力、热力、燃气及水生产和供应业			**220.0**	**11323.9**
电力、热力生产和供应业			215.0	11293.0
电力生产			215.0	2319.0
电力供应				8974.0
燃气生产和供应业				
燃气生产和供应业				
水的生产和供应业			5.0	30.9
自来水生产和供应			5.0	30.9

1-J-5　分行业内资企业技术获取和技术改造情况

单位：万元

行　　业	引进技术经费支出	消化吸收经费支出	购买国内技术经费支出	技术改造经费支出
总　计	**16905.5**	**1241.7**	**91566.8**	**649819.7**
采矿业				**457.6**
煤炭开采和洗选业				
烟煤和无烟煤开采洗选				
其他煤炭采选				
黑色金属矿采选业				
铁矿采选				
锰矿、铬矿采选				
其他黑色金属矿采选				
有色金属矿采选业				457.6
常用有色金属矿采选				214.6
贵金属矿采选				
稀有稀土金属矿采选				243.0
非金属矿采选业				
土砂石开采				
化学矿开采				
采盐				
石棉及其他非金属矿采选				
制造业	**16905.5**	**1241.7**	**91346.8**	**637410.2**
农副食品加工业	3.2		33.9	2466.5
谷物磨制				1117.8
饲料加工				949.2
植物油加工			31.2	188.8
制糖业				
屠宰及肉类加工	3.2		2.7	160.1
水产品加工				
蔬菜、菌类、水果和坚果加工				
其他农副食品加工				50.6
食品制造业			15.0	2740.3
焙烤食品制造				
糖果、巧克力及蜜饯制造				45.6
方便食品制造				19.4
乳制品制造				1762.4
罐头食品制造				
调味品、发酵制品制造				
其他食品制造			15.0	912.9

1-J-5 续表 1

单位：万元

行　业	引进技术经费支出	消化吸收经费支出	购买国内技术经费支出	技术改造经费支出
酒、饮料和精制茶制造业				220.0
酒的制造				
饮料制造				220.0
精制茶加工				
烟草制品业			43390.0	43390.0
烟叶复烤				
卷烟制造			43390.0	43390.0
纺织业				1462.0
棉纺织及印染精加工				1384.1
毛纺织及染整精加工				
麻纺织及染整精加工				
丝绢纺织及印染精加工				
化纤织造及印染精加工				77.9
针织或钩针编织物及其制品制造				
家用纺织制成品制造				
产业用纺织制成品制造				
纺织服装、服饰业				155.2
机织服装制造				155.2
针织或钩针编织服装制造				
服饰制造				
皮革、毛皮、羽毛及其制品和制鞋业			20.0	16.8
皮革鞣制加工				
皮革制品制造			20.0	
毛皮鞣制及制品加工				
羽毛(绒)加工及制品制造				16.8
制鞋业				
木材加工和木、竹、藤、棕、草制品业			0.4	146.2
木材加工				36.2
人造板制造				110.0
木质制品制造				
竹、藤、棕、草等制品制造			0.4	
家具制造业			8.0	171.9
木质家具制造			8.0	135.9
竹、藤家具制造				
金属家具制造				36.0
其他家具制造				
造纸和纸制品业				668.5
纸浆制造				

1-J-5 续表 2

单位：万元

行业	引进技术经费支出	消化吸收经费支出	购买国内技术经费支出	技术改造经费支出
造纸				425.5
纸制品制造				243.0
印刷和记录媒介复制业			73.1	14.1
印刷			73.1	11.8
装订及印刷相关服务				2.3
文教、工美、体育和娱乐用品制造业	1500.0	200.0	2629.8	5009.0
文教办公用品制造				156.1
工艺美术及礼仪用品制造	1500.0	200.0	2629.8	4614.7
体育用品制造				146.0
玩具制造				
游艺器材及娱乐用品制造				92.2
石油、煤炭及其他燃料加工业			1123.7	30381.8
精炼石油产品制造			1123.7	28548.2
煤炭加工				1833.6
生物质燃料加工				
化学原料和化学制品制造业			486.6	8570.0
基础化学原料制造			125.0	2011.0
肥料制造			10.0	686.7
农药制造			12.0	1476.8
涂料、油墨、颜料及类似产品制造				524.4
合成材料制造				566.1
专用化学产品制造			72.5	2307.1
炸药、火工及焰火产品制造			251.1	571.2
日用化学产品制造			16.0	426.7
医药制造业	196.3		871.8	21220.8
化学药品原料药制造			45.0	15169.3
化学药品制剂制造				1896.8
中药饮片加工				449.1
中成药生产			621.2	1005.2
兽用药品制造	196.3		205.6	599.0
生物药品制品制造				1378.2
卫生材料及医药用品制造				723.2
药用辅料及包装材料				
化学纤维制造业				
纤维素纤维原料及纤维制造				
合成纤维制造				
生物基材料制造				
橡胶和塑料制品业	42.4	9.0	13.0	4692.9

1-J-5 续表 3

单位：万元

行业	引进技术经费支出	消化吸收经费支出	购买国内技术经费支出	技术改造经费支出
橡胶制品业	12.0	9.0	13.0	747.6
塑料制品业	30.4			3945.3
非金属矿物制品业	66.0		116.9	53530.6
水泥、石灰和石膏制造				2744.3
石膏、水泥制品及类似制品制造			6.3	271.7
砖瓦、石材等建筑材料制造				1192.8
玻璃制造			22.0	22.0
玻璃制品制造				329.5
玻璃纤维和玻璃纤维增强塑料制品制造				43880.2
陶瓷制品制造	66.0		67.5	4867.9
耐火材料制品制造				190.0
石墨及其他非金属矿物制品制造			21.1	32.2
黑色金属冶炼和压延加工业	2256.0	872.0	1605.0	275060.4
炼铁				
炼钢				
钢压延加工	2256.0	872.0	1605.0	275060.4
铁合金冶炼				
有色金属冶炼和压延加工业	68.0		195.6	27218.4
常用有色金属冶炼	68.0			16010.6
贵金属冶炼				11.0
稀有稀土金属冶炼			170.0	4208.7
有色金属合金制造				30.4
有色金属压延加工			25.6	6957.7
金属制品业			53.2	1314.7
结构性金属制品制造			24.5	782.9
金属工具制造				
集装箱及金属包装容器制造				
金属丝绳及其制品制造				
建筑、安全用金属制品制造			10.7	261.3
金属表面处理及热处理加工				
搪瓷制品制造				
金属制日用品制造				96.5
铸造及其他金属制品制造			18.0	174.0
通用设备制造业			149.5	11975.1
锅炉及原动设备制造				58.0
金属加工机械制造				78.5
物料搬运设备制造			149.5	149.5
泵、阀门、压缩机及类似机械制造				7899.4

1-J-5　续表 4　　单位：万元

行　　业	引进技术经费支出	消化吸收经费支出	购买国内技术经费支出	技术改造经费支出
轴承、齿轮和传动部件制造				
烘炉、风机、包装等设备制造				1093.9
文化、办公用机械制造				2649.8
通用零部件制造				46.0
其他通用设备制造业				
专用设备制造业	66.1	98.0	117.1	680.9
采矿、冶金、建筑专用设备制造				125.8
化工、木材、非金属加工专用设备制造				300.0
食品、饮料、烟草及饲料生产专用设备制造	50.0	98.0	52.0	102.2
印刷、制药、日化及日用品生产专用设备制造				
纺织、服装和皮革加工专用设备制造				
电子和电工机械专用设备制造			4.0	
农、林、牧、渔专用机械制造				
医疗仪器设备及器械制造	16.1		49.1	152.9
环保、邮政、社会公共服务及其他专用设备制造			12.0	
汽车制造业	12637.3		33215.6	77019.5
汽车整车制造	12613.3		30990.2	66452.2
汽车用发动机制造				
改装汽车制造			56.4	228.2
电车制造				
汽车车身、挂车制造				343.0
汽车零部件及配件制造	24.0		2169.0	9996.1
铁路、船舶、航空航天和其他运输设备制造业			3298.0	12706.6
铁路运输设备制造				
城市轨道交通设备制造				
船舶及相关装置制造				
航空、航天器及设备制造			3298.0	12706.6
摩托车制造				
自行车和残疾人座车制造				
助动车制造				
非公路休闲车及零配件制造				
潜水救捞及其他未列明运输设备制造				
电气机械和器材制造业		62.7	3622.4	35130.3
电机制造			2749.2	106.3
输配电及控制设备制造			111.6	30712.1
电线、电缆、光缆及电工器材制造		62.7	761.6	2618.7
电池制造				1568.2
家用电力器具制造				125.0

1-J-5 续表 5 单位：万元

行业	引进技术经费支出	消化吸收经费支出	购买国内技术经费支出	技术改造经费支出
非电力家用器具制造				
照明器具制造				
其他电气机械及器材制造				
计算机、通信和其他电子设备制造业	70.2		45.4	11592.8
计算机制造				87.8
通信设备制造				65.6
广播电视设备制造				178.2
非专业视听设备制造			3.5	275.3
智能消费设备制造				56.0
电子器件制造	70.2			1865.0
电子元件及电子专用材料制造			41.9	7283.8
其他电子设备制造				1781.1
仪器仪表制造业			262.8	357.9
通用仪器仪表制造				52.9
专用仪器仪表制造			262.8	196.4
钟表与计时仪器制造				
光学仪器制造				108.6
衡器制造				
其他仪器仪表制造业				
其他制造业				
日用杂品制造				
其他未列明制造业				
废弃资源综合利用业				9497.0
金属废料和碎屑加工处理				9434.8
非金属废料和碎屑加工处理				62.2
金属制品、机械和设备修理业				
其他机械和设备修理业				
电力、热力、燃气及水生产和供应业			**220.0**	**11951.9**
电力、热力生产和供应业			215.0	11921.0
电力生产			215.0	2947.0
电力供应				8974.0
热力生产和供应				
燃气生产和供应业				
燃气生产和供应业				
生物质燃气生产和供应业				
水的生产和供应业			5.0	30.9
自来水生产和供应			5.0	30.9
污水处理及其再生利用				

1-J-6 分行业港澳台商投资企业技术获取和技术改造情况

单位：万元

行　业	引进技术经费支出	消化吸收经费支出	购买国内技术经费支出	技术改造经费支出
总　计			**131.7**	**16725.4**
采矿业				
有色金属矿采选业				
常用有色金属矿采选				
非金属矿采选业				
土砂石开采				
制造业			**131.7**	**16725.4**
农副食品加工业				379.0
谷物磨制				
饲料加工				36.4
植物油加工				
屠宰及肉类加工				
水产品加工				342.6
蔬菜、菌类、水果和坚果加工				
食品制造业			12.0	162.3
糖果、巧克力及蜜饯制造				
方便食品制造				
罐头食品制造			12.0	162.3
其他食品制造				
酒、饮料和精制茶制造业				50.0
酒的制造				50.0
饮料制造				
纺织业				197.3
棉纺织及印染精加工				
毛纺织及染整精加工				
化纤织造及印染精加工				
针织或钩针编织物及其制品制造				197.3
产业用纺织制成品制造				
纺织服装、服饰业				143.1
机织服装制造				
针织或钩针编织服装制造				
服饰制造				143.1
皮革、毛皮、羽毛及其制品和制鞋业				34.0
皮革鞣制加工				
皮革制品制造				
制鞋业				34.0
木材加工和木、竹、藤、棕、草制品业				
人造板制造				
木质制品制造				
竹、藤、棕、草等制品制造				
家具制造业				
木质家具制造				
造纸和纸制品业				

1-J-6 续表 1

单位：万元

行业	引进技术经费支出	消化吸收经费支出	购买国内技术经费支出	技术改造经费支出
造纸				
纸制品制造				
印刷和记录媒介复制业				
印刷				
文教、工美、体育和娱乐用品制造业				
文教办公用品制造				
工艺美术及礼仪用品制造				
体育用品制造				
玩具制造				
游艺器材及娱乐用品制造				
石油、煤炭及其他燃料加工业				
煤炭加工				
化学原料和化学制品制造业			5.0	221.4
基础化学原料制造				
肥料制造				
农药制造				
涂料、油墨、颜料及类似产品制造				
合成材料制造				
专用化学产品制造			5.0	
日用化学产品制造				221.4
医药制造业			1.5	2.3
化学药品制剂制造				
中药饮片加工				
中成药生产				
兽用药品制造				
生物药品制品制造			1.5	2.3
药用辅料及包装材料				
化学纤维制造业			113.2	
纤维素纤维原料及纤维制造			113.2	
橡胶和塑料制品业				
橡胶制品业				
塑料制品业				
非金属矿物制品业				
石膏、水泥制品及类似制品制造				
砖瓦、石材等建筑材料制造				
陶瓷制品制造				
石墨及其他非金属矿物制品制造				
有色金属冶炼和压延加工业				12000.0
常用有色金属冶炼				12000.0
有色金属压延加工				
金属制品业				
结构性金属制品制造				
金属工具制造				
金属丝绳及其制品制造				

1-J-6　续表 2　　单位：万元

行　业	引进技术经费支出	消化吸收经费支出	购买国内技术经费支出	技术改造经费支出
金属表面处理及热处理加工				
金属制日用品制造				
铸造及其他金属制品制造				
通用设备制造业				
金属加工机械制造				
轴承、齿轮和传动部件制造				
烘炉、风机、包装等设备制造				
文化、办公用机械制造				
专用设备制造业				
化工、木材、非金属加工专用设备制造				
纺织、服装和皮革加工专用设备制造				
电子和电工机械专用设备制造				
农、林、牧、渔专用机械制造				
医疗仪器设备及器械制造				
环保、邮政、社会公共服务及其他专用设备制造				
汽车制造业				
汽车零部件及配件制造				
电气机械和器材制造业				16.0
电机制造				
输配电及控制设备制造				16.0
电线、电缆、光缆及电工器材制造				
电池制造				
家用电力器具制造				
照明器具制造				
计算机、通信和其他电子设备制造业				3520.0
计算机制造				
通信设备制造				
广播电视设备制造				
非专业视听设备制造				
电子器件制造				
电子元件及电子专用材料制造				3520.0
其他电子设备制造				
仪器仪表制造业				
专用仪器仪表制造				
其他制造业				
日用杂品制造				
其他未列明制造业				
电力、热力、燃气及水生产和供应业				
电力、热力生产和供应业				
电力生产				
燃气生产和供应业				
燃气生产和供应业				
水的生产和供应业				
自来水生产和供应				

1-J-7 分行业外商投资企业技术获取和技术改造情况

单位：万元

行业	引进技术经费支出	消化吸收经费支出	购买国内技术经费支出	技术改造经费支出
总计	**1657.7**	**66.3**	**528.2**	**24125.2**
制造业	**1657.7**	**66.3**	**528.2**	**23222.2**
农副食品加工业				
谷物磨制				
饲料加工				
屠宰及肉类加工				
食品制造业				
焙烤食品制造				
方便食品制造				
乳制品制造				
罐头食品制造				
其他食品制造				
酒、饮料和精制茶制造业				
酒的制造				
饮料制造				
精制茶加工				
纺织业				
棉纺织及印染精加工				
针织或钩针编织物及其制品制造				
纺织服装、服饰业				
机织服装制造				
针织或钩针编织服装制造				
服饰制造				
皮革、毛皮、羽毛及其制品和制鞋业				
皮革制品制造				
制鞋业				
木材加工和木、竹、藤、棕、草制品业				
木材加工				
人造板制造				
木质制品制造				
竹、藤、棕、草等制品制造				
家具制造业				
木质家具制造				
金属家具制造				
造纸和纸制品业				
造纸				
纸制品制造				
印刷和记录媒介复制业				
印刷				
文教、工美、体育和娱乐用品制造业				56.8
文教办公用品制造				

1-J-7　续表 1

单位：万元

行　　业	引进技术经费支出	消化吸收经费支出	购买国内技术经费支出	技术改造经费支出
工艺美术及礼仪用品制造				
体育用品制造				56.8
玩具制造				
石油、煤炭及其他燃料加工业				
精炼石油产品制造				
化学原料和化学制品制造业	1458.8	46.3	528.2	14008.8
基础化学原料制造	1458.8	46.3	528.2	13838.8
涂料、油墨、颜料及类似产品制造				
合成材料制造				170.0
专用化学产品制造				
日用化学产品制造				
医药制造业				390.1
化学药品原料药制造				69.1
化学药品制剂制造				
生物药品制品制造				
卫生材料及医药用品制造				321.0
化学纤维制造业				
纤维素纤维原料及纤维制造				
合成纤维制造				
橡胶和塑料制品业				
橡胶制品业				
塑料制品业				
非金属矿物制品业		20.0		
水泥、石灰和石膏制造		20.0		
石膏、水泥制品及类似制品制造				
砖瓦、石材等建筑材料制造				
玻璃制造				
陶瓷制品制造				
黑色金属冶炼和压延加工业				
钢压延加工				
有色金属冶炼和压延加工业				1555.4
常用有色金属冶炼				
稀有稀土金属冶炼				138.0
有色金属合金制造				1417.4
有色金属压延加工				
金属制品业				
结构性金属制品制造				
金属丝绳及其制品制造				
建筑、安全用金属制品制造				
金属表面处理及热处理加工				
铸造及其他金属制品制造				
通用设备制造业				
金属加工机械制造				

1-J-7 续表 2

单位：万元

行业	引进技术经费支出	消化吸收经费支出	购买国内技术经费支出	技术改造经费支出
物料搬运设备制造				
泵、阀门、压缩机及类似机械制造				
轴承、齿轮和传动部件制造				
烘炉、风机、包装等设备制造				
文化、办公用机械制造				
通用零部件制造				
专用设备制造业				340.9
化工、木材、非金属加工专用设备制造				
食品、饮料、烟草及饲料生产专用设备制造				
电子和电工机械专用设备制造				
农、林、牧、渔专用机械制造				340.9
医疗仪器设备及器械制造				
汽车制造业				
汽车零部件及配件制造				
铁路、船舶、航空航天和其他运输设备制造业				
船舶及相关装置制造				
航空、航天器及设备制造				
电气机械和器材制造业	198.9			631.4
电机制造	198.9			37.4
输配电及控制设备制造				594.0
电线、电缆、光缆及电工器材制造				
电池制造				
家用电力器具制造				
照明器具制造				
计算机、通信和其他电子设备制造业				6238.8
计算机制造				
非专业视听设备制造				
智能消费设备制造				
电子器件制造				
电子元件及电子专用材料制造				6238.8
仪器仪表制造业				
光学仪器制造				
其他制造业				
日用杂品制造				
废弃资源综合利用业				
金属废料和碎屑加工处理				
电力、热力、燃气及水生产和供应业				**903.0**
电力、热力生产和供应业				903.0
电力生产				903.0
燃气生产和供应业				
燃气生产和供应业				
水的生产和供应业				
自来水生产和供应				

1-J-8　各地区企业技术获取和技术改造情况

单位：万元

地　区	引进技术经费支出	消化吸收经费支出	购买国内技术经费支出	技术改造经费支出
全　省	**18563.2**	**1308.0**	**92226.7**	**690670.3**
南昌市	12836.2		82821.4	150074.8
景德镇市	66.0		120.8	30584.8
萍乡市			75.1	57902.1
九江市	1508.8	164.3	2038.3	136778.5
新余市	3756.0	1072.0	4633.0	189091.0
鹰潭市	68.0	62.7	761.6	18139.6
赣州市	196.3		1085.3	9838.5
吉安市	70.2		169.9	10976.3
宜春市	61.7	9.0	301.9	11064.0
抚州市			174.4	23892.4
上饶市			45.0	52328.3

第2篇

建筑业企业生产经营及财务状况篇

A.全社会建筑业企业

2-A-1　各地区全社会建筑业企业个数

地　区	法人单位数（个）	总承包和专业承包企业	劳务分包企业	资质以外企业
全　省	**27471**	**2656**	**32**	**24783**
南昌市	5735	726	7	5002
景德镇市	739	38		701
萍乡市	827	98	4	725
九江市	2677	209	5	2463
新余市	1192	109		1083
鹰潭市	841	59		782
赣州市	5938	399	1	5538
吉安市	2545	201	2	2342
宜春市	2041	293	7	1741
抚州市	1480	151	1	1328
上饶市	3456	373	5	3078

2-A-2　各地区全社会建筑业企业期末人数

地　区	从业人员期末人数（万人）	总承包和专业承包企业	劳务分包企业	资质以外企业
全　省	**176.8**	**150.3**	**0.4**	**26.1**
南昌市	71.4	66.3		5.1
景德镇市	1.9	1.2		0.7
萍乡市	4.4	3.5		0.8
九江市	11.4	8.7	0.2	2.5
新余市	5.1	4.2		0.9
鹰潭市	3.9	3.3		0.6
赣州市	17.4	10.7		6.8
吉安市	9.3	7.1	0.1	2.2
宜春市	12.1	10.3		1.7
抚州市	15.6	13.9		1.7
上饶市	24.3	21.2		3.1

2-A-3 各地区全社会建筑业企业资产总计

地区	资产总计(亿元)	总承包和专业承包企业	劳务分包企业	资质以外企业
全省	**7624.6**	**5918.5**	**4.9**	**1701.3**
南昌市	3145.2	2506.0	1.0	638.3
景德镇市	52.1	29.9		22.2
萍乡市	108.1	76.3	0.5	31.3
九江市	378.7	309.9	1.6	67.2
新余市	171.0	148.0		22.9
鹰潭市	179.0	154.9		24.1
赣州市	478.5	212.5	0.3	265.7
吉安市	262.3	139.8	0.4	122.2
宜春市	360.4	258.1	1.0	101.4
抚州市	1800.2	1696.2	0.1	103.9
上饶市	689.0	386.9	0.1	302.1

2-A-4 各地区全社会建筑业企业负债合计

地区	负债合计(亿元)	总承包和专业承包企业	劳务分包企业	资质以外企业
全省	**4862.4**	**4037.1**	**1.8**	**823.5**
南昌市	2095.0	1707.5	0.3	387.2
景德镇市	24.7	15.9		8.8
萍乡市	53.4	41.3	0.3	11.8
九江市	214.7	188.2	0.5	26.0
新余市	72.0	70.0		2.0
鹰潭市	135.1	123.9		11.2
赣州市	225.9	97.6	0.3	128.0
吉安市	121.1	64.9	0.1	56.2
宜春市	155.0	111.1	0.3	43.6
抚州市	1530.9	1476.4		54.4
上饶市	234.7	140.4		94.3

2-A-5　各行业全社会建筑业企业个数

行　业	法人单位数(个)			
		总承包和专业承包企业	劳务分包企业	资质以外企业
总　计	**27569**	**2751**	**35**	**24783**
房屋建筑业	8024	1567	15	6442
土木工程建筑业	6027	791	13	5223
铁路、道路、隧道和桥梁工程建筑	2649	524	9	2116
水利和内河港口工程建筑	421	118		303
海洋工程建筑				
工矿工程建筑	79	15		64
架线和管道工程建筑	269	40	2	227
其他土木工程建筑	2312	76	2	2234
建筑安装业	3376	131	3	3242
建筑装饰业和其他建筑业	10142	262	4	9876

2-A-6　各行业全社会建筑业企业期末人数

行　业	从业人员期末人数(万人)			
		总承包和专业承包企业	劳务分包企业	资质以外企业
总　计	**176.8**	**150.3**	**0.4**	**26.1**
房屋建筑业	118.6	111.0	0.1	7.4
土木工程建筑业	38.1	31.2	0.1	6.8
铁路、道路、隧道和桥梁工程建筑	26.3	23.2	0.1	3.0
水利和内河港口工程建筑	3.8	3.4		0.4
海洋工程建筑				
工矿工程建筑	0.4	0.4		0.1
架线和管道工程建筑	1.5	1.1		0.4
其他土木工程建筑	5.1	2.7		2.4
建筑安装业	6.0	2.9	0.2	3.0
建筑装饰业和其他建筑业	14.1	5.2		8.9

2-A-7 各行业全社会建筑业企业资产总计

行业	资产总计（亿元）			
		总承包和专业承包企业	劳务分包企业	资质以外企业
总计	**7624.6**	**5918.5**	**4.9**	**1701.3**
房屋建筑业	4643.2	4023.6	2.7	616.8
土木工程建筑业	2246.3	1571.6	0.6	674.1
铁路、道路、隧道和桥梁工程建筑	1591.6	1158.6	0.3	432.6
水利和内河港口工程建筑	245.4	139.9		105.4
海洋工程建筑				
工矿工程建筑	12.2	8.8		3.4
架线和管道工程建筑	69.4	50.6	0.1	18.7
其他土木工程建筑	212.5	115.1	0.2	97.2
建筑安装业	265.3	139.3	1.5	124.5
建筑装饰业和其他建筑业	469.9	183.9		285.9

2-A-8 各行业全社会建筑业企业负债合计

行业	负债合计（亿元）			
		总承包和专业承包企业	劳务分包企业	资质以外企业
总计	**4862.4**	**4037.1**	**1.8**	**823.5**
房屋建筑业	3103.3	2818.6	1.1	283.6
土木工程建筑业	1387.0	1046.4	0.2	340.4
铁路、道路、隧道和桥梁工程建筑	972.7	747.5	0.1	225.0
水利和内河港口工程建筑	143.2	91.4		51.8
海洋工程建筑				
工矿工程建筑	5.5	3.8		1.7
架线和管道工程建筑	48.0	36.5		11.5
其他土木工程建筑	120.5	76.7	0.1	43.8
建筑安装业	149.9	87.7	0.5	61.6
建筑装饰业和其他建筑业	222.3	84.4		137.9

B. 总承包和专业承包建筑业企业

1.综合

2-B-1.1　按经济类型划分的总承包和专业承包企业主要经济指标

行　业	全省	内资			港澳台商投资		外商投资	
			国有	集体		港澳台商独资		外资企业
企业个数(个)	2656	2647	97	135	6	1	3	
建筑业企业期末人数(万人)	150.30	144.10	8.20	8.00	6.10			
固定资产原价(亿元)	468.49	466.94	39.99	20.93	1.45	0.03	0.10	
固定资产净值(亿元)	290.72	289.76	25.61	14.23	0.92	0.01	0.04	
总台数(万台)	25.10	25.10	1.60	1.40				
净值(亿元)	139.95	139.93	9.64	7.90			0.02	
总功率(万千瓦)	663.50	663.30	41.50	26.40			0.10	
建筑业总产值(亿元)	6873.21	6736.67	424.34	294.10	136.00	0.03	0.54	
本年折旧(亿元)	35.71	35.64	2.29	1.01	0.06		0.01	
应付职工薪酬(亿元)	666.86	627.33	45.04	35.11	39.40		0.13	
主营业务税金及附加(亿元)	98.76	98.42	5.00	9.21	0.33		0.01	
房屋施工面积(万平方米)	33362.40	32121.00	1615.40	2081.80	1240.60		0.80	
房屋竣工面积(万平方米)	15635.20	15458.50	700.60	1145.70	175.80		0.80	
利润总额(亿元)	228.00	219.37	6.20	9.59	8.61		0.02	
税金总额(亿元)	228.09	226.66	14.12	17.35	1.40		0.03	
技术装备率(元/人)	9311	9709	11764	9852	2	1533	3766	
动力装备率(千瓦时/人)	4.4	4.6	5.1	3.3		1.3	3.1	
房屋建筑面积竣工率(%)	46.9	48.1	43.4	55.0	14.2		98.4	
产值利润率(%)	3.3	3.3	1.5	3.3	6.3	-15.3	3.1	
产值利税率(%)	6.6	6.6	4.8	9.2	7.4	-10.2	8.4	

2-B-1.2　总承包和专业承包企业主要经济指标完成情况

行　业	总计
企业个数(个)	2656
从事建筑业活动的平均人数(万人)	180.8
签订合同额(亿元)	12543.6
本年新签合同额(亿元)	7175.0
建筑业总产值(亿元)	6873.2
建筑工程产值(亿元)	5882.7
安装工程产值(亿元)	530.0
建筑业总产值_其他产值(亿元)	460.5
竣工产值(亿元)	3810.5
固定资产原价(亿元)	468.5
固定资产净值(亿元)	290.7
总台数(万台)	25.1
净值(亿元)	140.0
总功率(万千瓦)	663.5
本年折旧(亿元)	35.7
应付职工薪酬(亿元)	666.9
主营业务税金及附加(亿元)	98.8
房屋施工面积(万平方米)	33362.4
房屋竣工面积_合计(万平方米)	15635.2
所有者权益合计_实收资本(亿元)	1196.8
资产总计(亿元)	5918.5
负债合计(亿元)	4037.1
利润总额(亿元)	228.0
税金总额(亿元)	228.1
按总产值计算的劳动生产率(元/人)	380162
技术装备率(元/人)	9311
动力装备率(千瓦时/人)	4.4
人均利税(元/人)	25227
房屋建筑面积竣工率(%)	46.9
资产负债率(%)	68.2
产值利润率(%)	3.3
产值利税率(%)	6.6

2-B-1.3 各地区总承包和专业承包企业签订合同情况

单位：万元

地 区	签订合同额	上年结转合同额	本年新签合同额
全 省	**125436325.8**	**53686455.6**	**71749870.2**
南昌市	74343944.6	33909858.3	40434086.3
景德镇市	430858.5	144078.3	286780.2
萍乡市	1732980.4	557078.2	1175902.2
九江市	7745450.4	3220711.0	4524739.4
新余市	3082195.8	1103999.0	1978196.8
鹰潭市	4598471.7	3603300.8	995170.9
赣州市	5489829.1	1791244.5	3698584.6
吉安市	3629901.7	1142522.1	2487379.6
宜春市	5368256.5	1472091.5	3896165.0
抚州市	6475529.5	2607980.1	3867549.4
上饶市	12538907.6	4133591.8	8405315.8

2-B-1.4 各地区总承包和专业承包企业承包工程完成情况

单位：万元

地 区	直接从建设单位承揽工程完成的产值	自行完成施工产值	分包出去工程的产值	从建设单位以外承揽工程完成的产值
全 省	**66519300.5**	**65481937.7**	**1037362.8**	**3250154.6**
南昌市	35665072.0	35164899.6	500172.4	1180463.4
景德镇市	330370.3	324890.3	5480.0	6879.7
萍乡市	1351631.2	1344890.2	6741.0	13500.8
九江市	5237801.4	5182354.2	55447.2	167541.4
新余市	1802355.8	1783047.8	19308.0	67108.9
鹰潭市	1145881.5	1145801.5	80.0	4299.4
赣州市	3806523.3	3778714.5	27808.8	116576.3
吉安市	2983867.8	2937973.9	45893.9	48807.9
宜春市	3325798.0	3270495.0	55303.0	85084.5
抚州市	4273095.1	4267307.7	5787.4	47000.2
上饶市	6596904.1	6281563.0	315341.1	1512892.1

2-B-1.5　各地区总承包和专业承包企业建筑业总产值和竣工产值

单位：万元

地　区	建筑业总产值	装饰装修产　值	在外省完成的产值	建筑工程产　值	安装工程产　值	其他产值	竣工产值
全　省	**68732092.3**	**3424087.1**	**24227371.9**	**58827233.8**	**5299773.5**	**4605085.0**	**38105171.9**
南昌市	36345363.0	1942772.3	13734227.8	30668833.6	3118731.4	2557798.0	16764750.4
景德镇市	331770.0	8326.6	16687.9	287567.0	28038.7	16164.3	248668.3
萍乡市	1358391.0	127246.9	200898.0	1239237.5	97212.5	21941.0	928516.6
九江市	5349895.6	143210.7	2206011.6	5029745.7	224283.1	95866.8	3033455.2
新余市	1850156.7	46563.0	613683.2	1627923.2	86262.0	135971.5	801075.8
鹰潭市	1150100.9	8616.2	503247.7	1034847.0	81865.1	33388.8	433430.1
赣州市	3895290.8	256449.9	355556.4	3421366.0	253909.6	220015.2	2351329.8
吉安市	2986781.8	82823.8	905195.2	2512508.0	345072.4	129201.4	2135912.9
宜春市	3355579.5	172743.2	990932.6	2807916.1	247037.6	300625.8	2283892.3
抚州市	4314307.9	224043.7	1833999.3	3935750.0	194860.9	183697.0	3547023.2
上饶市	7794455.1	411290.8	2866932.2	6261539.7	622500.2	910415.2	5577117.3

2-B-1.6　各地区总承包和专业承包企业房屋建筑面积

地　区	房屋施工面积(万平方米)	新开工面积	房屋竣工面积_合计(万平方米)	房屋建筑面积竣工率(%)
全　省	**33362.4**	**16972.9**	**15635.2**	**640.8**
南昌市	17953.3	8090.5	6357.1	35.4
景德镇市	205.4	121.4	120.4	58.6
萍乡市	799.2	514.0	502.6	62.9
九江市	1579.2	1062.0	988.5	62.6
新余市	836.4	461.8	441.9	52.8
鹰潭市	304.9	106.2	209.2	68.6
赣州市	1926.7	1022.3	1049.7	54.5
吉安市	1315.7	781.3	803.9	61.1
宜春市	2208.5	1338.6	1396.4	63.2
抚州市	2583.7	1566.2	1584.6	61.3
上饶市	3649.5	1908.6	2180.9	59.8

2-B-1.7 各地区按主要用途分的总承包和专业承包企业房屋竣工面积

单位：万平方米

地　区	房屋竣工面积_合计	住宅竣工面积	商业及服务用房屋竣工面积	批发和零售用房竣工面积	住宿用房竣工面积	餐饮用房屋竣工面积
全　省	**15635.2**	**10145.0**	**1260.0**	**452.2**	**100.8**	**29.0**
南昌市	6357.1	4212.0	482.1	183.1	24.7	11.3
景德镇市	120.4	92.8	13.7	3.8		
萍乡市	502.6	282.4	13.6	6.6		0.1
九江市	988.5	677.0	54.8	18.9	3.3	0.7
新余市	441.9	286.5	30.4	17.4	0.3	
鹰潭市	209.2	121.5	44.6	44.4		
赣州市	1049.7	649.5	81.6	33.3	6.9	2.9
吉安市	803.9	494.1	47.1	7.0	1.9	2.3
宜春市	1396.4	937.3	135.8	41.1	18.2	0.6
抚州市	1584.6	1148.4	101.2	61.2	20.1	1.0
上饶市	2180.9	1243.7	255.1	35.4	25.4	10.0

2-B-1.7 续表 1

单位：万平方米

地　区	商务会展用房屋竣工面积	其他商业及服务用房屋竣工面积	办公用房屋竣工面积	科研、教育、医疗用房屋竣工面积	科学研究用房屋竣工面积	教育用房屋竣工面积
全　省	**67.3**	**610.6**	**918.5**	**776.4**	**49.5**	**542.9**
南昌市	51.4	211.6	402.4	403.4	30.4	245.1
景德镇市		9.9	3.6			
萍乡市	1.0	5.9	27.6	10.1	1.6	6.8
九江市		31.9	36.7	35.0	5.0	27.5
新余市		12.7	32.4	40.5		40.5
鹰潭市		0.2	0.8	5.0		3.0
赣州市	0.2	38.3	66.4	59.1	2.3	54.1
吉安市	0.9	35.0	79.8	40.9	2.4	30.6
宜春市	0.6	75.3	61.8	16.6		14.6
抚州市	0.1	18.8	68.7	68.8	3.4	50.2
上饶市	13.3	171.0	138.2	96.9	4.5	70.4

2-B-1.7　续表 2

单位：万平方米

地　区	医疗用房屋竣工面积	文化、体育、娱乐用房屋竣工面积	厂房及建筑物竣工面积	厂房竣工面积	仓库竣工面积	其他未列明的房屋建筑物竣工面积
全　省	**183.9**	**224.2**	**1817.5**	**1022.1**	**149.8**	
南 昌 市	127.9	90.3	615.3	322.7	39.5	
景德镇市		0.6	8.3	1.2	0.4	
萍 乡 市	1.7	0.2	151.5	119.5	0.9	
九 江 市	2.5	6.2	157.9	124.4	4.7	
新 余 市		1.0	40.8	25.9	5.9	
鹰 潭 市	2.0		35.9	34.7		
赣 州 市	2.7	34.6	132.9	77.8	1.6	
吉 安 市	7.9	9.3	99.8	72.1	4.8	
宜 春 市	1.9	31.8	157.8	75.0	7.6	
抚 州 市	15.1	4.2	131.9	96.7	8.7	
上 饶 市	22.1	45.9	285.5	72.0	75.7	

2-B-1.8　各地区按主要用途分的总承包和专业承包企业房屋竣工价值

单位：万元

地　区	房屋竣工价值	住宅竣工价值	商业及服务用房屋竣工价值	批发和零售用房竣工价值	宾馆用房屋竣工价值	餐饮用房屋竣工价值
全　省	**22946202.3**	**14121154.8**	**1798632.3**	**675933.0**	**144665.6**	**53121.9**
南 昌 市	9709512.5	6122062.3	718464.2	257994.3	50117.6	22847.4
景德镇市	133618.4	101010.5	13707.7	5020.0		
萍 乡 市	611014.5	368218.7	14344.5	7874.9		100.3
九 江 市	1175398.0	798342.9	66683.3	19837.5	4327.6	608.0
新 余 市	533583.6	345143.9	39038.9	25099.7	259.0	
鹰 潭 市	323299.5	139860.2	61825.9	61659.0		
赣 州 市	1423455.7	865551.0	115585.0	42199.9	12809.0	3379.5
吉 安 市	1470762.2	601345.0	51926.1	6469.8	1709.4	2030.5
宜 春 市	1763962.4	1148338.6	232961.5	77022.7	19158.7	520.0
抚 州 市	2573839.9	1848932.4	191616.6	119720.3	27656.0	1269.4
上 饶 市	3227755.6	1782349.3	292478.6	53034.9	28628.3	22366.8

2-B-1.8 续表 1

单位：万元

地　区	商务会展用房屋竣工价值	其他商业及服务用房屋竣工价值	办公用房屋竣工价值	科研、教育、医疗用房屋竣工价值	科学研究用房屋竣工价值	教育用房屋竣工价值
全　省	**87562.0**	**837349.8**	**1899693.1**	**1422879.4**	**74213.0**	**1002083.5**
南昌市	67891.0	319613.9	684197.4	822453.5	51319.9	511458.7
景德镇市		8687.7	3555.5			
萍乡市	1400.0	4969.3	29536.1	16508.2	2963.0	11181.9
九江市		41910.2	41017.1	39438.4	5801.5	31234.1
新余市		13680.2	45768.8	51943.2		51933.2
鹰潭市		166.9	703.0	13835.0	1.0	10910.5
赣州市	191.9	57004.7	102203.3	88962.4	2985.4	82212.2
吉安市	851.6	40864.8	601305.7	52298.8	2599.4	41338.9
宜春市	539.0	135721.1	77335.2	20116.6		17543.7
抚州市	76.2	42894.7	137965.2	142749.4	3742.4	115471.6
上饶市	16612.3	171836.3	176105.8	174573.9	4800.4	128798.7

2-B-1.8 续表 2

单位：万元

地　区	医疗用房屋竣工价值	文化、体育、娱乐用房屋竣工价值	厂房及建筑物竣工价值	厂房竣工价　值	仓库竣工价　值	其他未列明的房屋建筑物竣工价值
全　省	**346582.9**	**345532.7**	**2621707.6**	**1424811.1**	**280020.5**	**456581.9**
南昌市	259674.9	162772.5	892999.5	522603.8	94815.5	211747.6
景德镇市		542.2	13508.1	3597.6	337.0	957.4
萍乡市	2363.3	200.0	172456.6	136299.8	4182.0	5568.4
九江市	2402.8	12174.4	203450.9	156745.7	5892.1	8398.9
新余市	10.0	737.0	37152.7	29351.8	3612.0	10187.1
鹰潭市	2923.5	2.0	105973.5	103818.8	2.0	1097.9
赣州市	3764.8	54461.9	160926.1	96563.8	1402.7	34363.3
吉安市	8360.5	12464.0	112208.7	83091.3	5426.3	33787.6
宜春市	2572.9	31780.8	207172.7	80829.0	10069.2	36187.8
抚州市	23535.4	16734.4	158320.1	105462.6	10531.3	66990.5
上饶市	40974.8	53663.5	557538.7	106446.9	143750.4	47295.4

2-B-1.9　各地区总承包和专业承包企业施工机械设备情况

地　　区	总台数（台）	总功率（千瓦）	净值（万元）	技术装备率（元/人）	动力装备率（千瓦时/人）
全　　省	**250540**	**6634905**	**1399532.5**	**139770**	**49.2**
南 昌 市	104236	3116856	455800.6	6880	4.7
景德镇市	2148	25571	26500.4	22833	2.2
萍 乡 市	16974	420285	89690.7	25367	11.9
九 江 市	23782	588585	114922.8	13194	6.8
新 余 市	8547	114627	52349.7	12413	2.7
鹰 潭 市	982	31575	24732.6	7528	1.0
赣 州 市	14365	335391	114093.5	10676	3.1
吉 安 市	12752	225391	71041.8	10055	3.2
宜 春 市	20426	825992	125660.2	12204	8.0
抚 州 市	22536	461551	133498.6	9587	3.3
上 饶 市	23792	489081	191241.6	9032	2.3

2-B-1.10　各地区总承包和专业承包企业建筑材料消耗情况

地　　区	主要建筑材料消耗量_钢材（吨）	主要建筑材料消耗量_木材（立方米）	主要建筑材料消耗量_水泥（吨）	主要建筑材料消耗量_平板玻璃（重量箱 ）	主要建筑材料消耗量_平板玻璃（平方米）	主要建筑材料消耗量_铝材（吨）
全　　省	**31548884**	**22140342**	**93553859**	**3736335**	**33241394**	**2623083**
南 昌 市	19323321	11365390	52126777	2116710	18342076	1299732
景德镇市	187142	103713	550251	8843	177323	9616
萍 乡 市	571968	193457	1541206	94908	853321	23826
九 江 市	1709000	1693774	4567242	156851	1459622	85169
新 余 市	638468	315520	2157151	20680	324874	95173
鹰 潭 市	297664	624223	4871513	36367	637113	33563
赣 州 市	1585695	2052363	6273829	265350	2834643	287175
吉 安 市	1381963	1899177	3101991	348538	2660540	243609
宜 春 市	1788384	1997374	7282871	275901	2433673	137765
抚 州 市	1433597	785759	6818954	210713	1611746	115800
上 饶 市	2631682	1109592	4262074	201474	1906463	291655

2-B-1.11 各地区总承包和专业承包企业主要生产效益指标

地　区	企业个数（个）	从事建筑业活动的平均人数（人）	按总产值计算的劳动生产率（元/人）	人均竣工产值（元/人）	人均施工面积（平方米/人）	人均竣工面积（平方米/人）
全　省	**2656**	**1807967**	**4114460**	**2501368**	**1944.2**	**1123.9**
南昌市	726	940916	386276	178175	190.8	67.6
景德镇市	38	13137	252546	189288	156.4	91.6
萍乡市	98	35291	384911	263103	226.5	142.4
九江市	209	92963	575487	326308	169.9	106.3
新余市	109	43856	421871	182660	190.7	100.8
鹰潭市	59	33155	346886	130728	91.9	63.1
赣州市	399	109256	356529	215213	176.3	96.1
吉安市	201	73519	406260	290525	179.0	109.3
宜春市	293	103019	325724	221696	214.4	135.6
抚州市	151	139921	308339	253502	184.7	113.3
上饶市	373	222934	349631	250169	163.7	97.8

2-B-1.12 各地区总承包和专业承包企业营业收入

单位：万元

地　区	营业收入		企业总产值	
		建筑业企业在境外完成的营业收入		建筑业总产值
全　省	**57698840.7**	**1140681.7**	**72469628.2**	**68732092.3**
南昌市	30500111.5	721178.1	37334863.9	36345363.0
景德镇市	371069.2		333998.3	331770.0
萍乡市	1000386.8	13358.3	1472723.2	1358391.0
九江市	4057149.4	64382.8	5655065.2	5349895.6
新余市	1528096.1	108741.8	1875057.2	1850156.7
鹰潭市	1202248.8	18247.0	1201074.6	1150100.9
赣州市	3392309.9	15209.3	4139834.3	3895290.8
吉安市	2455332.9	9261.3	3121889.4	2986781.8
宜春市	3072692.4	1065.9	3770473.7	3355579.5
抚州市	3946424.5	91465.3	4380062.1	4314307.9
上饶市	6173019.2	97771.9	9184586.3	7794455.1

2-B-1.13　各地区总承包和专业承包企业资产构成

单位：万元

地　区	资产总计		
		流动资产合计	
			存货
全　省	**59185089.6**	**49204952.0**	**7667205.8**
南 昌 市	25059611.8	20644227.3	4504901.1
景德镇市	299058.3	176452.8	46964.3
萍 乡 市	762814.2	508077.2	154325.4
九 江 市	3099445.3	2030769.4	320555.1
新 余 市	1480137.2	1219847.2	162463.3
鹰 潭 市	1548991.6	1391469.3	371388.3
赣 州 市	2125102.1	1686319.0	292061.7
吉 安 市	1398297.7	1059961.2	255956.7
宜 春 市	2580735.6	1917818.8	565521.9
抚 州 市	16961764.1	15894909.7	379341.6
上 饶 市	3869131.7	2675100.1	613726.4

2-B-1.14　各地区总承包和专业承包企业固定资产情况

单位：万元

地　区	固定资产原价	累计折旧		在建工程
			本年折旧	
全　省	**4684889.8**	**1757271.7**	**357084.8**	**650170.3**
南 昌 市	1653988.0	677053.7	119570.6	250468.9
景德镇市	108426.9	25718.8	4846.5	1138.7
萍 乡 市	176922.3	74043.0	16140.6	4759.1
九 江 市	457759.0	211627.5	45606.8	121855.6
新 余 市	136236.0	43788.1	10063.6	2982.0
鹰 潭 市	149232.7	61248.8	11644.3	18135.5
赣 州 市	295489.4	116954.0	26746.3	27625.5
吉 安 市	218560.1	76758.0	11459.8	38508.2
宜 春 市	367689.0	115120.6	21146.7	30636.3
抚 州 市	357393.5	104822.0	32351.3	9079.7
上 饶 市	763192.9	250137.2	57508.3	144980.8

2-B-1.15 各地区总承包和专业承包企业负债及所有者权益

单位：万元

地区	负债合计	流动负债合计	应付账款	所有者权益合计	实收资本
全省	**40370976.9**	**23686039.0**	**8657502.2**	**18845094.1**	**11967555.7**
南昌市	17075020.0	15341095.9	5857631.5	7984591.8	4437640.6
景德镇市	158963.2	139723.3	37907.1	140095.1	100582.2
萍乡市	412871.8	345669.0	109136.4	349942.4	205101.7
九江市	1881749.8	1508489.7	520349.8	1217695.5	745099.3
新余市	699476.5	566286.9	195680.9	780660.7	445550.8
鹰潭市	1238897.2	1144154.6	384316.8	310094.4	259676.9
赣州市	976336.6	840833.4	245514.7	1148765.5	790780.3
吉安市	648544.2	515676.2	164288.3	780734.9	517649.3
宜春市	1110967.8	946236.0	240379.3	1469767.8	1002994.4
抚州市	14764174.6	1135616.1	370916.6	2197589.5	1921372.3
上饶市	1403975.2	1202257.9	531380.8	2465156.5	1541107.9

2-B-1.16 各地区总承包和专业承包企业实收资本

单位：万元

地区	实收资本	国家资本	集体资本	法人资本	个人资本	港澳台资本	外商资本
全省	**11967555.7**	**1763055.6**	**425233.8**	**2754875.9**	**6991233.8**	**12341.1**	**20815.5**
南昌市	4437640.6	760852.5	186686.8	1203168.5	2254272.8	12000.0	20660.0
景德镇市	100582.2	21343.2	15928.3	17928.0	45382.7		
萍乡市	205101.7	4867.6	21168.7	59834.8	119230.6		
九江市	745099.3	273224.3	68046.0	153754.2	250074.8		
新余市	445550.8	64332.1	9496.1	83051.0	288671.5	0.1	
鹰潭市	259676.9	82051.0	6500.0	66795.1	104240.8	90.0	
赣州市	790780.3	41899.0	15048.8	198920.3	534817.7	94.5	
吉安市	517649.3	55861.8	35996.8	120935.1	304855.6		
宜春市	1002994.4	108701.8	21581.8	299328.0	573381.8	0.5	0.5
抚州市	1921372.3	105219.5	31319.3	146865.3	1637968.2		
上饶市	1541107.9	244702.8	13461.2	404295.6	878337.3	156.0	155.0

2-B-1.17　各地区总承包和专业承包企业收入情况

单位：万元

地　　区	主营业务收入			其他业务收入		
		主营业务成　本	主营业务税金及附加		其他业务成　本	其他业务利　润
全　省	**56808433.8**	**51597677.9**	**987636.6**	**890406.9**	**812037.1**	**20010.5**
南 昌 市	30030297.4	27731107.5	344267.0	469814.1	439181.1	10578.4
景德镇市	370662.3	326447.0	12498.8	406.9	100.0	186.4
萍 乡 市	977485.6	822727.9	30995.9	22901.2	20669.4	2570.3
九 江 市	3959747.1	3530379.9	89686.7	97402.3	95034.5	342.7
新 余 市	1515424.3	1351397.3	31290.9	12671.8	8040.1	221.2
鹰 潭 市	1189940.2	1105964.6	11583.2	12308.6	9867.8	245.8
赣 州 市	3315592.6	2915751.3	82306.0	76717.3	82100.1	1764.9
吉 安 市	2442563.0	2097363.3	90189.0	12769.9	15812.5	229.0
宜 春 市	3007949.4	2649550.5	87841.1	64743.0	42448.0	150.7
抚 州 市	3878075.7	3640370.5	69760.7	68348.8	51248.7	1446.8
上 饶 市	6120696.2	5426618.1	137217.3	52323.0	47534.9	2274.3

2-B-1.18　各地区总承包和专业承包企业费用情况

单位：万元

地　　区	管理费用	销售费用	财务费用		
				利息收入	利息支出
全　省	**1384124.0**	**224726.2**	**280721.7**	**24941.2**	**211002.5**
南 昌 市	679370.6	86512.5	162696.7	14699.3	129493.3
景德镇市	13647.5	1685.4	370.3	140.9	62.0
萍 乡 市	24192.9	6926.1	8765.8	9.2	3683.6
九 江 市	102300.7	9212.8	15325.4	511.7	6227.8
新 余 市	34984.7	6761.0	2933.5	209.6	1961.9
鹰 潭 市	25406.3	1931.8	750.7	6944.6	8851.2
赣 州 市	92994.2	30945.5	13848.8	569.8	7650.3
吉 安 市	89907.9	28716.6	7015.9	105.4	5003.8
宜 春 市	110100.4	17380.7	11270.2	508.2	6532.0
抚 州 市	60411.1	2488.4	15999.9	523.3	12365.8
上 饶 市	150807.7	32165.4	41744.5	719.2	29170.8

2-B-1.19 各地区总承包和专业承包企业利润及税金情况

单位：万元

地　区	利润总额	税金总额		
			主营业务税金及附加	应交增值税
全　省	**2279996.4**	**2280913.9**	**987636.6**	**1293277.3**
南昌市	981068.6	972681.5	344267.0	628414.5
景德镇市	15804.8	25325.6	12498.8	12826.8
萍乡市	85321.5	66509.0	30995.9	35513.1
九江市	214511.6	184180.5	89686.7	94493.8
新余市	80638.0	63940.7	31290.9	32649.8
鹰潭市	37916.0	47927.8	11583.2	36344.6
赣州市	167383.6	185230.2	82306.0	102924.2
吉安市	120118.8	153416.2	90189.0	63227.2
宜春市	152768.8	159988.2	87841.1	72147.1
抚州市	103161.0	163368.1	69760.7	93607.4
上饶市	321303.7	258346.1	137217.3	121128.8

2-B-1.20 各地区总承包和专业承包企业应收工程款及企业亏损情况

地　区	应收工程款（万元）	企业个数（个）		亏损企业比重（%）
			亏损企业个数	
全　省	**10147820.2**	**2656**	**247**	**89.4**
南昌市	6252879.4	726	108	14.9
景德镇市	51788.3	38	2	5.3
萍乡市	116998.7	98	3	3.1
九江市	360302.1	209	18	8.6
新余市	433893.1	109	14	12.8
鹰潭市	477189.3	59	8	13.6
赣州市	528730.6	399	46	11.5
吉安市	301830.9	201	14	7.0
宜春市	438848.0	293	11	3.8
抚州市	386464.5	151	7	4.6
上饶市	798895.3	373	16	4.3

2-B-1.21 各地区总承包和专业承包企业主要经济效益指标

地 区	产值利润率(%)	产值利税率(%)	资本利润率(%)	资本利税率(%)	人均利润(元/人)	人均利税(元/人)	资产负债率(%)
全 省	**44.8**	**92.8**	**226.7**	**458.1**	**167805.3**	**341729.9**	**622.1**
南昌市	2.7	5.4	22.1	44.0	10426.7	20764.3	68.1
景德镇市	4.8	12.4	15.7	40.9	12030.8	31308.8	53.2
萍乡市	6.3	11.2	41.6	74.0	24176.6	43022.4	54.1
九江市	4.0	7.5	28.8	53.5	23074.9	42887.2	60.7
新余市	4.4	7.8	18.1	32.4	18387.0	32966.7	47.3
鹰潭市	3.3	7.5	14.6	33.1	11436.0	25891.7	80.0
赣州市	4.3	9.1	21.2	44.6	15320.3	32274.1	45.9
吉安市	4.0	9.2	23.2	52.8	16338.5	37206.0	46.4
宜春市	4.6	9.3	15.2	31.2	14829.2	30359.2	43.0
抚州市	2.4	6.2	5.4	13.9	7372.8	19048.5	87.0
上饶市	4.1	7.4	20.8	37.6	14412.5	26001.0	36.3

2.按经济类型分组

2-B-2.1 各地区国有总承包和专业承包企业签订合同情况

单位：万元

地 区	签订合同额		
		上年结转合同额	本年新签合同额
全 省	**10822727.6**	**5928582.4**	**4894145.2**
南昌市	4616224.5	2232226.6	2383997.9
景德镇市	79087.5	10304.8	68782.7
萍乡市	55011.2		55011.2
九江市	144000.4	33642.0	110358.4
新余市	36014.9	1864.0	34150.9
鹰潭市	3889620.5	3254748.4	634872.1
赣州市	179329.2	5608.9	173720.3
吉安市	332838.1	230519.6	102318.5
宜春市	12367.4	7351.6	5015.8
抚州市	506612.0	134703.7	371908.3
上饶市	971621.9	17612.8	954009.1

2-B-2.2 各地区国有总承包和专业承包企业承包工程完成情况

单位：万元

地　　区	直接从建设单位承揽工程完成的产值			从建设单位以外承揽工程完成的产值
		自行完成施工产值	分包出去工程的产值	
全　　省	**4236222.1**	**4219923.1**	**16299.0**	**23446.6**
南 昌 市	2495818.0	2495519.0	299.0	2018.5
景德镇市	51533.4	51533.4		239.7
萍 乡 市	55011.2	55011.2		
九 江 市	134303.7	118303.7	16000.0	16311.9
新 余 市	33707.6	33707.6		
鹰 潭 市	736530.1	736530.1		
赣 州 市	145832.7	145832.7		4876.5
吉 安 市	129589.7	129589.7		
宜 春 市	9590.4	9590.4		
抚 州 市	362524.0	362524.0		
上 饶 市	81781.3	81781.3		

2-B-2.3 各地区国有企业总承包和专业承包总产值和竣工产值

单位：万元

地　　区	建筑业总产值						竣工产值
		装饰装修产　　值	在外省完成的产值	建筑工程产　　值	安装工程产　　值	其他产值	
全　　省	**4243369.7**	**169506.5**	**1890461.2**	**3765189.1**	**315557.7**	**162622.9**	**2561268.2**
南 昌 市	2497537.5	90021.1	1172618.3	2231589.8	167219.4	98728.3	1555605.2
景德镇市	51773.1	5201.2	6973.7	45968.2	3639.7	2165.2	50362.2
萍 乡 市	55011.2			55011.2			18032.6
九 江 市	134615.6		2090.4	109901.4	8766.0	15948.2	102797.1
新 余 市	33707.6			22841.1	10866.5		3090.5
鹰 潭 市	736530.1	2664.0	419916.5	708179.7	28350.4		253724.5
赣 州 市	150709.2			149354.4	1354.8		120930.8
吉 安 市	129589.7	18173.6	477.3	107151.3	19445.4	2993.0	66080.7
宜 春 市	9590.4	420.3	2373.3	8740.5	849.9		6672.1
抚 州 市	362524.0	53026.3	208202.9	244670.2	75065.6	42788.2	302191.2
上 饶 市	81781.3		77808.8	81781.3			81781.3

2-B-2.4　各地区国有总承包和专业承包企业房屋建筑面积

地　区	房屋施工面积（万平方米）		房屋竣工面积（万平方米）	房屋建筑面积竣工率（%）
		新开工面积		
全　省	**1615.4**	**600.0**	**700.6**	**527.9**
南昌市	906.0	177.5	278.6	30.8
景德镇市	13.0	4.0		
萍乡市	16.3	16.3	12.5	76.4
九江市	40.2	27.8	30.8	76.7
新余市	2.5	2.0	1.0	40.0
鹰潭市	124.5	32.4	100.0	80.3
赣州市	63.9	60.3	59.3	92.8
吉安市	170.2	59.9	45.1	26.5
宜春市	10.0	5.7	4.2	41.5
抚州市	268.7	214.1	169.1	62.9
上饶市				

2-B-2.5　各地区主要用途分的国有总承包和专业承包企业房屋竣工面积

单位：万平方米

地　区	房屋竣工面积	住宅竣工面积	商业及服务用房竣工面积	办公用房竣工面积	科研、教育、医疗用房竣工面积	文化、体育、娱乐用房竣工面积	厂房及建筑物竣工面积	仓库竣工面积	其他未列明的房屋建筑物竣工面积
全　省	**700.6**	**460.8**	**52.7**	**17.8**	**21.0**	**1.4**	**137.8**	**0.5**	**8.6**
南昌市	278.6	150.4	31.5	9.8	13.7	1.3	70.8	0.5	0.7
景德镇市									
萍乡市	12.5	12.5							
九江市	30.8	18.4		5.6			6.8		
新余市	1.0						1.0		
鹰潭市	100.0	45.7	19.5	0.4	4.7		29.6		
赣州市	59.3	27.6	1.3	1.7	1.2		27.5		
吉安市	45.1	42.0					0.5		2.5
宜春市	4.2	2.3		0.1	0.3	0.1	1.5		
抚州市	169.1	162.0	0.3	0.1	1.1		0.1		5.4
上饶市									

2-B-2.6 各地区按主要用途分的国有总承包和专业承包企业房屋建筑竣工价值

单位：万元

地区	房屋竣工价值	住宅竣工价值	商业及服务用房竣工价值	办公用房竣工价值	科研、教育、医疗用房竣工价值	文化、体育、娱乐用房竣工价值	厂房及建筑物竣工价值	房屋竣工价值_仓库本年	其他未列明的房屋建筑竣工价值
全省	**985062.6**	**610908.4**	**65661.1**	**20278.7**	**30049.3**	**533.2**	**247534.9**	**863.3**	**9233.7**
南昌市	273137.6	117967.2	32998.4	12953.6	12633.2	314.8	95287.1	863.3	120.0
景德镇市									
萍乡市	18032.6	18032.6							
九江市	38722.2	27782.7		3770.1			7169.4		
新余市	1500.0						1500.0		
鹰潭市	216995.6	72591.5	30376.7	409.5	13324.1		100293.8		
赣州市	77153.0	29300.3	2000.0	2596.4	1841.7		41414.6		
吉安市	54336.3	50760.4					1300.0		2275.9
宜春市	6196.8	4892.9		315.2	320.3	218.4	450.0		
抚州市	298988.5	289580.8	286.0	233.9	1930.0		120.0		6837.8
上饶市									

2-B-2.7 各地区国有总承包和专业承包企业施工机械设备情况

地区	总台数（台）	总功率（千瓦）	净值（万元）	技术装备率（元/人）	动力装备率（千瓦时/人）
全省	**15955**	**414757**	**96355**	**402760**	**62.2**
南昌市	6739	265462	38364	10654	7.4
景德镇市	158	990	18146	139154	0.8
萍乡市	90	1708	2880	23940	1.4
九江市	857	38246	7077	16542	8.9
新余市	261	17326	639	3157	8.6
鹰潭市	226	6114	12954	6151	0.3
赣州市	316	11020	2419	9136	4.2
吉安市	481	4182	2017	5583	1.2
宜春市	207	5112	189	3486	9.4
抚州市	4699	60888	6720	7512	6.8
上饶市	1921	3709	4951	177444	13.3

2-B-2.8　各地区国有总承包和专业承包企业主要生产效益指标

地　区	企业个数（个）	从事建筑业活动的平均人数（人）	按总产值计算的劳动生产率（元/人）	人均竣工产值（元/人）	人均施工面积（平方米/人）	人均竣工面积（平方米/人）
全　省	**97**	**83921**	**6802813**	**5377422**	**1820.0**	**933.0**
南昌市	35	39257	636202	396262	230.8	71.0
景德镇市	5	1474	351242	341670	88.2	
萍乡市	3	1218	451652	148051	134.0	102.3
九江市	14	4040	333207	254448	99.6	76.4
新余市	4	2047	164668	15098	12.2	4.9
鹰潭市	5	20482	359599	123877	60.8	48.8
赣州市	9	2479	607944	487821	257.7	239.3
吉安市	9	3758	344837	175840	453.0	119.9
宜春市	5	634	151268	105238	158.1	65.6
抚州市	7	8256	439104	366026	325.5	204.8
上饶市	1	276	2963091	2963091	0.2	

2-B-2.9　各地区国有总承包和专业承包企业营业收入

单位：万元

地　区	营业收入	建筑业企业在境外完成的营业收入	企业总产值	建筑业总产值
全　省	**3829523.8**	**11175.0**	**4266555.4**	**4243369.7**
南昌市	2091734.5	10677.7	2517748.8	2497537.5
景德镇市	58047.7		51986.7	51773.1
萍乡市	46394.2		55011.2	55011.2
九江市	138944.2	20.0	134726.0	134615.6
新余市	88085.7		33707.6	33707.6
鹰潭市	703118.1		717774.1	736530.1
赣州市	93860.9		150709.2	150709.2
吉安市	140129.1	477.3	149318.7	129589.7
宜春市	10961.6		10030.4	9590.4
抚州市	344580.7		362524.0	362524.0
上饶市	113667.1		83018.7	81781.3

2-B-2.10 各地区国有总承包和专业承包企业资产构成

单位：万元

地　区	资产总计	流动资产合计	
			流动资产合计_存货
全　省	**3816949.4**	**2865140.2**	**682075.5**
南 昌 市	1917532.3	1565686.1	347241.2
景德镇市	74062.7	42896.6	12962.3
萍 乡 市	11530.1	3169.0	620.8
九 江 市	459726.1	83244.3	13850.0
新 余 市	64514.6	57720.5	5027.7
鹰 潭 市	770973.9	703047.3	235432.0
赣 州 市	74006.0	57091.5	12140.1
吉 安 市	104901.2	80738.4	19967.6
宜 春 市	25434.7	24862.2	20843.1
抚 州 市	153031.0	133429.7	13737.4
上 饶 市	161236.8	113254.6	253.3

2-B-2.11 各地区国有总承包和专业承包企业固定资产情况

单位：万元

地　区	固定资产原价	累计折旧		在建工程
			本年折旧	
全　省	**399935.4**	**137174.9**	**22904.8**	**61884.2**
南 昌 市	181146.2	68435.8	14044.7	49733.2
景德镇市	34795.0	14701.3	2423.4	
萍 乡 市	8868.3	1478.7	411.9	300.0
九 江 市	35862.1	5325.5	310.5	459.9
新 余 市	6029.3	3784.4	562.3	
鹰 潭 市	78105.9	25744.3	2358.9	10147.6
赣 州 市	15961.3	4499.3	1885.1	258.1
吉 安 市	11077.2	1231.1	341.3	985.4
宜 春 市	2120.8	1747.2	88.0	
抚 州 市	14466.6	2840.4	187.5	
上 饶 市	11502.7	7386.9	291.2	

2-B-2.12　各地区国有总承包和专业承包企业负债及所有者权益

单位：万元

地　区	负债合计			所有者权益合计	
		流动负债合计			实收资本
			应付账款		
全　省	**3047465.2**	**2503705.0**	**894659.6**	**800465.6**	**550084.0**
南 昌 市	1661469.3	1418072.7	525951.0	256063.0	229487.0
景德镇市	25513.3	23639.1	16034.8	48549.4	25994.3
萍 乡 市	3746.7	686.1		7783.4	7067.3
九 江 市	201827.3	55433.6	681.8	257898.8	65023.1
新 余 市	49489.8	49489.8	30361.2	15024.8	10022.0
鹰 潭 市	708277.6	625092.1	267899.7	62696.3	78396.4
赣 州 市	44245.7	44001.3	6429.3	29760.3	24752.1
吉 安 市	107239.9	61865.4	9711.0	28642.7	20200.7
宜 春 市	22343.4	22343.4	27.4	3091.3	2700.0
抚 州 市	113075.4	92844.7	12630.5	39955.6	35441.1
上 饶 市	110236.8	110236.8	24932.9	51000.0	51000.0

2-B-2.13　各地区国有总承包和专业承包企业实收资本

单位：万元

地　区	实收资本						
		国家资本	集体资本	法人资本	个人资本	港澳台资本	外商资本
全　省	**550084.0**	**450025.1**	**53.1**	**97000.4**	**3005.4**		
南 昌 市	229487.0	188433.4		41053.6			
景德镇市	25994.3	18244.6		7749.7			
萍 乡 市	7067.3	3055.0		4012.3			
九 江 市	65023.1	41488.9	53.1	23481.1			
新 余 市	10022.0	22.0		10000.0			
鹰 潭 市	78396.4	66031.0		9365.4	3000.0		
赣 州 市	24752.1	24143.8		608.3			
吉 安 市	20200.7	19470.7		730.0			
宜 春 市	2700.0	2700.0					
抚 州 市	35441.1	35435.7			5.4		
上 饶 市	51000.0	51000.0					

2-B-2.14 各地区国有总承包和专业承包企业收入情况

单位：万元

地　区	主营业务收入			其他业务收入		
		主营业务成本	主营业务税金及附加		其他业务成本	其他业务利润
全　省	**3754812.7**	**3477148.1**	**49971.8**	**74711.1**	**85451.0**	**2959.4**
南昌市	2019796.0	1858425.8	21787.8	71938.5	79493.8	2385.3
景德镇市	58047.7	48449.7	1661.3			
萍乡市	45914.2	43290.4	2226.0	480.0		390.4
九江市	138935.2	120297.6	2368.5	9.0	0.9	5.3
新余市	86661.6	83871.1	140.9	1424.1	345.8	
鹰潭市	703118.1	672297.1	2845.3			
赣州市	93194.4	80698.1	5572.8	666.5	551.5	75.4
吉安市	139936.1	126852.5	1204.2	193.0	5059.0	103.0
宜春市	10961.6	9090.0	307.6			
抚州市	344580.7	329280.0	10983.4			
上饶市	113667.1	104595.8	874.0			

2-B-2.15 各地区国有总承包和专业承包企业费用情况

单位：万元

地　区	管理费用	销售费用	财务费用		
				利息收入	利息支出
全　省	**112446.9**	**5283.1**	**18102.3**	**6947.1**	**17164.5**
南昌市	83439.8	2066.6	9711	-168.4	8157.6
景德镇市	2487.9	893.1	1.4	6.9	2.4
萍乡市	415.6	136.9	119.3		
九江市	2716.1	90.1	6381.4	6.3	3.7
新余市	1387.1	18.1	201.2	2.7	
鹰潭市	8357	27.8	108.4	7064.3	7581
赣州市	2497.7	873.4	96	-0.3	21.6
吉安市	2439.7	0.9	44.9	7.5	0.3
宜春市	670.4	480.8	0.4	0.3	
抚州市	1939.8	695.4	34	1.8	1.9
上饶市	6095.8		1404.3	26	1396

2-B-2.16　各地区国有总承包和专业承包企业利润及税金情况

单位：万元

地　　区	利润总额	税金总额		
			主营业务税金及附加	应交增值税
全　　省	**62049.1**	**141210.1**	**49971.8**	**91238.3**
南 昌 市	32520.8	69139.4	21787.8	47351.6
景德镇市	4378.7	5745.1	1661.3	4083.8
萍 乡 市	206.0	3043.2	2226.0	817.2
九 江 市	7056.5	7783.3	2368.5	5414.8
新 余 市	1783.6	4213.7	140.9	4072.8
鹰 潭 市	6637.1	21480.8	2845.3	18635.5
赣 州 市	3540.0	8546.8	5572.8	2974.0
吉 安 市	3382.2	5440.1	1204.2	4235.9
宜 春 市	414.1	549.4	307.6	241.8
抚 州 市	1474.4	14125.1	10983.4	3141.7
上 饶 市	655.7	1143.2	874.0	269.2

2-B-2.17　各地区国有总承包和专业承包企业应收工程款及企业亏损情况

地　　区	应收工程款（万元）	企业个数（个）		亏损企业比重（%）
			亏损企业个数	
全　　省	**769261.5**	**97**	**11**	**95.8**
南 昌 市	335944.5	35	5	14.3
景德镇市	8146.7	5		
萍 乡 市	989.7	3		
九 江 市	7675.9	14	2	14.3
新 余 市	18109.2	4	1	25.0
鹰 潭 市	274454.5	5	1	20.0
赣 州 市	14446.2	9	2	22.2
吉 安 市	21616.8	9		
宜 春 市	3219.2	5		
抚 州 市	27226.6	7		
上 饶 市	57432.2	1		

2-B-2.18 各地区国有总承包和专业承包企业主要经济效益指标

地　区	产值利润率(%)	产值利税率(%)	资本利润率(%)	资本利税率(%)	人均利润(元/人)	人均利税(元/人)	资产负债率(%)
全　省	**32.1**	**93.5**	**122.9**	**423.5**	**124456**	**372516**	**758.2**
南昌市	1.3	4.1	14.2	44.3	8284	25896	86.6
景德镇市	8.5	19.6	16.8	38.9	29706	68682	34.4
萍乡市	0.4	5.9	2.9	46.0	1691	26677	32.5
九江市	5.2	11.0	10.9	22.8	17467	36732	43.9
新余市	5.3	17.8	17.8	59.8	8713	29298	76.7
鹰潭市	0.9	3.8	8.5	35.9	3240	13728	91.9
赣州市	2.3	8.0	14.3	48.8	14280	48757	59.8
吉安市	2.6	6.8	16.7	43.7	9000	23476	102.2
宜春市	4.3	10.0	15.3	35.7	6532	15197	87.8
抚州市	0.4	4.3	4.2	44.0	1786	18895	73.9
上饶市	0.8	2.2	1.3	3.5	23757	65178	68.4

2-B-2.19 各地区集体总承包和专业承包企业签订合同情况

单位：万元

地　区	签订合同额		
		上年结转合同额	本年新签合同额
全　省	**3914810.6**	**1240103.0**	**2674707.6**
南昌市	1810654.9	794730.1	1015924.8
景德镇市	111790.3	35887.9	75902.4
萍乡市	164948.1	10689.4	154258.7
九江市	656971.3	107499.9	549471.4
新余市	12909.4	10094.8	2814.6
鹰潭市			
赣州市	160632.9	49342.5	111290.4
吉安市	483305.8	103323.6	379982.2
宜春市	86403.0	19111.0	67292.0
抚州市	335329.7	90702.5	244627.2
上饶市	91865.2	18721.3	73143.9

2-B-2.20　各地区集体总承包和专业承包企业承包工程完成情况

单位：万元

地　区	直接从建设单位承揽工程完成的产值	自行完成施工产值	分包出去工程的产值	从建设单位以外承揽工程完成的产值
全　省	**2937526.0**	**2913032.5**	**24493.5**	**27920.6**
南昌市	1173314.1	1173314.1		
景德镇市	106319.3	106319.3		
萍乡市	162306.3	161548.8	757.5	2434.7
九江市	567506.2	554411.5	13094.7	13694.7
新余市	1791.9	1791.9		
鹰潭市				
赣州市	132767.7	132767.7		548.2
吉安市	407526.1	407526.1		
宜春市	72313.0	72313.0		601.7
抚州市	235342.7	235342.7		
上饶市	78338.7	67697.4	10641.3	10641.3

2-B-2.21　各地区集体企业总承包和专业承包总产值和竣工产值

单位：万元

地　区	建筑业总产值	装饰装修产　值	在外省完成的产值	建筑工程产　值	安装工程产　值	其他产值	竣工产值
全　省	**2940953.1**	**57386.1**	**263446.0**	**2742304.0**	**142249.2**	**56399.9**	**1924970.5**
南昌市	1173314.1	23345.7	245531.2	1098883.0	41901.9	32529.2	479696.7
景德镇市	106319.3			106319.3			86252.4
萍乡市	163983.5			135264.0	20598.2	8121.3	131342.6
九江市	568106.2	11060.2	11040.0	514163.8	47626.3	6316.1	484987.9
新余市	1791.9		1175.4	1702.3	45.5	44.1	6387.5
鹰潭市							
赣州市	133315.9	7670.0		118096.5	11747.0	3472.4	88729.5
吉安市	407526.1	5859.9		391563.0	11975.9	3987.2	305230.3
宜春市	72914.7			67472.5	4642.2	800.0	71165.3
抚州市	235342.7	8770.1		235342.7			214448.1
上饶市	78338.7	680.2	5699.4	73496.9	3712.2	1129.6	56730.2

2-B-2.22 各地区集体总承包和专业承包企业房屋建筑面积

地　区	房屋施工面积（万平方米）		房屋竣工面积（万平方米）	房屋建筑面积竣工率（%）
		新开工面积		
全　省	**2081.8**	**1397.3**	**1145.7**	**696.6**
南 昌 市	742.8	469.4	190.1	25.6
景德镇市	111.9	68.0	74.4	66.5
萍 乡 市	95.1	87.6	82.9	87.2
九 江 市	346.3	228.0	237.2	68.5
新 余 市	13.4	1.1	9.8	73.4
鹰 潭 市				
赣 州 市	69.4	41.4	60.1	86.6
吉 安 市	343.8	256.6	225.9	65.7
宜 春 市	82.7	45.9	57.3	69.3
抚 州 市	218.0	156.0	161.2	73.9
上 饶 市	58.5	43.2	46.7	80.0

2-B-2.23 各地区按主要用途分的集体总承包和专业承包企业房屋竣工面积

单位：万平方米

地　区	房屋竣工面积	住宅竣工面积	商业及服务用房竣工面积	办公用房竣工面积	科研、教育、医疗用房竣工面积	文化、体育、娱乐用房竣工面积	厂房及建筑物竣工面积	仓库竣工面积	其他未列明的房屋建筑物竣工面积
全　省	**1145.7**	**809.7**	**78.5**	**47.3**	**42.1**	**7.2**	**124.1**	**13.9**	**22.9**
南 昌 市	190.1	150.5	13.0	11.3	2.2		10.1		3.1
景德镇市	74.4	57.0	7.3	2.0			8.1		
萍 乡 市	82.9	48.3		6.9	2.6		24.5	0.7	
九 江 市	237.2	197.7	10.1	1.5	1.2	3.2	18.3	4.7	0.4
新 余 市	9.8	8.8							1.0
鹰 潭 市									
赣 州 市	60.1	44.4	2.2	0.8	1.3	0.7	9.9	0.2	0.6
吉 安 市	225.9	133.6	32.1	15.6	15.0	1.0	26.6	0.4	1.6
宜 春 市	57.3	51.6	1.1	1.9	1.6		0.8		0.3
抚 州 市	161.2	97.6	3.2	6.0	16.6		20.7	7.2	10.0
上 饶 市	46.7	20.2	9.4	1.5	1.7	2.3	5.1	0.6	6.0

2-B-2.24 各地区按主要用途分的集体总承包和专业承包企业房屋建筑竣工价值

单位：万元

地区	房屋竣工价值	住宅竣工价值	商业及服务用房竣工价值	办公用房竣工价值	科研、教育、医疗用房竣工价值	文化、体育、娱乐用房竣工价值	厂房及建筑物竣工价值	仓库竣工价值	其他未列明的房屋建筑物竣工价值
全省	**1396459.6**	**986416.1**	**91311.2**	**56809.2**	**45594.1**	**14623.4**	**156987.8**	**18724.8**	**25993.0**
南昌市	334812.6	262195.9	20116.0	16463.3	2658.6		29559.1		3819.7
景德镇市	83019.4	60789.6	6951.7	1980.0			13298.1		
萍乡市	121497.8	73600.0		8247.7	5550.0		30108.1	3992.0	
九江市	287966.8	231000.0	12300.1	1638.1	1069.0	9000.0	26624.4	5892.1	443.1
新余市	6230.0	5607.0							623.0
鹰潭市									
赣州市	57755.2	45046.1	1652.5	353.1	1035.6	65.4	9340.5	30.0	232.0
吉安市	264887.4	155783.1	37287.0	19332.0	16615.8	3254.0	29893.7	410.0	2311.8
宜春市	33583.8	29625.1	667.7	1724.7	918.3		405.6		242.4
抚州市	158650.9	101789.8	4200.0	5869.8	15222.1		13342.8	7814.7	10411.7
上饶市	48055.7	20979.5	8136.2	1200.5	2524.7	2304.0	4415.5	586.0	7909.3

2-B-2.25 各地区集体总承包和专业承包企业施工机械设备情况

地区	总台数（台）	总功率（千瓦）	净值（万元）	技术装备率（元/人）	动力装备率（千瓦时/人）
全省	**14174**	**263895**	**79004.5**	**114686**	**40.5**
南昌市	1986	30808	21278.7	10269	1.5
景德镇市	666	8804	3727.7	13745	3.2
萍乡市	2522	77015	15980.1	35488	17.1
九江市	3537	44655	7791.9	4505	2.6
新余市	14	55	27.7	541	0.1
鹰潭市					
赣州市	719	14259	1915.7	6483	4.8
吉安市	2819	42300	9751.5	5961	2.6
宜春市	298	5362	4150.2	16307	2.1
抚州市	681	26530	10735.4	13135	3.2
上饶市	932	14107	3645.6	8252	3.2

2-B-2.26 各地区集体总承包和专业承包企业主要生产效益指标

地区	企业个数（个）	从事建筑业活动的平均人数（人）	按总产值计算的劳动生产率（元/人）	人均竣工产值（元/人）	人均施工面积（平方米/人）	人均竣工面积（平方米/人）
全省	**135**	**83046**	**2911423**	**2224230**	**2400.7**	**1605.3**
南昌市	32	21319	550361	225009	348.4	89.2
景德镇市	5	3989	266531	216226	280.4	186.5
萍乡市	8	4775	343421	275063	199.1	173.6
九江市	19	17204	330218	281904	201.3	137.9
新余市	2	503	35624	126988	265.5	194.8
鹰潭市						
赣州市	10	3024	440859	293418	229.5	198.7
吉安市	24	16128	252682	189255	213.2	140.1
宜春市	10	2959	246417	240505	279.6	193.6
抚州市	15	8246	285402	260063	264.4	195.5
上饶市	10	4899	159908	115800	119.3	95.4

2-B-2.27 各地区集体总承包和专业承包企业营业收入

单位：万元

地区	营业收入	建筑业企业在境外完成的营业收入	企业总产值	建筑业总产值
全省	**2453593.1**	**436.0**	**3110417.6**	**2940953.1**
南昌市	1036535.1		1189826.5	1173314.1
景德镇市	109447.2		106319.3	106319.3
萍乡市	138580.3	395.6	207132.3	163983.5
九江市	375106.2		576043.2	568106.2
新余市	3323.0		1791.9	1791.9
鹰潭市				
赣州市	110207.2		133676.0	133315.9
吉安市	350655.7		407667.0	407526.1
宜春市	65110.4		163556.2	72914.7
抚州市	188823.5		236112.7	235342.7
上饶市	75804.5	40.4	88292.5	78338.7

2-B-2.28　各地区集体总承包和专业承包企业资产构成

单位：万元

地　区	资产总计	流动资产合计	存货
全　省	**1300716.1**	**1006810.8**	**266622.3**
南昌市	682011.2	572618.7	160362.8
景德镇市	27045.6	19595.6	1801.4
萍乡市	55576.9	30446.5	22091.2
九江市	198701.2	140318.2	37396.8
新余市	6585.6	2194.0	1839.3
鹰潭市			
赣州市	36999.6	30763.3	6161.3
吉安市	80342.3	49746.9	9891.3
宜春市	39649.3	28578.2	8840.6
抚州市	130537.0	103981.5	13113.8
上饶市	43267.4	28567.9	5123.8

2-B-2.29　各地区集体总承包和专业承包企业固定资产情况

单位：万元

地　区	固定资产原价	累计折旧	本年折旧	在建工程
全　省	**209276.6**	**66021.0**	**10094.2**	**29224.0**
南昌市	76940.7	20608.5	2676.9	10958.1
景德镇市	7236.1	3785.8	147.3	
萍乡市	27305.5	12264.3	2016.7	
九江市	31710.4	11192.1	1506.1	9958.2
新余市	1134.2	80.1	7.7	
鹰潭市				
赣州市	7163.1	2008.4	835.9	150.4
吉安市	23521.2	5911.0	695.0	5225.2
宜春市	4751.3	1142.0	323.5	1637.5
抚州市	22058.0	5639.2	1630.5	133.6
上饶市	7456.1	3389.6	254.6	1161.0

2-B-2.30 各地区集体总承包和专业承包企业负债及所有者权益

单位：万元

地　区	负债合计			所有者权益合计	
		流动负债合计			实收资本
			应付账款		
全　省	**721971.2**	**628792.7**	**143270.0**	**578744.9**	**310336.5**
南 昌 市	388567.0	381076.1	94968.6	293444.2	141747.5
景德镇市	16808.7	15375.0	588.1	10236.9	9629.9
萍 乡 市	16178.1	10583.8	7088.0	39398.8	18475.4
九 江 市	109372.2	66234.0	9102.3	89329.0	52162.7
新 余 市	3225.0	3225.0	102.2	3360.6	2846.0
鹰 潭 市					
赣 州 市	23349.6	15471.7	1330.6	13650.0	9964.6
吉 安 市	45383.8	33155.8	6189.5	34958.5	29193.4
宜 春 市	18971.4	15470.8	6333.7	20677.9	9602.2
抚 州 市	80469.5	73150.1	8090.1	50067.5	29167.6
上 饶 市	19645.9	15050.4	9476.9	23621.5	7547.2

2-B-2.31 各地区集体总承包和专业承包企业实收资本

单位：万元

地　区	实收资本						
		国家资本	集体资本	法人资本	个人资本	港澳台资本	外商资本
全　省	**310336.5**	**59.4**	**278707.6**	**28262.5**	**3307.0**		
南 昌 市	141747.5		126535.1	12388.9	2823.5		
景德镇市	9629.9		7589.9	2040.0			
萍 乡 市	18475.4		18475.4				
九 江 市	52162.7		49852.5	2168.2	142.0		
新 余 市	2846.0		2846.0				
鹰 潭 市							
赣 州 市	9964.6		5576.2	4388.4			
吉 安 市	29193.4		27328.8	1864.6			
宜 春 市	9602.2	59.4	5510.9	3877.8	154.1		
抚 州 市	29167.6		28487.6	680.0			
上 饶 市	7547.2		6505.2	854.6	187.4		

2-B-2.32　各地区集体总承包和专业承包企业收入情况

单位：万元

地　　区	主营业务收入	主营业务成本	主营业务税金及附加	其他业务收入	其他业务成本	其他业务利润
全　　省	**2416797.2**	**2131099.2**	**92100.3**	**36795.9**	**53519.8**	**1607.7**
南 昌 市	1032002.6	958599.5	17227.4	4532.5	3367.9	610.6
景德镇市	109388.6	97353.9	7138.7	58.6		
萍 乡 市	136743.6	112847.0	6621.1	1836.7	1480.7	425.4
九 江 市	371504.7	331101.5	13804.0	3601.5	6049.6	271.5
新 余 市	3198.6	2560.2	240.6	124.4	124.4	124.4
鹰 潭 市						
赣 州 市	103813.3	67038.7	6308.6	6393.9	25173.5	17.7
吉 安 市	350540.7	290972.6	24563.1	115.0	385.5	
宜 春 市	65110.4	53364.7	3847.0			
抚 州 市	183280.6	164357.5	8193.9	5542.9	4773.3	42.9
上 饶 市	61214.1	52903.6	4155.9	14590.4	12164.9	115.2

2-B-2.33　各地区集体总承包和专业承包企业费用情况

单位：万元

地　　区	管理费用	销售费用	财务费用	利息收入	利息支出
全　　省	**63056.2**	**7278.5**	**11293.9**	**489.4**	**10250.0**
南 昌 市	21584.7	807.5	4720.5	65.9	4503.1
景德镇市	1419.0	32.6	32.6	1.8	2.2
萍 乡 市	3046.9	1371.3	866.1		481.9
九 江 市	8442.1	260.4	782.7	31.9	1743.9
新 余 市	125.0	98.3	24.2	24.0	24.0
鹰 潭 市					
赣 州 市	3082.8	372.4	420.0	1.6	370.5
吉 安 市	19109.7	2615.3	2470.2	200.3	2322.9
宜 春 市	1410.1	699.2	587.5	11.7	54.7
抚 州 市	3069.3	508.3	1255.3	149.7	679.3
上 饶 市	1766.6	513.2	134.8	2.5	67.5

2-B-2.34 各地区集体总承包和专业承包企业利润及税金情况

单位：万元

地区	利润总额	税金总额		
			主营业务税金及附加	应交增值税
全省	**95891.6**	**173518.3**	**92100.3**	**81418.0**
南昌市	30827.9	48164.6	17227.4	30937.2
景德镇市	3470.4	11696.0	7138.7	4557.3
萍乡市	12070.2	10990.1	6621.1	4369.0
九江市	14601.7	26157.4	13804.0	12353.4
新余市	137.4	516.5	240.6	275.9
鹰潭市				
赣州市	8086.8	12127.4	6308.6	5818.8
吉安市	9972.5	38304.5	24563.1	13741.4
宜春市	5199.9	4978.8	3847.0	1131.8
抚州市	6495.7	14617.8	8193.9	6423.9
上饶市	5029.1	5965.2	4155.9	1809.3

2-B-2.35 各地区集体总承包和专业承包企业应收工程款及企业亏损情况

地区	应收工程款（万元）	企业个数（个）		亏损企业比重（%）
			亏损企业个数（个）	
全省	**231254.0**	**135**	**9**	**38.5**
南昌市	117719.3	32	7	21.9
景德镇市	4259.1	5		
萍乡市	2519.6	8		
九江市	61398.6	19		
新余市	122.2	2		
鹰潭市				
赣州市	3429.1	10	1	10.0
吉安市	9559.1	24		
宜春市	5517.9	10		
抚州市	11302.8	15	1	6.7
上饶市	15426.3	10		

2-B-2.36　各地区集体总承包和专业承包企业主要经济效益指标

地　区	产值利润率(%)	产值利税率(%)	资本利润率(%)	资本利税率(%)	人均利润(元/人)	人均利税(元/人)	资产负债率(%)
全　省	**48.3**	**142.7**	**414.3**	**1131.4**	**128299**	**339284**	**526.7**
南昌市	2.6	6.7	21.7	55.7	14460	37053	57.0
景德镇市	3.3	14.3	36.0	157.5	8700	38021	62.1
萍乡市	7.4	14.1	65.3	124.8	25278	48294	29.1
九江市	2.6	7.2	28.0	78.1	8487	23692	55.0
新余市	7.7	36.5	4.8	23.0	2732	13000	49.0
鹰潭市							
赣州市	6.1	15.2	81.2	202.9	26742	66846	63.1
吉安市	2.4	11.8	34.2	165.4	6183	29934	56.5
宜春市	7.1	14.0	54.2	106.0	17573	34399	47.8
抚州市	2.8	9.0	22.3	72.4	7877	25605	61.6
上饶市	6.4	14.0	66.6	145.7	10266	22442	45.4

2-B-2.37　各地区私营总承包和专业承包企业签订合同情况

单位：万元

地　区	签订合同额		
		上年结转合同额	本年新签合同额
全　省	**36516737.4**	**12648900.5**	**23867836.9**
南昌市	18479131.4	6557519.7	11921611.7
景德镇市	19285.0	13018.1	6266.9
萍乡市	396151.1	69905.1	326246.0
九江市	1544663.9	465844.4	1078819.5
新余市	1057334.3	347382.3	709952.0
鹰潭市	79858.4	52987.3	26871.1
赣州市	3062575.5	777501.8	2285073.7
吉安市	1757066.6	473903.1	1283163.5
宜春市	2469374.2	546285.6	1923088.6
抚州市	317862.0	83581.0	234281.0
上饶市	7333435.0	3260972.1	4072462.9

2-B-2.38 各地区私营总承包和专业承包企业承包工程完成情况

单位：万元

地　区	直接从建设单位承揽工程完成的产值	自行完成施工产值	分包出去工程的产值	从建设单位以外承揽工程完成的产值
全　省	**24133117.7**	**23667603.3**	**465514.4**	**1940235.5**
南 昌 市	12000961.2	11864124.2	136837.0	623150.3
景德镇市	18711.1	18711.1		
萍 乡 市	336682.8	331261.3	5421.5	9230.7
九 江 市	1488738.2	1488285.4	452.8	73277.5
新 余 市	740528.6	721590.8	18937.8	30640.2
鹰 潭 市	52112.7	52112.7		
赣 州 市	2315595.0	2309559.0	6036.0	70363.2
吉 安 市	1558175.2	1535880.7	22294.5	23966.8
宜 春 市	1573988.2	1548023.2	25965.0	43444.2
抚 州 市	239724.8	238529.2	1195.6	4936.9
上 饶 市	3807899.9	3559525.7	248374.2	1061225.7

2-B-2.39 各地区私营企业总承包和专业承包总产值和竣工产值

单位：万元

地　区	建筑业总产值	装饰装修产　值	在外省完成的产值	建筑工程产　值	安装工程产　值	其他产值	竣工产值
全　省	**25607838.8**	**1588541.8**	**8528147.3**	**20750862.2**	**2437523.6**	**2419453.0**	**14375406.7**
南 昌 市	12487274.5	840028.3	4490894.6	9782355.5	1480787.1	1224131.9	5203489.2
景德镇市	18711.1	53.8		14844.9	3866.2		5610.8
萍 乡 市	340492.0	52320.7	2703.3	300009.0	30026.6	10456.4	276872.9
九 江 市	1561562.9	27262.3	590350.7	1447190.8	63548.6	50823.5	1078845.6
新 余 市	752231.0	41233.6	181328.2	704995.2	11790.8	35445.0	451675.3
鹰 潭 市	52112.7	4394.1	12323.1	47322.2	3480.0	1310.5	30916.4
赣 州 市	2379922.2	217230.4	257804.5	2137206.3	84433.0	158282.9	1521559.6
吉 安 市	1559847.5	31743.0	805541.5	1183381.3	269863.1	106603.1	1262741.0
宜 春 市	1591467.4	127767.1	455736.7	1340440.8	94564.2	156462.4	1143425.8
抚 州 市	243466.1	922.0	29467.9	221250.7	6025.7	16189.7	221801.3
上 饶 市	4620751.4	245586.5	1701996.8	3571865.5	389138.3	659747.6	3178468.8

2-B-2.40　各地区私营总承包和专业承包企业房屋建筑面积

地　区	房屋施工面积（万平方米）		房屋竣工面积（万平方米）	房屋建筑面积竣工率（%）
		新开工面积		
全　省	**12005.8**	**6624.8**	**6293.0**	**621.7**
南昌市	5745.7	2852.1	2461.4	42.8
景德镇市	7.7	2.4	2.2	28.7
萍乡市	196.8	133.3	132.7	67.4
九江市	468.2	357.4	255.5	54.6
新余市	576.9	301.0	304.0	52.7
鹰潭市	24.5	20.1	14.7	60.1
赣州市	1019.6	600.0	666.4	65.4
吉安市	446.6	259.1	302.6	67.8
宜春市	1125.9	693.1	748.1	66.4
抚州市	183.0	161.9	104.3	57.0
上饶市	2210.8	1244.3	1301.0	58.8

2-B-2.41　各地区按主要用途分的私营总承包和专业承包企业房屋竣工面积

单位：万平方米

地　区	房屋竣工面积	住宅竣工面积	商业及服务用房竣工面积	办公用房竣工面积	科研、教育、医疗用房竣工面积	文化、体育、娱乐用房竣工面积	厂房及建筑物竣工面积	仓库竣工面积	其他未列明的房屋建筑物竣工面积
全　省	**6293.0**	**4191.2**	**404.0**	**453.2**	**302.5**	**115.4**	**601.4**	**67.0**	**158.2**
南昌市	2461.4	1748.1	131.7	222.3	115.0	29.1	160.9	10.8	43.5
景德镇市	2.2	2.1	0.1						
萍乡市	132.7	54.0	6.6	7.8	6.1	0.2	56.3	0.2	1.6
九江市	255.5	149.9	30.5	12.8	20.0	0.7	28.0		13.6
新余市	304.0	194.2	26.8	3.8	33.9	1.0	35.4	5.9	3.0
鹰潭市	14.7	13.8		0.4			0.1		0.4
赣州市	666.4	377.0	59.3	57.8	44.5	33.6	77.8	0.8	15.6
吉安市	302.6	177.4	14.3	42.7	15.5	1.3	28.0	1.0	22.5
宜春市	748.1	542.1	37.9	36.3	8.7	16.8	77.3	7.1	21.9
抚州市	104.3	52.2	2.8	0.1	0.4	0.1	32.3	0.5	16.0
上饶市	1301.0	880.4	94.0	69.2	58.4	32.8	105.4	40.7	20.1

2-B-2.42 各地区按主要用途分的私营总承包和专业承包企业房屋竣工价值

单位：万元

地区	房屋竣工价值	住宅竣工价值	商业及服务用房竣工价值	办公用房竣工价值	科研、教育、医疗用房竣工价值	文化、体育、娱乐用房竣工价值	厂房及建筑物竣工价值	仓库竣工价值	其他未列明的房屋建筑竣工价值
全　省	**8936712.7**	**5612064.6**	**568971.7**	**1123507.0**	**484300.2**	**149484.2**	**723352.7**	**75432.5**	**199599.8**
南昌市	3380591.4	2332737.3	177807.3	305112.9	203667.6	34913.2	228930.6	17938.9	79483.6
景德镇市	4546.4	4460.4	86.0						
萍乡市	148634.0	63749.2	6269.6	6759.6	7826.1	200.0	62129.7	190.0	1509.8
九江市	288090.8	173922.1	35283.9	15838.5	22481.8	709.1	34581.0		5274.4
新余市	338976.1	210833.8	37251.8	4559.8	41982.8	478.0	30957.6	3612.0	9300.3
鹰潭市	15879.0	15070.0		237.5			120.0		451.5
赣州市	933665.8	529293.1	82617.1	91340.4	66566.7	53845.8	86077.4	872.2	23053.1
吉安市	909051.4	244989.2	14086.2	560234.0	24945.3	2328.0	33467.5	1760.5	27240.7
宜春市	960334.4	699934.1	73276.3	49589.0	12098.6	17440.7	86599.0	9609.0	11787.7
抚州市	131824.7	72785.4	6861.1	241.4	800.2	250.6	32629.0	467.7	17789.3
上饶市	1825118.7	1264290.0	135432.4	89593.9	103931.1	39318.8	127860.9	40982.2	23709.4

2-B-2.43 各地区私营总承包和专业承包企业施工机械设备情况

地区	总台数（台）	总功率（千瓦）	净值（万元）	技术装备率（元/人）	动力装备率（千瓦时/人）
全　省	**119413**	**2372949**	**521263.0**	**120069**	**49.5**
南昌市	62416	1152266	158918.0	6516	4.7
景德镇市	582	3325	110.1	1056	3.2
萍乡市	8969	163632	29329.7	26300	14.7
九江市	4311	58206	23681.8	8435	2.1
新余市	2370	50148	17537.3	9225	2.6
鹰潭市	322	7282	3086.8	14734	3.5
赣州市	10253	238719	85893.2	14388	4.0
吉安市	4900	72894	27959.7	9930	2.6
宜春市	10258	309369	60563.4	12193	6.2
抚州市	1873	36449	8814.2	8756	3.6
上饶市	13159	280659	105368.8	8536	2.3

2-B-2.44　各地区私营总承包和专业承包企业主要生产效益指标

地　区	企业个数（个）	从事建筑业活动的平均人数（人）	按总产值计算的劳动生产率（元/人）	人均竣工产值（元/人）	人均施工面积（平方米/人）	人均竣工面积（平方米/人）
全　省	**1239**	**831281**	**3631975.2**	**2457519**	**1788.2**	**1041.4**
南昌市	270	480191	260048.1	108363	119.7	51.3
景德镇市	7	1054	177524.7	53233	72.8	20.9
萍乡市	48	10996	309650.8	251794	179.0	120.7
九江市	65	31050	502918.8	347454	150.8	82.3
新余市	60	20611	364965.8	219143	279.9	147.5
鹰潭市	15	2575	202379.4	120064	95.3	57.3
赣州市	260	61654	386012.6	246790	165.4	108.1
吉安市	97	30327	514342.8	416375	147.3	99.8
宜春市	182	50430	315579.5	226735	223.3	148.3
抚州市	39	9729	250247.8	227980	188.1	107.3
上饶市	196	132664	348304.8	239588	166.6	98.1

2-B-2.45　各地区私营总承包和专业承包企业营业收入

单位：万元

地　区	营业收入	建筑业企业在境外完成的营业收入	企业总产值	建筑业总产值
全　省	**20407824.3**	**373442.1**	**27624102.2**	**25607838.8**
南昌市	9891087.7	240162.2	13113476.1	12487274.5
景德镇市	21375.3		20525.8	18711.1
萍乡市	312946.5	9652.8	397270.0	340492.0
九江市	839784.2	2748.7	1677627.6	1561562.9
新余市	556183.1	13.3	761708.0	752231.0
鹰潭市	115782.7		60115.9	52112.7
赣州市	2212356.7	15029.3	2584836.8	2379922.2
吉安市	1163003.1	7860.0	1631105.7	1559847.5
宜春市	1519377.2	1065.9	1871860.9	1591467.4
抚州市	228845.9	197.2	252466.4	243466.1
上饶市	3547081.9	96712.7	5253109.0	4620751.4

2-B-2.46 各地区私营总承包和专业承包企业资产构成

单位：万元

地区	资产总计	流动资产合计	存货
全省	**11772088.2**	**9039577.1**	**2040626.2**
南昌市	5288094.7	4287732.7	1099631.8
景德镇市	13814.2	9287.5	1756.4
萍乡市	192923.0	120978.4	44856.6
九江市	425495.5	224005.2	33278.8
新余市	501585.7	441351.5	67932.5
鹰潭市	119550.3	92814.9	13702.6
赣州市	1308390.8	1010693.9	138125.8
吉安市	613510.5	475705.7	100288.2
宜春市	1338773.8	1040321.9	271686.0
抚州市	171711.1	141370.7	34337.9
上饶市	1798238.6	1195314.7	235029.6

2-B-2.47 各地区私营总承包和专业承包企业固定资产情况

单位：万元

地区	固定资产原价	累计折旧	本年折旧	在建工程
全省	**1640172.1**	**570594.2**	**135435.3**	**223564.1**
南昌市	521454.4	175767.9	37830.7	71600.9
景德镇市	566.9	158.6	26.5	15.0
萍乡市	60417.9	26516.3	8309.8	2863.5
九江市	102800.5	40213.9	13177.0	24510.0
新余市	50202.4	15014.2	3600.6	1045.0
鹰潭市	11251.4	3949.2	625.0	6858.7
赣州市	202256.0	81396.4	16549.2	25920.4
吉安市	97156.5	37438.7	5521.7	19280.8
宜春市	164493.9	49017.6	8143.8	17500.3
抚州市	17179.6	6461.5	1569.8	653.2
上饶市	412392.6	134659.9	40081.2	53316.3

2-B-2.48　各地区私营总承包和专业承包企业负债及所有者权益

单位：万元

地　区	负债合计	流动负债合计	应付账款	所有者权益合计	实收资本
全　省	**4770454.1**	**3829743.6**	**1291931.0**	**7001634.1**	**4222112.7**
南昌市	2283879.9	1818761.3	574391.9	3004214.8	1689872.4
景德镇市	5390.7	5061.6	657.2	8423.5	6510.6
萍乡市	71424.1	59198.1	26250.8	121498.9	73484.2
九江市	161190.3	116914.9	32280.0	264305.2	184797.8
新余市	189129.9	144816.3	35207.7	312455.8	203908.0
鹰潭市	57764.3	48789.3	41664.2	61786.0	43639.4
赣州市	519252.2	421100.5	140523.0	789138.6	531924.2
吉安市	210183.8	175571.9	76984.4	403326.7	249754.0
宜春市	558789.4	457030.8	111644.5	779984.4	483229.6
抚州市	63695.6	56501.8	16105.7	108015.5	72149.7
上饶市	649753.9	525997.1	236221.6	1148484.7	682842.8

2-B-2.49　各地区私营总承包和专业承包企业实收资本

单位：万元

地　区	实收资本	国家资本	集体资本	法人资本	个人资本	港澳台资本	外商资本
全　省	**4222112.7**	**9521.9**	**16294.5**	**1125530.8**	**3070653.5**	**56.5**	**55.5**
南昌市	1689872.4	1930.1	1450.2	457386.0	1229106.1		
景德镇市	6510.6	10.0		600.0	5900.6		
萍乡市	73484.2			25277.2	48207.0		
九江市	184797.8		3000.0	30430.0	151367.8		
新余市	203908.0		50.0	33351.2	170506.8		
鹰潭市	43639.4			6210.0	37429.4		
赣州市	531924.2	600.0	5208.6	131523.9	394591.7		
吉安市	249754.0		2800.0	57461.0	189493.0		
宜春市	483229.6	11.0	11.0	202611.1	280595.5	0.5	0.5
抚州市	72149.7	6655.8	803.7	27067.7	37622.5		
上饶市	682842.8	315.0	2971.0	153612.7	525833.1	56.0	55.0

2-B-2.50 各地区私营总承包和专业承包企业收入情况

单位：万元

地区	主营业务收入			其他业务收入		
		主营业务成本	主营业务税金及附加		其他业务成本	其他业务利润
全省	**20066222.9**	**18039142.7**	**425451.0**	**341601.4**	**321433.5**	**5052.3**
南昌市	9743940.1	8963255.4	151904.1	147147.6	149151.7	281.4
景德镇市	21313.0	18819.1	637.0	62.3		1.0
萍乡市	307083.1	253347.1	10202.0	5863.4	4842.7	816.3
九江市	783541.6	635767.1	33965.4	56242.6	49961.9	374.9
新余市	555615.0	484667.9	14202.0	568.1	28.2	14.2
鹰潭市	112988.7	96770.4	3957.7	2794.0	2285.0	200.0
赣州市	2163915.1	1936404.9	47057.5	48441.6	46113.5	269.0
吉安市	1154304.2	1001689.4	37142.6	8698.9	6937.5	3.2
宜春市	1476672.7	1300652.1	39746.0	42704.5	34140.7	41.0
抚州市	225562.9	196579.9	5356.3	3283.0	2030.0	1059.7
上饶市	3521286.5	3151189.4	81280.4	25795.4	25942.3	1991.6

2-B-2.51 各地区私营总承包和专业承包企业费用情况

单位：万元

地区	管理费用	销售费用	财务费用		
				利息支出	利息收入
全省	**454658.8**	**117629.9**	**90443.3**	**60983.8**	**1800.2**
南昌市	194885.8	44419.8	33887.1	21007.4	685.6
景德镇市	767.0	232.8	59.3	45.8	0.5
萍乡市	8198.1	2608.2	3476.6	1399.6	1.7
九江市	25961.3	3653.1	2513.8	446.3	91.4
新余市	12337.5	3235.5	1089.8	843.6	17.8
鹰潭市	2097.8	192.9	310.3	711.9	10.4
赣州市	57155.4	20041.6	10397.7	6697.4	336.5
吉安市	31795.2	22589.2	2517.5	1484.1	160.3
宜春市	50928.3	7686.9	6384.7	4378.2	68.8
抚州市	4712.3	597.0	1462.0	703.8	33.8
上饶市	65820.1	12372.9	28344.5	23265.7	393.4

2-B-2.52　各地区私营总承包和专业承包企业利润及税金情况

单位：万元

地　区	利润总额	税金总额		
			主营业务税金及附加	应交增值税
全　省	**937367.6**	**909366.4**	**425451.0**	**483915.4**
南 昌 市	346858.6	380025.0	151904.1	228120.9
景德镇市	855.7	1128.6	637.0	491.6
萍 乡 市	29953.4	22710.8	10202.0	12508.8
九 江 市	85625.6	67283.5	33965.4	33318.1
新 余 市	40351.2	27699.2	14202.0	13497.2
鹰 潭 市	9912.9	8319.8	3957.7	4362.1
赣 州 市	93954.6	112440.7	47057.5	65383.2
吉 安 市	58364.7	59529.6	37142.6	22387.0
宜 春 市	78647.8	71089.5	39746.0	31343.5
抚 州 市	18070.2	12652.7	5356.3	7296.4
上 饶 市	174772.9	146487.0	81280.4	65206.6

2-B-2.53　各地区私营总承包和专业承包企业应收工程款及企业亏损情况

地　区	应收工程款（万元）	企业个数（个）		亏损企业比重（%）
			亏损企业个数	
全　省	**2643229.6**	**1239**	**110**	**89.2**
南 昌 市	1140353.2	270	38	14.1
景德镇市	4617.8	7		
萍 乡 市	20276.9	48	1	2.1
九 江 市	93574.9	65	5	7.7
新 余 市	176832.3	60	8	13.3
鹰 潭 市	54845.3	15	3	20.0
赣 州 市	320912.9	260	28	10.8
吉 安 市	137217.6	97	10	10.3
宜 春 市	246753.4	182	6	3.3
抚 州 市	14067.3	39	1	2.6
上 饶 市	433778.0	196	10	5.1

2-B-2.54 各地区私营总承包和专业承包企业主要经济效益指标

地区	产值利润率(%)	产值利税率(%)	资本利润率(%)	资本利税率(%)	人均利润(元/人)	人均利税(元/人)	资产负债率(%)
全省	**69.9**	**130.9**	**271.2**	**509.7**	**210060.3**	**392764.6**	**432.1**
南昌市	2.8	5.8	20.5	43.0	7223.3	15137.4	43.2
景德镇市	4.6	10.6	13.1	30.5	8118.6	18826.4	39.0
萍乡市	8.8	15.5	40.8	71.7	27240.3	47894.0	37.0
九江市	5.5	9.8	46.3	82.7	27576.7	49246.1	37.9
新余市	5.4	9.0	19.8	33.4	19577.5	33016.5	37.7
鹰潭市	19.0	35.0	22.7	41.8	38496.7	70806.6	48.3
赣州市	3.9	8.7	17.7	38.8	15239.0	33476.4	39.7
吉安市	3.7	7.6	23.4	47.2	19245.1	38874.4	34.3
宜春市	4.9	9.4	16.3	31.0	15595.4	29692.1	41.7
抚州市	7.4	12.6	25.0	42.6	18573.5	31578.7	37.1
上饶市	3.8	7.0	25.6	47.0	13174.1	24216.1	36.1

2-B-2.55 各地区股份制总承包和专业承包企业签订合同情况

单位：万元

地区	签订合同额	上年结转合同额	本年新签合同额
全省	**69710346.8**	**30663167.8**	**39047179.0**
南昌市	44971091.3	21121525.9	23849565.4
景德镇市	220695.7	84867.5	135828.2
萍乡市	1116870.0	476483.7	640386.3
九江市	5399814.8	2613724.7	2786090.1
新余市	1975937.2	744657.9	1231279.3
鹰潭市	624201.9	293719.2	330482.7
赣州市	2087221.5	958791.3	1128430.2
吉安市	1056691.2	334775.8	721915.4
宜春市	2800111.9	899343.3	1900768.6
抚州市	5315725.8	2298992.9	3016732.9
上饶市	4141985.5	836285.6	3305699.9

2-B-2.56 各地区股份制总承包和专业承包企业承包工程完成情况

单位：万元

地区	直接从建设单位承揽工程完成的产值	自行完成施工产值	分包出去工程的产值	从建设单位以外承揽工程完成的产值
全省	**33847020.4**	**33315964.5**	**531055.9**	**1258551.9**
南昌市	18633990.6	18270954.2	363036.4	555294.6
景德镇市	153806.5	148326.5	5480.0	6640.0
萍乡市	797630.9	797068.9	562.0	1835.4
九江市	3047253.3	3021353.6	25899.7	64257.3
新余市	1026327.7	1025957.5	370.2	36468.7
鹰潭市	353072.5	352992.5	80.0	4299.4
赣州市	1212067.9	1190295.1	21772.8	40788.4
吉安市	888576.8	864977.4	23599.4	24841.1
宜春市	1669906.4	1640568.4	29338.0	41038.6
抚州市	3435503.6	3430911.8	4591.8	42063.3
上饶市	2628884.2	2572558.6	56325.6	441025.1

2-B-2.57 各地区股份制总承包和专业承包企业建筑业总产值和竣工产值

单位：万元

地区	建筑业总产值	装饰装修产值	在外省完成的产值	建筑工程产值	安装工程产值	其他产值	竣工产值
全省	**34574516.4**	**1603547.3**	**13262448.4**	**30314712.3**	**2293398.2**	**1966405.9**	**18695394.6**
南昌市	18826248.8	984271.8	7542314.7	16301873.5	1322170.0	1202205.3	8981993.6
景德镇市	154966.5	3071.6	9714.2	120434.6	20532.8	13999.1	106442.9
萍乡市	798904.3	74926.2	198194.7	748953.3	46587.7	3363.3	502268.5
九江市	3085610.9	104888.2	1602530.5	2958489.7	104342.2	22779.0	1366824.6
新余市	1062426.2	5329.4	431179.6	898384.6	63559.2	100482.4	339922.5
鹰潭市	357291.9	1558.1	71008.1	279345.1	45868.5	32078.3	144623.0
赣州市	1231083.5	31549.5	97751.9	1016674.4	156149.2	58259.9	620109.9
吉安市	889818.5	27047.3	99176.4	830412.4	43788.0	15618.1	501860.9
宜春市	1681607.0	44555.8	532822.6	1391262.3	146981.3	143363.4	1062629.1
抚州市	3472975.1	161325.3	1596328.5	3234486.4	113769.6	124719.1	2808582.6
上饶市	3013583.7	165024.1	1081427.2	2534396.0	229649.7	249538.0	2260137.0

2-B-2.58 各地区股份制总承包和专业承包企业房屋建筑面积

地　　区	房屋施工面积 （万平方米）		房屋竣工面积 （万平方米）	房屋建筑面积竣工率 （%）
		新开工面积		
全　　省	**16418.0**	**8093.5**	**7319.3**	**606.5**
南 昌 市	9317.2	4334.1	3250.3	34.9
景德镇市	72.9	47.0	43.8	60.1
萍 乡 市	491.0	276.7	274.5	55.9
九 江 市	724.4	448.8	465.0	64.2
新 余 市	243.6	157.6	127.1	52.2
鹰 潭 市	155.8	53.7	94.5	60.6
赣 州 市	773.9	320.6	263.9	34.1
吉 安 市	355.1	205.7	230.3	64.9
宜 春 市	989.8	593.9	586.9	59.3
抚 州 市	1913.9	1034.2	1150.0	60.1
上 饶 市	1380.2	621.0	833.1	60.4

2-B-2.59 各地区按主要用途分的股份制总承包和专业承包企业房屋竣工面积

单位：万平方米

地　　区	房屋竣工面　　积	住宅竣工面　　积	商业及服务用房竣工面积	办公用房竣工面积	科研、教育、医疗用房竣工面积	文化、体育、娱乐用房竣工面积	厂房及建筑物竣工面积	仓库竣工面　　积	其他未列明的房屋建筑物竣工面积
全　　省	**7319.3**	**4592.8**	**701.7**	**400.2**	**375.5**	**85.3**	**954.2**	**68.4**	**141.1**
南 昌 市	3250.3	2072.5	282.8	159.1	237.2	45.1	373.5	28.2	51.9
景德镇市	43.8	33.7	6.3	1.7		0.6	0.2	0.4	1.0
萍 乡 市	274.5	167.6	7.0	12.9	1.4		70.7		14.9
九 江 市	465.0	311.0	14.2	16.7	13.7	2.4	104.7		2.2
新 余 市	127.1	83.5	3.6	28.6	6.6		4.4		0.4
鹰 潭 市	94.5	61.9	25.0		0.3		6.3		0.9
赣 州 市	263.9	200.5	18.7	6.2	12.1	0.4	17.6	0.5	7.8
吉 安 市	230.3	141.0	0.7	21.4	10.5	7.0	44.8	3.4	1.6
宜 春 市	586.9	341.4	96.8	23.6	6.1	14.9	78.2	0.6	25.5
抚 州 市	1150.0	836.6	95.0	62.5	50.7	4.2	78.8	1.1	21.2
上 饶 市	833.1	343.1	151.6	67.5	36.8	10.9	175.0	34.4	13.8

2-B-2.60　各地区按主要用途分的股份制总承包和专业承包企业房屋竣工价值

单位：万元

地　区	房屋竣工价值	住宅竣工价值	商业及服务用房竣工价值	办公用房竣工价值	科研、教育、医疗用房竣工价值	文化、体育、娱乐用房竣工价值	厂房及建筑物竣工价值	仓库竣工价值	其他未列明的房屋建筑竣工价值
全　省	**11296222.8**	**6770945.2**	**1037748.8**	**699098.2**	**776623.4**	**144513.8**	**1493832.2**	**184999.9**	**188461.3**
南昌市	5389226.3	3268341.4	452603.0	349667.6	517181.7	91166.4	539222.7	76013.3	95030.2
景德镇市	46052.6	35760.5	6670.0	1575.5		542.2	210.0	337.0	957.4
萍乡市	322850.1	212836.9	8074.9	14528.8	3132.1		80218.8		4058.6
九江市	560618.2	365638.1	19099.3	19770.4	15887.6	2465.3	135076.1		2681.4
新余市	186877.5	128703.1	1787.1	41209.0	9960.4	259.0	4695.1		263.8
鹰潭市	90424.9	52198.7	31449.2	56.0	510.9	2.0	5559.7	2.0	646.4
赣州市	354881.7	261911.5	29315.4	7913.4	19518.4	550.7	24093.6	500.5	11078.2
吉安市	242487.1	149812.3	552.9	21739.7	10737.7	6882.0	47547.5	3255.8	1959.2
宜春市	763847.4	413886.5	159017.5	25706.3	6779.4	14121.7	119718.1	460.2	24157.7
抚州市	1984375.8	1384776.4	180269.5	131620.1	124797.1	16483.8	112228.3	2248.9	31951.7
上饶市	1354581.2	497079.8	148910.0	85311.4	68118.1	12040.7	425262.3	102182.2	15676.7

2-B-2.61　各地区股份制总承包和专业承包企业施工机械设备情况

地　区	总台数（台）	总功率（千瓦）	净值（万元）	技术装备率（元/人）	动力装备率（千瓦时/人）
全　省	**100968**	**3581891**	**702726.6**	**133940**	**55.0**
南昌市	33067	1666927	237059.4	7893	5.5
景德镇市	742	12452	4516.9	6899	1.9
萍乡市	5393	177930	41500.9	22434	9.6
九江市	15077	447478	76372.4	20393	11.9
新余市	5902	47098	34145.5	16555	2.3
鹰潭市	434	18179	8691.8	9207	1.9
赣州市	3075	71373	23863.2	5742	1.7
吉安市	4552	106015	31313.4	13902	4.7
宜春市	9663	506149	60758.0	12100	10.1
抚州市	15283	337684	107228.6	9569	3.0
上饶市	7780	190606	77276.5	9245	2.3

2-B-2.62 各地区股份制总承包和专业承包企业主要生产效益指标

地区	企业个数（个）	从事建筑业活动的平均人数（人）	按总产值计算的劳动生产率（元/人）	人均竣工产值（元/人）	人均施工面积（平方米/人）	人均竣工面积（平方米/人）
全省	**1176**	**747843**	**4539113**	**2440083**	**1976.7**	**1064.3**
南昌市	382	338548	556088	265309	275.2	96.0
景德镇市	21	6620	234088	160790	110.1	66.1
萍乡市	39	18302	436512	274434	268.3	150.0
九江市	111	40669	758713	336085	178.1	114.3
新余市	43	20695	513373	164253	117.7	61.4
鹰潭市	38	9838	363175	147004	158.4	96.0
赣州市	119	42084	292530	147351	183.9	62.7
吉安市	71	23306	381798	215335	152.4	98.8
宜春市	96	48996	343213	216881	202.0	119.8
抚州市	90	113690	305478	247039	168.3	101.1
上饶市	166	85095	354143	265602	162.2	97.9

2-B-2.63 各地区股份制总承包和专业承包企业营业收入

单位：万元

地区	营业收入		企业总产值	
		建筑业企业在境外完成的营业收入		建筑业总产值
全省	**29703202.4**	**745380.7**	**36066339.9**	**34574516.4**
南昌市	16180362.8	460090.3	19152824.4	18826248.8
景德镇市	182199.0		155166.5	154966.5
萍乡市	502465.8	3309.9	813309.7	798904.3
九江市	2703314.8	61614.1	3266668.4	3085610.9
新余市	880504.3	108728.5	1077849.7	1062426.2
鹰潭市	379181.8	18247.0	382219.6	357291.9
赣州市	975745.6	180.0	1270352.3	1231083.5
吉安市	801545.0	924.0	933798.0	889818.5
宜春市	1477243.2		1725026.2	1681607.0
抚州市	3184174.4	91268.1	3528959.0	3472975.1
上饶市	2436465.7	1018.8	3760166.1	3013583.7

2-B-2.64　各地区股份制总承包和专业承包企业资产构成

单位：万元

地　区	资产总计	流动资产合计	存货
全　省	**40077665.5**	**34657619.9**	**4620960.1**
南昌市	14956280.1	12584005.1	2840911.2
景德镇市	184135.8	104673.1	30444.2
萍乡市	502784.2	353483.3	86756.8
九江市	2015522.5	1583201.7	236029.5
新余市	907451.3	718581.2	87663.8
鹰潭市	656891.4	594283.6	122210.3
赣州市	705304.8	587474.5	135510.3
吉安市	599543.7	453770.2	125809.6
宜春市	1176877.8	824056.5	264152.2
抚州市	16506485.0	15516127.8	318152.5
上饶市	1866388.9	1337962.9	373319.7

2-B-2.65　各地区股份制总承包和专业承包企业固定资产情况

单位：万元

地　区	固定资产原价	累计折旧	本年折旧	在建工程
全　省	**2420026.5**	**977625.9**	**187994.4**	**335498.0**
南昌市	859874.2	406969.2	64404.5	118176.7
景德镇市	65828.9	7073.1	2249.3	1123.7
萍乡市	80330.6	33783.7	5402.2	1595.6
九江市	287386.0	154896.0	30613.2	86927.5
新余市	78870.1	24909.4	5893.0	1937.0
鹰潭市	59260.7	31165.7	8630.1	1129.2
赣州市	69817.0	28856.1	7464.1	1296.6
吉安市	86805.2	32177.2	4901.8	13016.8
宜春市	196323.0	63213.8	12591.4	11498.5
抚州市	303689.3	89880.9	28963.5	8292.9
上饶市	331841.5	104700.8	16881.3	90503.5

2-B-2.66 各地区股份制总承包和专业承包企业负债及所有者权益

单位：万元

地区	负债合计	流动负债合计	应付账款	所有者权益合计	实收资本
全 省	**29993806.8**	**14993352.4**	**5436569.9**	**10083858.7**	**6753674.2**
南 昌 市	10905038.4	9993954.6	3772080.9	4051241.7	2245630.7
景德镇市	111250.5	95647.6	20627.0	72885.3	58447.4
萍 乡 市	321522.9	275201.0	75797.6	181261.3	106074.8
九 江 市	1409360.0	1269907.2	478285.7	606162.5	443115.7
新 余 市	457631.8	368755.8	130009.8	449819.5	228774.8
鹰 潭 市	471947.5	469365.4	74096.3	184943.9	137290.3
赣 州 市	389182.7	359953.6	97055.8	316122.1	224044.9
吉 安 市	285736.7	245083.1	71403.4	313807.0	218501.2
宜 春 市	510863.6	451391.0	122373.7	666014.2	507462.6
抚 州 市	14506934.1	913119.5	334090.3	1999550.9	1784613.9
上 饶 市	624338.6	550973.6	260749.4	1242050.3	799717.9

2-B-2.67 各地区股份制总承包和专业承包企业实收资本

单位：万元

地区	实收资本	国家资本	集体资本	法人资本	个人资本	港澳台资本	外商资本
全 省	**6753674.2**	**1240629.2**	**130118.6**	**1489258.4**	**3893377.9**	**190.1**	**100.0**
南 昌 市	2245630.7	507669.0	58641.5	677867.0	1001453.2		
景德镇市	58447.4	3088.6	8338.4	7538.3	39482.1		
萍 乡 市	106074.8	1812.6	2693.3	30545.3	71023.6		
九 江 市	443115.7	231735.4	15140.4	97674.9	98565.0		
新 余 市	228774.8	64310.1	6600.1	39699.8	118164.7	0.1	
鹰 潭 市	137290.3	16020.0	6500.0	50868.9	63811.4	90.0	
赣 州 市	224044.9	17155.2	4264.0	62399.7	140226.0		
吉 安 市	218501.2	36391.1	5868.0	60879.5	115362.6		
宜 春 市	507462.6	105931.4	16059.9	92839.1	292632.2		
抚 州 市	1784613.9	63128.0	2028.0	119117.6	1600340.3		
上 饶 市	799717.9	193387.8	3985.0	249828.3	352316.8	100.0	100.0

2-B-2.68 各地区股份制总承包和专业承包企业收入情况

单位：万元

地 区	主营业务收入	主营业务成本	主营业务税金及附加	其他业务收入	其他业务成本	其他业务利润
全 省	**29267093.1**	**26771966.8**	**416718.2**	**436109.3**	**350756.9**	**10217.4**
南 昌 市	15935242.6	14776398.2	149980.4	245120.2	206406.2	7127.4
景德镇市	181913.0	161824.3	3061.8	286.0	100.0	185.4
萍 乡 市	487744.7	413243.4	11946.8	14721.1	14346.0	938.2
九 江 市	2665765.6	2443213.7	39548.8	37549.2	39022.1	-309.0
新 余 市	869949.1	780298.1	16707.4	10555.2	7541.7	82.6
鹰 潭 市	369758.2	333097.8	4762.1	9423.6	7503.7	45.8
赣 州 市	954553.2	831516.4	23357.2	21192.4	10226.3	1402.8
吉 安 市	797782.0	677848.8	27279.1	3763.0	3430.5	122.8
宜 春 市	1455204.7	1286443.7	43940.5	22038.5	8307.3	109.7
抚 州 市	3124651.5	2950153.1	45227.1	59522.9	44445.4	344.2
上 饶 市	2424528.5	2117929.3	50907.0	11937.2	9427.7	167.5

2-B-2.69 各地区股份制总承包和专业承包企业费用情况

单位：万元

地 区	管理费用	销售费用	财务费用	利息收入	利息支出
全 省	**742114.8**	**94482.7**	**140685.9**	**8095.4**	**96024.7**
南 昌 市	367841.0	39166.6	94178.6	6510.2	69245.8
景德镇市	8973.6	526.9	277.0	131.7	11.6
萍 乡 市	12532.3	2809.7	4303.8	7.5	1802.1
九 江 市	65181.2	5209.2	5647.5	382.1	4033.9
新 余 市	21135.1	3409.1	1618.3	165.1	1094.3
鹰 潭 市	14763.0	1711.1	335.3	-133.2	558.2
赣 州 市	30218.8	9658.1	2935.0	232.0	560.8
吉 安 市	36563.3	3511.2	1983.3	-262.7	1196.5
宜 春 市	57091.6	8513.8	4297.6	427.4	2099.1
抚 州 市	50689.7	687.7	13248.6	338.0	10980.8
上 饶 市	77125.2	19279.3	11860.9	297.3	4441.6

2-B-2.70 各地区股份制总承包和专业承包企业利润及税金情况

单位：万元

地　区	利润总额	税金总额		
			主营业务税金及附加	应交增值税
全　省	**1098409.8**	**1042528.1**	**416718.2**	**625809.9**
南 昌 市	484629.7	461224.5	149980.4	311244.1
景德镇市	7100.0	6755.9	3061.8	3694.1
萍 乡 市	43091.9	29764.9	11946.8	17818.1
九 江 市	107227.8	82956.3	39548.8	43407.5
新 余 市	38365.8	31511.3	16707.4	14803.9
鹰 潭 市	21279.5	17977.5	4762.1	13215.4
赣 州 市	61842.0	52102.0	23357.2	28744.8
吉 安 市	48399.4	50142.0	27279.1	22862.9
宜 春 市	68507.0	83370.5	43940.5	39430.0
抚 州 市	77120.7	121972.5	45227.1	76745.4
上 饶 市	140846.0	104750.7	50907.0	53843.7

2-B-2.71 各地区股份制总承包和专业承包企业应收工程款及企业亏损情况

地　区	应收工程款（万元）	企业个数（个）		亏损企业比重（%）
			亏损企业个数	
全　省	**6065454.1**	**1176**	**114**	**93.2**
南 昌 市	4221105.0	382	56	14.7
景德镇市	34764.7	21	2	9.5
萍 乡 市	93212.5	39	2	5.1
九 江 市	197652.7	111	11	9.9
新 余 市	238829.4	43	5	11.6
鹰 潭 市	147121.2	38	4	10.5
赣 州 市	189847.1	119	14	11.8
吉 安 市	133437.4	71	4	5.6
宜 春 市	183357.5	96	5	5.2
抚 州 市	333867.8	90	5	5.6
上 饶 市	292258.8	166	6	3.6

2-B-2.72　各地区股份制总承包和专业承包企业主要经济效益指标

地　区	产值利润率(%)	产值利税率(%)	资本利润率(%)	资本利税率(%)	人均利润(元/人)	人均利税(元/人)	资产负债率(%)
全　省	**47.0**	**90.1**	**216.0**	**404.3**	**187899**	**355838**	**657.1**
南昌市	2.6	5.0	21.6	42.1	14315	27939	72.9
景德镇市	4.6	8.9	12.1	23.7	10725	20930	60.4
萍乡市	5.4	9.1	40.6	68.7	23545	39808	63.9
九江市	3.5	6.2	24.2	42.9	26366	46764	69.9
新余市	3.6	6.6	16.8	30.5	18539	33765	50.4
鹰潭市	6.0	11.0	15.5	28.6	21630	39903	71.8
赣州市	5.0	9.3	27.6	50.9	14695	27075	55.2
吉安市	5.4	11.1	22.2	45.1	20767	42282	47.7
宜春市	4.1	9.0	13.5	29.9	13982	30998	43.4
抚州市	2.2	5.7	4.3	11.2	6783	17512	87.9
上饶市	4.7	8.1	17.6	30.7	16552	28861	33.5

2-B-2.73　各地区外商投资总承包和专业承包企业签订合同情况

单位：万元

地　区	签订合同额	上年结转合同额	本年新签合同额
全　省	**6539.2**	**2455.6**	**4083.6**
南昌市	1748.3	609.7	1138.6
景德镇市			
萍乡市			
九江市			
新余市			
鹰潭市	4790.9	1845.9	2945.0
赣州市			
吉安市			
宜春市			
抚州市			
上饶市			

2-B-2.74 各地区外商投资总承包和专业承包企业承包工程完成情况

单位：万元

地区	直接从建设单位承揽工程完成的产值	自行完成施工产值	分包出去工程的产值	从建设单位以外承揽工程完成的产值
全省	**5426.1**	**5426.1**		
南昌市	1259.9	1259.9		
景德镇市				
萍乡市				
九江市				
新余市				
鹰潭市	4166.2	4166.2		
赣州市				
吉安市				
宜春市				
抚州市				
上饶市				

2-B-2.75 各地区外商投资总承包和专业承包企业总产值和竣工产值

单位：万元

地区	建筑业总产值						竣工产值
		装饰装修产值	在外省完成的产值	建筑工程产值	安装工程产值	其他产值	
全省	**5426.1**			**1089.5**	**4336.6**		**5255.7**
南昌市	1259.9			1089.5	170.4		1089.5
景德镇市							
萍乡市							
九江市							
新余市							
鹰潭市	4166.2				4166.2		4166.2
赣州市							
吉安市							
宜春市							
抚州市							
上饶市							

2-B-2.76　各地区外商投资总承包和专业承包企业房屋建筑面积

地　区	房屋施工面积（万平方米）	新开工面积	房屋竣工面积（万平方米）	房屋建筑面积竣工率（%）
全　省	**0.8**	**0.8**	**0.8**	**98.4**
南 昌 市	0.8	0.8	0.8	98.4
景德镇市				
萍 乡 市				
九 江 市				
新 余 市				
鹰 潭 市				
赣 州 市				
吉 安 市				
宜 春 市				
抚 州 市				
上 饶 市				

2-B-2.77　各地区按主要用途分的外商投资总承包和专业承包企业房屋竣工面积

单位：万平方米

地　区	房屋竣工面　积	住宅竣工面　积	商业及服务用房竣工面积	办公用房竣工面积	科研、教育、医疗用房竣工面积	文化、体育、娱乐用房竣工面积	厂房及建筑物竣工面积	仓库竣工面　积	其他未列明的房屋建筑物竣工面积
全　省	**0.8**	**0.8**							
南 昌 市	0.8	0.8							
景德镇市									
萍 乡 市									
九 江 市									
新 余 市									
鹰 潭 市									
赣 州 市									
吉 安 市									
宜 春 市									
抚 州 市									
上 饶 市									

2-B-2.78 各地区按主要用途分的外商投资总承包和专业承包企业房屋竣工价值

单位：万元

地区	房屋竣工价值	住宅竣工价值	商业及服务用房竣工价值	办公用房竣工价值	科研、教育、医疗用房竣工价值	文化、体育、娱乐用房竣工价值	厂房及建筑物竣工价值	房屋竣工价值_仓库本年	其他未列明的房屋建筑竣工价值
全省	**22627621.7**	**13985508.0**	**1758023.9**	**1881794.5**	**1404417.4**	**335096.8**	**2540825.2**	**279092.0**	**442863.9**
南昌市	9671644.6	6110248.7	717359.4	680698.8	821221.5	153981.6	887734.3	94815.5	205584.8
景德镇市	130590.2	98277.3	13707.7	3260.5		542.2	13508.1	337.0	957.4
萍乡市	559371.8	351285.7	12944.5	25023.0	16408.2	160.0	146800.0	4182.0	2568.4
九江市	1133283.6	792347.2	66053.3	38789.1	30434.2	12174.4	181566.4	5892.1	6026.9
新余市	529007.5	344844.6	39038.9	45768.8	47726.4	737.0	37092.7	3612.0	10187.1
鹰潭市	321921.4	139860.2	61825.9	703.0	13835.0	2.0	105192.5	2.0	500.8
赣州市	1421947.7	864770.8	115585.0	102006.1	88962.4	54461.9	160411.6	1402.7	34347.2
吉安市	1454887.9	585470.7	51926.1	601305.7	52298.8	12464.0	112208.7	5426.3	33787.6
宜春市	1743983.7	1136343.6	232961.5	77335.2	20116.6	31637.8	199332.0	10069.2	36187.8
抚州市	2565387.6	1840670.4	191616.6	137965.2	142559.1	16734.4	158320.1	10531.3	66990.5
上饶市	3095595.7	1721388.8	255005.0	168939.1	170855.2	52201.5	538658.8	142821.9	45725.4

2-B-2.79 各地区外商投资总承包和专业承包企业施工机械设备情况

地区	总台数(套)	总功率(千瓦)	净值(万元)	技术装备率(%)	动力装备率(%)
全省	**27**	**1392**	**168.7**	**897340.4**	**740.4**
南昌市	27	1392	168.7	897340.4	740.4
景德镇市					
萍乡市					
九江市					
新余市					
鹰潭市					
赣州市					
吉安市					
宜春市					
抚州市					
上饶市					

2-B-2.80　各地区外商投资总承包和专业承包企业主要生产效益指标

地　区	企业个数（个）	从事建筑业活动的平均人数（人）	按总产值计算的劳动生产率（元/人）	人均竣工产值（元/人）	人均施工面积（平方米/人）	人均竣工面积（平方米/人）
全　省	**3**	**448**	**227254**	**218190.6**	**44.6**	**43.9**
南昌市	2	188	67016	57952.1	44.6	43.9
景德镇市						
萍乡市						
九江市						
新余市						
鹰潭市	1	260	160238	160238.5		
赣州市						
吉安市						
宜春市						
抚州市						
上饶市						

2-B-2.81　各地区外商投资总承包和专业承包企业营业收入

单位：万元

地　区	营业收入	建筑业企业在境外完成的营业收入	企业总产值	建筑业总产值
全　省	**5421.1**		**42224.9**	**5426.1**
南昌市	1254.9		1259.9	1259.9
景德镇市				
萍乡市				
九江市				
新余市				
鹰潭市	4166.2		40965.0	4166.2
赣州市				
吉安市				
宜春市				
抚州市				
上饶市				

2-B-2.82　各地区外商投资总承包和专业承包企业资产构成

单位：万元

地　区	资产总计	流动资产合计	存货
全　省	**8609.5**	**6203.2**	
南 昌 市	7033.5	4879.7	
景德镇市			
萍 乡 市			
九 江 市			
新 余 市			
鹰 潭 市	1576.0	1323.5	
赣 州 市			
吉 安 市			
宜 春 市			
抚 州 市			
上 饶 市			

2-B-2.83　各地区外商投资总承包和专业承包企业固定资产情况

单位：万元

地　区	固定资产原价	累计折旧		在建工程
			本年折旧	
全　省	**960.5**	**571.8**	**77.2**	
南 昌 市	345.8	182.2	46.9	
景德镇市				
萍 乡 市				
九 江 市				
新 余 市				
鹰 潭 市	614.7	389.6	30.3	
赣 州 市				
吉 安 市				
宜 春 市				
抚 州 市				
上 饶 市				

2-B-2.84 各地区外商投资总承包和专业承包企业负债及所有者权益

单位：万元

地区	负债合计	流动负债合计	应付账款	所有者权益合计	实收资本
全省	**946.0**	**930.6**	**666.8**	**7663.5**	**1655.8**
南昌市	38.2	22.8	10.2	6995.3	1305.0
景德镇市					
萍乡市					
九江市					
新余市					
鹰潭市	907.8	907.8	656.6	668.2	350.8
赣州市					
吉安市					
宜春市					
抚州市					
上饶市					

2-B-2.85 各地区外商投资总承包和专业承包企业实收资本

单位：万元

地区	实收资本	国家资本	集体资本	法人资本	个人资本	港澳台资本	外商资本
全省	**1655.8**						
南昌市	1305.0						
景德镇市							
萍乡市							
九江市							
新余市							
鹰潭市	350.8						
赣州市							
吉安市							
宜春市							
抚州市							
上饶市							

2-B-2.86 各地区外商投资总承包和专业承包企业收入情况

单位：万元

地区	主营业务收入			其他业务收入		
		主营业务成本	主营业务税金及附加		其他业务成本	其他业务利润
全 省	**5330.1**	**4778.5**	**73.1**	**91.0**	**79.1**	
南 昌 市	1254.9	979.2	55.0			
景德镇市						
萍 乡 市						
九 江 市						
新 余 市						
鹰 潭 市	4075.2	3799.3	18.1	91.0	79.1	
赣 州 市						
吉 安 市						
宜 春 市						
抚 州 市						
上 饶 市						

2-B-2.87 各地区外商投资总承包和专业承包企业费用情况

单位：万元

地区	管理费用	销售费用	财务费用		
				利息收入	利息支出
全 省	**324.3**		**-2.1**	**3.1**	**0.1**
南 昌 市	135.8		1.2		
景德镇市					
萍 乡 市					
九 江 市					
新 余 市					
鹰 潭 市	188.5		-3.3	3.1	0.1
赣 州 市					
吉 安 市					
宜 春 市					
抚 州 市					
上 饶 市					

2-B-2.88　各地区外商投资总承包和专业承包企业利润及税金情况

单位：万元

地　区	利润总额	税金总额		
			主营业务税金及附加	应交增值税
全　省	**170.2**	**288.1**	**73.1**	**215.0**
南昌市	83.7	138.4	55.0	83.4
景德镇市				
萍乡市				
九江市				
新余市				
鹰潭市	86.5	149.7	18.1	131.6
赣州市				
吉安市				
宜春市				
抚州市				
上饶市				

2-B-2.89　各地区外商投资总承包和专业承包企业应收工程款及企业亏损情况

地　区	应收工程款（万元）	企业个数（个）		亏损企业比重（%）
			亏损企业个数	
全　省	**856.5**	**3**	**1**	**50.0**
南昌市	88.2	2	1	50.0
景德镇市				
萍乡市				
九江市				
新余市				
鹰潭市	768.3	1		
赣州市				
吉安市				
宜春市				
抚州市				
上饶市				

2-B-2.90 各地区外商投资总承包和专业承包企业主要经济效益指标

地　区	产值利润率(%)	产值利税率(%)	资本利润率(%)	资本利税率(%)	人均利润(元/人)	人均利税(元/人)	资产负债率(%)
全　省	**8.7**	**23.3**	**31.1**	**84.4**	**7779.1**	**20898.4**	**58.1**
南昌市	6.6	17.6	6.4	17.0	4452.1	11813.8	0.5
景德镇市							
萍乡市							
九江市							
新余市							
鹰潭市	2.1	5.7	24.7	67.3	3326.9	9084.6	57.6
赣州市							
吉安市							
宜春市							
抚州市							
上饶市							

2-B-2.91 各地区港澳台商投资总承包和专业承包企业签订合同情况

单位：万元

地　区	签订合同额		
		上年结转合同额	本年新签合同额
全　省	**4465164.2**	**3203246.3**	**1261917.9**
南昌市	4465094.2	3203246.3	1261847.9
景德镇市			
萍乡市			
九江市			
新余市			
鹰潭市			
赣州市	70.0		70.0
吉安市			
宜春市			
抚州市			
上饶市			

2-B-2.92　各地区港澳台商投资总承包和专业承包企业承包工程完成情况

单位：万元

地　区	直接从建设单位承揽工程完成的产值			从建设单位以外承揽工程完成的产值
		自行完成施工产值	分包出去工程的产值	
全　省	**1359988.2**	**1359988.2**		
南昌市	1359728.2	1359728.2		
景德镇市				
萍乡市				
九江市				
新余市				
鹰潭市				
赣州市	260.0	260.0		
吉安市				
宜春市				
抚州市				
上饶市				

2-B-2.93　各地区港澳台商投资总承包和专业承包企业建筑业总产值和竣工产值

单位：万元

地　区	建筑业总产值						竣工产值
		装饰装修产　值	在外省完成的产值	建筑工程产　值	安装工程产　值	其他产值	
全　省	**1359988.2**	**5105.4**	**282869.0**	**1253076.7**	**106708.2**	**203.3**	**542876.2**
南昌市	1359728.2	5105.4	282869.0	1253042.3	106482.6	203.3	542876.2
景德镇市							
萍乡市							
九江市							
新余市							
鹰潭市							
赣州市	260.0			34.4	225.6		
吉安市							
宜春市							
抚州市							
上饶市							

2-B-2.94 各地区港澳台商投资总承包和专业承包企业房屋建筑面积

地区	房屋施工面积（万平方米）	新开工面积	房屋竣工面积（万平方米）	房屋建筑面积竣工率（%）
全省	**1240.6**	**256.6**	**175.8**	**14.2**
南昌市	1240.6	256.6	175.8	14.2
景德镇市				
萍乡市				
九江市				
新余市				
鹰潭市				
赣州市				
吉安市				
宜春市				
抚州市				
上饶市				

2-B-2.95 各地区按主要用途分的港澳台商投资总承包和专业承包企业房屋竣工面积

单位：万平方米

地区	房屋竣工面积	住宅竣工面积	商业及服务用房竣工面积	办公用房竣工面积	科研、教育、医疗用房竣工面积	文化、体育、娱乐用房竣工面积	厂房及建筑物竣工面积	仓库竣工面积	其他未列明的房屋建筑物竣工面积
全省	**175.8**	**89.7**	**23.1**		**35.3**	**14.8**			**12.9**
南昌市	175.8	89.7	23.1		35.3	14.8			12.9
景德镇市									
萍乡市									
九江市									
新余市									
鹰潭市									
赣州市									
吉安市									
宜春市									
抚州市									
上饶市									

2-B-2.96 各地区按主要用途分的港澳台商投资总承包和专业承包企业房屋竣工价值

单位：万元

地区	房屋竣工价值	住宅竣工价值	商业及服务用房竣工价值	办公用房竣工价值	科研、教育、医疗用房竣工价值	文化、体育、娱乐用房竣工价值	厂房及建筑物竣工价值	仓库竣工价值	其他未列明的房屋建筑竣工价值
全省	**330655.1**	**139731.0**	**34939.5**		**86312.4**	**36378.1**			**33294.1**
南昌市	330655.1	139731.0	34939.5		86312.4	36378.1			33294.1
景德镇市									
萍乡市									
九江市									
新余市									
鹰潭市									
赣州市									
吉安市									
宜春市									
抚州市									
上饶市									

2-B-2.97 各地区港澳台商投资总承包和专业承包企业施工机械设备情况

地区	总台数（台）	总功率（千瓦）	净值（万元）	技术装备率（%）	动力装备率（%）
全省	**3**	**21**	**14.3**	**153528.9**	**133.3**
南昌市	1	1	12.0	195.5	
景德镇市					
萍乡市					
九江市					
新余市					
鹰潭市					
赣州市	2	20	2.3	153333.3	133.3
吉安市					
宜春市					
抚州市					
上饶市					

2-B-2.98 各地区港澳台商投资总承包和专业承包企业主要生产效益指标

地　区	企业个数（个）	从事建筑业活动的平均人数（人）	按总产值计算的劳动生产率（元/人）	人均竣工产值（元/人）	人均施工面积（平方米/人）	人均竣工面积（平方米/人）
全　省	**6**	**61428**	**394741**	**88398**	**202**	**28.6**
南昌市	5	61413	221407	88398	202	28.6
景德镇市						
萍乡市						
九江市						
新余市						
鹰潭市						
赣州市	1	15	173333			
吉安市						
宜春市						
抚州市						
上饶市						

2-B-2.99 各地区港澳台商投资总承包和专业承包企业营业收入

单位：万元

地　区	营业收入	建筑业企业在境外完成的营业收入	企业总产值	建筑业总产值
全　省	**1299276.0**	**10247.9**	**1359988.2**	**1359988.2**
南昌市	1299136.5	10247.9	1359728.2	1359728.2
景德镇市				
萍乡市				
九江市				
新余市				
鹰潭市				
赣州市	139.5		260.0	260.0
吉安市				
宜春市				
抚州市				
上饶市				

2-B-2.100　各地区港澳台商投资总承包和专业承包企业资产构成

单位：万元

地　区	资产总计	流动资产合计	存货
全　省	**2209060.9**	**1629600.8**	**56703.6**
南昌市	2208660.0	1629305.0	56579.4
景德镇市			
萍乡市			
九江市			
新余市			
鹰潭市			
赣州市	400.9	295.8	124.2
吉安市			
宜春市			
抚州市			
上饶市			

2-B-2.101　各地区港澳台商投资总承包和专业承包企业固定资产情况

单位：万元

地　区	固定资产原价	累计折旧	本年折旧	在建工程
全　省	**14518.7**	**5283.9**	**578.9**	
南昌市	14226.7	5090.1	566.9	
景德镇市				
萍乡市				
九江市				
新余市				
鹰潭市				
赣州市	292.0	193.8	12.0	
吉安市				
宜春市				
抚州市				
上饶市				

2-B-2.102 各地区港澳台商投资总承包和专业承包企业负债及所有者权益

单位：万元

地区	负债合计	流动负债合计	应付账款	所有者权益合计	实收资本
全省	**1836333.6**	**1729514.7**	**890404.9**	**372727.3**	**129692.5**
南昌市	1836027.2	1729208.4	890228.9	372632.8	129598.0
景德镇市					
萍乡市					
九江市					
新余市					
鹰潭市					
赣州市	306.4	306.3	176.0	94.5	94.5
吉安市					
宜春市					
抚州市					
上饶市					

2-B-2.103 各地区港澳台商投资总承包和专业承包企业实收资本

单位：万元

地区	实收资本	国家资本	集体资本	法人资本	个人资本	港澳台资本	外商资本
全省	**129692.5**	**62820.0**	**60.0**	**13168.0**	**20890.0**	**12094.5**	**20660.0**
南昌市	129598.0	62820.0	60.0	13168.0	20890.0	12000.0	20660.0
景德镇市							
萍乡市							
九江市							
新余市							
鹰潭市							
赣州市	94.5					94.5	
吉安市							
宜春市							
抚州市							
上饶市							

2-B-2.104　各地区港澳台商投资总承包和专业承包企业收入情况

单位：万元

地　区	主营业务收入			其他业务收入		
		主营业务成本	主营业务税金及附加		其他业务成本	其他业务利润
全　省	**1298177.8**	**1173542.6**	**3322.2**	**1098.2**	**796.8**	**173.7**
南 昌 市	1298061.2	1173449.4	3312.3	1075.3	761.5	173.7
景德镇市						
萍 乡 市						
九 江 市						
新 余 市						
鹰 潭 市						
赣 州 市	116.6	93.2	9.9	22.9	35.3	
吉 安 市						
宜 春 市						
抚 州 市						
上 饶 市						

2-B-2.105　各地区港澳台商投资总承包和专业承包企业费用情况

单位：万元

地　区	管理费用	销售费用	财务费用		
				利息收入	利息支出
全　省	**11523.0**	**52.0**	**20198.4**	**7606.0**	**26579.4**
南 昌 市	11483.5	52.0	20198.3	7606.0	26579.4
景德镇市					
萍 乡 市					
九 江 市					
新 余 市					
鹰 潭 市					
赣 州 市	39.5		0.1		
吉 安 市					
宜 春 市					
抚 州 市					
上 饶 市					

2-B-2.106 各地区港澳台商投资总承包和专业承包企业利润及税金情况

单位：万元

地区	利润总额	税金总额		
			主营业务税金及附加	应交增值税
全省	**86108.1**	**14002.9**	**3322.2**	**10680.7**
南昌市	86147.9	13989.6	3312.3	10677.3
景德镇市				
萍乡市				
九江市				
新余市				
鹰潭市				
赣州市	-39.8	13.3	9.9	3.4
吉安市				
宜春市				
抚州市				
上饶市				

2-B-2.107 各地区港澳台商投资总承包和专业承包企业应收工程款及企业亏损情况

地区	应收工程款（万元）	企业个数（个）		亏损企业比重（%）
			亏损企业个数	
全省	**437764.5**	**6**	**2**	**120.0**
南昌市	437669.2	5	1	20.0
景德镇市				
萍乡市				
九江市				
新余市				
鹰潭市				
赣州市	95.3	1	1	100.0
吉安市				
宜春市				
抚州市				
上饶市				

2-B-2.108　各地区港澳台商投资总承包和专业承包企业主要经济效益指标

地　区	产值利润率(%)	产值利税率(%)	资本利润率(%)	资本利税率(%)	人均利润(元/人)	人均利税(元/人)	资产负债率(%)
全　省	**-9.0**	**-2.8**	**24.4**	**49.2**	**-12506.0**	**-1361.0**	**159.6**
南昌市	6.3	7.4	66.5	77.3	14028.0	16306.0	83.1
景德镇市							
萍乡市							
九江市							
新余市							
鹰潭市							
赣州市	-15.3	-10.2	-42.1	-28.0	-26533.0	-17667.0	76.4
吉安市							
宜春市							
抚州市							
上饶市							

3.按行业分组

2-B-3.1　各行业总承包和专业承包企业签订合同情况

单位：万元

行　业	签订合同额		
		上年结转合同额	本年新签合同额
总　计	**125436325.8**	**53686455.6**	**71749870.2**
房屋建筑业	82178705.6	35825712.7	46352992.9
土木工程建筑业	35782770.1	15711635.4	20071134.7
铁路、道路、隧道和桥梁工程建筑	27729104.7	12657017.1	15072087.6
水利和内河港口工程建筑	4360825.4	1880623.2	2480202.2
海洋工程建筑			
工矿工程建筑	107277.7	45751.7	61526.0
架线和管道工程建筑	637173.5	178283.2	458890.3
其他土木工程建筑	1604006.5	550374.4	1053632.1
建筑安装业	2680668.6	799540.8	1881127.8
建筑装饰业和其他建筑业	4794181.5	1349566.7	3444614.8

2-B-3.2 各行业总承包和专业承包企业承包工程完成情况

单位：万元

行业	直接从建设单位承揽工程完成的产值			从建设单位以外承揽工程完成的产值
		自行完成施工产值	分包出去工程的产值	
总　计	**66519300.5**	**65481937.7**	**1037362.8**	**3250154.6**
房屋建筑业	43239313.6	42834993.9	404319.7	1464397.3
土木工程建筑业	18543613.4	17978658.7	564954.7	1303144.4
铁路、道路、隧道和桥梁工程建筑	14444664.3	13947288.5	497375.8	1027077.9
水利和内河港口工程建筑	1837481.3	1830951.6	6529.7	191247.4
海洋工程建筑				
工矿工程建筑	92254.5	92254.5		
架线和管道工程建筑	472986.8	445637.8	27349.0	29566.0
其他土木工程建筑	1078052.2	1056372.7	21679.5	43068.0
建筑安装业	2066187.8	2059444.6	6743.2	89865.5
建筑装饰业和其他建筑业	2670185.7	2608840.5	61345.2	392747.4

2-B-3.3 各行业总承包和专业承包企业建筑业总产值和竣工产值

单位：万元

行业	建筑业总产值			建筑工程产值	安装工程产值	其他产值	竣工产值
		装饰装修产值	在外省完成的产值				
总　计	**68732092.3**	**3424087.1**	**24227371.9**	**58827233.8**	**5299773.5**	**4605085.0**	**38105171.9**
房屋建筑业	44299391.2	1965441.3	13490718.7	38861330.5	2527579.5	2910481.2	26289173.1
土木工程建筑业	19281803.1	347222.9	9015318.9	16413025.3	1550051.3	1318726.5	9760383.8
铁路、道路、隧道和桥梁工程建筑	14974366.4	291142.8	7406045.2	13319093.9	641406.1	1013866.4	7466527.5
水利和内河港口工程建筑	2022199.0	10605.3	626615.0	1864397.8	73930.6	83870.6	1102657.3
海洋工程建筑							
工矿工程建筑	92254.5		13480.8	67855.8	8788.5	15610.2	47130.6
架线和管道工程建筑	475203.8	7902.8	23180.9	198915.3	265752.0	10536.5	295295.4
其他土木工程建筑	1099440.7	37572.0	515691.1	838527.1	67320.8	193592.8	595179.8
建筑安装业	2149310.1	58011.3	459966.1	1240060.2	825420.1	83829.8	553583.7
建筑装饰业和其他建筑业	3001587.9	1053411.6	1261368.2	2312817.8	396722.6	292047.5	1502031.3

2-B-3.4　各行业总承包和专业承包企业房屋建筑面积

行　业	房屋施工面积（万平方米）	新开工面积	房屋竣工面积（万平方米）	房屋建筑面积竣工率（%）
总　计	**33362.4**	**16972.9**	**15635.2**	**46.9**
房屋建筑业	30015.2	15242.6	13609.8	45.3
土木工程建筑业	2905.0	1453.8	1792.4	520.0
建筑安装业	197.5	121.9	128.5	65.1
建筑装饰业和其他建筑业	244.6	154.6	104.5	42.7

2-B-3.5　各行业总承包和专业承包企业施工机械设备情况

行　业	总台数（台）	总功率（千瓦）	净值（万元）	技术装备率（元/人）	动力装备率（千瓦时/人）
总　计	**250540**	**6634905**	**1399532.5**	**9311**	**4.4**
房屋建筑业	190430	4317156	896380.9	8073	3.9
土木工程建筑业	47557	2050113	429933.6	58355	32.1
铁路、道路、隧道和桥梁工程建筑	36460	1697842	353847.6	15282	7.3
水利和内河港口工程建筑	2740	94231	30543.9	9019	2.8
海洋工程建筑					
工矿工程建筑	1455	29691	2964.5	7889	7.9
架线和管道工程建筑	1135	45698	9953.8	9463	4.3
其他土木工程建筑	4823	161692	29362.9	10818	6.0
建筑安装业	4519	79122	17326.3	6076	2.8
建筑装饰业和其他建筑业	8034	188514	55891.7	10782	3.6

2-B-3.6 按主要用途分的各行业总承包和专业承包企业房屋建筑竣工面积

单位：万平方米

行　业	房屋竣工面　积	住宅竣工面　积	商业及服务用房竣工面积	办公用房竣工面积	科研、教育、医疗用房竣工面积
总　计	**15635.2**	**10145.0**	**1260.0**	**918.5**	**776.4**
房屋建筑业	13609.8	9190.0	987.8	739.4	685.6
土木工程建筑业	1792.4	852.0	258.0	168.4	87.8
铁路、道路、隧道和桥梁工程建筑	1261.0	593.1	219.7	140.9	58.4
水利和内河港口工程建筑	265.7	80.5	14.8	2.0	19.1
海洋工程建筑					
工矿工程建筑	2.7	1.0			
架线和管道工程建筑	1.2	0.4			0.7
其他土木工程建筑	254.4	172.5	21.5	25.5	9.6
建筑安装业	128.5	34.5	9.3	9.9	0.1
建筑装饰业和其他建筑业	104.5	68.5	4.8	0.8	2.9

2-B-3.6 续表

单位：万平方米

行　业	文化、体育、娱乐用房竣工面积	厂房及建筑物竣工面积	仓库竣工面　积	其他未列明的房屋建筑物竣工面积
总　计	**224.2**	**1817.5**	**149.8**	**343.8**
房屋建筑业	162.5	1468.0	93.9	282.5
土木工程建筑业	57.4	283.5	55.9	29.3
铁路、道路、隧道和桥梁工程建筑	53.8	151.1	29.0	14.9
水利和内河港口工程建筑	2.6	109.5	26.7	10.6
海洋工程建筑				
工矿工程建筑		1.7		
架线和管道工程建筑		0.2		
其他土木工程建筑	0.9	20.6	0.1	3.8
建筑安装业		45.4		29.4
建筑装饰业和其他建筑业	4.3	20.7		2.5

2-B-3.7　按主要用途分的各行业总承包和专业承包企业房屋建筑竣工价值

单位：万元

行　业	房屋竣工价　值	住宅竣工价　值	商业及服务用房竣工价　值	办公用房竣工价值	科研、教育、医疗用房竣工价值
总　计	**22946202.3**	**14121154.8**	**1798632.3**	**1899693.1**	**1422879.4**
房屋建筑业	19197288.3	12730986.2	1456125.8	1111647.4	1198310.7
土木工程建筑业	3381327.7	1172624.4	325541.3	772247.1	219339.8
铁路、道路、隧道和桥梁工程建筑	2394657.0	778317.3	267407.4	725171.0	154378.6
水利和内河港口工程建筑	604875.2	154419.1	24195.1	2008.2	46409.2
海洋工程建筑					
工矿工程建筑	6546.5	2647.4			
架线和管道工程建筑	1373.8	250.0			1063.8
其他土木工程建筑	353204.4	223911.6	27536.2	45067.9	17488.2
建筑安装业	151009.9	68520.4	10445.8	15046.7	99.3
建筑装饰业和其他建筑业	216576.4	149023.8	6519.4	751.9	5129.6

2-B-3.7　续表

单位：万元

行　业	文化、体育、娱乐用房竣工价值	厂房及建筑物竣工价值	仓库竣工价　值	其他未列明的房屋建筑竣工价值
总　计	**345532.7**	**2621707.6**	**280020.5**	**456581.9**
房屋建筑业	222403.7	1985601.8	111946.7	380266.0
土木工程建筑业	114443.3	552166.2	168073.8	56891.8
铁路、道路、隧道和桥梁工程建筑	111050.0	257215.6	71607.8	29509.3
水利和内河港口工程建筑	2553.6	267262.7	96159.8	11867.5
海洋工程建筑				
工矿工程建筑		3899.1		
架线和管道工程建筑		60.0		
其他土木工程建筑	839.7	22728.8	117.0	15515.0
建筑安装业		40459.5		16438.2
建筑装饰业和其他建筑业	8685.7	43480.1		2985.9

2-B-3.8 按主要用途分的各行业总承包和专业承包企业主要生产效益指标

行业	企业个数（个）	从事建筑业活动的平均人数（人）	按总产值计算的劳动生产率（元/人）	人均竣工产值（元/人）	人均施工面积（平方米/人）	人均竣工面积（平方米/人）
总计	**2656**	**1807967**	**380162.3**	**210763**	**184.5**	**86.5**
房屋建筑业	1522	1168648	379065.3	224954	256.8	116.5
土木工程建筑业	763	325711	3469461.0	1724698	447.8	239.3
铁路、道路、隧道和桥梁工程建筑	506	242715	616952.7	307625	76.7	52.0
水利和内河港口工程建筑	115	33724	599632.0	326965	190.7	78.8
海洋工程建筑						
工矿工程建筑	15	3877	237953.3	121565	36.9	7.1
架线和管道工程建筑	38	10769	441270.1	274209	0.5	1.1
其他土木工程建筑	72	29476	372995.2	201920	128.0	86.3
建筑安装业	122	32171	668089.3	172075	61.4	40.0
建筑装饰业和其他建筑业	249	281437	106652.2	53370	8.7	3.7

2-B-3.9 按主要用途分的各行业总承包和专业承包企业营业收入

单位：万元

行业	营业收入		企业总产值	
		建筑业企业在境外完成的营业收入		建筑业总产值
总计	**57698840.7**	**1140681.7**	**72469628.2**	**68732092.3**
房屋建筑业	37203764.5	421704.5	46470838.1	44299391.2
土木工程建筑业	15540795.7	715735.9	20104659.6	19281803.1
铁路、道路、隧道和桥梁工程建筑	11909773.8	600388.3	15574951.0	14974366.4
水利和内河港口工程建筑	1647521.5	92423.8	2170090.6	2022199.0
海洋工程建筑				
工矿工程建筑	95011.9		93254.0	92254.5
架线和管道工程建筑	445517.3	25.8	483932.5	475203.8
其他土木工程建筑	853869.2	8159.8	1152539.5	1099440.7
建筑安装业	2005072.9		2327078.4	2149310.1
建筑装饰业和其他建筑业	2949207.6	3241.3	3567052.1	3001587.9

2-B-3.10　各行业总承包和专业承包企业资产构成

单位：万元

行　业	资产总计	流动资产合计	存货
总　计	**59185089.6**	**49204952.0**	**7667205.8**
房屋建筑业	40236331.7	34879419.3	5190180.6
土木工程建筑业	15716380.5	11712632.5	2034949.0
铁路、道路、隧道和桥梁工程建筑	11586105.1	8402448.3	1521609.5
水利和内河港口工程建筑	1399398.8	1161201.4	131675.0
海洋工程建筑			
工矿工程建筑	87839.4	72247.8	3661.7
架线和管道工程建筑	506304.9	421063.8	156948.8
其他土木工程建筑	1151159.4	725235.6	157488.4
建筑安装业	1393007.4	1158620.5	92300.7
建筑装饰业和其他建筑业	1839370.0	1454279.7	349775.5

2-B-3.11　各行业总承包和专业承包企业固定资产情况

单位：万元

行　业	固定资产原价	累计折旧	本年折旧	在建工程
总　计	**4684889.8**	**1757271.7**	**357084.8**	**650170.3**
房屋建筑业	2525279.5	887838.5	201319.5	303573.1
土木工程建筑业	1781244.5	715342.3	122538.9	312759.4
铁路、道路、隧道和桥梁工程建筑	1414311.4	559380.8	96602.4	168682.0
水利和内河港口工程建筑	167179.5	73074.4	12606.7	43767.9
海洋工程建筑				
工矿工程建筑	14842.7	7216.9	889.4	
架线和管道工程建筑	64504.9	33990.5	5247.0	3084.1
其他土木工程建筑	92908.0	27893.7	6002.3	95035.7
建筑安装业	143705.7	58363.1	7932.9	9993.0
建筑装饰业和其他建筑业	234660.1	95727.8	25293.5	23844.8

2-B-3.12 各行业总承包和专业承包企业负债及所有者权益

单位：万元

行业	负债合计	流动负债合计	应付账款	所有者权益合计	实收资本
总计	**40370976.9**	**23686039.0**	**8657502.2**	**18845094.1**	**11967555.7**
房屋建筑业	28185817.0	12927249.4	4382090.4	12050514.7	7643025.3
土木工程建筑业	10464051.2	9176169.3	3515090.9	5283310.7	3517297.4
铁路、道路、隧道和桥梁工程建筑	7475159.7	6501429.6	2462531.4	4141926.8	2787944.5
水利和内河港口工程建筑	913840.5	804640.6	367762.2	485558.3	321211.3
海洋工程建筑					
工矿工程建筑	37452.4	37067.0	17612.9	50387.0	26061.4
架线和管道工程建筑	364916.5	341566.4	122698.1	141388.4	67740.4
其他土木工程建筑	766903.9	595041.9	340334.4	384255.5	281113.5
建筑安装业	877195.9	846082.3	436462.6	515811.5	308702.4
建筑装饰业和其他建筑业	843912.8	736538.0	323858.3	995457.2	498530.6

2-B-3.13 各行业总承包和专业承包企业实收资本

单位：万元

行业	实收资本	国家资本	集体资本	法人资本	个人资本	港澳台资本	外商资本
总计	**11967555.7**	**1763055.6**	**425233.8**	**2754875.9**	**6991233.8**	**12341.1**	**20815.5**
房屋建筑业	7643025.3	674339.2	311620.6	1609755.7	5026558.8	90.5	20660.5
土木工程建筑业	3517297.4	1029956.4	73873.8	905267.9	1495888.2	12156.1	155.0
铁路、道路、隧道和桥梁工程建筑	2787944.5	910316.5	17256.9	677149.1	1183111.0	56.0	55.0
水利和内河港口工程建筑	321211.3	71777.4	19214.9	94974.7	135044.2	100.1	100.0
海洋工程建筑							
工矿工程建筑	26061.4	9271.7		9426.0	7363.7		
架线和管道工程建筑	67740.4	9250.0	20633.4	8716.8	17140.2	12000.0	
其他土木工程建筑	281113.5	18340.8	7045.3	110888.7	144838.7		
建筑安装业	308702.4	47118.5	32993.2	93911.5	134584.7	94.5	
建筑装饰业和其他建筑业	498530.6	11641.5	6746.2	145940.8	334202.1		

2-B-3.14　各行业总承包和专业承包企业收入情况

单位：万元

行　业	主营业务收　入	主营业务成　本	主营业务税金及附加	其他业务收　入	其他业务成　本	其他业务利　润
总　计	**56808433.8**	**51597677.9**	**987636.6**	**890406.9**	**812037.1**	**20010.5**
房屋建筑业	36794903.0	33578924.2	686778.7	408861.5	350963.7	6585.5
土木工程建筑业	15195428.8	13706227.0	214082.3	345366.9	349313.1	10012.6
铁路、道路、隧道和桥梁工程建筑	11648706.3	10577628.9	170860.6	261067.5	227080.3	6756.1
水利和内河港口工程建筑	1636733.4	1455082.1	28780.2	10788.1	21064.2	2063.3
海洋工程建筑						
工矿工程建筑	94464.9	84514.2	1161.7	547.0	407.2	16.2
架线和管道工程建筑	441793.3	362484.8	3570.6	3724.0	5290.3	953.0
其他土木工程建筑	785228.5	700802.1	8133.8	68640.7	80702.0	32.1
建筑安装业	1901379.6	1730957.5	10795.1	103693.3	89665.3	534.9
建筑装饰业和其他建筑业	2916722.4	2581569.2	75980.5	32485.2	22095.0	2877.5

2-B-3.15　各行业总承包和专业承包企业费用情况

单位：万元

行　业	管理费用	销售费用	财务费用	利息收入	利息支出
总　计	**1384124.0**	**224726.2**	**280721.7**	**24941.2**	**211002.5**
房屋建筑业	703628.2	140891.1	199057.9	19645.9	156744.1
土木工程建筑业	502541.8	56816.9	69249.5	2772.8	47424.4
铁路、道路、隧道和桥梁工程建筑	363152.9	45381.4	53418.3	2451.3	35835.8
水利和内河港口工程建筑	51166.7	2473.6	5016.6	385.7	4487.8
海洋工程建筑					
工矿工程建筑	5119.5	1092.8	-123.8	16.9	74.9
架线和管道工程建筑	44690.2	2016.1	756.0	69.5	1023.9
其他土木工程建筑	20737.2	2803.8	4255.5	54.5	1917.0
建筑安装业	71057.2	5460.1	2674.4	2092.1	1616.9
建筑装饰业和其他建筑业	106896.8	21558.1	9739.9	430.4	5217.1

2-B-3.16 各行业总承包和专业承包企业利润及税金情况

单位：万元

行业	利润总额	税金总额		
			主营业务税金及附加	应交增值税
总计	**2279996.4**	**2280913.9**	**987636.6**	**1293277.3**
房屋建筑业	1504754.8	1551979.3	686778.7	865200.6
土木工程建筑业	562555.1	521937.4	214082.3	307855.1
铁路、道路、隧道和桥梁工程建筑	416041.9	401469.4	170860.6	230608.8
水利和内河港口工程建筑	67634.1	60507.8	28780.2	31727.6
海洋工程建筑				
工矿工程建筑	3391.3	3560.9	1161.7	2399.2
架线和管道工程建筑	26225.3	21558.5	3570.6	17987.9
其他土木工程建筑	34955.7	28705.1	8133.8	20571.3
建筑安装业	89438.7	62351.2	10795.1	51556.1
建筑装饰业和其他建筑业	123247.8	144646.0	75980.5	68665.5

2-B-3.17 各行业总承包和专业承包企业应收工程款及企业亏损情况

行业	应收工程款（万元）	企业个数（个）		亏损企业比重（%）
			亏损企业个数	
总计	**10147820.2**	**2656**	**247**	**9.3**
房屋建筑业	5649007.0	1522	128	8.4
土木工程建筑业	3521396.3	763	62	64.0
铁路、道路、隧道和桥梁工程建筑	2410936.5	506	40	7.9
水利和内河港口工程建筑	501842.1	115	9	7.8
海洋工程建筑				
工矿工程建筑	16539.8	15	2	13.3
架线和管道工程建筑	112679.1	38	5	13.2
其他土木工程建筑	210661.9	72	3	4.2
建筑安装业	525561.0	122	20	16.4
建筑装饰业和其他建筑业	451855.9	249	37	14.9

2-B-3.18　各行业总承包和专业承包企业主要经济效益指标

行　业	产值利润率(%)	产值利税率(%)	资本利润率(%)	资本利税率(%)	人均利润(元/人)	人均利税(元/人)	资产负债率(%)
总　计	**3.3**	**6.6**	**19.1**	**38.1**	**12611**	**25227**	**68.2**
房屋建筑业	3.4	6.9	19.7	40.0	12876	26156	70.1
土木工程建筑业	20.8	38.5	143.2	250.6	109935	195274	403.1
铁路、道路、隧道和桥梁工程建筑	2.8	5.5	14.9	29.3	17141	33682	64.5
水利和内河港口工程建筑	3.3	6.3	21.1	39.9	20055	37997	65.3
海洋工程建筑							
工矿工程建筑	3.7	7.5	13.0	26.7	8747	17932	42.6
架线和管道工程建筑	5.5	10.1	38.7	70.5	24353	44372	72.1
其他土木工程建筑	3.2	5.8	12.4	22.6	11859	21598	66.6
建筑安装业	4.2	7.1	29.0	49.2	27801	47182	63.0
建筑装饰业和其他建筑业	4.1	8.9	24.7	53.7	4379	9519	45.9

4.按中央、地方分组

2-B-4.1　各地区中央总承包和专业承包企业签订合同情况

单位：万元

地　区	签订合同额	上年结转合同额	本年新签合同额
全　省	**14176288.0**	**8412876.1**	**5763411.9**
南昌市	5246208.5	2321848.4	2924360.1
景德镇市	25068.1	1857.0	23211.1
萍乡市	23194.8	7002.6	16192.2
九江市	3938390.0	2335500.0	1602890.0
新余市	1018462.0	462035.0	556427.0
鹰潭市	3895678.9	3279810.0	615868.9
赣州市			
吉安市			
宜春市	25849.2	4823.1	21026.1
抚州市			
上饶市	3436.5		3436.5

2-B-4.2 各地区中央总承包和专业承包企业承包工程完成情况

单位：万元

地区	直接从建设单位承揽工程完成的产值			从建设单位以外承揽工程完成的产值
		自行完成施工产值	分包出去工程的产值	
全省	**4854059.8**	**4854059.8**		
南昌市	2072491.7	2072491.7		
景德镇市	17808.1	17808.1		
萍乡市	11700.2	11700.2		
九江市	1690486.0	1690486.0		
新余市	332897.0	332897.0		
鹰潭市	712073.3	712073.3		
赣州市				
吉安市				
宜春市	13683.9	13683.9		
抚州市				
上饶市	2919.6	2919.6		

2-B-4.3 各地区中央总承包和专业承包企业总产值和竣工产值

单位：万元

地区	建筑业总产值（万元）	建筑业总产值_装饰装修产值	建筑业总产值_在外省完成的产值	建筑工程产值	安装工程产值	建筑业总产值_其他产值	竣工产值
全省	**4854059.8**	**2965.5**	**3356189.2**	**3918273.3**	**838437.5**	**97349.0**	**1857882.1**
南昌市	2072491.7	301.5	1187979.1	1216809.2	761857.5	93825.0	1057577.1
景德镇市	17808.1			541.1	17267.0		17808.1
萍乡市	11700.2			11700.2			
九江市	1690486.0		1463185.0	1689623.0	863.0		554061.0
新余市	332897.0		268453.0	332897.0			
鹰潭市	712073.3	2664.0	436572.1	660901.8	49526.5	1645.0	214752.0
赣州市							
吉安市							
宜春市	13683.9			5801.0	6003.9	1879.0	13683.9
抚州市							
上饶市	2919.6				2919.6		

2-B-4.4　各地区中央总承包和专业承包企业房屋建筑面积

地　　区	房屋施工面积（万平方米）	新开工面积	房屋竣工面积（万平方米）	房屋建筑面积竣工率（%）
全　　省	**414.0**	**124.6**	**193.3**	**252.5**
南 昌 市	275.4	86.5	88.2	32.0
景德镇市	0.1		0.1	100.0
萍 乡 市	0.2			
九 江 市				
新 余 市				
鹰 潭 市	118.7	28.5	97.6	82.2
赣 州 市				
吉 安 市				
宜 春 市	19.6	9.6	7.5	38.3
抚 州 市				
上 饶 市				

2-B-4.5　各地区按主要用途分的中央总承包和专业承包企业房屋竣工面积

单位：万平方米

地　　区	房屋竣工面　　积	住宅竣工面　　积	商业及服务用房竣工面积	办公用房竣工面积	科研、教育、医疗用房竣工面积	文化、体育、娱乐用房竣工面积	厂房及建筑物竣工面积	仓库竣工面　　积	其他未列明的房屋建筑物竣工面积
全　　省	**193.3**	**89.6**	**32.4**	**7.5**	**3.9**				
南 昌 市	88.2	44.1	13.0	7.4					
景德镇市	0.1			0.1					
萍 乡 市									
九 江 市									
新 余 市									
鹰 潭 市	97.6	45.4	19.4		3.9				
赣 州 市									
吉 安 市									
宜 春 市	7.5								
抚 州 市									
上 饶 市									

2-B-4.6　各地区按主要用途分的中央总承包和专业承包企业房屋竣工价值

单位：万元

地区	房屋竣工价值	住宅竣工价值	商业及服务用房竣工价值	办公用房竣工价值	科研、教育、医疗用房竣工价值	文化、体育、娱乐用房竣工价值	厂房及建筑物竣工价值	房屋竣工价值_仓库本年	其他未列明的房屋建筑竣工价值
全　省	**403211.5**	**158512.3**	**63136.4**	**26790.0**	**12570.1**		**136845.7**		**5357.0**
南昌市	182363.5	86200.6	32926.6	26495.0			31384.3		5357.0
景德镇市	295.0			295.0					
萍乡市									
九江市									
新余市									
鹰潭市	214752.0	72311.7	30209.8		12570.1		99660.4		
赣州市									
吉安市									
宜春市	5801.0						5801.0		
抚州市									
上饶市									

2-B-4.7　各地区中央总承包和专业承包企业施工机械设备情况

地区	总台数（台）	总功率（千瓦）	净值（万元）	技术装备率（元/人）	动力装备率（千瓦时/人）
全　省	**8954**	**273836**	**72643.6**	**161299**	**50.4**
南昌市	4798	102453	20392.3	13762	6.9
景德镇市	252	405	269.1	20082	3.0
萍乡市					
九江市	3704	152828	46903.2	104601	34.1
新余市	110	6325	2345.7	16012	4.3
鹰潭市	69	11375	2561.3	1240	0.6
赣州市					
吉安市					
宜春市	21	450	172.0	5603	1.5
抚州市					
上饶市					

2-B-4.8　各地区中央总承包和专业承包企业主要生产效益指标

地　区	企业个数（个）	从事建筑业活动的平均人数（人）	按总产值计算的劳动生产率（元/人）	人均竣工产值（元/人）	人均施工面积（平方米/人）	人均竣工面积（平方米/人）
全　省	**28**	**43373**	**10053892**	**3740235**	**904.5**	**362.9**
南昌市	16	16341	1268277	647192	168.5	54.0
景德镇市	1	134	1328963	1328963	7.5	7.5
萍乡市	1	204	573539		8.4	
九江市	3	4637	3645646	1194870		
新余市	1	1455	2287952			
鹰潭市	3	20086	354512	106916	59.1	48.6
赣州市						
吉安市						
宜春市	2	296	462294	462294	661.0	252.9
抚州市						
上饶市	1	220	132709			

2-B-4.9　各地区中央总承包和专业承包企业营业收入

单位：万元

地　区	营业收入	建筑业企业在境外完成的营业收入	企业总产值	建筑业总产值
全　省	**4515442.9**	**133165.8**	**4859816.0**	**4854059.8**
南昌市	1958818.1	57313.7	2094866.7	2072491.7
景德镇市	23745.5		17808.1	17808.1
萍乡市	11702.8		11700.2	11700.2
九江市	1525509.2	61614.1	1692623.2	1690486.0
新余市	304391.0	14238.0	332897.0	332897.0
鹰潭市	674933.8		693317.3	712073.3
赣州市				
吉安市				
宜春市	13264.4		13683.9	13683.9
抚州市				
上饶市	3078.1		2919.6	2919.6

2-B-4.10 各地区中央总承包和专业承包企业资产构成

单位：万元

地 区	资产总计	流动资产合计	存货
全 省	**4059914.1**	**3728568.5**	**498226.2**
南 昌 市	2084093.7	1881417.3	138786.4
景德镇市	18957.1	15695.5	
萍 乡 市	14951.8	8019.7	244.1
九 江 市	993613.6	916341.1	127538.0
新 余 市	224145.6	208712.6	
鹰 潭 市	718835.8	693696.8	231146.7
赣 州 市			
吉 安 市			
宜 春 市	4837.2	4265.1	511.0
抚 州 市			
上 饶 市	479.3	420.4	

2-B-4.11 各地区中央总承包和专业承包企业固定资产情况

单位：万元

地 区	固定资产原价	累计折旧	本年折旧	在建工程
全 省	**308635.8**	**171793.0**	**18793.9**	**13579.1**
南 昌 市	113342.5	59726.5	8415.8	3619.1
景德镇市	2742.0	1320.1	197.9	
萍 乡 市	3957.4	2664.2	59.8	406.1
九 江 市	134276.3	79310.6	7064.3	245.2
新 余 市	16012.2	5184.0	1011.9	1167.1
鹰 潭 市	37771.0	23181.9	1977.3	8141.6
赣 州 市				
吉 安 市				
宜 春 市	349.5	277.4	48.5	
抚 州 市				
上 饶 市	184.9	128.3	18.4	

2-B-4.12　各地区中央总承包和专业承包企业负债及所有者权益

单位：万元

地　区	负债合计	流动负债合计	应付账款	所有者权益合计	实收资本
全　省	**3638214.9**	**3417543.8**	**1658219.6**	**421699.2**	**322438.4**
南昌市	1885248.5	1760362.5	734523.6	198845.2	136645.0
景德镇市	14585.3	14585.3	4556.5	4371.8	4371.8
萍乡市	12550.2	6398.3		2401.6	2400.0
九江市	802056.9	795609.2	542073.7	191556.7	141209.4
新余市	211134.0	211134.0	115115.8	13011.6	11300.0
鹰潭市	708485.6	625300.1	260441.2	10350.2	25400.0
赣州市					
吉安市					
宜春市	4002.5	4002.5	1461.6	834.7	812.2
抚州市					
上饶市	151.9	151.9	47.2	327.4	300.0

2-B-4.13　各地区中央总承包和专业承包企业实收资本

单位：万元

地　区	实收资本	国家资本	集体资本	法人资本	个人资本	港澳台资本	外商资本
全　省	**322438.4**	**293321.4**	**20689.8**	**7647.2**	**780.0**		
南昌市	136645.0	123565.0	12300.0		780.0		
景德镇市	4371.8		4371.8				
萍乡市	2400.0		2400.0				
九江市	141209.4	140391.4	818.0				
新余市	11300.0	11300.0					
鹰潭市	25400.0	18065.0		7335.0			
赣州市							
吉安市							
宜春市	812.2		500.0	312.2			
抚州市							
上饶市	300.0		300.0				

2-B-4.14 各地区中央总承包和专业承包企业收入情况

单位：万元

地区	主营业务收入	主营业务成本	主营业务税金及附加	其他业务收入	其他业务成本	其他业务利润
全省	**4446876.3**	**4151878.0**	**16592.6**	**68566.6**	**90396.4**	**2215.4**
南昌市	1893077.4	1721300.0	10960.4	65740.7	83329.2	3174.3
景德镇市	23745.5	18752.9	101.7			
萍乡市	11702.8	10667.3	108.3		940.3	
九江市	1523565.1	1460506.2	2790.4	1944.1	2750.7	-920.0
新余市	303591.0	282736.8	442.8	800.0	886.0	-68.8
鹰潭市	674881.9	645322.7	2066.1	51.9	0.5	
赣州市						
吉安市						
宜春市	13264.4	12163.7	89.4			
抚州市						
上饶市	3048.2	428.4	33.5	29.9	2489.7	29.9

2-B-4.15 各地区中央总承包和专业承包企业费用情况

单位：万元

地区	管理费用	销售费用	财务费用	利息收入	利息支出
全省	**113535.5**	**3930.3**	**13922.1**	**10883.8**	**17340.7**
南昌市	63133.2	3469.8	13136.3	2865.8	7377.3
景德镇市	4738.7		-40.3	41.6	
萍乡市	504.7			13.5	
九江市	31422.8		-7.4	754.0	1808.7
新余市	3759.8	383.9	664.3	99.8	431.1
鹰潭市	9638.9	76.6	187.1	7089.0	7723.6
赣州市					
吉安市					
宜春市	183.4		-17.9	18.5	
抚州市					
上饶市	154.0			1.6	

2-B-4.16　各地区中央总承包和专业承包企业利润及税金情况

单位：万元

地　区	利润总额	税金总额		
			主营业务税金及附加	应交增值税
全　省	**81463.8**	**73619.3**	**16592.6**	**57026.7**
南 昌 市	44435.8	32729.0	10960.4	21768.6
景德镇市	228.0	500.4	101.7	398.7
萍 乡 市	148.9	544.8	108.3	436.5
九 江 市	28161.6	19378.8	2790.4	16588.4
新 余 市	3680.0	788.6	442.8	345.8
鹰 潭 市	4064.0	19456.3	2066.1	17390.2
赣 州 市				
吉 安 市				
宜 春 市	741.2	179.6	89.4	90.2
抚 州 市				
上 饶 市	4.3	41.8	33.5	8.3

2-B-4.17　各地区中央总承包和专业承包企业应收工程款及企业亏损情况

地　区	应收工程款(万元)	企业个数(个)		亏损企业比重(%)
			亏损企业个数	
全　省	**1056720.1**	**28.0**	**1.0**	**33.3**
南 昌 市	626952.1	16.0		
景德镇市	9952.4	1.0		
萍 乡 市	50.8	1.0		
九 江 市	51435.2	3.0	1.0	33.3
新 余 市	97525.7	1.0		
鹰 潭 市	269990.2	3.0		
赣 州 市				
吉 安 市				
宜 春 市	813.7	2.0		
抚 州 市				
上 饶 市		1.0		

2-B-4.18 各地区中央总承包和专业承包企业主要经济效益指标

地 区	产值利润率(%)	产值利税率(%)	资本利润率(%)	资本利税率(%)	人均利润(元/人)	人均利税(元/人)	资产负债率(%)
全 省	**13.6**	**29.5**	**205.1**	**396.6**	**164791.0**	**313734.0**	**639.2**
南昌市	2.1	3.7	32.5	56.5	27193.0	47222.0	90.5
景德镇市	1.3	4.1	5.2	16.7	17015.0	54358.0	76.9
萍乡市	1.3	5.9	6.2	28.9	7299.0	34005.0	83.9
九江市	1.7	2.8	19.9	33.7	60732.0	102524.0	80.7
新余市	1.1	1.3	32.6	39.5	25292.0	30712.0	94.2
鹰潭市	0.6	3.3	16.0	92.6	2023.0	11710.0	98.6
赣州市							
吉安市							
宜春市	5.4	6.7	91.3	113.4	25041.0	31108.0	82.7
抚州市							
上饶市	0.1	1.6	1.4	15.4	195.0	2095.0	31.7

2-B-4.19 各地区地方总承包和专业承包企业签订合同情况

单位：万元

地 区	签订合同额		
		上年结转合同额	本年新签合同额
全 省	**111260037.8**	**45273579.5**	**65986458.3**
南昌市	69097736.1	31588009.9	37509726.2
景德镇市	405790.4	142221.3	263569.1
萍乡市	1709785.6	550075.6	1159710.0
九江市	3807060.4	885211.0	2921849.4
新余市	2063733.8	641964.0	1421769.8
鹰潭市	702792.8	323490.8	379302.0
赣州市	5489829.1	1791244.5	3698584.6
吉安市	3629901.7	1142522.1	2487379.6
宜春市	5342407.3	1467268.4	3875138.9
抚州市	6475529.5	2607980.1	3867549.4
上饶市	12535471.1	4133591.8	8401879.3

2-B-4.20 各地区地方总承包和专业承包企业承包工程完成情况

单位：万元

地区	直接从建设单位承揽工程完成的产值	自行完成施工产值	分包出去工程的产值	从建设单位以外承揽工程完成的产值
全省	**61665240.7**	**60627877.9**	**1037362.8**	
南昌市	33592580.3	33092407.9	500172.4	
景德镇市	312562.2	307082.2	5480.0	
萍乡市	1339931.0	1333190.0	6741.0	
九江市	3547315.4	3491868.2	55447.2	
新余市	1469458.8	1450150.8	19308.0	
鹰潭市	433808.2	433728.2	80.0	
赣州市	3806523.3	3778714.5	27808.8	
吉安市	2983867.8	2937973.9	45893.9	
宜春市	3312114.1	3256811.1	55303.0	
抚州市	4273095.1	4267307.7	5787.4	
上饶市	6593984.5	6278643.4	315341.1	

2-B-4.21 各地区地方企业总承包和专业承包总产值和竣工产值

单位：万元

地区	建筑业总产值	装饰装修产值	在外省完成的产值	建筑工程产值	安装工程产值	其他产值	竣工产值
全省	**63878032.5**	**3421121.6**	**20871182.7**	**54908960.5**	**4461336.0**	**4507736.0**	**36247289.8**
南昌市	34272871.3	1942470.8	12546248.7	29452024.4	2356873.9	2463973.0	15707173.3
景德镇市	313961.9	8326.6	16687.9	287025.9	10771.7	16164.3	230860.2
萍乡市	1346690.8	127246.9	200898.0	1227537.3	97212.5	21941.0	928516.6
九江市	3659409.6	143210.7	742826.6	3340122.7	223420.1	95866.8	2479394.2
新余市	1517259.7	46563.0	345230.2	1295026.2	86262.0	135971.5	801075.8
鹰潭市	438027.6	5952.2	66675.6	373945.2	32338.6	31743.8	218678.1
赣州市	3895290.8	256449.9	355556.4	3421366.0	253909.6	220015.2	2351329.8
吉安市	2986781.8	82823.8	905195.2	2512508.0	345072.4	129201.4	2135912.9
宜春市	3341895.6	172743.2	990932.6	2802115.1	241033.7	298746.8	2270208.4
抚州市	4314307.9	224043.7	1833999.3	3935750.0	194860.9	183697.0	3547023.2
上饶市	7791535.5	411290.8	2866932.2	6261539.7	619580.6	910415.2	5577117.3

2-B-4.22 各地区地方总承包和专业承包企业房屋建筑面积

地 区	房屋施工面积（万平方米）	新开工面积	房屋竣工面积（万平方米）	房屋建筑面积竣工率（%）
全 省	**32948.4**	**16848.4**	**15441.9**	**632.5**
南 昌 市	17677.9	8004.1	6268.9	35.5
景德镇市	205.3	121.4	120.3	58.6
萍 乡 市	799.0	513.9	502.6	62.9
九 江 市	1579.2	1062.0	988.5	62.6
新 余 市	836.4	461.8	441.9	52.8
鹰 潭 市	186.1	77.7	111.6	60.0
赣 州 市	1926.7	1022.3	1049.7	54.5
吉 安 市	1315.7	781.3	803.9	61.1
宜 春 市	2188.9	1329.0	1388.9	63.5
抚 州 市	2583.7	1566.2	1584.6	61.3
上 饶 市	3649.5	1908.6	2180.9	59.8

2-B-4.23 各地区按主要用途分的地方总承包和专业承包企业房屋竣工面积

单位：万平方米

地 区	房屋竣工面积	住宅竣工面积	商业及服务用房竣工面积	办公用房竣工面积	科研、教育、医疗用房竣工面积	文化、体育、娱乐用房竣工面积	厂房及建筑物竣工面积	仓库竣工面积	其他未列明的房屋建筑物竣工面积
全 省	**15441.9**	**10055.5**	**1227.6**	**911.0**	**772.5**	**224.2**	**1760.8**	**149.8**	**340.6**
南 昌 市	6268.9	4167.9	469.1	395.0	403.4	90.3	594.9	39.5	108.9
景德镇市	120.3	92.8	13.7	3.5		0.6	8.3	0.4	1.0
萍 乡 市	502.6	282.4	13.6	27.6	10.1	0.2	151.5	0.9	16.4
九 江 市	988.5	677.0	54.8	36.7	35.0	6.2	157.9	4.7	16.2
新 余 市	441.9	286.5	30.4	32.4	40.5	1.0	40.8	5.9	4.4
鹰 潭 市	111.6	76.0	25.2	0.8	1.2		7.1		1.4
赣 州 市	1049.7	649.5	81.6	66.4	59.1	34.6	132.9	1.6	24.0
吉 安 市	803.9	494.1	47.1	79.8	40.9	9.3	99.8	4.8	28.1
宜 春 市	1388.9	937.3	135.8	61.8	16.6	31.8	150.3	7.6	47.7
抚 州 市	1584.6	1148.4	101.2	68.7	68.8	4.2	131.9	8.7	52.7
上 饶 市	2180.9	1243.7	255.1	138.2	96.9	45.9	285.5	75.7	39.9

2-B-4.24　各地区按主要用途分的地方总承包和专业承包企业房屋竣工价值

单位：万元

地　区	房屋竣工价　值	住宅竣工价　值	商业及服务用房竣工价　值	办公用房竣工价值	科研、教育、医疗用房竣工价值	文化、体育、娱乐用房竣工价值	厂房及建筑物竣工价值	房屋竣工价值_仓库本　年	其他未列明的房屋建筑竣工价值
全　省	**22542990.8**	**13962642.5**	**1735495.9**	**1872903.1**	**1410309.3**	**345532.7**	**2484861.9**	**280020.5**	**451224.9**
南 昌 市	9527149.0	6035861.7	685537.6	657702.4	822453.5	162772.5	861615.2	94815.5	206390.6
景德镇市	133323.4	101010.5	13707.7	3260.5		542.2	13508.1	337.0	957.4
萍 乡 市	611014.5	368218.7	14344.5	29536.1	16508.2	200.0	172456.6	4182.0	5568.4
九 江 市	1175398.0	798342.9	66683.3	41017.1	39438.4	12174.4	203450.9	5892.1	8398.9
新 余 市	533583.6	345143.9	39038.9	45768.8	51943.2	737.0	37152.7	3612.0	10187.1
鹰 潭 市	108547.5	67548.5	31616.1	703.0	1264.9	2.0	6313.1	2.0	1097.9
赣 州 市	1423455.7	865551.0	115585.0	102203.3	88962.4	54461.9	160926.1	1402.7	34363.3
吉 安 市	1470762.2	601345.0	51926.1	601305.7	52298.8	12464.0	112208.7	5426.3	33787.6
宜 春 市	1758161.4	1148338.6	232961.5	77335.2	20116.6	31780.8	201371.7	10069.2	36187.8
抚 州 市	2573839.9	1848932.4	191616.6	137965.2	142749.4	16734.4	158320.1	10531.3	66990.5
上 饶 市	3227755.6	1782349.3	292478.6	176105.8	174573.9	53663.5	557538.7	143750.4	47295.4

2-B-4.25　各地区地方总承包和专业承包企业施工机械设备情况

地　区	总台数（台）	总功率（千瓦）	净值（万元）	技术装备率（元/人）	动力装备率（千瓦时/人）
全　省	**241586**	**6361069**	**1326888.9**	**145304**	**48.4**
南 昌 市	99438	3014403	435408.3	6722	4.7
景德镇市	1896	25166	26231.3	22865	2.2
萍 乡 市	16974	420285	89690.7	25433	11.9
九 江 市	20078	435757	68019.6	8233	5.3
新 余 市	8437	108302	50004.0	12284	2.7
鹰 潭 市	913	20200	22171.3	18184	1.7
赣 州 市	14365	335391	114093.5	10676	3.1
吉 安 市	12752	225391	71041.8	10055	3.2
宜 春 市	20405	825542	125488.2	12223	8.0
抚 州 市	22536	461551	133498.6	9587	3.3
上 饶 市	23792	489081	191241.6	9042	2.3

2-B-4.26 各地区地方总承包和专业承包企业主要生产效益指标

地 区	企业个数(个)	从事建筑业活动的平均人数(人)	按总产值计算的劳动生产率(元/人)	人均竣工产值(元/人)	人均施工面积(平方米/人)	人均竣工面积(平方米/人)
全 省	**2628**	**1764594**	**3849568**	**2479685**	**2012.2**	**1156.9**
南昌市	710	924575	370688	169885	191.2	67.8
景德镇市	37	13003	241453	177544	157.9	92.5
萍乡市	97	35087	383815	264633	227.7	143.2
九江市	206	88326	414307	280709	178.8	111.9
新余市	108	42401	357836	188929	197.3	104.2
鹰潭市	56	13069	335165	167326	142.4	85.4
赣州市	399	109256	356529	215213	176.3	96.1
吉安市	201	73519	406260	290525	179.0	109.3
宜春市	291	102723	325331	221003	213.1	135.2
抚州市	151	139921	308339	253502	184.7	113.3
上饶市	372	222714	349845	250416	163.9	97.9

2-B-4.27 各地区地方总承包和专业承包企业营业收入

单位：万元

地 区	营业收入	建筑业企业在境外完成的营业收入	企业总产值	建筑业总产值
全 省	**53183397.8**	**1007515.9**	**67609812.2**	**63878032.5**
南昌市	28541293.4	663864.4	35239997.2	34272871.3
景德镇市	347323.7		316190.2	313961.9
萍乡市	988684.0	13358.3	1461023.0	1346690.8
九江市	2531640.2	2768.7	3962442.0	3659409.6
新余市	1223705.1	94503.8	1542160.2	1517259.7
鹰潭市	527315.0	18247.0	507757.3	438027.6
赣州市	3392309.9	15209.3	4139834.3	3895290.8
吉安市	2455332.9	9261.3	3121889.4	2986781.8
宜春市	3059428.0	1065.9	3756789.8	3341895.6
抚州市	3946424.5	91465.3	4380062.1	4314307.9
上饶市	6169941.1	97771.9	9181666.7	7791535.5

2-B-4.28 各地区地方总承包和专业承包企业资产构成

单位：万元

地 区	资产总计	流动资产合计	存货
全 省	**55125175.5**	**45476383.5**	**7168979.6**
南昌市	22975518.1	18762810.0	4366114.7
景德镇市	280101.2	160757.3	46964.3
萍乡市	747862.4	500057.5	154081.3
九江市	2105831.7	1114428.3	193017.1
新余市	1255991.6	1011134.6	162463.3
鹰潭市	830155.8	697772.5	140241.6
赣州市	2125102.1	1686319.0	292061.7
吉安市	1398297.7	1059961.2	255956.7
宜春市	2575898.4	1913553.7	565010.9
抚州市	16961764.1	15894909.7	379341.6
上饶市	3868652.4	2674679.7	613726.4

2-B-4.29 各地区地方总承包和专业承包企业固定资产情况

单位：万元

地 区	固定资产原价	累计折旧	本年折旧	在建工程
全 省	**4376254.0**	**1585478.7**	**338290.9**	**636591.2**
南昌市	1540645.5	617327.2	111154.8	246849.8
景德镇市	105684.9	24398.7	4648.6	1138.7
萍乡市	172964.9	71378.8	16080.8	4353.0
九江市	323482.7	132316.9	38542.5	121610.4
新余市	120223.8	38604.1	9051.7	1814.9
鹰潭市	111461.7	38066.9	9667.0	9993.9
赣州市	295489.4	116954.0	26746.3	27625.5
吉安市	218560.1	76758.0	11459.8	38508.2
宜春市	367339.5	114843.2	21098.2	30636.3
抚州市	357393.5	104822.0	32351.3	9079.7
上饶市	763008.0	250008.9	57489.9	144980.8

2-B-4.30 各地区地方总承包和专业承包企业负债及所有者权益

单位：万元

地区	负债合计	流动负债合计	应付账款	所有者权益合计	实收资本
全省	**36732762.0**	**20268495.2**	**6999282.6**	**18423394.9**	**11645117.3**
南昌市	15189771.5	13580733.4	5123107.9	7785746.6	4300995.6
景德镇市	144377.9	125138.0	33350.6	135723.3	96210.4
萍乡市	400321.6	339270.7	109136.4	347540.8	202701.7
九江市	1079692.9	712880.5	-21723.9	1026138.8	603889.9
新余市	488342.5	355152.9	80565.1	767649.1	434250.8
鹰潭市	530411.6	518854.5	123875.6	299744.2	234276.9
赣州市	976336.6	840833.4	245514.7	1148765.5	790780.3
吉安市	648544.2	515676.2	164288.3	780734.9	517649.3
宜春市	1106965.3	942233.5	238917.7	1468933.1	1002182.2
抚州市	14764174.6	1135616.1	370916.6	2197589.5	1921372.3
上饶市	1403823.3	1202106.0	531333.6	2464829.1	1540807.9

2-B-4.31 各地区地方总承包和专业承包企业实收资本

单位：万元

地区	实收资本	国家资本	集体资本	法人资本	个人资本	港澳台资本	外商资本
全省	**11645117.3**	**1469734.2**	**404544.0**	**2747228.7**	**6990453.8**	**12341.1**	**20815.5**
南昌市	4300995.6	637287.5	174386.8	1203168.5	2253492.8	12000.0	20660.0
景德镇市	96210.4	21343.2	11556.5	17928.0	45382.7		
萍乡市	202701.7	4867.6	18768.7	59834.8	119230.6		
九江市	603889.9	132832.9	67228.0	153754.2	250074.8		
新余市	434250.8	53032.1	9496.1	83051.0	288671.5	0.1	
鹰潭市	234276.9	63986.0	6500.0	59460.1	104240.8	90.0	
赣州市	790780.3	41899.0	15048.8	198920.3	534817.7	94.5	
吉安市	517649.3	55861.8	35996.8	120935.1	304855.6		
宜春市	1002182.2	108701.8	21081.8	299015.8	573381.8	0.5	0.5
抚州市	1921372.3	105219.5	31319.3	146865.3	1637968.2		
上饶市	1540807.9	244702.8	13161.2	404295.6	878337.3	156.0	155.0

2-B-4.32　各地区地方总承包和专业承包企业收入情况

单位：万元

地　区	主营业务收入	主营业务成本	主营业务税金及附加	其他业务收入	其他业务成本	其他业务利润
全　省	**52361557.5**	**47445799.9**	**971044.0**	**821840.3**	**721640.7**	**17795.1**
南昌市	28137220.0	26009807.5	333306.6	404073.4	355851.9	7404.1
景德镇市	346916.8	307694.1	12397.1	406.9	100.0	186.4
萍乡市	965782.8	812060.6	30887.6	22901.2	19729.1	2570.3
九江市	2436182.0	2069873.7	86896.3	95458.2	92283.8	1262.7
新余市	1211833.3	1068660.5	30848.1	11871.8	7154.1	290.0
鹰潭市	515058.3	460641.9	9517.1	12256.7	9867.3	245.8
赣州市	3315592.6	2915751.3	82306.0	76717.3	82100.1	1764.9
吉安市	2442563.0	2097363.3	90189.0	12769.9	15812.5	229.0
宜春市	2994685.0	2637386.8	87751.7	64743.0	42448.0	150.7
抚州市	3878075.7	3640370.5	69760.7	68348.8	51248.7	1446.8
上饶市	6117648.0	5426189.7	137183.8	52293.1	45045.2	2244.4

2-B-4.33　各地区地方总承包和专业承包企业费用情况

单位：万元

地　区	管理费用	销售费用	财务费用	利息收入	利息支出
全　省	**1270588.5**	**220795.9**	**266799.6**	**14057.4**	**193661.8**
南昌市	616237.4	83042.7	149560.4	11833.5	122116.0
景德镇市	8908.8	1685.4	410.6	99.3	62.0
萍乡市	23688.2	6926.1	8765.8	-4.3	3683.6
九江市	70877.9	9212.8	15332.8	-242.3	4419.1
新余市	31224.9	6377.1	2269.2	109.8	1530.8
鹰潭市	15767.4	1855.2	563.6	-144.4	1127.6
赣州市	92994.2	30945.5	13848.8	569.8	7650.3
吉安市	89907.9	28716.6	7015.9	105.4	5003.8
宜春市	109917.0	17380.7	11288.1	489.7	6532.0
抚州市	60411.1	2488.4	15999.9	523.3	12365.8
上饶市	150653.7	32165.4	41744.5	717.6	29170.8

2-B-4.34 各地区地方总承包和专业承包企业利润及税金情况

单位：万元

地区	利润总额	税金总额		
			主营业务税金及附加	应交增值税
全省	**2198532.6**	**2207294.6**	**971044.0**	**1236250.6**
南昌市	936632.8	939952.5	333306.6	606645.9
景德镇市	15576.8	24825.2	12397.1	12428.1
萍乡市	85172.6	65964.2	30887.6	35076.6
九江市	186350.0	164801.7	86896.3	77905.4
新余市	76958.0	63152.1	30848.1	32304.0
鹰潭市	33852.0	28471.5	9517.1	18954.4
赣州市	167383.6	185230.2	82306.0	102924.2
吉安市	120118.8	153416.2	90189.0	63227.2
宜春市	152027.6	159808.6	87751.7	72056.9
抚州市	103161.0	163368.1	69760.7	93607.4
上饶市	321299.4	258304.3	137183.8	121120.5

2-B-4.35 各地区地方总承包和专业承包企业应收工程款及企业亏损情况

地区	应收工程款(万元)	企业个数(个)		亏损企业比重(%)
			亏损企业个数	
全省	**9091100.1**	**2628**	**246**	**90.4**
南昌市	5625927.3	710	108	15.2
景德镇市	41835.9	37	2	5.4
萍乡市	116947.9	97	3	3.1
九江市	308866.9	206	17	8.3
新余市	336367.4	108	14	13.0
鹰潭市	207199.1	56	8	14.3
赣州市	528730.6	399	46	11.5
吉安市	301830.9	201	14	7.0
宜春市	438034.3	291	11	3.8
抚州市	386464.5	151	7	4.6
上饶市	798895.3	372	16	4.3

2-B-4.36　各地区地方总承包和专业承包企业主要经济效益指标

地　　区	产值利润率(%)	产值利税率(%)	资本利润率(%)	资本利税率(%)	人均利润(元/人)	人均利税(元/人)	资产负债率(%)
全　　省	**51.3**	**103.8**	**228.8**	**457.2**	**179793**	**359842**	**583.9**
南 昌 市	2.7	5.5	21.8	43.6	10130	20297	66.1
景德镇市	5.0	12.9	16.2	42.0	11979	31071	51.5
萍 乡 市	6.3	11.2	42.0	74.6	24275	43075	53.5
九 江 市	5.1	9.6	30.9	58.1	21098	39756	51.3
新 余 市	5.1	9.2	17.7	32.3	18150	33044	38.9
鹰 潭 市	7.7	14.2	14.4	26.6	25903	47688	63.9
赣 州 市	4.3	9.1	21.2	44.6	15320	32274	45.9
吉 安 市	4.0	9.2	23.2	52.8	16338	37206	46.4
宜 春 市	4.5	9.3	15.2	31.1	14800	30357	43.0
抚 州 市	2.4	6.2	5.4	13.9	7373	19049	87.0
上 饶 市	4.1	7.4	20.9	37.6	14427	26025	36.3

C. 总承包建筑业企业

2-C-1　各地区总承包建筑业企业签订合同情况

单位：万元

地　　区	签订合同额		
		上年结转合同额	本年新签合同额
全　　省	**120571258.4**	**52327763.4**	**68243495.0**
南 昌 市	70931660.3	32882175.3	38049485.0
景德镇市	389285.5	134225.1	255060.4
萍 乡 市	1470513.3	524016.2	946497.1
九 江 市	7509842.6	3152332.7	4357509.9
新 余 市	2998984.6	1091293.2	1907691.4
鹰 潭 市	4541139.4	3591548.0	949591.4
赣 州 市	5328230.1	1760147.6	3568082.5
吉 安 市	3467972.2	1041646.9	2426325.3
宜 春 市	5215022.7	1442719.7	3772303.0
抚 州 市	6457415.0	2602841.8	3854573.2
上 饶 市	12261192.7	4104816.9	8156375.8

2-C-2 各地区总承包建筑业企业承包工程完成情况

单位：万元

地　　区	直接从建设单位承揽工程完成的产值	自行完成施工产值	分包出去工程的产值	从建设单位以外承揽工程完成的产值
全　　省	**63512882.2**	**62616479.7**	**896402.5**	**2769808.7**
南 昌 市	33865975.0	33414230.7	451744.3	816747.1
景德镇市	303731.2	298251.2	5480.0	6640.0
萍 乡 市	1116129.1	1109951.1	6178.0	13252.8
九 江 市	5018088.9	4991754.9	26334.0	137101.4
新 余 市	1770458.0	1751557.8	18900.2	30632.5
鹰 潭 市	1119483.0	1119403.0	80.0	4299.4
赣 州 市	3610179.8	3590134.1	20045.7	104223.5
吉 安 市	2866371.8	2831714.2	34657.6	37571.6
宜 春 市	3210541.4	3155352.0	55189.4	85084.5
抚 州 市	4257528.7	4251741.3	5787.4	47000.2
上 饶 市	6374395.3	6102389.4	272005.9	1487255.7

2-C-3 各地区总承包企业建筑业总产值和竣工产值

单位：万元

地　　区	建筑业总产值	装饰装修产　　值	在外省完成的产值	建筑工程产　　值	安装工程产　　值	其他产值	竣工产值
全　　省	**65386288.4**	**2440331.8**	**22973675.4**	**56306261.7**	**4632430.4**	**4447596.3**	**36335000.9**
南 昌 市	34230977.8	1320100.5	12551665.1	29070021.5	2718495.2	2442461.1	15814327.5
景德镇市	304891.2	7959.2	16687.9	281870.2	6865.8	16155.2	226926.6
萍 乡 市	1123203.9	15898.9	199693.0	1023584.2	79396.7	20223.0	752430.7
九 江 市	5128856.3	119813.4	2199432.1	4858177.8	180989.0	89689.5	2858366.3
新 余 市	1782190.3	41946.5	613635.1	1612681.5	41409.0	128099.8	784685.1
鹰 潭 市	1123702.4	8616.2	500233.5	1022223.4	69476.5	32002.5	431764.7
赣 州 市	3694357.6	115085.5	319954.3	3241362.6	244190.4	208804.6	2289063.8
吉 安 市	2869285.8	79480.0	905195.2	2414236.4	327281.6	127767.8	2037923.8
宜 春 市	3240436.5	137481.8	990932.6	2746121.1	200343.3	293972.1	2201844.5
抚 州 市	4298741.5	224043.7	1833999.3	3920883.6	194160.9	183697.0	3535680.4
上 饶 市	7589645.1	369906.1	2842247.3	6115099.4	569822.0	904723.7	5401987.5

2-C-4　各地区总承包建筑业企业房屋建筑面积

地　区	房屋施工面积（万平方米）		房屋竣工面积（万平方米）	房屋建筑面积竣工率(%)
		新开工面积		
全　省	**32789.1**	**16590.3**	**15355.7**	**640.1**
南 昌 市	17752.4	7940.9	6323.6	35.6
景德镇市	202.6	118.6	117.5	58.0
萍 乡 市	724.7	460.2	448.0	61.8
九 江 市	1460.5	989.0	940.2	64.4
新 余 市	832.6	458.9	438.6	52.7
鹰 潭 市	303.2	105.9	207.0	68.3
赣 州 市	1914.9	1012.4	1048.4	54.8
吉 安 市	1289.7	778.3	794.5	61.6
宜 春 市	2166.9	1309.7	1362.0	62.9
抚 州 市	2573.3	1556.6	1577.6	61.3
上 饶 市	3568.2	1859.8	2098.3	58.8

2-C-5　各地区按主要用途分的总承包建筑业企业房屋竣工面积

单位：万平方米

地　区	房屋竣工面　积	住宅竣工面　积	商业及服务用房竣工面积	办公用房竣工面积	科研、教育、医疗用房竣工面积	文化、体育、娱乐用房竣工面积	厂房及建筑物竣工面积	仓库竣工面　积	其他未列明的房屋建筑物竣工面积
全　省	**15355.7**	**10034.5**	**1235.1**	**904.8**	**761.3**	**218.7**	**1729.0**	**149.2**	**323.1**
南 昌 市	6323.6	4200.3	480.8	398.7	401.9	85.9	607.3	39.5	109.1
景德镇市	117.5	90.1	13.7	3.5		0.6	8.3	0.4	1.0
萍 乡 市	448.0	267.8	12.6	23.7	10.0	0.1	129.6	0.9	3.2
九 江 市	940.2	670.5	53.0	34.4	26.8	6.2	130.2	4.7	14.3
新 余 市	438.6	286.0	30.4	32.4	37.7	1.0	40.7	5.9	4.4
鹰 潭 市	207.0	121.5	44.6	0.8	5.0		34.6		0.6
赣 州 市	1048.4	648.8	81.6	66.3	59.1	34.6	132.4	1.6	24.0
吉 安 市	794.5	484.7	47.1	79.8	40.9	9.3	99.8	4.8	28.1
宜 春 市	1362.0	919.8	135.8	61.8	16.6	31.7	141.0	7.6	47.7
抚 州 市	1577.6	1141.5	101.2	68.7	68.7	4.2	131.9	8.7	52.7
上 饶 市	2098.3	1203.5	234.2	134.6	94.5	45.1	273.2	75.2	38.0

2-C-6 各地区总承包建筑业企业施工机械设备情况

地区	总台数（台）	总功率（千瓦）	净值（万元）	技术装备率（元/人）	动力装备率（千瓦时/人）
全省	**237118**	**6304975**	**1335746.3**	**137893**	**46.8**
南昌市	100342	3022520	439001.9	6936	4.8
景德镇市	1869	25011	26190.2	24067	2.3
萍乡市	11845	245652	57341.6	20299	8.7
九江市	23296	584630	112916.1	13852	7.2
新余市	8284	105116	51179.9	12814	2.6
鹰潭市	959	30483	23714.6	7346	0.9
赣州市	13738	317274	112458.2	10856	3.1
吉安市	12525	220949	70586.2	10752	3.4
宜春市	19868	822121	121916.3	12244	8.3
抚州市	22169	456523	132918.1	9634	3.3
上饶市	22223	474696	187523.2	9092	2.3

2-C-7 各地区总承包建筑业企业主要生产效益指标

地区	企业个数（个）	从事建筑业活动的平均人数（人）	按总产值计算的劳动生产率（元/人）	人均竣工产值（元/人）	人均施工面积（平方米/人）	人均竣工面积（平方米/人）
全省	**2273**	**1518276**	**4266219**	**2572798**	**2080.7**	**1187.4**
南昌市	550	689648	496354	229310	257.4	91.7
景德镇市	28	12391	246059	183138	163.5	94.9
萍乡市	75	28160	398865	267198	257.4	159.1
九江市	173	87418	586705	326977	167.1	107.5
新余市	92	40910	435637	191808	203.5	107.2
鹰潭市	52	32506	345691	132826	93.3	63.7
赣州市	360	105859	348989	216237	180.9	99.0
吉安市	189	68480	418996	297594	188.3	116.0
宜春市	269	99623	325270	221018	217.5	136.7
抚州市	147	138654	310034	255000	185.6	113.8
上饶市	338	214627	353620	251692	166.2	97.8

2-C-8　各地区总承包建筑业企业资产构成

单位：万元

地　区	资产总计	流动资产合计	存货
全　省	**56669574.3**	**47340478.5**	**7308394.7**
南昌市	23576480.0	19431302.5	4268907.1
景德镇市	263891.7	149733.6	44047.2
萍乡市	580922.5	367596.1	99707.6
九江市	2943821.5	1951813.6	306507.3
新余市	1410220.3	1165835.3	160095.0
鹰潭市	1509542.3	1358833.0	367937.3
赣州市	1992782.7	1596116.9	283122.8
吉安市	1334014.1	1009692.3	254102.2
宜春市	2433544.0	1835916.3	548459.1
抚州市	16952615.8	15887805.4	379293.8
上饶市	3671739.4	2585833.5	596215.3

2-C-9　各地区总承包建筑业企业固定资产情况

单位：万元

地　区	固定资产原价	累计折旧	本年折旧	在建工程
全　省	**4315177.3**	**1624906.7**	**326007.6**	**622915.2**
南昌市	1448991.5	615589.5	109908.2	244467.0
景德镇市	101775.7	22671.0	3840.1	1115.0
萍乡市	135505.1	53011.4	11648.5	3738.6
九江市	430206.0	196425.2	39814.3	119849.4
新余市	131163.1	41461.3	9812.5	2982.0
鹰潭市	142973.4	60325.1	11273.0	18043.7
赣州市	275923.9	107443.2	21588.4	11577.0
吉安市	203139.9	67176.0	9988.7	38508.2
宜春市	352449.7	110099.1	19428.0	30286.1
抚州市	355083.9	104556.4	32303.0	9079.7
上饶市	737965.1	246148.5	56402.9	143268.5

2-C-10 各地区总承包建筑业企业负债及所有者权益

单位：万元

地　　区	负债合计	流动负债合计	应付账款	所有者权益合计	实收资本
全　　省	**39014457.5**	**22573717.1**	**8328480.5**	**17686098.2**	**11289572.5**
南 昌 市	16165929.8	14632172.7	5617447.7	7410550.2	4131272.2
景德镇市	137710.4	119706.4	33263.7	126181.3	88937.6
萍 乡 市	315350.7	272331.2	91828.7	265571.8	168373.7
九 江 市	1808234.8	1439206.4	511651.9	1135586.7	703440.0
新 余 市	668098.5	534944.4	192680.3	742121.8	421390.5
鹰 潭 市	1221037.7	1126295.1	382184.4	288504.6	240989.5
赣 州 市	922941.9	791445.5	220134.5	1069840.8	737305.6
吉 安 市	609339.0	476849.1	159148.9	755656.5	500486.1
宜 春 市	1031871.0	870852.8	226893.1	1401673.0	963465.4
抚 州 市	14762771.7	1134213.2	369997.1	2189844.1	1914752.3
上 饶 市	1371172.0	1175700.3	523250.2	2300567.4	1419159.6

2-C-11 各地区总承包建筑业企业实收资本

单位：万元

地　　区	实收资本	国家资本	集体资本	法人资本	个人资本	港澳台资本	外商资本
全　　省	**11289572.5**	**1719866.7**	**366990.7**	**2525316.9**	**6656443.1**	**190.6**	**20764.5**
南 昌 市	4131272.2	731967.5	175710.9	1088161.9	2114771.9		20660.0
景德镇市	88937.6	18408.6	11556.5	17355.2	41617.3		
萍 乡 市	168373.7	4812.6	8768.7	52219.8	102572.6		
九 江 市	703440.0	270914.3	60478.0	141116.0	230931.7		
新 余 市	421390.5	64330.1	3446.1	79708.0	273906.2	0.1	
鹰 潭 市	240989.5	81951.0		66795.1	92153.4	90.0	
赣 州 市	737305.6	35841.7	15048.8	185406.1	501009.0		
吉 安 市	500486.1	55861.8	31596.8	110703.3	302324.2		
宜 春 市	963465.4	108591.8	15868.4	287428.9	551575.3	0.5	0.5
抚 州 市	1914752.3	102719.5	31319.3	146865.3	1633848.2		
上 饶 市	1419159.6	244467.8	13197.2	349557.3	811733.3	100.0	104.0

2-C-12　各地区总承包建筑业企业收入情况

单位：万元

地　区	主营业务收入	主营业务成本	主营业务税金及附加	其他业务收入	其他业务成本	其他业务利润
全　省	**53502946.1**	**48721923.7**	**901168.7**	**831319.6**	**763014.4**	**16228.8**
南昌市	27857148.2	25796611.1	283752.8	428998.6	402000.0	9898.2
景德镇市	330052.0	293131.4	12119.9	406.3	100.0	186.4
萍乡市	759893.7	646843.5	23776.5	18219.5	16040.3	1304.2
九江市	3815025.8	3413820.4	88130.4	92194.7	90490.0	-81.4
新余市	1457862.9	1305274.1	30605.5	12671.8	8040.1	221.2
鹰潭市	1162326.8	1084375.7	11327.9	11407.5	9206.6	245.8
赣州市	3110022.8	2741122.9	77049.5	70629.8	80216.3	1712.7
吉安市	2343207.1	2012203.1	87877.4	12769.9	15812.5	229.0
宜春市	2897863.3	2556953.7	86597.4	64739.0	42442.0	150.7
抚州市	3864864.6	3628192.7	69200.5	68348.8	51248.7	1446.8
上饶市	5904678.9	5243395.1	130730.9	50933.7	47417.9	915.2

2-C-13　各地区总承包建筑业企业费用情况

单位：万元

地　区	管理费用	销售费用	财务费用	利息收入	利息支出
全　省	**1220910.3**	**198046.5**	**268491.5**	**24643.0**	**203221.7**
南昌市	585178.2	78999.1	155178.8	14447.3	124677.9
景德镇市	8092.1	1673.5	367.8	102.7	32.3
萍乡市	18150.4	4402.6	6327.1	0.7	2228.1
九江市	90753.4	6540.2	14815.8	500.4	6184.3
新余市	27351.0	5942.1	2876.0	176.4	1908.1
鹰潭市	20449.1	1883.3	463.4	6917.4	8540.4
赣州市	84707.7	21357.3	13198.5	560.0	7414.3
吉安市	81377.8	28673.4	7406.3	519.8	4984.7
宜春市	99874.6	16160.3	10878.1	189.2	5965.2
抚州市	60177.1	2484.4	15987.2	523.6	12364.5
上饶市	144798.9	29930.3	40992.5	705.5	28921.9

2-C-14 各地区总承包建筑业企业利润及税金情况

单位：万元

地　区	利润总额	税金总额	主营业务税金及附加	应交增值税
全　省	**2137138.4**	**2101923.6**	**901168.7**	**1200754.9**
南昌市	917318.3	862892.2	283752.8	579139.4
景德镇市	14601.7	23576.3	12119.9	11456.4
萍乡市	61902.4	50436.0	23776.5	26659.5
九江市	200203.0	171354.1	88130.4	83223.7
新余市	78554.4	61502.1	30605.5	30896.6
鹰潭市	36878.2	46705.1	11327.9	35377.2
赣州市	156040.8	173623.2	77049.5	96573.7
吉安市	116481.5	148568.0	87877.4	60690.6
宜春市	147739.8	154222.9	86597.4	67625.5
抚州市	102972.6	162488.6	69200.5	93288.1
上饶市	304445.7	246555.1	130730.9	115824.2

2-C-15 各地区总承包建筑业企业应收工程款及企业亏损情况

地　区	应收工程款（万元）	企业个数（个）	亏损企业个数	亏损企业比重（%）
全　省	**9559759.9**	**2273**	**184**	**73.4**
南昌市	5847406.7	550	73	13.3
景德镇市	39512.2	28		
萍乡市	99516.3	75	2	2.7
九江市	337733.4	173	11	6.4
新余市	419106.9	92	11	12.0
鹰潭市	473007.4	52	5	9.6
赣州市	502157.9	360	39	10.8
吉安市	282077.4	189	11	5.8
宜春市	407776.1	269	10	3.7
抚州市	384009.2	147	7	4.8
上饶市	767456.4	338	15	4.4

2-C-16　各地区总承包建筑业企业主要经济效益指标

地　区	产值利润率(%)	产值利税率(%)	资本利润率(%)	资本利税率(%)	人均利润(元/人)	人均利税(元/人)	资产负债率(%)
全　省	**43.8**	**91.2**	**224.4**	**455.2**	**168708**	**343944**	**623.5**
南昌市	2.7	5.2	22.2	43.1	13301	25813	68.6
景德镇市	4.8	12.5	16.4	42.9	11784	30811	52.2
萍乡市	5.5	10.0	36.8	66.7	21982	39893	54.3
九江市	3.9	7.2	28.5	52.8	22902	42504	61.4
新余市	4.4	7.9	18.6	33.2	19202	34235	47.4
鹰潭市	3.3	7.4	15.3	34.7	11345	25713	80.9
赣州市	4.2	8.9	21.2	44.7	14740	31142	46.3
吉安市	4.1	9.2	23.3	53.0	17010	38705	45.7
宜春市	4.6	9.3	15.3	31.3	14830	30311	42.4
抚州市	2.4	6.2	5.4	13.9	7427	19146	87.1
上饶市	4.0	7.3	21.5	38.8	14185	25672	37.3

2-C-17　各地区按资质等级划分的总承包建筑业企业单位数

地　区	法人单位数(个)	特级	一级	二级	三级及以下
全　省	**2273**	**23**	**237**	**688**	**1325**
南昌市	550	11	146	196	197
景德镇市	28		1	14	13
萍乡市	75		4	12	59
九江市	173		9	50	114
新余市	92		9	36	47
鹰潭市	52	4	5	16	27
赣州市	360		7	75	278
吉安市	189	3	6	52	128
宜春市	269	1	19	79	170
抚州市	147	1	17	53	76
上饶市	338	3	14	105	216

2-C-18 各地区按资质等级划分的总承包建筑业企业期末人数

地 区	建筑业企业期末人数（人）				
		特级	一级	二级	三级及以下
全 省	**1438799**	**194021**	**559246**	**368008**	**317524**
南 昌 市	632897	153418	369290	67013	43176
景德镇市	10882		1002	6328	3552
萍 乡 市	28248		4934	4415	18899
九 江 市	81517		16352	36827	28338
新 余 市	39941		14160	20757	5024
鹰 潭 市	32282	1829	21506	4673	4274
赣 州 市	103594		10029	35838	57727
吉 安 市	65651	3599	9256	22458	30338
宜 春 市	99569	11547	19892	38241	29889
抚 州 市	137972	15620	58296	36803	27253
上 饶 市	206246	8008	34529	94655	69054

2-C-19 各地区按资质等级划分的总承包企业建筑业总产值

地 区	建筑业总产值（万元）				
		特级	一级	二级	三级及以下
全 省	**65386288.4**	**9958456.6**	**33015764.9**	**12224991.9**	**10187075**
南 昌 市	34230977.8	7654126.6	22033694.1	2901414	1641743.1
景德镇市	304891.2		31167	161741.6	111982.6
萍 乡 市	1123203.9		205686.7	120599.2	796918
九 江 市	5128856.3		2488275.4	1301422.2	1339158.7
新 余 市	1782190.3		859312.9	819385.9	103491.5
鹰 潭 市	1123702.4	52545.9	761926	163105.6	146124.9
赣 州 市	3694357.6		774240.2	1081812.3	1838305.1
吉 安 市	2869285.8	818026.3	327083.9	643197.5	1080978.1
宜 春 市	3240436.5	298794.4	1187813.8	1002680.4	751147.9
抚 州 市	4298741.5	617694	2056387.1	972235.9	652424.5
上 饶 市	7589645.1	517269.4	2290177.8	3057397.3	1724800.6

2-C-20　各地区按资质等级划分的总承包建筑业企业签订合同额

地　区	签订合同额(万元)				
		特级	一级	二级	三级及以下
全　省	**120571258.4**	**18686958.1**	**69239479.3**	**18869354.8**	**13775466.2**
南昌市	70931660.3	15316618.8	47402773.8	5865229.4	2347038.3
景德镇市	389285.5		57354.4	212903.1	119028.0
萍乡市	1470513.3		296912.6	127925.6	1045675.1
九江市	7509842.6		4664882.5	1420560.4	1424399.7
新余市	2998984.6		1693672.4	1086174.9	219137.3
鹰潭市	4541139.4	43647.1	3993021.9	255189.5	249280.9
赣州市	5328230.1		1075027.2	1470029.5	2783173.4
吉安市	3467972.2	822364.3	480072.4	825405.2	1340130.3
宜春市	5215022.7	336837.6	2257594.1	1689791.0	930800.0
抚州市	6457415.0	1033339.7	3250741.3	1380788.0	792546.0
上饶市	12261192.7	1134150.6	4067426.7	4535358.2	2524257.2

2-C-21　各地区按资质等级划分的总承包建筑业企业竣工产值

地　区	竣工产值(万元)				
		特级	一级	二级	三级及以下
全　省	**36335000.9**	**5474538.9**	**16286112.6**	**7952921.1**	**6621428.3**
南昌市	15814327.5	3246090.4	10181783.0	1632445.3	754008.8
景德镇市	226926.6		31167.0	108999.9	86759.7
萍乡市	752430.7		114873.2	98809.9	538747.6
九江市	2858366.3		1154596.7	942527.6	761242.0
新余市	784685.1		289170.2	420066.9	75448.0
鹰潭市	431764.7	10824.9	245645.1	124388.2	50906.5
赣州市	2289063.8		419831.3	603794.5	1265438.0
吉安市	2037923.8	821506.0	139773.4	394815.7	681828.7
宜春市	2201844.5	76484.3	769857.3	777376.1	578126.8
抚州市	3535680.4	811163.0	1442999.9	721409.9	560107.6
上饶市	5401987.5	508470.3	1496415.5	2128287.1	1268814.6

2-C-22 各地区按资质等级划分的总承包建筑业企业房屋施工面积

地区	房屋施工面积（万平方米）				
		特级	一级	二级	三级及以下
全省	**32789.1**	**6282.0**	**14318.2**	**6653.8**	**5535.1**
南昌市	17752.4	5563.0	10372.4	1266.8	550.2
景德镇市	202.6			130.6	72.0
萍乡市	724.7		104.5	68.9	551.4
九江市	1460.5		137.2	728.1	595.3
新余市	832.6		385.0	316.5	131.1
鹰潭市	303.2	1.6	157.3	63.3	81.0
赣州市	1914.9		409.3	413.9	1091.7
吉安市	1289.7	48.5	75.2	462.1	703.9
宜春市	2166.9	72.9	630.9	858.4	604.7
抚州市	2573.3	426.8	790.3	887.0	469.2
上饶市	3568.2	169.1	1256.1	1458.4	684.6

2-C-23 各地区按资质等级划分的总承包建筑业企业房屋竣工面积

地区	房屋竣工面积（万平方米）				
		特级	一级	二级	三级及以下
全省	**15355.7**	**2182.1**	**5837.2**	**3837.4**	**3499.0**
南昌市	6323.6	1719.4	3660.5	664.8	278.9
景德镇市	117.5			60.5	57.0
萍乡市	448.0		94.5	47.9	305.6
九江市	940.2		64.2	480.6	395.3
新余市	438.6		212.4	169.8	56.3
鹰潭市	207.0	1.6	111.3	22.1	72.0
赣州市	1048.4		155.7	239.9	652.8
吉安市	794.5	40.7	32.2	249.2	472.5
宜春市	1362.0	63.4	352.9	547.5	398.2
抚州市	1577.6	189.0	617.7	448.8	322.2
上饶市	2098.3	168.1	535.9	906.3	488.0

2-C-24　各地区按资质等级划分的总承包企业自有施工机械设备台数

地　区	总台数(台)				
		特级	一级	二级	三级及以下
全　省	**237118**	**18214**	**97950**	**64656**	**56298**
南昌市	100342	15630	71078	7831	5803
景德镇市	1869			1004	865
萍乡市	11845		321	2284	9240
九江市	23296		5761	11387	6148
新余市	8284		1697	5839	748
鹰潭市	959	4	308	420	227
赣州市	13738		1057	3535	9146
吉安市	12525	531	188	5593	6213
宜春市	19868	945	4476	6540	7907
抚州市	22169	712	10838	7468	3151
上饶市	22223	392	2226	12755	6850

2-C-25　各地区按资质等级划分的总承包企业自有施工机械设备总功率

地　区	总功率(万千瓦)				
		特级	一级	二级	三级及以下
全　省	**630.5**	**86.5**	**274.2**	**150.2**	**119.6**
南昌市	302.3	78.2	190.6	24.5	8.9
景德镇市	2.5			1.0	1.5
萍乡市	24.6		1.0	8.1	15.5
九江市	58.5		24.9	16.8	16.8
新余市	10.5		4.8	4.3	1.3
鹰潭市	3.0		1.7	0.8	0.5
赣州市	31.7		7.2	6.2	18.3
吉安市	22.1	1.2	1.3	7.7	12.0
宜春市	82.2	2.4	19.0	41.9	19.0
抚州市	45.7	2.3	22.4	13.4	7.6
上饶市	47.5	2.4	1.2	25.6	18.3

2-C-26 各地区按资质等级划分的总承包建筑业企业实收资本

地　区	实收资本（万元）	特级	一级	二级	三级及以下
全　省	**11289572.5**	**707704.5**	**4709530.5**	**3179125.6**	**2693211.9**
南昌市	4131272.2	543038.6	2062086.1	959662.2	566485.3
景德镇市	88937.6		15110.0	41894.8	31932.8
萍乡市	168373.7		36048.0	26210.4	106115.3
九江市	703440.0		281572.8	230294.1	191573.1
新余市	421390.5		107639.0	232706.1	81045.4
鹰潭市	240989.5	18029.9	89600.0	52657.3	80702.3
赣州市	737305.6		55934.0	280356.7	401014.9
吉安市	500486.1	32590.0	93526.8	203805.1	170564.2
宜春市	963465.4	31600.0	315467.6	293430.1	322967.7
抚州市	1914752.3	51618.0	1427334.8	257903.4	177896.1
上饶市	1419159.6	30828.0	225211.4	600205.4	562914.8

2-C-27 各地区按资质等级划分的总承包建筑业企业资产

地　区	资产总计（万元）	特级	一级	二级	三级及以下
全　省	**56669574.3**	**5022151.0**	**35319623.5**	**9041796.4**	**7286003.4**
南昌市	23576480.0	4391352.5	14474891.0	3111628.6	1598607.9
景德镇市	263891.7		42512.7	157914.5	63464.5
萍乡市	580922.5		245235.7	73546.9	262139.9
九江市	2943821.5		1354818.9	641605.6	947397.0
新余市	1410220.3		441821.2	808783.3	159615.8
鹰潭市	1509542.3	49537.4	889635.5	163093.8	407275.6
赣州市	1992782.7		265888.5	622169.0	1104725.2
吉安市	1334014.1	89137.5	377900.2	443018.9	423957.5
宜春市	2433544.0	51809.6	703866.8	908058.3	769809.3
抚州市	16952615.8	175823.2	15801349.2	527467.8	447975.6
上饶市	3671739.4	264490.8	721703.8	1584509.7	1101035.1

2-C-28 各地区按资质等级划分的总承包建筑业企业所有者权益

地 区	所有者权益合计（万元）	特级	一级	二级	三级及以下
全 省	**17686098.2**	**1777142.6**	**7137499.3**	**4803904.7**	**3967551.6**
南 昌 市	7410550.2	1419800.8	3770063.8	1388013.8	832671.8
景德镇市	126181.3		35154.4	55693.1	35333.8
萍 乡 市	265571.8		59212.7	38158.0	168201.1
九 江 市	1135586.7		365093.2	321055.5	449438.0
新 余 市	742121.8		171882.4	468940.4	101299.0
鹰 潭 市	288504.6	28475.3	74551.8	81709.4	103768.1
赣 州 市	1069840.8		124049.2	373375.8	572415.8
吉 安 市	755656.5	53027.0	211810.1	245973.2	244846.2
宜 春 市	1401673.0	43375.0	504534.8	392929.4	460833.8
抚 州 市	2189844.1	83007.1	1506233.0	370783.4	229820.6
上 饶 市	2300567.4	149457.4	314913.9	1067272.7	768923.4

2-C-29 各地区按资质等级划分的总承包建筑业企业负债

地 区	负债合计（万元）	特级	一级	二级	三级及以下
全 省	**39014457.5**	**3245008.4**	**28182124.2**	**4268873.1**	**3318451.8**
南 昌 市	16165929.8	2971551.7	10704827.2	1723614.8	765936.1
景德镇市	137710.4		7358.3	102221.4	28130.7
萍 乡 市	315350.7		186023.0	35388.9	93938.8
九 江 市	1808234.8		989725.7	320550.1	497959.0
新 余 市	668098.5		269938.8	339842.9	58316.8
鹰 潭 市	1221037.7	21062.1	815083.7	81384.4	303507.5
赣 州 市	922941.9		141839.3	248793.2	532309.4
吉 安 市	609339.0	36110.5	166090.1	228027.1	179111.3
宜 春 市	1031871.0	8434.6	199332.0	515128.9	308975.5
抚 州 市	14762771.7	92816.1	14295116.2	156684.4	218155.0
上 饶 市	1371172.0	115033.4	406789.9	517237.0	332111.7

2-C-30 各地区按资质等级划分的总承包建筑业企业营业收入

地 区	营业收入(万元)				
		特级	一级	二级	三级及以下
全 省	**54334265.7**	**7686934.0**	**27050948.9**	**10885580.6**	**8710802.2**
南 昌 市	28286146.8	5988932.0	17779993.6	2873752.1	1643469.1
景德镇市	330458.3		31167.0	171249.3	128042.0
萍 乡 市	778113.2		191474.5	105494.9	481143.8
九 江 市	3907220.5		2049159.8	942557.3	915503.4
新 余 市	1470534.7		708800.3	645120.8	116613.6
鹰 潭 市	1173734.3	50507.5	722286.9	181975.9	218964.0
赣 州 市	3180652.6		652767.0	875521.5	1652364.1
吉 安 市	2355977.0	275928.3	679063.5	584642.6	816342.6
宜 春 市	2962602.3	281277.7	1004392.6	958939.5	717992.5
抚 州 市	3933213.4	574791.3	1767328.0	989010.7	602083.4
上 饶 市	5955612.6	515497.2	1464515.7	2557316.0	1418283.7

2-C-31 各地区按资质等级划分的总承包建筑业企业利税总额

地 区	利税总额(万元)				
		特级	一级	二级	三级及以下
全 省	**4239062.0**	**521553.3**	**1616366.0**	**1093494.8**	**1007647.9**
南 昌 市	1780210.5	400466.3	1030447.9	221005.2	128291.1
景德镇市	38178.0		6049.9	15283.9	16844.2
萍 乡 市	112338.4		23384.5	15464.0	73489.9
九 江 市	371557.1		88540.0	146051.4	136965.7
新 余 市	140056.5		43341.6	81855.3	14859.6
鹰 潭 市	83583.3	3771.7	27142.5	24043.5	28625.6
赣 州 市	329664.0		54287.3	82213.9	193162.8
吉 安 市	265049.5	31103.0	56844.5	73523.5	103578.5
宜 春 市	301962.7	21904.8	87336.6	101276.7	91444.6
抚 州 市	265461.2	24227.3	102110.8	75991.6	63131.5
上 饶 市	551000.8	40080.2	96880.4	256785.8	157254.4

2-C-32　各地区按资质等级划分的总承包建筑业企业利润总额

地　区	利润总额（万元）				
		特级	一级	二级	三级及以下
全　省	**2137138.4**	**267282.3**	**804123.5**	**586518.1**	**479214.5**
南昌市	917318.3	222623	508936.9	113826.1	71932.3
景德镇市	14601.7		3328.9	6043.4	5229.4
萍乡市	61902.4		13348.7	8731.7	39822
九江市	200203		43406.8	83706.9	73089.3
新余市	78554.4		24490.2	45628.1	8436.1
鹰潭市	36878.2	2011.6	6048.9	14184.2	14633.5
赣州市	156040.8		30231.2	51089.5	74720.1
吉安市	116481.5	19860.7	30679.7	30851.4	35089.7
宜春市	147739.8	3231.9	44446.2	48727.9	51333.8
抚州市	102972.6	6047.3	40285.1	32081.3	24558.9
上饶市	304445.7	13507.8	58920.9	151647.6	80369.4

2-C-33　各地区按资质等级划分的总承包建筑业企业税金总额

地　区	税金总额（万元）				
		特级	一级	二级	三级及以下
全　省	**2101923.6**	**254271.0**	**812242.5**	**506976.7**	**528433.4**
南昌市	862892.2	177843.3	521511.0	107179.1	56358.8
景德镇市	23576.3		2721.0	9240.5	11614.8
萍乡市	50436.0		10035.8	6732.3	33667.9
九江市	171354.1		45133.2	62344.5	63876.4
新余市	61502.1		18851.4	36227.2	6423.5
鹰潭市	46705.1	1760.1	21093.6	9859.3	13992.1
赣州市	173623.2		24056.1	31124.4	118442.7
吉安市	148568.0	11242.3	26164.8	42672.1	68488.8
宜春市	154222.9	18672.9	42890.4	52548.8	40110.8
抚州市	162488.6	18180.0	61825.7	43910.3	38572.6
上饶市	246555.1	26572.4	37959.5	105138.2	76885.0

2-C-34 各地区按资质等级划分的总承包建筑业企业主营业务收入

地　　区	主营业务收入(万元)				
		特级	一级	二级	三级及以下
全　　省	**53502946.1**	**7652486.3**	**26776442.9**	**10555207.9**	**8518809.0**
南 昌 市	27857148.2	5954598.4	17588725.5	2714276.9	1599547.4
景德镇市	330052.0		31167.0	171085.7	127799.3
萍 乡 市	759893.7		190901.4	92739.2	476253.1
九 江 市	3815025.8		2030474.9	892953.1	891597.8
新 余 市	1457862.9		706637.7	635397.3	115827.9
鹰 潭 市	1162326.8	50416.6	722235.0	174210.9	215464.3
赣 州 市	3110022.8		635921.7	846661.5	1627439.6
吉 安 市	2343207.1	275928.3	678883.7	579968.5	808426.6
宜 春 市	2897863.3	281277.7	1004392.6	919615.8	692577.2
抚 州 市	3864864.6	574768.1	1722618.1	987896.6	579581.8
上 饶 市	5904678.9	515497.2	1464485.3	2540402.4	1384294.0

2-C-35 各地区按资质等级划分的总承包建筑业企业管理费用

地　　区	管理费用(万元)				
		特级	一级	二级	三级及以下
全　　省	**1220910.3**	**115355.3**	**558922.7**	**261360.0**	**285272.3**
南 昌 市	585178.2	95907.7	348962.1	87128.4	53180.0
景德镇市	8092.1		1035.2	5586.7	1470.2
萍 乡 市	18150.4		4526.7	2798.0	10825.7
九 江 市	90753.4		50231.8	21165.3	19356.3
新 余 市	27351.0		11163.8	11307.3	4879.9
鹰 潭 市	20449.1	799.5	10443.1	3796.7	5409.8
赣 州 市	84707.7		4724.0	20179.5	59804.2
吉 安 市	81377.8	8269.4	20443.7	11551.6	41113.1
宜 春 市	99874.6	1928.4	43371.4	21663.7	32911.1
抚 州 市	60177.1	7135.5	23375.1	16251.8	13414.7
上 饶 市	144798.9	1314.8	40645.8	59931.0	42907.3

2-C-36 各地区按资质等级划分的总承包建筑业企业财务费用

地 区	财务费用(万元)	特级	一级	二级	三级及以下
全 省	**268491.5**	**54989.6**	**135523.2**	**35394.3**	**42584.4**
南昌市	155178.8	48073.4	90217.3	13695.3	3192.8
景德镇市	367.8		-6.9	189.0	185.7
萍乡市	6327.1		1704.4	736.2	3886.5
九江市	14815.8		3258.1	3182.2	8375.5
新余市	2876.0		1346.0	1246.2	283.8
鹰潭市	463.4	-170.6	296.6	120.7	216.7
赣州市	13198.5		3118.3	3097.8	6982.4
吉安市	7406.3	694.6	1610.5	989.7	4111.5
宜春市	10878.1	567.1	3070.2	2456.2	4784.6
抚州市	15987.2	4899.0	5724.6	1857.6	3506.0
上饶市	40992.5	926.1	25184.1	7823.4	7058.9

2-C-37 各地区按资质等级划分的总承包建筑业企业应收工程款

地 区	应收工程款(万元)	特级	一级	二级	三级及以下
全 省	**9559759.9**	**845650.1**	**5436022.3**	**1980898.1**	**1297189.4**
南昌市	5847406.7	712185.8	4054207.5	799421.4	281592.0
景德镇市	39512.2		5625.4	18291.5	15595.3
萍乡市	99516.3		49409.9	20740.4	29366.0
九江市	337733.4		115713.0	116980.4	105040.0
新余市	419106.9		171237.3	212304.0	35565.6
鹰潭市	473007.4	766.0	279597.6	78755.7	113888.1
赣州市	502157.9		69243.1	139694.0	293220.8
吉安市	282077.4	3326.0	83989.1	109969.8	84792.5
宜春市	407776.1	1305.8	171898.6	124766.8	109804.9
抚州市	384009.2	34162.8	184536.2	110335.8	54974.4
上饶市	767456.4	93903.7	250564.6	249638.3	173349.8

D. 专业承包建筑业企业

2-D-1 各地区专业承包建筑业企业签订合同情况

单位：万元

地　区	签订合同额		
		上年结转合同额	本年新签合同额
全　省	**4865067.4**	**1358692.2**	**3506375.2**
南 昌 市	3412284.3	1027683.0	2384601.3
景德镇市	41573.0	9853.2	31719.8
萍 乡 市	262467.1	33062.0	229405.1
九 江 市	235607.8	68378.3	167229.5
新 余 市	83211.2	12705.8	70505.4
鹰 潭 市	57332.3	11752.8	45579.5
赣 州 市	161599.0	31096.9	130502.1
吉 安 市	161929.5	100875.2	61054.3
宜 春 市	153233.8	29371.8	123862.0
抚 州 市	18114.5	5138.3	12976.2
上 饶 市	277714.9	28774.9	248940.0

2-D-2 各地区专业承包建筑业企业承包工程完成情况

单位：万元

地　区	直接从建设单位承揽工程完成的产值			从建设单位以外承揽工程完成的产值
		自行完成施工产值	分包出去工程的产值	
全　省	**3006418.3**	**2865458.0**	**140960.3**	**480345.9**
南 昌 市	1799097.0	1750668.9	48428.1	363716.3
景德镇市	26639.1	26639.1		239.7
萍 乡 市	235502.1	234939.1	563.0	248.0
九 江 市	219712.5	190599.3	29113.2	30440.0
新 余 市	31897.8	31490.0	407.8	36476.4
鹰 潭 市	26398.5	26398.5		
赣 州 市	196343.5	188580.4	7763.1	12352.8
吉 安 市	117496.0	106259.7	11236.3	11236.3
宜 春 市	115256.6	115143.0	113.6	
抚 州 市	15566.4	15566.4		
上 饶 市	222508.8	179173.6	43335.2	25636.4

2-D-3　各地区专业承包企业建筑业总产值和竣工产值

单位：万元

地　区	建筑业总产值	装饰装修产值	在外省完成的产值	建筑工程产　值	安装工程产　值	其他产值	竣工产值
全　省	**3345803.9**	**983755.3**	**1253696.5**	**2520972.1**	**667343.1**	**157488.7**	**1770171.0**
南 昌 市	2114385.2	622671.8	1182562.7	1598812.1	400236.2	115336.9	950422.9
景德镇市	26878.8	367.4		5696.8	21172.9	9.1	21741.7
萍 乡 市	235187.1	111348.0	1205.0	215653.3	17815.8	1718.0	176085.9
九 江 市	221039.3	23397.3	6579.5	171567.9	43294.1	6177.3	175088.9
新 余 市	67966.4	4616.5	48.1	15241.7	44853.0	7871.7	16390.7
鹰 潭 市	26398.5		3014.2	12623.6	12388.6	1386.3	1665.4
赣 州 市	200933.2	141364.4	35602.1	180003.4	9719.2	11210.6	62266.0
吉 安 市	117496.0	3343.8		98271.6	17790.8	1433.6	97989.1
宜 春 市	115143.0	35261.4		61795.0	46694.3	6653.7	82047.8
抚 州 市	15566.4			14866.4	700.0		11342.8
上 饶 市	204810.0	41384.7	24684.9	146440.3	52678.2	5691.5	175129.8

2-D-4　各地区专业承包建筑业企业房屋建筑面积

地　区	房屋施工面积（万平方米）	新开工面积	房屋竣工面积（万平方米）	房屋建筑面积竣工率（%）
全　省	**573.3**	**382.6**	**279.5**	**752.3**
南 昌 市	200.9	149.6	33.5	16.7
景德镇市	2.8	2.7	2.8	100.0
萍 乡 市	74.5	53.8	54.5	73.3
九 江 市	118.6	73.0	48.3	40.8
新 余 市	3.8	2.9	3.4	89.8
鹰 潭 市	1.6	0.3	2.2	133.1
赣 州 市	11.9	9.9	1.3	10.6
吉 安 市	26.0	3.0	9.4	36.2
宜 春 市	41.6	28.9	34.5	82.9
抚 州 市	10.3	9.6	7.0	67.5
上 饶 市	81.4	48.8	82.6	101.5

2-D-5 各地区按主要用途分的专业承包建筑业企业房屋竣工面积

单位：万平方米

地区	房屋竣工面积	住宅竣工面积	商业及服务用房竣工面积	办公用房竣工面积	科研、教育、医疗用房竣工面积	文化、体育、娱乐用房竣工面积	厂房及建筑物竣工面积	仓库竣工面积	其他未列明的房屋建筑物竣工面积
全省	**279.5**	**110.5**	**24.9**	**13.8**	**15.1**	**5.5**	**88.5**	**0.5**	**20.7**
南昌市	33.5	11.7	1.3	3.7	1.5	4.4	8.0		3.0
景德镇市	2.8	2.7		0.1					
萍乡市	54.5	14.5	1.0	3.8	0.1	0.1	21.9		13.2
九江市	48.3	6.5	1.8	2.3	8.2		27.7		1.8
新余市	3.4	0.4			2.8		0.2		
鹰潭市	2.2						1.4		0.8
赣州市	1.3	0.7		0.2			0.4		
吉安市	9.4	9.4							
宜春市	34.5	17.6				0.1	16.8		
抚州市	7.0	6.9			0.1				
上饶市	82.6	40.1	20.8	3.7	2.4	0.9	12.3	0.5	1.8

2-D-6 各地区按主要用途分的专业承包建筑业企业房屋竣工价值

单位：万元

地区	房屋竣工价值	住宅竣工价值	商业及服务用房竣工价值	办公用房竣工价值	科研、教育、医疗用房竣工价值	文化、体育、娱乐用房竣工价值	厂房及建筑物竣工价值	仓库竣工价值	其他未列明的房屋建筑竣工价值
全省	**318580.6**	**135646.8**	**40608.4**	**17898.6**	**18462.0**	**10435.9**	**80882.4**	**928.5**	**13718.0**
南昌市	37867.9	11813.6	1104.8	3498.6	1232.0	8790.9	5265.2		6162.8
景德镇市	3028.2	2733.2		295.0					
萍乡市	51642.7	16933.0	1400.0	4513.1	100.0	40.0	25656.6		3000.0
九江市	42114.4	5995.7	630.0	2228.0	9004.2		21884.5		2372.0
新余市	4576.1	299.3			4216.8		60.0		
鹰潭市	1378.1						781.0		597.1
赣州市	1508.0	780.2		197.2			514.5		16.1
吉安市	15874.3	15874.3							
宜春市	19978.7	11995.0				143.0	7840.7		
抚州市	8452.3	8262.0			190.3				
上饶市	132159.9	60960.5	37473.6	7166.7	3718.7	1462.0	18879.9	928.5	1570.0

2-D-7　各地区专业承包建筑业企业施工机械设备情况

地　　区	总台数(台)	总功率(千瓦)	净值(万元)	技术装备率(元/人)	动力装备率(千瓦时/人)
全　　省	**13422**	**329930**	**63786.2**	**110319**	**49.5**
南昌市	3894	94336	16798.7	5669	3.2
景德镇市	279	560	310.2	4285	0.8
萍乡市	5129	174633	32349.1	45504	24.6
九江市	486	3955	2006.7	3594	0.7
新余市	263	9511	1169.8	5243	4.3
鹰潭市	23	1092	1018.0	17766	1.9
赣州市	627	18117	1635.3	4987	5.5
吉安市	227	4442	455.6	911	0.9
宜春市	558	3871	3743.9	11011	1.1
抚州市	367	5028	580.5	4564	4.0
上饶市	1569	14385	3718.4	6784	2.6

2-D-8　各地区专业承包建筑业企业主要生产效益指标

地　　区	法人单位数(个)	从事建筑业活动的平均人数(人)	按总产值计算的劳动生产率(元/人)	人均竣工产值(元/人)	人均施工面积(平方米/人)	人均竣工面积(平方米/人)
全　　省	**383**	**289691**	**3343497**	**1892964**	**790.8**	**526.4**
南昌市	176	251268	84149	37825	8.0	1.3
景德镇市	10	746	360306	291444	38.0	38.0
萍乡市	23	7131	329809	246930	104.4	76.5
九江市	36	5545	398628	315760	213.9	87.2
新余市	17	2946	230707	55637	12.7	11.5
鹰潭市	7	649	406757	25661	25.2	33.6
赣州市	39	3397	591502	183297	34.9	3.7
吉安市	12	5039	233173	194461	51.6	18.7
宜春市	24	3396	339055	241601	122.4	101.4
抚州市	4	1267	122860	89525	81.7	55.2
上饶市	35	8307	246551	210822	98.0	99.4

2-D-9 各地区专业承包建筑业企业营业收入

单位：万元

地　区	营业收入	建筑业企业在境外完成的营业收入	企业总产值	
				建筑业总产值
全　省	**3364575.0**	**838.5**	**3600281.6**	**3345803.9**
南昌市	2213964.7	157.7	2198345.3	2114385.2
景德镇市	40610.9		26928.8	26878.8
萍乡市	222273.6		239731.8	235187.1
九江市	149928.9	25.8	324404.2	221039.3
新余市	57561.4		74945.5	67966.4
鹰潭市	28514.5		26447.9	26398.5
赣州市	211657.3	180.0	221274.7	200933.2
吉安市	99355.9		117496.0	117496.0
宜春市	110090.1		122021.7	115143.0
抚州市	13211.1		15566.4	15566.4
上饶市	217406.6	475.0	233119.3	204810.0

2-D-10 各地区专业承包建筑业企业资产构成

单位：万元

地　区	资产总计	流动资产合计	
			存货
全　省	**2515515.3**	**1864473.5**	**358811.1**
南昌市	1483131.8	1212924.8	235994.0
景德镇市	35166.6	26719.2	2917.1
萍乡市	181891.7	140481.1	54617.8
九江市	155623.8	78955.8	14047.8
新余市	69916.9	54011.9	2368.3
鹰潭市	39449.3	32636.3	3451.0
赣州市	132319.4	90202.1	8938.9
吉安市	64283.6	50268.9	1854.5
宜春市	147191.6	81902.5	17062.8
抚州市	9148.3	7104.3	47.8
上饶市	197392.3	89266.6	17511.1

2-D-11 各地区专业承包建筑业企业固定资产情况

单位：万元

地　区	固定资产原价	累计折旧		在建工程
			本年折旧	
全　省	**369712.5**	**132365.0**	**31077.2**	**27255.1**
南昌市	204996.5	61464.2	9662.4	6001.9
景德镇市	6651.2	3047.8	1006.4	23.7
萍乡市	41417.2	21031.6	4492.1	1020.5
九江市	27553.0	15202.3	5792.5	2006.2
新余市	5072.9	2326.8	251.1	
鹰潭市	6259.3	923.7	371.3	91.8
赣州市	19565.5	9510.8	5157.9	16048.5
吉安市	15420.2	9582.0	1471.1	
宜春市	15239.3	5021.5	1718.7	350.2
抚州市	2309.6	265.6	48.3	
上饶市	25227.8	3988.7	1105.4	1712.3

2-D-12 各地区专业承包建筑业企业负债及所有者权益

单位：万元

地　区	负债合计			所有者权益合计	
		流动负债合计			实收资本
			应付账款		
全　省	**1356519.4**	**1112321.9**	**329021.7**	**1158995.9**	**677983.2**
南昌市	909090.2	708923.2	240183.8	574041.6	306368.4
景德镇市	21252.8	20016.9	4643.4	13913.8	11644.6
萍乡市	97521.1	73337.8	17307.7	84370.6	36728.0
九江市	73515.0	69283.3	8697.9	82108.8	41659.3
新余市	31378.0	31342.5	3000.6	38538.9	24160.3
鹰潭市	17859.5	17859.5	2132.4	21589.8	18687.4
赣州市	53394.7	49387.9	25380.2	78924.7	53474.7
吉安市	39205.2	38827.1	5139.4	25078.4	17163.2
宜春市	79096.8	75383.2	13486.2	68094.8	39529.0
抚州市	1402.9	1402.9	919.5	7745.4	6620.0
上饶市	32803.2	26557.6	8130.6	164589.1	121948.3

2-D-13 各地区专业承包建筑业企业实收资本

单位：万元

地　区	实收资本	国家资本	集体资本	法人资本	个人资本	港澳台资本	外商资本
全　省	**677983.2**	**43188.9**	**58243.1**	**229559.0**	**334790.7**	**12150.5**	
南昌市	306368.4	28885.0	10975.9	115006.6	139500.9	12000.0	
景德镇市	11644.6	2934.6	4371.8	572.8	3765.4		
萍乡市	36728.0	55.0	12400.0	7615.0	16658.0		
九江市	41659.3	2310.0	7568.0	12638.2	19143.1		
新余市	24160.3	2.0	6050.0	3343.0	14765.3		
鹰潭市	18687.4	100.0	6500.0		12087.4		
赣州市	53474.7	6057.3		13514.2	33808.7	94.5	
吉安市	17163.2		4400.0	10231.8	2531.4		
宜春市	39529.0	110.0	5713.4	11899.1	21806.5		
抚州市	6620.0	2500.0			4120.0		
上饶市	121948.3	235.0	264.0	54738.3	66604.0	56.0	

2-D-14 各地区专业承包建筑业企业收入情况

单位：万元

地　区	主营业务收入	主营业务成本	主营业务税金及附加	其他业务收入	其他业务成本	其他业务利润
全　省	**3305487.7**	**2875754.2**	**86467.9**	**59087.3**	**49022.7**	**3781.7**
南昌市	2173149.2	1934496.4	60514.2	40815.5	37181.1	680.2
景德镇市	40610.3	33315.6	378.9	0.6		
萍乡市	217591.9	175884.4	7219.4	4681.7	4629.1	1266.1
九江市	144721.3	116559.5	1556.3	5207.6	4544.5	424.1
新余市	57561.4	46123.2	685.4			
鹰潭市	27613.4	21588.9	255.3	901.1	661.2	
赣州市	205569.8	174628.4	5256.5	6087.5	1883.8	52.2
吉安市	99355.9	85160.2	2311.6			
宜春市	110086.1	92596.8	1243.7	4.0	6.0	
抚州市	13211.1	12177.8	560.2			
上饶市	216017.3	183223.0	6486.4	1389.3	117.0	1359.1

2-D-15　各地区专业承包建筑业企业费用情况

单位：万元

地　区	管理费用	销售费用	财务费用		
				利息收入	利息支出
全　省	**163213.7**	**26679.7**	**12230.2**	**298.2**	**7780.8**
南 昌 市	94192.4	7513.4	7517.9	252.0	4815.4
景德镇市	5555.4	11.9	2.5	38.2	29.7
萍 乡 市	6042.5	2523.5	2438.7	8.5	1455.5
九 江 市	11547.3	2672.6	509.6	11.3	43.5
新 余 市	7633.7	818.9	57.5	33.2	53.8
鹰 潭 市	4957.2	48.5	287.3	27.2	310.8
赣 州 市	8286.5	9588.2	650.3	9.8	236.0
吉 安 市	8530.1	43.2	-390.4	-414.4	19.1
宜 春 市	10225.8	1220.4	392.1	319.0	566.8
抚 州 市	234.0	4.0	12.7	-0.3	1.3
上 饶 市	6008.8	2235.1	752.0	13.7	248.9

2-D-16　各地区专业承包建筑业企业利润及税金情况

单位：万元

地　区	利润总额	税金总额		
			主营业务税金及附加	应交增值税
全　省	**142858.0**	**178990.3**	**86467.9**	**92522.4**
南 昌 市	63750.3	109789.3	60514.2	49275.1
景德镇市	1203.1	1749.3	378.9	1370.4
萍 乡 市	23419.1	16073.0	7219.4	8853.6
九 江 市	14308.6	12826.4	1556.3	11270.1
新 余 市	2083.6	2438.6	685.4	1753.2
鹰 潭 市	1037.8	1222.7	255.3	967.4
赣 州 市	11342.8	11607.0	5256.5	6350.5
吉 安 市	3637.3	4848.2	2311.6	2536.6
宜 春 市	5029.0	5765.3	1243.7	4521.6
抚 州 市	188.4	879.5	560.2	319.3
上 饶 市	16858.0	11791.0	6486.4	5304.6

2-D-17 各地区专业承包建筑业企业应收工程款及企业亏损情况

地　区	应收工程款（万元）	企业个数（个）		亏损企业比重（%）
			亏损企业个数	
全　省	**588060.3**	**383**	**63**	**174.2**
南昌市	405472.7	176	35	19.9
景德镇市	12276.1	10	2	20.0
萍乡市	17482.4	23	1	4.3
九江市	22568.7	36	7	19.4
新余市	14786.2	17	3	17.6
鹰潭市	4181.9	7	3	42.9
赣州市	26572.7	39	7	17.9
吉安市	19753.5	12	3	25.0
宜春市	31071.9	24	1	4.2
抚州市	2455.3	4		
上饶市	31438.9	35	1	2.9

2-D-18 各地区专业承包建筑业企业主要经济效益指标

地　区	产值利润率（%）	产值利税率（%）	资本利润率（%）	资本利税率（%）	人均利润（元/人）	人均利税（元/人）	资产负债率（%）
全　省	**53.5**	**112.3**	**215.2**	**444.8**	**177572**	**360081**	**499.8**
南昌市	3.0	8.2	20.8	56.6	2537	6907	61.3
景德镇市	4.5	11.0	10.3	25.4	16127	39576	60.4
萍乡市	10.0	16.8	63.8	107.5	32841	55381	53.6
九江市	6.5	12.3	34.3	65.1	25805	48936	47.2
新余市	3.1	6.7	8.6	18.7	7073	15350	44.9
鹰潭市	3.9	8.6	5.6	12.1	15991	34831	45.3
赣州市	5.6	11.4	21.2	42.9	33391	67559	40.4
吉安市	3.1	7.2	21.2	49.4	7218	16840	61.0
宜春市	4.4	9.4	12.7	27.3	14809	31785	53.7
抚州市	1.2	6.9	2.8	16.1	1487	8429	15.3
上饶市	8.2	14.0	13.8	23.5	20294	34488	16.6

2-D-19　各地区按资质等级划分的专业承包建筑业企业单位数

地　区	法人单位数（个）	一级	二级	三级
全　省	**383**	**57**	**160**	**166**
南昌市	176	42	71	63
景德镇市	10		4	6
萍乡市	23		17	6
九江市	36	2	14	20
新余市	17	3	8	6
鹰潭市	7		4	3
赣州市	39	5	10	24
吉安市	12	1	4	7
宜春市	24	3	10	11
抚州市	4		2	2
上饶市	35	1	16	18

2-D-20　各地区按资质等级划分的专业承包建筑业企业期末人数

地　区	建筑业企业期末人数（人）	一级	二级	三级
全　省	**64288**	**19591**	**27301**	**17396**
南昌市	29633	17410	8507	3716
景德镇市	724		405	319
萍乡市	7109		5830	1279
九江市	5583	215	2192	3176
新余市	2231	413	1198	620
鹰潭市	573		341	232
赣州市	3279	716	472	2091
吉安市	5003	175	3623	1205
宜春市	3400	612	1367	1421
抚州市	1272		1187	85
上饶市	5481	50	2179	3252

2-D-21 各地区按资质等级划分的专业承包企业建筑业总产值

地区	建筑业总产值(万元)			
		一级	二级	三级
全省	**3345803.9**	**1797882.8**	**911784.2**	**636136.9**
南昌市	2114385.2	1601072.4	343024.9	170287.9
景德镇市	26878.8		22802.8	4076.0
萍乡市	235187.1		206415.5	28771.6
九江市	221039.3	11738.8	91591.5	117709.0
新余市	67966.4	7599.6	53628.3	6738.5
鹰潭市	26398.5		12875.2	13523.3
赣州市	200933.2	130232.6	13094.1	57606.5
吉安市	117496.0	1285.0	62426.7	53784.3
宜春市	115143.0	31972.7	39442.7	43727.6
抚州市	15566.4		12920.4	2646.0
上饶市	204810.0	13981.7	53562.1	137266.2

2-D-22 各地区按资质等级划分的专业承包建筑业企业签订合同额

地区	签订合同额(万元)			
		一级	二级	三级
全省	**4865067.4**	**2241233.6**	**1744057.5**	**879776.3**
南昌市	3412284.3	2090989.6	1044481.2	276813.5
景德镇市	41573.0		37574.1	3998.9
萍乡市	262467.1		220788.4	41678.7
九江市	235607.8	12064.2	95757.6	127786.0
新余市	83211.2	7690.1	64117.3	11403.8
鹰潭市	57332.3		34078.8	23253.5
赣州市	161599.0	71800.6	18164.7	71633.7
吉安市	161929.5	1357.0	77915.2	82657.3
宜春市	153233.8	43072.5	56219.4	53941.9
抚州市	18114.5		15062.6	3051.9
上饶市	277714.9	14259.6	79898.2	183557.1

2-D-23　各地区按资质等级划分的专业承包建筑业企业竣工产值

地　区	竣工产值（万元）			
		一级	二级	三级
全　省	**1770171.0**	**823434.6**	**537191.0**	**409545.4**
南昌市	950422.9	755687.2	141346.3	53389.4
景德镇市	21741.7		18112.6	3629.1
萍乡市	176085.9		160212.6	15873.3
九江市	175088.9		76281.2	98807.7
新余市	16390.7	4063.0	11570.6	757.1
鹰潭市	1665.4		1462.1	203.3
赣州市	62266.0	24401.8	6629.5	31234.7
吉安市	97989.1	1285.0	47929.9	48774.2
宜春市	82047.8	24015.9	33532.4	24499.5
抚州市	11342.8		10642.8	700.0
上饶市	175129.8	13981.7	29471.0	131677.1

2-D-24　各地区按资质等级划分的专业承包建筑业企业房屋施工面积

地　区	房屋施工面积（万平方米）			
		一级	二级	三级
全　省	**573.3**	**38.8**	**382.1**	**152.5**
南昌市	200.9	37.5	151.6	11.8
景德镇市	2.8		0.1	2.7
萍乡市	74.5		74.3	0.2
九江市	118.6		67.2	51.5
新余市	3.8		3.7	0.1
鹰潭市	1.6		1.6	
赣州市	11.9		11.3	0.6
吉安市	26.0		26.0	
宜春市	41.6		25.3	16.3
抚州市	10.3		10.3	
上饶市	81.4	1.3	10.7	69.4

2-D-25 各地区按资质等级划分的专业承包建筑业企业房屋竣工面积

地 区	房屋竣工面积（万平方米）			
		一级	二级	三级
全 省	**279.5**	**1.6**	**166.2**	**111.8**
南 昌 市	33.5	0.4	26.2	6.9
景德镇市	2.8		0.1	2.7
萍 乡 市	54.5		54.5	
九 江 市	48.3		27.1	21.3
新 余 市	3.4		2.6	0.8
鹰 潭 市	2.2		2.2	
赣 州 市	1.3			1.2
吉 安 市	9.4		9.4	
宜 春 市	34.5		18.3	16.1
抚 州 市	7.0		7.0	
上 饶 市	82.6	1.2	18.7	62.7

2-D-26 各地区按资质等级划分的专业承包企业自有施工机械设备台数

地 区	总台数（台）			
		一级	二级	三级
全 省	**13422**	**3154**	**8208**	**2060**
南 昌 市	3894	2351	1085	458
景德镇市	279		252	27
萍 乡 市	5129		5125	4
九 江 市	486	73	297	116
新 余 市	263	77	145	41
鹰 潭 市	23		23	
赣 州 市	627	218	17	392
吉 安 市	227	5	175	47
宜 春 市	558	170	205	183
抚 州 市	367		366	1
上 饶 市	1569	260	518	791

2-D-27　各地区按资质等级划分的专业承包企业自有施工机械设备总功率

地　区	总功率（万千瓦）			
		一级	二级	三级
全　省	**33.0**	**9.5**	**19.9**	**3.6**
南昌市	9.4	7.4	0.6	1.4
景德镇市	0.1			
萍乡市	17.5		17.4	0.1
九江市	0.4	0.1	0.2	0.1
新余市	1.0	0.5	0.3	0.2
鹰潭市	0.1		0.1	
赣州市	1.8	1.2		0.6
吉安市	0.4		0.3	0.1
宜春市	0.4	0.1	0.1	0.2
抚州市	0.5		0.5	
上饶市	1.4	0.2	0.3	0.9

2-D-28　各地区按资质等级划分的专业承包建筑业企业实收资本

地　区	实收资本（万元）			
		一级	二级	三级
全　省	**677983.2**	**181983.4**	**321621.4**	**174378.4**
南昌市	306368.4	134375.4	94682.4	77310.6
景德镇市	11644.6		7396.9	4247.7
萍乡市	36728.0		30793.0	5935.0
九江市	41659.3	6628.9	21481.8	13548.6
新余市	24160.3	3784.0	15783.3	4593.0
鹰潭市	18687.4		13679.4	5008.0
赣州市	53474.7	26815.1	8812.6	17847.0
吉安市	17163.2	2000.0	7410.2	7753.0
宜春市	39529.0	7180.0	11159.5	21189.5
抚州市	6620.0		6560.0	60.0
上饶市	121948.3	1200.0	103862.3	16886.0

2-D-29 各地区按资质等级划分的专业承包建筑业企业资产

地　区	资产总计（万元）			
		一级	二级	三级
全　省	**2515515.3**	**792134.7**	**1123364.4**	**600016.2**
南昌市	1483131.8	664890.1	532253.3	285988.4
景德镇市	35166.6		26273.9	8892.7
萍乡市	181891.7		149325.9	32565.8
九江市	155623.8	8781.9	95143.3	51698.6
新余市	69916.9	7784.5	52585.3	9547.1
鹰潭市	39449.3		23304.0	16145.3
赣州市	132319.4	68801.5	19380.6	44137.3
吉安市	64283.6	4364.1	42197.6	17721.9
宜春市	147191.6	27628.2	46925.5	72637.9
抚州市	9148.3		8827.9	320.4
上饶市	197392.3	9884.4	127147.1	60360.8

2-D-30 各地区按资质等级划分的专业承包建筑业企业所有者权益

地　区	所有者权益合计（万元）			
		一级	二级	三级
全　省	**1158995.9**	**347672.5**	**555886.1**	**255437.3**
南昌市	574041.6	270609.8	211769.5	91662.3
景德镇市	13913.8		9039.8	4874.0
萍乡市	84370.6		73018.2	11352.4
九江市	82108.8	7010.6	48813.0	26285.2
新余市	38538.9	4362.4	29330.4	4846.1
鹰潭市	21589.8		14607.8	6982.0
赣州市	78924.7	45312.6	11597.5	22014.6
吉安市	25078.4	2687.3	14269.6	8121.5
宜春市	68094.8	13450.5	25149.8	29494.5
抚州市	7745.4		7478.3	267.1
上饶市	164589.1	4239.3	110812.2	49537.6

2-D-31　各地区按资质等级划分的专业承包建筑业企业负债

地　区	负债合计(万元)			
		一级	二级	三级
全　省	**1356519.4**	**444462.2**	**567478.3**	**344578.9**
南昌市	909090.2	394280.3	320483.8	194326.1
景德镇市	21252.8		17234.1	4018.7
萍乡市	97521.1		76307.7	21213.4
九江市	73515.0	1771.3	46330.3	25413.4
新余市	31378.0	3422.1	23254.9	4701.0
鹰潭市	17859.5		8696.2	9163.3
赣州市	53394.7	23488.9	7783.1	22122.7
吉安市	39205.2	1676.8	27928.0	9600.4
宜春市	79096.8	14177.7	21775.7	43143.4
抚州市	1402.9		1349.6	53.3
上饶市	32803.2	5645.1	16334.9	10823.2

2-D-32　各地区按资质等级划分的专业承包建筑业企业营业收入

地　区	营业收入(万元)			
		一级	二级	三级
全　省	**3364575.0**	**1842393.5**	**899999.8**	**622181.7**
南昌市	2213964.7	1658113.1	380167.0	175684.6
景德镇市	40610.9		28480.2	12130.7
萍乡市	222273.6		194530.7	27742.9
九江市	149928.9	7608.6	73237.8	69082.5
新余市	57561.4	9103.0	35368.1	13090.3
鹰潭市	28514.5		16046.5	12468.0
赣州市	211657.3	126836.1	12313.4	72507.8
吉安市	99355.9	3821.3	47656.7	47877.9
宜春市	110090.1	25260.0	43949.2	40880.9
抚州市	13211.1		11165.1	2046.0
上饶市	217406.6	11651.4	57085.1	148670.1

2-D-33 各地区按资质等级划分的专业承包建筑业企业利税总额

地区	利税总额（万元）			
		一级	二级	三级
全省	**321848.3**	**154661.2**	**89948.8**	**77238.3**
南昌市	173539.6	135689.4	23669.2	14181.0
景德镇市	2952.4		1043.7	1908.7
萍乡市	39492.1		33693.7	5798.4
九江市	27135.0	1164.1	8132.4	17838.5
新余市	4522.2	1265.2	2434.3	822.7
鹰潭市	2260.5		1585.9	674.6
赣州市	22949.8	11972.2	1591.6	9386.0
吉安市	8485.5	242.3	4345.0	3898.2
宜春市	10794.3	1588.0	5229.4	3976.9
抚州市	1067.9		843.1	224.8
上饶市	28649.0	2740.0	7380.5	18528.5

2-D-34 各地区按资质等级划分的专业承包建筑业企业应收工程款

地区	应收工程款（万元）			
		一级	二级	三级
全省	**588060.3**	**243684.7**	**229939.0**	**114436.6**
南昌市	405472.7	211335.5	146190.7	47946.5
景德镇市	12276.1		11777.5	498.6
萍乡市	17482.4		15034.1	2448.3
九江市	22568.7	1147.1	12483.2	8938.4
新余市	14786.2	6198.2	3914.9	4673.1
鹰潭市	4181.9		1100.3	3081.6
赣州市	26572.7	12467.6	3513.9	10591.2
吉安市	19753.5	134.8	15988.7	3630.0
宜春市	31071.9	7778.0	11937.9	11356.0
抚州市	2455.3		2299.4	155.9
上饶市	31438.9	4623.5	5698.4	21117.0

2-D-35　各地区按资质等级划分的专业承包建筑业企业税金总额

地　区	税金总额(万元)			
		一级	二级	三级
全　省	**178990.3**	**101560.3**	**37677.2**	**39752.8**
南昌市	109789.3	93289.5	11314.9	5184.9
景德镇市	1749.3		636.7	1112.6
萍乡市	16073.0		14448.7	1624.3
九江市	12826.4	92.2	1253.4	11480.8
新余市	2438.6	460.8	1377.7	600.1
鹰潭市	1222.7		956.7	266.0
赣州市	11607.0	6307.9	324.4	4974.7
吉安市	4848.2	32.0	1219.8	3596.4
宜春市	5765.3	965.4	2657.6	2142.3
抚州市	879.5		792.9	86.6
上饶市	11791.0	412.5	2694.4	8684.1

2-D-36　各地区按资质等级划分的专业承包建筑业企业主营业务收入

地　区	主营业务收入(万元)			
		一级	二级	三级
全　省	**3305487.7**	**1819520.0**	**867181.8**	**618785.9**
南昌市	2173149.2	1638471.8	360900.8	173776.6
景德镇市	40610.3		28479.6	12130.7
萍乡市	217591.9		189872.8	27719.1
九江市	144721.3	7608.6	68246.3	68866.4
新余市	57561.4	9103.0	35368.1	13090.3
鹰潭市	27613.4		16046.5	11566.9
赣州市	205569.8	123603.9	9793.6	72172.3
吉安市	99355.9	3821.3	47656.7	47877.9
宜春市	110086.1	25260.0	43945.2	40880.9
抚州市	13211.1		11165.1	2046.0
上饶市	216017.3	11651.4	55707.1	148658.8

2-D-37 各地区按资质等级划分的专业承包建筑业企业管理费用

地　区	管理费用（万元）			
		一级	二级	三级
全　省	**163213.7**	**70815.8**	**53949.3**	**38448.6**
南昌市	94192.4	63070.2	17046.2	14076.0
景德镇市	5555.4		5360.4	195.0
萍乡市	6042.5		4497.7	1544.8
九江市	11547.3	238.5	5629.3	5679.5
新余市	7633.7	770.9	6502.4	360.4
鹰潭市	4957.2		1377.8	3579.4
赣州市	8286.5	3717.2	749.5	3819.8
吉安市	8530.1	156.1	7167.6	1206.4
宜春市	10225.8	2807.9	2929.6	4488.3
抚州市	234.0		126.3	107.7
上饶市	6008.8	55.0	2562.5	3391.3

2-D-38 各地区按资质等级划分的专业承包建筑业企业财务费用

地　区	财务费用（万元）			
		一级	二级	三级
全　省	**12230.2**	**4371.0**	**5546.9**	**2312.3**
南昌市	7517.9	3705.2	2692.9	1119.8
景德镇市	2.5		-14.0	16.5
萍乡市	2438.7		2354.1	84.6
九江市	509.6	18.3	74.4	416.9
新余市	57.5	52.0	4.6	0.9
鹰潭市	287.3		271.1	16.2
赣州市	650.3	85.5	194.8	370.0
吉安市	-390.4	-0.2	-412.5	22.3
宜春市	392.1	500.1	-128.4	20.4
抚州市	12.7		12.0	0.7
上饶市	752.0	10.1	497.9	244.0

E. 劳务分包建筑业企业

2-E-1　各地区劳务分包建筑业企业生产经营情况

单位：万元

地　区	建筑业总产值本年	营业收入	主营业务税金及附加	利润总额	应付职工薪　酬
全　省	**116586.6**	**151807.6**	**3218.7**	**8353.6**	**17278.9**
南昌市	9691.6	43562.2	1793.2	1457.3	5136.9
景德镇市					
萍乡市	11743.2	11407.9	178.8	925.1	1781.7
九江市	43547.4	43154.6	200.7	4586.2	4134.5
新余市					
鹰潭市					
赣州市	486.3	612.4	38.8	80.0	
吉安市	6409.4	8914.7	18.0	333.1	3891.8
宜春市	36785.8	36032.9	717.5	602.7	1952.4
抚州市	1513.2	1513.2	90.8	5.0	
上饶市	6409.7	6609.7	180.9	364.2	381.6

2-E-2　各地区劳务分包建筑业企业个数和人员情况

地　区	法人单位数（个）	从事建筑业活动的平均人数（人）	建筑业企业期末人数（人）		
				工程技术人员	现场施工人员
全　省	**32**	**3980**	**3858**	**441**	**3314**
南昌市	7	332	331	39	250
景德镇市					
萍乡市	4	425	390	39	349
九江市	5	2012	2001	224	1758
新余市					
鹰潭市					
赣州市	1				
吉安市	2	538	538	16	522
宜春市	7	437	402	76	301
抚州市	1	60	60	10	36
上饶市	5	176	136	37	98

附　录

主要指标解释

主要指标解释

研究与试验发展(R&D) 指在科学技术领域，为增加知识总量，以及运用这些知识去创造新的应用进行的系统的创造性的活动，包括基础研究、应用研究、试验发展三类活动。国际上通常采用 R&D 活动的规模和强度指标反映一国的科技实力和核心竞争力。

R&D 人员 指参与研究与试验发展项目研究、管理和辅助工作的人员，包括项目(课题)组人员，企业科技行政管理人员和直接为项目(课题)活动提供服务的辅助人员。反映投入从事拥有自主知识产权的研究开发活动的人力规模。

R&D 人员全时当量 指全时人员数加非全时人员按工作量折算为全时人员数的总和。例如：有两个全时人员和三个非全时人员(工作时间分别为 20%、30%和 70%)，则全时当量为 2+0.2+0.3+0.7=3.2 人年。为国际上比较科技人力投入而制定的可比指标。

R&D 经费内部支出 指调查单位用于内部开展 R&D 活动（基础研究、应用研究和试验发展）的实际支出。包括用于 R&D 项目（课题）活动的直接支出，以及间接用于 R&D 活动的管理费、服务费、与 R&D 有关的基本建设支出以及外协加工费等。不包括生产性活动支出、归还贷款支出以及与外单位合作或委托外单位进行 R&D 活动而转拨给对方的经费支出。

R&D经费支出中政府资金 指R&D经费内部支出中来自各级政府部门的各类资金，包括财政科学技术拨款、科学基金、教育等部门事业费以及政府部门预算外资金的实际支出。

R&D经费支出中企业资金 指R&D经费内部支出中来自本企业的自有资金和接受其他企业委托而获得的经费，以及科研院所、高校等事业单位从企业获得的资金的实际支出。

R&D 项目数 指在当年立项并开展研究工作、以前年份立项仍继续进行研究的研发项目（课题）数，包括当年完成和年内研究工作已告失败的研发项目（课题），但不包括委托外单位进行的研发项目（课题）数。

R&D 项目人员全时当量 指实际参加研发项目（课题）活动人员折合的全时当量。

R&D 项目经费支出 指调查单位内部在报告年度进行研发项目（课题）研究和试制等的实际支出。包括劳务费、其他日常支出、固定资产购建费、外协加工费等，不包括委托或与外单位合作进行项目（课题）研究而拨付给对方使用的经费。

新产品销售收入 指报告期企业销售新产品实现的销售收入。新产品是指采用新技术原理、新设计构思研制、生产的全新产品，或在结构、材质、工艺等某一方面比原有产品有明显改进，从而显著提高了产品性能或扩大了使用功能的产品。既包括经政府有关部门认定并在有效期内的新产品，也包括企业自行研制开发，未经政府有关部门认定，从投产之日起一年之内的新产品。

技术改造经费支出 指报告期内企业进行技术改造而发生的费用支出。技术改造指企业在坚持科技进步的前提下，将科技成果应用于生产的各个领域（产品、设备、工艺等），用先进工艺、设备代替落后工艺、设备，实现以内涵为主的扩大再生产，从而提高产品质量、促进产品更新换代、节约能源、降低消耗，全面提高综合经济效益。

购买境内技术经费支出 指报告期内企业购买境内其他单位科技成果的经费支出。包括购买产品设计、工艺流程、图纸、配方、专利、技术诀窍及设备的费用支出。

引进境外技术经费支出 指报告期内企业用于购买国外或港澳台技术的费用支出，包括产品设计、工艺流程、图纸、配方、专利等技术资料的费用支出，以及购买设备、仪器、样机和样件等的费用支出。

引进境外技术的消化吸收经费支出 指报告期内企业引进国外或港澳台技术的消化吸收经费支出。引进技术的消化吸收指对引进技术的掌握、应用、复制而开展的工作，以及在此基础上的创新。引进技术的消化吸收经费支出包括：人员培训费、测绘费、参加消化吸收人员的工资、工装、工艺开发费、必备的配套设备费、翻版费等。